Fußball und Gewalt
Die Sicht von Zuschauern und Akteuren am Beispiel des F.C. Hansa Rostock

D1732421

ISBN 978-3-86676-377-7

Umschlaggestaltung: Wydra Grafik Design (Dortmund)
Umschlagfoto: Jens Rosentreter (Rostock)

Andreas Schwinkendorf

Fußball und Gewalt
Die Sicht von Zuschauern und Akteuren
am Beispiel des F.C. Hansa Rostock

ISBN 978-3-86676-377-7

Verlag für Polizeiwissenschaft
Prof. Dr. Clemens Lorei

Bibliografische Information der Deutschen Nationalbibliothek
Die Deutsche Nationalbibliothek verzeichnet diese Publikation in der Deutschen Nationalbibliografie; detaillierte bibliografische Daten sind im Internet über http://dnb.d-nb.de abrufbar.

© Urheberrecht und Copyright: 2014 Verlag für Polizeiwissenschaft, Prof. Dr. Clemens Lorei, Frankfurt

Alle Rechte vorbehalten.

Verlag für Polizeiwissenschaft, Prof. Dr. Clemens Lorei
Eschersheimer Landstraße 508 • 60433 Frankfurt
Telefon/Telefax 0 69/51 37 54 • verlag@polizeiwissenschaft.de
www.polizeiwissenschaft.de

Printed in Germany

„Eine Idee muss Wirklichkeit werden können,
oder sie ist nur eine eitle Seifenblase."

Berthold Auerbach (1812 – 1882)

Meinen Eltern, meinen Söhnen und meiner Frau.

Abkürzungsverzeichnis

ABS GmbH	Alarm-, Bewachungs- und Sicherheitsdienst GmbH mit Sitz in Rostock
AI	Amnesty International
DAV	Deutscher Anwaltverein
DGSv	Deutsche Gesellschaft für Supervision e. V.
DPolG	Deutsche Polizeigewerkschaft
GdP	Gewerkschaft der Polizei
IP	Interviewpartner
KOS	Koordinationsstelle Fanprojekte bei der Deutschen Sportjugend
LZPD	Landesamt für Zentrale Polizeiliche Dienste
ÖASS	Öffentlicher Ausschuss Sport und Sicherheit
PFiFF	Pool zur Förderung innovativer Fußball- und Fankultur
RiLi	Richtlinien (zur einheitlichen Behandlung von Stadionverboten)
RSAG	Rostocker Straßenbahn Aktiengesellschaft
SOG-MV	Sicherheits- und Ordnungsgesetz Mecklenburg-Vorpommern (Gesetz über die öffentliche Sicherheit und Ordnung in Mecklenburg-Vorpommern)
ZIS	Zentrale Informationsstelle Sport

„Man schaut danach, was beim Bemühen um Lösung bereits alles erreicht worden ist, und man bündelt die Energien im Hinblick auf die Ziele und Lösungen. Missstände und Fehler werden unter dem Aspekt von Information und (Entwicklungs-)Chancen gesehen." (Ellebracht, et al., 2009 S. 46)

1. Einleitung und Problemstellung

Die Entstehung des Fußballs liegt viele tausend Jahre zurück. Erste Erwähnungen des fußballähnlichen Spiels *Ts'uh-küh*[1] gibt es bereits im Jahre 2697 v. Chr. Als Meilenstein des Fußballs in seiner heutigen modernen Ausprägung dürfte der 26. Oktober 1863 anzusehen sein. „An diesem Tag gründeten mehrere Herren die Football Association (FA) und berieten über einen Regelentwurf."[2] Interessanter noch als das Datum der sog. *Cambridge University Rules* ist deren Zielrichtung: „Mit den Regeln soll eine Berechenbarkeit und Vorhersehbarkeit im Handlungsfeld Fußball erzeugt werden."[3]

Während sich das auf § 10[4] der *Cambridge University Rules* zurückgehende Fairplay auf dem Platz bereits seit langem etabliert hat, kommt es außerhalb – namentlich in der unmittelbaren Stadion-

---

[1] Hoffmeister, Kurt. 2013. Wie der Fußball nach Deutschland kam. Die Einführung des Fußballspiels durch Konrad Koch und August Hermann in Braunschweig seit Beginn der Ballspiele. [Online] 2013. [Zitat vom: 28. 06 2013.] http://www.braunschweig.de/kultur_tourismus/stadtportraet/geschichte/konradk och/Praesentation_Wie_der_Fussball_nach_D_kam.pdf.

[2] wissen.de. 2011. Wann und wo war das erste Fußball-Länderspiel? [Online] wissenmedia in der inmedia ONE GmbH, Gütersloh/München, 07. 11 2011. [Zitat vom: 28. 06 2013.] http://www.wissen.de/wann-und-wo-war-das-erste-fussball-laenderspiel.

[3] Schwier, Jürgen. 2003. Zur Entwicklung des modernen Sports. Homepage von Prof. Dr. Jürgen Schwier. [Online] 16. 04 2003. [Zitat vom: 28. 06 2013.] http://www.uni-giessen.de/~g51039/vorlesungIV.htm.

[4] Wikia. 2012. Fußball-Lexikon. [Online] 31.01.2012. [Zitat vom: 28. 06 2013.] http://de.fussball-lexikon.wikia.com/wiki/Cambridge_Rules. „In no case is holding a player, pushing with the hands, or tripping up allowed. Any player may prevent another from getting to the ball by any means consistent with the above rules".

Umgebung und den An- und Abreisewegen[5] – immer wieder zu gewalttätigen Auseinandersetzungen.

Dabei ist „Gewaltkriminalität [...] wie kaum eine andere Deliktsgruppe Spiegelbild unserer Gesellschaft". (Herz, 2010, S. 691) Der Anteil der gewaltbereiten Fans liegt, gemessen an allen Stadionbesuchern, bei lediglich ca. 0,5 %. (Danwitz, 2012 S. 543) Die Gründe für Ausschreitungen im Zusammenhang mit Fußballspielen sind vielfältig. Konzepte zur Vermeidung von Gewalt müssen deshalb an vielen Punkten ansetzen. Wissenschaftlich beschäftigt man sich seit Mitte der 1970er Jahre mit diesem Thema. (Schulz, et al., 1986 S. 55)

Die Tatsache, dass sich in den letzten Jahren nicht nur Forschung und Wissenschaft mit der Thematik beschäftigen, sondern zunehmend auch die Politik, ist ein Zeichen dafür, „daß es sich hierbei nicht allein um ein sportspezifisches, sondern auch um ein höchst brisantes, politisches, gesamtgesellschaftliches Problem handelt". (Pilz, 1986, S. 9)

Im Folgenden wird aus Gründen der Beschränkung des Umfangs der Arbeit auf detaillierte Ausführungen zum Thema Ultras usw. verzichtet, es sei denn, der jeweilige Kontext erfordert dies.

Die Arbeit beschäftigt sich mit dem Thema Fußball und Gewalt aus der Sicht von Zuschauern und Akteuren am Beispiel des F.C. Hansa Rostock. Gewalt rund um den Fußball ist kein Problem, das ausschließlich Hansa[6] betrifft. Allerdings steht dieser Verein seit geraumer Zeit zunehmend in der öffentlichen wie auch verbandsinternen Kritik. Mit aktuell 56 Fans, die mit einem Stadionverbot belegt sind,[7] bewegt sich Hansa im oberen Teil der Rangliste der verhängten Stadionverbote.[8] Gleich beim ersten Auswärtsspiel am 27.07.2013 hatten etwa 100 Fans des Vereins während ihrer jeweils knapp fünf-

---

[5] Warum an dieser Stelle das Stadion selbst ausdrücklich nicht aufgeführt wird, wird an anderer Stelle dieser Arbeit deutlich.

[6] Zur Vereinfachung der Lesbarkeit wird im Folgenden im Fließtext lediglich von „Hansa" die Rede sein, wenngleich der Fußballverein F.C. Hansa Rostock gemeint ist.

[7] Diese Zahl wurde von Hansas Aufsichtsratsvorsitzenden im Rahmen seines Experteninterviews vom 08.10.2013 auf Nachfrage benannt. (s. Transkript Abrokat, ab S. 215).

[8] Die Bild brachte am 08.11.2013 die „Rowdy-Liste der Bundesliga" heraus. In dieser würde der Drittligist Platz 7 einnehmen. (So viele Stadionverbote hat mein Klub – Die Rowdy-Liste der Bundesliga).

stündigen Zwischenstopps zum Spiel im Ludwigsparkstadion[9] in Saarbrücken in der Göttinger Innenstadt verschiedene Polizeieinsätze ausgelöst.[10]

Gemessen an der Anzahl[11] der „gewaltgeneigten" und „gewaltsuchenden" Fans, die sich aus den Jahresberichten Fußball der Zentralen Informationsstelle Sporteinsätze (ZIS) ergibt, belegt Hansa den fünften Platz.[12] Wie bei vielen, auf absoluten Zahlen basierenden Aussagen[13] ist allerdings auch diese mit Vorsicht zu interpretieren: So ist es nicht unwahrscheinlich, dass mit einer steigenden Fan-Anzahl eines Vereins auch die Anzahl „gewaltgeneigter" oder „gewaltsuchender" Fans steigt. Überdies dürfte Hansa auch als Publikumsmagnet bezeichnet werden: So zog der Verein mit durchschnittlich 9.310 Besuchern in der Hinrunde des Jahres 2013 auswärts die meisten Zuschauer an.[14]

---

[9] Das Stadion des SV Elversberg – Gegner von Hansa an diesem Tag – ist normalerweise das Waldstadion an der Kaiserlinde. Die ersten fünf Heimspiele mussten jedoch wegen der geringen Kapazität des Stadions und nicht ausreichender Sicherheitsvorkehrungen verlegt werden.

[10] HNA.de. 2013. Großeinsatz: Hansa-Hooligans randalieren in Göttingen. Polizei hält gewaltbereite Fußballfans in Schach. [Online] Hessische/Niedersächsische Allgemeine (HNA), 28. 07 2013. [Zitat vom: 30. 07 2013.] http://www.hna.de/lokales/goettingen/hansa-hooligans-randalieren-goettingen-3028763.html.

[11] Für die Saison 2011/12 – Hansa war dazumal in der 2. Liga(!) – wurden folgende Zahlen benannt → Kategorie B: 390, Kategorie C: 130. Quelle: Landtag Mecklenburg-Vorpommern - Die Landesregierung. 2013. Kleine Anfrage der Abgeordneten Silke Gajek, Fraktion Bündnis 90/Die Grünen. Mögliche Gewalt im Rahmen von Sportveranstaltungen. [Online] 07. 08 2013. [Zitat vom: 08. 08 2013.] http://www.landtag-mv.de/fileadmin/media/Dokumente/Parlamentsdokumente/Drucksachen/6_Wahlperiode/D06-2000/Drs06-2084.pdf.

[12] Schneider, Frank. 2013. Wie schlimm sind die Fans in meinem Verein? Die Gewalt-Tabelle der Bundesliga. [Online] BILD GMBH & CO. KG, 21. 11 2013. [Zitat vom: 22. 11 2013.] http://www.bild.de/sport/fussball/bundesliga/gewalt-tabelle-wie-schlimm-sind-die-fans-in-meinem-verein-27283440.bild.html.

[13] Vgl. Feltes zu den Zahlen der PKS: Geilhausen, Stefani. 2013. Statistik sagt nichts über Sicherheit aus. Interview Thomas Feltes. [Online] RP Digital GmbH, 03. 08 2013. [Zitat vom: 31. 03 2013.] http://www.rp-online.de/region-duesseldorf/duesseldorf/nachrichten/statistik-sagt-nichts-ueber-sicherheit-aus-1.3580014.

[14] MSPW. 2013. Hansa Rostock zieht auswärts die meisten Zuschauer an. [Online] 25. 12 2013. [Zitat vom: 27. 12 2013.] http://www.3-liga.com/news-3liga-hansa-rostock-zieht-auswaerts-die-meisten-zuschauer-an-9704.html.

3

Die Masterarbeit will unterschiedliche Standpunkte der einzelnen Akteure, wie sie sich aus den beiden Online-Umfragen,[15] den Interviews sowie den verschiedenen Quellen ergeben, zusammenführen. Es wurde „mit Hilfe quantitativer und qualitativer Analysen eine fundierte wissenschaftliche Basis geschaffen, um bestehende Projekte und Maßnahmen gezielt zu unterstützen und neue Strategien und Aktivitäten abzuleiten". (Rolfes, et al., 2013 S. 24) Die Ergebnisse werden deskriptiv und induktiv aufbereitet. Der Schwerpunkt der Arbeit liegt daher nicht auf der Wiedergabe vorhandener Literatur, sondern auf der Auswertung erlangter Daten, wobei selbstverständlich die wissenschaftlichen Veröffentlichungen zur Thematik den Hintergrund bilden, vor dem diese Auswertung erfolgt und die Ergebnisse interpretiert werden.

Mangelnde oder gar fehlende Transparenz / Ehrlichkeit sowie mangelnde(r) oder gar fehlende(r) Kommunikation / Dialog und darauf basierende Missverständnisse sind in vielen Fällen als Hauptursachen von Auseinandersetzungen zwischen Fußballfans und den Sicherheitsbehörden anzusehen (Feltes, 2010 S. 405), wobei Kommunikation eine Grundbedingung „zum Abbau von Feinbildern und zur Schaffung von Transparenz" ist. (Pilz, 2012, S. 339)

In diesem Sinne will die Arbeit das, was Jonas Gabler einmal wie folgt beschrieben hat, umsetzen: „Ich will nichts schön reden und natürlich auch problematische Punkte beleuchten, aber vor allem will ich, dass auch Menschen außerhalb der Ultrabewegung und außerhalb der Stadien, das, was diese Subkultur ausmacht, erfassen können." (Gabler, 2010, S. 7) Bislang ist es allerdings so, dass singuläre Ereignisse die öffentliche Diskussion beherrschen, wodurch es häufig zu einer sehr einseitigen und verzerrten Darstellung der aktuellen Sicherheitslage kommt. Die Fanlandschaft ist viel zu heterogen und lokal viel zu unterschiedlich, als dass mit allgemein gültigen Aussagen eine zutreffende Beschreibung möglich sein kann.

---

[15] In der Zeit vom 04.08.2012 - 24.08.2012 sowie vom 24.06.2013 - 18.07.213 wurden zusammen mit Prof. Dr. Thomas Feltes, M.A. (Lehrstuhlinhaber des Lehrstuhls für Kriminologie, Kriminalpolitik und Polizeiwissenschaft an der Ruhr-Universität Bochum) zwei Online-Umfragen durchgeführt. Zu den Ergebnissen: Pkt. 6.2 ab. S. 39.

1.1. Forschungsfragen

Folgende forschungsleitende Fragen sollen in der Arbeit beantwortet werden:[16]

- Sind die bislang durchgeführten Maßnahmen zur Verhinderung von Gewalttaten nur deshalb gescheitert, weil in letzter Konsequenz (doch zu) einseitig vorgegangen wurde?
- Warum zeigt sich die Fanszene so zurückhaltend, was die Kooperation mit der Polizei und den Sicherheitsbehörden allgemein angeht?
- Bis zu welchem Punkt werden Fans Verschärfungen bei den Sicherheitsmaßnahmen noch akzeptieren?
- Führen Zugeständnisse beim Thema Pyrotechnik[17] zu einer Entspannung oder lediglich zu einer Verlagerung der Gewalttaten?
- Ist ein Dialogteam, wie es die Kantonspolizeien in Zürich und Bern einsetzen, auch für Deutschland denkbar bzw. notwendig?[18]
- Ist der Sicherheitsapparat mittlerweile zu „aufgebläht" und falls ja, gibt es überhaupt noch einen Schritt zurück?
- Sind unterschiedliche Vorstellungen zwischen den Akteuren mitursächlich für Konflikte?
- Sollte mehr Vertrauen in die Selbstreinigungsprozesse der Fans gelegt werden?

1.2. Hypothesen

Zur Beantwortung dieser (und weiterer) Fragen werden folgende Hypothesen aufgestellt und im weiteren Verlauf der Arbeit verfolgt:

---

[16] Die Beantwortung der Fragen erfolgt am Beispiel von Hansa. Auf eine mögliche Anwendung der Antworten in genereller Sicht wird an entsprechender Stelle verwiesen.

[17] Die rechtlichen Belange in Deutschland bzgl. einer Legalisierung von Pyrotechnik im Stadion sollen an dieser Stelle mit Blick auf die Betrachtung einmal ausgeblendet werden.

[18] Vgl. Habegger, Tobias. 2012. Polizisten suchen Dialog mit Fans. [Online] 02. 05 2012. [Zitat vom: 01. 07 2013.] http://www.bernerzeitung.ch/region/bern/Polizisten-suchen-Dialog-mit-Fans/story/30068227.

- Werden Zugangskontrollen intensiviert, nehmen die Konfrontationen im und um das Stadion zu.
- Kenntnisse der Fanszene führen zu einem Umdenken bei den Sicherheitsbehörden.
- Eine Anpassung der polizeilichen Taktik führt zu einer Reduktion der gewalttätigen Ausschreitungen.
- Die Gewalt in den und im Umfeld der Stadien hat weder in Rostock noch bundesweit zugenommen.
- Das negative Bild der Hansafans wird durch wenige Personen verursacht, das Gros hält sich an geltende Regeln.
- Für die Medien sind nur negative Ereignisse berichtenswert.
- Die Ursachen für die Gewaltbereitschaft und gewaltaffines Verhalten der Fans liegen nicht im Bereich des Fußballs, sondern im sozialen Bereich.

2. Methodik

2.1. Instrumente

Die Methoden und Techniken in den Sozialwissenschaften sind vielfältig und umfangreich. „Die Gesamtheit dieser Methoden stellt das Inventar der ‚Werkzeugkiste' der empirischen Sozialforschung dar". (Diekmann, 2012, S. 18) Zur Beantwortung der aufgeworfenen (Forschungs-)Fragen bedient sich der Verfasser eines Methodenpluralismus' in Form der sog. Triangulation.

Das Thema macht es erforderlich, Internetquellen in einem Umfang zu zitieren, der für wissenschaftliche Texte eher unüblich ist. Die Maßnahmen, die zur Eindämmung der Gewalt rund um den Fußball eingesetzt werden sowie die Meinungen und Feedbacks sind z. T. recht schnelllebig, sodass die klassische Literatur in diesen Punkt nicht immer aktuell ist und lediglich der theoretischen Basislegung und Unterfütterung dienen kann. Überdies ist der Zugang zu manchen Themen nur über das Internet möglich (Fan-Foren usw.) Wenngleich auch klassische Literatur zur Anwendung kommt, wird auf die Zitation von Internetquellen durch den Verfasser ein besonderes Augenmerk gelegt.

Im Zusammenhang mit der Bearbeitung des Themas der Masterarbeit wurden zwei Online-Umfragen durchgeführt. Dabei stellte sich die Frage, ob eine Paper-Pencil- bzw. Online-Umfrage die geeignetere darstellt. Hier mussten einschlägige Standards Beachtung finden, worunter Objektivität, Validität und Reliabilität zu zählen sind. „Was die *Datenqualität* angeht, haben experimentelle Untersuchungen ergeben, dass klassische schriftliche Paper-Pencil- und Online-Befragungen nahezu gleiche Qualitäten erbringen." [kursiv auch im Original] (Welker, et al., 2005 S. 80) Nach Abwägung der Vor- und Nachteile (s. hierzu Diekmann, 2012, S. 522 ff.) fiel die Wahl auf die Online-Befragung, da diese – orientiert am Untersuchungsgegenstand – die meisten Vorteile bietet. Zur Umsetzung der Umfragen wurde das Tool unter www.umfrageonline.com genutzt. Wegen des in seiner Struktur komplizierten Links, sowie zum Zwecke der Bekanntgabe der Umfrageergebnisse in Form von Arbeitsergebnissen wurde die Homepage www.fussballbefragung.de[19] eingerichtet.

---

[19] Diese Homepage ist zwischenzeitlich deaktiviert, es erfolgt eine automatische Umleitung zur derzeitigen Homepage des Verfassers (http://www.andreas-schwinkendorf.de).

Methodik

Hierüber hatten die Teilnehmer auch die Möglichkeit der Kontaktaufnahme zum Verfasser.

Das zweite Instrument, auf das sich die weiteren Ausführungen stützen, sind problemzentrierte Experteninterviews. „Die Unmöglichkeit von Objektivität ist ja nicht ein Mangel, sondern Ausgangspunkt qualitativer Forschung, daher kann es nicht um anzustrebende *Objektivität* gehen, sondern um einen anzustrebenden *angemessenen Umgang mit der Subjektivität.*" [kursiv auch im Original] (Helfferich, 2011, S. 155) Zu diesem Zweck wurden der Vorsitzende der Fanszene Rostock e. V., ein Vertreter der „Arbeitsgemeinschaft Fananwälte", der Leiter der Polizeiinspektion Rostock sowie der Aufsichtsratsvorsitzende von Hansa anhand eines Leitfadens interviewt. Dabei werden diese Personen deshalb als „Experten" angesehen, weil sie mit den lokalen Besonderheiten vertraut sind, die Entwicklung bei Hansa über einen längeren Zeitraum verfolgt haben und die Problematik aus unterschiedlichen Perspektiven beleuchten können.

2.2. Methodenkritik

Die große Kritik, der sich Online-Umfragen stellen müssen, ist die sogenannte selbstselektive Stichprobe. Demnach entspricht die „Grundgesamtheit der Internetnutzer nicht der Zielpopulation der allgemeinen Bevölkerung". (Diekmann, 2012, S. 521) Die Online-Befragung ist allerdings nicht nur weniger zeit- und kostenintensiv, insbesondere die sofortige Verfügbarkeit umfangreicher Daten und die unzähligen Analyse- und Auswertemöglichkeiten machen diese Art der Befragung attraktiv. Letztlich runden der deutlich höhere Rücklauf und das Ausschließen von Fehlern bei der händischen Übertragung der Daten das Bild ab. Darüber hinaus wurde die zweite Umfrage deutlich offener gehalten, indem sie in vielen Punkten die Möglichkeit der Freitexteingabe ließ. Der Vorteil war also, dass „qualitative Forschung Raum lässt für die Äußerung eines differenten Sinns. Sie geht aus von einer Differenz zwischen dem Sinn, den Forschende einbringen, und dem Sinn, den Befragte verleihen und der dann zum besonderen Gegenstand qualitativer Forschung wird." (Helfferich, 2011, S. 22)

8

3. Gewalt

„Gesellschaftliche Gruppen stellen zur Eigenstabilisierung Verhaltensregeln auf, die in bestimmten Situationen bestimmte Handlungen als ‚richtig' oder ‚falsch', ‚konform' oder ‚abweichend' definieren. […] Regelverletzendes Verhalten ist also das Produkt einer Interaktion zwischen einem Menschen, der eine bestimmte Handlung begeht, und Menschen, die, an die Normen ihrer jeweiligen Gruppe gebunden, diskriminierend darauf reagieren." (Becker, 1973 S. V)

Im aktuellen ZIS Jahresbericht Fußball zur Saison 2012/2013[20] kommt *Gewalt* insgesamt 34-mal als einzelnes Wort bzw. Wortbestandteil vor. Das Landesamt für Zentrale Polizeiliche Dienste (LZPD) führt in seiner Zusammenfassung zu Beginn des Jahresberichts u. a. aus: „Im Vergleich zur vorhergehenden Saison 2011/12 ist sicherheitsgefährdendes und gewalttätiges Verhalten so genannter Fußballfans im Bereich der beiden Bundesligen insgesamt zurückgegangen."[21] An keiner Stelle wird expressis verbis definiert, was das LZPD unter *gewalttätiges Verhalten* subsumiert. Gestützt wird die Aussage vielmehr auf die Kennzahlen zu freiheitsentziehenden/-beschränkenden Maßnahmen, Strafverfahren, Verletzten und Arbeitsstunden.

Abbildung 1 zeigt, dass es bis zur Saison 2008/2009 einen Anstieg, danach – mit einem Ausreißer in der Saison 2011/2012 nach oben – einen Abfall der Zahlen zu den freiheitsentziehenden und freiheitsbeschränkenden Maßnahmen gibt. Und auch die lineare Trendlinie (horizontale Linie in Abbildung 1) bildet in der Betrachtung der letzten sieben Berichtsjahre einen leichten Abfall der Anzahl der Maßnahmen ab.

Ein etwas anderes Bild ergibt sich aus der Abbildung 2, die die Gesamtanzahl an Strafverfahren in ausgewählten Deliktsbereichen[22] darstellt. Auch hier sind Schwankungen nach oben und nach unten ablesbar. Die linearen Trends – in Abbildung 2 exemplarisch für KV

---

[20] Polizei Nordrhein-Westfahlen. Landesamt für Polizeiliche Zentrale Dienste. Zentrale Informationsstelle Sporteinsätze. Jahresbericht Fußball Saison 2012/2013. [Online] [Zitat vom: 01. 11 2013.] http://www.polizei-nrw.de/media/Dokumente/12-13_Jahresbericht_ZIS.pdf.
[21] Ebd. S. 3.
[22] Dabei stehen die Abkürzungen für folgende Delikte: KV = Körperverletzung, W = Widerstand, LF = Landfriedensbruch.

und LF der 1. Bundesliga dargestellt – zeigen allesamt einen Verfahrensanstieg in unterschiedlicher Ausprägung.

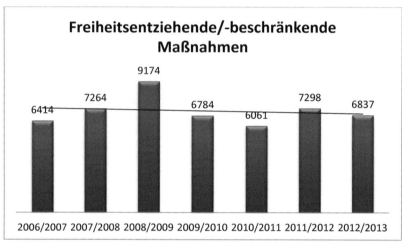

Abbildung 1: Anzahl der freiheitsentziehenden und -beschränkenden Maßnahmen (Eigene Tabelle auf Basis der ZIS-Berichte)

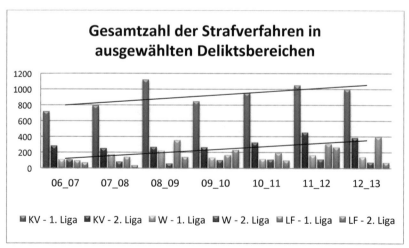

Abbildung 2: Strafverfahren 1. und 2. Bundesliga (Eigene Tabelle auf Basis der ZIS-Berichte)

Hieran nun Tendenzen mit Blick auf eine zu- bzw. abnehmende Gewalt abzulesen, wäre falsch. Die abgebildeten Fallzahlen stellen lediglich die Eingangsstatistik der Polizei dar, über den Ausgang der Verfahren treffen sie keine Aussagen. So werden bis zu 70,0 % aller Verfahren durch die Staatsanwaltschaft eingestellt (siehe Abbildung 3). Diese Zahl dürfte sich auch im Bereich der Fußball relevanten Straftaten nicht anders darstellen. Für MV lag die Einstellungsquote im Jahre 2009 bei 60,4 %.

	Verfahren	Anklagequote in %	Einstellungsquote in %
Schleswig-Holstein	147 577	21,1	65,1
Hessen	321 943	22,5	68,6
Rheinland-Pfalz	224 366	23,0	62,3
Sachsen-Anhalt	128 392	23,3	64,9
Hamburg	128 669	23,8	71,2
Niedersachsen	410 341	25,4	62,9
Saarland	53 097	26,0	59,8
Nordrhein-Westfalen	964 142	27,2	64,4
Thüringen	107 946	27,3	59,6
Brandenburg	140 517	27,5	62,6
Mecklenburg-Vorpommern	96 369	27,9	60,4
Berlin	231 137	28,8	68,0
Bayern	498 056	30,7	54,2
Baden-Württemberg	415 346	31,2	55,5
Sachsen	183 685	31,8	57,9
Bremen	49 139	33,0	57,6
Deutschland	4 100 722	27,2	62,1

Abbildung 3: Anklage- und Einstellungsquoten bei endgültig erledigten Ermittlungsverfahren 2009[23]

Der Aufwärtstrend, wie er sich bereits in Abbildung 2 darstellt, lässt sich auch an den Verletztenzahlen, siehe Abbildung 4, ablesen, die regelmäßig angestiegen sind; die Trendlinie zeigt steil nach oben. Hinweise, wie diese Verletzungen zustande gekommen sind, oder auch durch wen, sind allerdings nicht zu erkennen. So kann z. B. ein massiver Einsatz von Pfefferspray durch die Polizei für einen deutlichen Anstieg der Verletztenzahlen sorgen.

[23] Quelle: Brings, Stefan. 2012. Justiz auf einen Blick. [Online] 02 2012. [Zitat vom: 28. 09 2013.] https://www.destatis.de/DE/Publikationen/Thematisch/Rechtspflege/Querschnitt /BroschuereJustizBlick0100001099004.pdf?__blob=publicationFile. S. 10.

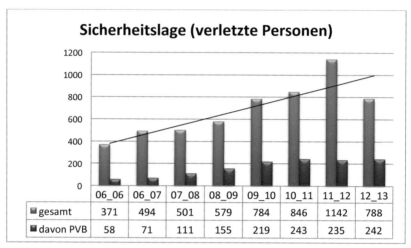

Sicherheitslage (verletzte Personen)

	06_06	06_07	07_08	08_09	09_10	10_11	11_12	12_13
gesamt	371	494	501	579	784	846	1142	788
davon PVB	58	71	111	155	219	243	235	242

Abbildung 4: Verletzte Personen (Eigene Tabelle auf Basis der ZIS-Berichte)

Bei der Betrachtung und Definition der aufgeführten Zahlen darf jedoch nicht vergessen werden, dass auch die Zuschauerzahlen jedes Jahr zunehmen. Veränderungen sind überdies auch auf die unterschiedliche Zusammensetzung der einzelnen Ligen durch Auf- und Abstieg bestimmter Vereine zu erklären. Letztlich haben auch die Anzahl der eingesetzten Polizeibeamten und somit die Einsatzstunden in den letzten Jahren zugenommen. Bei mehr eingesetzter Polizei ist es nicht unüblich, dass auch die Anzahl der angezeigten Straftaten steigt. So auch jüngst Antholz, wonach „die Polizeistärke die Erklärung für die Entwicklung schlechthin [ist]. Sie erklärt rund 50 % der Kriminalitätsveränderung." (Antholz, 2013 S. 667) Dieses kriminologische Phänomen, das sog *Lüchow-Dannenberg-Syndrom*, beschreibt die Verschiebung der „Hell-Dunkelfeld-Relationen": Im Zusammenhang mit den Protesten gegen die Wiederaufbereitungsanlage in Gorleben in den 1980-ern wurden „sieben neue Kriminalkommissariate mit insgesamt 46 zusätzlichen Kriminalbeamten eingerichtet." Aufgrund der Tatsache, dass seinerzeit (dann doch) keine entsprechende Anlage eingerichtet wurde, blieben die Demonstrationen aus, was zu einer „Arbeitsentlastung [...] [der] zusätzlich vor Ort tätigen Polizeikräfte" führte. Raithel und Mansel sprechen in diesem Zusammenhang von einem Rückgang der „gängige[n] Praxis, Anzeigen aus der Bevölkerung abzuwehren". (Raithel, et al., 2003 S. 13)

Die angeführten Zahlen müssten, wenn man daraus Aussagen ableiten will, in Beziehungen zu Besucherzahlen, zur spielenden Mannschaft oder etwa zum Wochentag gesetzt werden. Feltes führte in einem Interview mit RP-Online aus, dass Statistik nichts über Sicherheit aussagt. Dies ergibt sich z. B. auch aus einer DFL-Studie, „wonach 96 Prozent der Stadionbesucher mit der Sicherheitslage zufrieden seien, aber nur 68 Prozent der Gesamtbevölkerung die Stadien für sicher halten."[24] Wenngleich die von Feltes getroffenen Aussagen zur PKS getätigt wurden, können diese ebenso auf die Zahlen und Aussagen der ZIS angewandt werden. „Hinzu kommt, dass das wichtige subjektiv empfundene Sicherheitsgefühl in keinem nachweisbaren Verhältnis dazu [Anm. Verfasser: Kriminalitätsbelastung] steht."[25] Interessant wäre in diesem Zusammenhang die Einführung der PKS-Spezifik „im Zusammenhang mit Fußball",[26] d.h. ein Ausweis dahingehend, ob eine Straftat in diesem Zusammenhang registriert wurde.

Generell ist darauf hinzuweisen, dass der Begriff *Gewalt* sehr starken (subjektiven) Deutungsschwankungen unterliegt. Eine Legaldefinition gibt es nicht. In der PKS gibt es zwar den sog. Summenschlüssel[27] „Gewaltkriminalität" (892000),[28] eine Definition gibt es allerdings nicht. Je nach (auch wissenschaftlichem) Kontext gibt es

---

[24] Ruf, Christoph. 2013. Ein Jahr DFL-Sicherheitspapier: Alles bleibt besser. [Online] Spiegel Online GmbH, 03. 12 2013. [Zitat vom: 12. 12 2013.] http://www.spiegel.de/sport/fussball/bilanz-nach-einem-jahr-dfl-sicherheitspapier-a-937029.html.
[25] Geilhausen, Stefani. 2013. Statistik sagt nichts über Sicherheit aus. Die tatsächliche Kriminalität einer Stadt werde in den Zahlen nicht abgebildet, sagt der Kriminologe Thomas Feltes. [Online] 03. 08 2013. [Zitat vom: 03. 08 2013.] http://www.rponline.de/regionduesseldorf/duesseldorf/nachrichten/statistik-sagt-nichts-uebersicherheitaus-1.3580014.
[26] Ohne an dieser Stelle zu tief in die PKS-Systematik einzusteigen: Aktuell werden lediglich sechs Stellen im Straftatenschlüssel genutzt. Mecklenburg-Vorpommern ist technisch, was die Zählweise angeht, insoweit vorbereitet, als dass bis zu acht Stellen im Straftatenschlüssel genutzt werden könnten. Eine Erweiterung wäre daher ohne Probleme möglich und auch bundesweit übertragbar.
[27] Ein Summenschlüssel gruppiert einzelne Schlüssel, also mehrere Straftaten(-Gruppen), zu einem gemeinsamen Wert zusammen.
[28] Die Gewaltkriminalität umfasst folgende Straftaten: 010000 Mord, 020000 Totschlag und Tötung auf Verlangen, 111000 Vergewaltigung und sexuelle Nötigung, 210000 Raub, räuberische Erpressung und räuberischer Angriff auf Kraftfahrer, 221000 Körperverletzung mit Todesfolge, 222000 Gefährliche und schwere Körperverletzung, 233000 Erpresserischer Menschenraub, 234000 Geiselnahme, 235000 Angriff auf den Luft- und Seeverkehr.

hierzu unterschiedliche Definitionen in der juristischen Literatur, sie stellen jedoch keine gesetzliche dar.

Gewalt kann das Ergebnis verschiedener Sichtweisen sein. Mit Blick auf geltendes Recht etwa drückt sich Ebert wie folgt aus: „Es gibt unterschiedliche Sichtweisen darüber, was beim Fußball erlaubt ist und was beim Fußball nicht erlaubt ist. Polizei ist eben an Recht und Gesetz gebunden und Ultras haben eine andere Sichtweise auf geltendes Recht. Sie bezeichnen bestimmte vom Strafrecht umfasste Verhaltensweisen als fantypisches Verhalten." (Ebert, Interview, S. 192).

Gewalt ist ein gesamtgesellschaftliches Phänomen und Problem. Speziell auf die Ultra-Szene bezogen, bedeutet dies, dass sie nicht heterogen ist, weshalb nicht alle „über einen Kamm geschert" werden dürfen. „Einzig und allein der erlebnisorientierte Support-Wille, die extreme Lust, den Verein bzw. die Mannschaft 90 Minuten lang im Dauereinsatz [...] zu unterstützen, scheint der Nenner zu sein, den alle deutschen Ultras gemein haben."[29]

Die Schwierigkeit einer allgemein gültigen Definition besteht darin, den Begriff der Gewalt weder zu sehr einzuschränken, noch ihn allzu weit ausufern zu lassen. Die Bundeszentrale für Politische Bildung versteht hierunter „den Einsatz von physischem oder psychischem Zwang gegenüber Menschen sowie die physische Einwirkung auf Tiere oder Sachen."[30] Nach Theunert liegt Gewalt vor, „wenn als Folge der Ausübung von Macht oder Herrschaft oder von beidem oder als Folge von Macht- und Herrschaftsverhältnissen Menschen geschädigt werden". (Theunert, 1987, S. 40)

Somit ist Gewalt äußerst vielschichtig und kann eigentlich nicht an Zahlen festgemacht werden, auch deshalb, weil Zahlen immer eine klare und einheitliche Definition dessen erfordern, was gemessen wird. Dies ist bei *Gewalt* eindeutig nicht der Fall. Letztlich muss berücksichtigt werden, dass das, was unter Gewalt subsumiert wird, auch historischen, politischen und gesellschaftlichen Veränderun-

---

[29] Pilz et. al. 2011. Wandlungen des Zuschauerverhaltens im Profifußball. Kurzfassung der Studie. [Online] 13. 09 2011. [Zitat vom: 31. 07 2013.] http://www.migration-boell.de/downloads/diversity/Kurzfassung_Studie-Wandlungen.pdf.
[30] Bundeszentrale für politische Bildung. 2011. Gewalt. Nachschlagen | Lexika | Das Politiklexikon | G | Gewalt. [Online] 2011. [Zitat vom: 04. 11 2013.] https://www.bpb.de/nachschlagen/lexika/17566/gewalt.

gen unterliegt. Der Einsatz von Pyrotechnik ist hierbei ein gutes Beispiel. Das Label Gewalt ist insoweit nicht starr.

4. Konkrete Konflikträume und -bereiche

4.1. Lage der DKB-Arena

Spielstätte von Hansa ist die DKB-Arena in Rostock-Gartenstadt. Die Hansestadt Rostock ist mit einer Einwohnerzahl von 202.735 Einwohnern und einer Fläche von 181,26 km² sowohl flächen- als auch einwohnermäßig die größte Stadt in Mecklenburg-Vorpommern.[31]

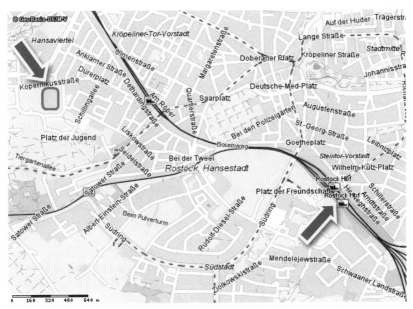

Abbildung 5: Kartenausschnitt zur Lage der DKB-Arena

Anders als z. B. die Allianz-Arena im Münchner Stadtteil Schwabing-Freimann, der im nördlichen Stadtrand am Autobahnkreuz München-Nord und somit außerhalb des Stadtkerns liegt, befindet sich

---

[31] Angaben aus dem Statistischen Jahrbuch 2011, Hansestadt Rostock, Kommunale Statistikstelle.

17

der Rostocker Stadtteil Gartenstadt mitten in der Stadt (s. Abbildung 5[32]).

Aus Abbildung 5 wird aber nicht nur die Lage der DKB-Arena innerhalb der Stadt deutlich (oberes Bilddrittel links), aus ihr ist überdies die Lage des Hauptbahnhofs Rostock (etwa mittig rechts) ersichtlich, woraus sich mit Blick auf den Transport von Gästefans zum Stadion weitere Probleme ergeben.

Bereits bei der Planung des Stadions sowie des Umfeldes wurden bestimmte kriminalräumliche Aspekte[33] berücksichtigt, um das Verhalten bei der An- und Abreise zum Stadion zu beeinflussen und kritische Verhaltensweisen oder Ereignisse zu verhindern. Diese wurde sowohl durch die Architektur der DKB-Arena sowie deren Umgebung, als auch durch die Leitung der Fans und die Wege zum Stadion umgesetzt. Auf diese Punkte soll im Folgenden kurz eingegangen werden

4.2. An- und Abreise

Für eine reibungslose Anreise der Gästefans nach Rostock ist es notwendig, entsprechende Maßnahmen frühzeitig durchzuführen. Ebert sagt: „Wir setzen nicht erst hier am Bahnhof in Rostock an,

---

[32] CC-BY 3.0. Koordinierungsstelle für Geoinformationswesen (KGeo). 2013. GAIA-MVlight - GeoPortal Mecklenburg-Vorpommern. [Online] Landesamt für innere Verwaltung Mecklenburg-Vorpommern, 2013. [Zitat vom: 05. 11 2013.] http://www.geoportal-mv.de/land-mv/GeoPortalMV_prod/de/Geodatenviewer/GAIA-MVilighti/index.jsp.

[33] Mit dem Zusammenhang zwischen Raum und abweichendem Verhalten beschäftigt sich die Kriminalgeografie. Schwind versteht hierunter „denjenigen Zweig der kriminologisch-kriminalistischen Forschung, der kriminelles Verhalten in seiner raumzeitlichen Verteilung erfasst und durch spezifische raumzeitliche Verbreitungs- und Verknüpfungsmuster demographischer, wirtschaftlicher, sozialer, psychischer und kultureller Einflussgrößen zu erklären versucht, und zwar mit dem Ziel der (primär vorbeugenden) Verbrechensbekämpfung." (Schwind, 2009 S. 312, § 15, RN 5). Im Sachstandsbericht des Landeskriminalamtes des Landes Schleswig-Holstein heißt es zur präventiven Stadtgestaltung: „[Sie] zielt darauf, menschliches Verhalten im Raum positiv zu beeinflussen und kritische Verhaltensweisen oder Ereignisse zu verhindern." „Soziale und sichere Stadt – Sozialraum-Management", Stand: August 2006, Herausgeber: Innenministerium des Landes Schleswig-Holstein, Landeskriminalamt, Zentralstelle Polizeiliche Kriminalprävention, [Zitat vom: 10. 02 2012.] www.polizei.schleswig-holstein.de.

sondern wir setzen schon am Abreisebahnhof der Fans an, indem wir Vereine bitten, auch die Deutsche Bahn AG bitten, Sonderzüge, Entlastungszüge bereitzustellen. Die fahren durch. Wir haben dann keine Probleme auf den Unterwegs-Bahnhöfen und wir bekommen Fans kanalisiert in die Stadt hinein." (Ebert, Interview, S. 196)

Probleme können sich insbesondere auf dem Weg vom Hauptbahnhof zum Stadion ergeben. Um die Gästefans kontrolliert zum Stadion zu begleiten und somit ein Aufeinandertreffen von Heim- und Gästefans zu vermeiden (Stichwort Fantrennung), gibt es in Rostock eine enge Zusammenarbeit zwischen der Rostocker Straßenbahn AG (RSAG), der Polizei und Hansa als Verein. Durch die RSAG werden sowohl für die Fahrt vom Hauptbahnhof zum Stadion, als auch für die Fahrt vom Stadion zum Hauptbahnhof kostenlos[34] Shuttle-Busse für die Gästefans zu Verfügung gestellt. Bei der Streckenführung wird abhängig vom Spiel vorgegangen. So sagt Ebert: „Wenn die Fans kanalisiert mit der Bahn am Bahnhof angekommen sind, dann wollen wir sie natürlich auch möglichst kanalisiert weiterführen [...]. Da haben wir bis dato eine sehr enge, eine sehr gute Zusammenarbeit." (Ebert, Interview, S. 196) So auch Abrokat: „Wichtig ist, dass man Fanströme voneinander trennt, um Konflikte zu vermeiden. [...] Wir versuchen das als Verein, indem wir dann Geld investieren in einen Shuttle-Service, um die auswärtigen Fans direkt ins Stadion zu bringen. Das ist gut investiertes Geld." (Abrokat, Interview, S. 227)

Auch wenn hierbei sehr selten und wahrscheinlicher bei Hoch-Risiko-Spielen vereinzelt Sachbeschädigungen begangen werden, indem z. B. Fenster der Busse zu Bruch gehen, hat sich diese Vorgehensweise in den letzten Jahren bewährt und dürfte daher als Best-Practise-Modell zu bezeichnen sein.

Was für die Anreise gilt, gilt umso mehr noch für die Abreise. In Abhängigkeit vom Ausgang des Spiels können auch hier gruppendynamische Prozesse in gewalttätigen Ausschreitungen münden.

---

[34] Die Kosten für die Shuttle-Busse, deren Anzahl – je nach Umfang der anreisenden Fans – zwischen 3 und 8 Bussen liegt, werden durch Hansa getragen.

4.3. Einlasssituation

Die Einlasssituation stellt nach der An- und Abreise einen der größten Konflikträume dar. Nach Abrokat wurden bei der Belegung der einzelnen Blöcke und Zuwegungen mehrere Varianten gedanklich durchgespielt: „Auch unsere Stadion-Struktur hat etwas mit den Wegebeziehungen zu tun. Deswegen haben wir die Tribünen für die Auswärtsfans und auch für die erlebnisorientierten Fans im Südbereich. Das hat auch was mit Wegebeziehungen zu tun, um eben auch Konflikte mit anderen Zuschauern zu vermeiden." (Abrokat, Interview, S. 228)

Abbildung 6: Stadionplan der DKB-Arena

Die Anordnung, wie sie sich nunmehr entsprechend der Abbildung 6[35] darstellt, ist ebenfalls als Best-Practise-Modell anzusehen.

---

[35] Quelle: Ostseestadion GmbH & Co KG. 2013. Stadionplan. [Online] 2013. [Zitat vom: 12. 08 2013.] http://www.dkb-arena-rostock.de/themes/ostseestadion/downloads/stadionplan13-14.pdf.

Zwar sind Südtribüne (Blöcke 21-27a) und Gästeblock (Blöcke 19, 19a) sehr dicht beieinander – sie sind lediglich durch die Pufferblöcke (Blöcke 20, 20a), Kunststoffblenden und ein Netz baulich voneinander getrennt –, aber entsprechend der Einlässe für Gäste- und Heimfans sind die Wegebeziehungen sehr deutlich voneinander getrennt.

Aus Abbildung 7[36] wird deutlich, dass Heimfans einmal um das Stadion herumlaufen müssen, um auf die Südtribüne zu kommen – dargestellt durch die blaue gestrichelte Linie. Die Zuführung über die Shuttle-Busse der RSAG für Gästefans vom Hauptbahnhof zum Stadion erfolgt von der anderen Seite – dargestellt durch die rote gestrichelte Line (in der Abbildung über die Ernst-Heydemann-Straße kommend).

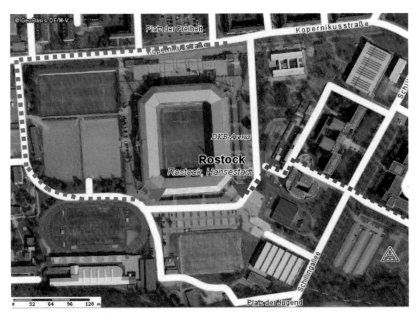

Abbildung 7: Zuwegungen für Gäste- und Heimfans

---

[36] CC-BY 3.0. Koordinierungsstelle für Geoinformationswesen (KGeo). 2013. GAIA-MVlight - GeoPortal Mecklenburg-Vorpommern. [Online] Landesamt für innere Verwaltung Mecklenburg-Vorpommern, 2013. [Zitat vom: 05. 11 2013.] http://www.geoportal-mv.de/land-mv/GeoPortalMV_prod/de/Geodatenviewer/GAIA-MVilighti/index.jsp.

Überdies gibt es im unmittelbaren Umfeld der DKB-Arena technische Sperren in Form von einer temporären Abgitterung (in den folgenden Abbildungen durch schwarze Striche dargestellt), die im Zusammenwirken mit dem Shuttle-Service (S. 19) ein Aufeinandertreffen von Gäste- und Heimfans unterbinden sollen (s. Abbildung 8 bis Abbildung 11[37]).

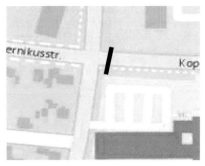

Abbildung 8: Sperrung Kopernikus-/Tschaikowskistraße/Trotzenburger Weg

Abbildung 9: Sperrung Kopernikus-/Bremer Straße

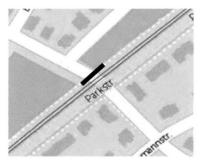

Abbildung 10: Sperrung Park-/Ernst-Heydemann-Straße

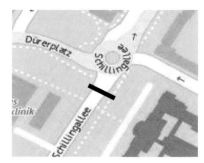

Abbildung 11: Sperrung Schillingallee

Jeder Einlass verfügt über Vereinzelungsanlagen (s. Abbildung 13), die den Druck aus der Masse nehmen. Dies ist insbesondere dann

---

[37] CC-BY 3.0. Kataster-, Vermessungs- und Liegenschaftsamt. 2013. Kartenbilder der Hansestadt Rostock. [Online] Amt für Geoinformation, Vermessung und Katasterwesen, Koordinierungsstelle für Geoinformationswesen (KGeo), 2013. [Zitat vom: 01. 12 2013.] http://www.geoport-hro.de/.

von Bedeutung, wenn die Gästefans zu spät, etwa bereits nach Spielbeginn eintreffen. Wenn dann der Ordnungsdienst in der Qualität seiner Kontrollen nicht nachlässt, ist die Gefahr des Einschmuggelns von Pyrotechnik zumindest minimiert.

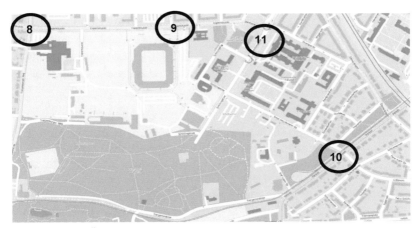

Abbildung 12: Übersichtskarte der Zuwegungen zur DKB-Arena

Abbildung 13: Vereinzelungsanlage am Eingang zum Gästeblock[38]

---

[38] CC BY-SA 3.0. Foto von Christopher Voitus (05.04.2007). Gäste-Eingang der DKB-Arena.   [Zitat   vom: 05.   01   2014.]

4.4. Im Stadion

In der Beschreibung zu Abbildung 6 wurde bereits kurz auf die bauliche Situation in der DKB-Arena eingegangen. Was die eigentliche Sicherheit im Stadion angeht, sagen die Interviewpartner dazu folgendes:

> Päsler: „Ich glaube auch, dass die Gewalt raus ist aus dem Stadion, die hat sich nach draußen verlagert. Wenn es sie im Stadion überhaupt noch gibt, dann ist es maximal so, dass sich zwei alkoholisierte Fans ohrfeigen, ohne dass dies nun fußballtypisch ist. Das gibt es auf jedem Dorffest." (Päsler, Interview, S. 140)

> Noetzel: „IM Stadion passiert sowieso kaum was. Ich glaube auch, das ist unstrittig. Also kaum, nicht gar nichts, aber kaum." und „IM Stadion ist es SICHER. Die Stadien sind mit die sichersten Orte während des Fußballspiels, die es gibt." (Noetzel, Interview, S. 177)

> Abrokat: „Man muss jetzt im Stadion nicht mehr Angst haben, als wenn ich einen Bahnhof der Deutschen Bahn betrete oder hier vorn ins Rathaus gehe oder ein Einkaufzentrum betrete." (Abrokat, Interview, S. 225)

Die Einschätzung, dass es generell in den Fußballstadien sicher ist, teilen auch 77.694[39] Stadionbesucher, wie die bundesweite Aktion „Ich fühl' mich sicher!"[40] zeigt. Feltes spricht in diesem Zusammenhang von der „Schimäre (Un-)Sicherheit". Unstrittig ist, dass diese Zahl nichts darüber aussagt, wie viele Personen sich unsicher fühlen. Auch Bedingungen, die für eine solche Einschätzung erfüllt sein müssen, werden nicht erkennbar. Tatsächlich ist es so, dass – bis auf Vorfälle mit Pyrotechnik – in den Stadien keine nennenswerten Vorfälle zu beklagen sind.

---

http://upload.wikimedia.org/wikipedia/commons/4/4b/Ostseestadion-G%C3%A4steeingang.jpg.
[39] Stand: 18.06.2014.
[40] Aktion von schwatzgelb.de. 2013. ich-fuehl-mich-sicher. [Online] 12 2013. [Zitat vom: 01. 12 2013.] http://www.ich-fuehl-mich-sicher.de/.

4.5. Diskussion um Pyrotechnik

Gem. § 6 VI Nr. 6b der Ersten Verordnung zum Sprengstoffgesetz sind die beim Abbrennen von Pyrotechnik im Stadion oder auf dem Weg dorthin üblicherweise verwendeten Bengalfackeln „pyrotechnische Gegenstände für Bühne und Theater" der Kategorie T1. Der Verfasser wollte wissen, wie leicht es ist, Pyrotechnik zu erwerben. Im Internet gibt es zahlreiche Anbieter. Die einzige „Hürde", die bei der Bestellung im Internet besteht, liegt in der Aktivierung einiger Kontrollkästchen.[41] Bereits zwei Tage später verfügte der Verfasser über verschiedene Pyrotechnik, die im Übrigen äußerst erschwinglich ist.

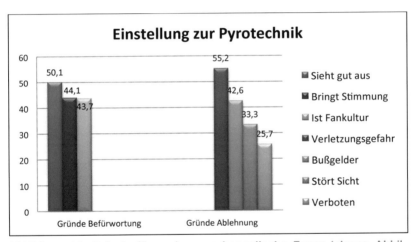

Abbildung 14: Gründe für und gegen bengalische Feuer (eigene Abbildung in Anlehnung an die Umfrage Ganders)

„Mit einer klaren Absage an Pyrotechnik [...] will der deutsche Fußball die Anstrengungen gegen Ausschreitungen fortsetzen."[42] So

---

[41] Pyroweb GmbH. 2013. Häufige Fragen / FAQs. [Online] 2013. [Zitat vom: 26. 07 2013.] https://www.pyroweb.de/bestelluebersicht-daten-und-warenkorb-PXPbestellung.html.

[42] DFB/DFL. 2011. DFB und Ligaverband beenden Diskussion um Pyrotechnik. NEWS-MELDUNG. [Online] 02. 11 2011. [Zitat vom: 30. 07 2013.] http://www.dfb.de/news/de/dfb-allgemein/dfb-und-ligaverband-beenden-diskussion-um-pyrotechnik/29825.html.

lautet die Meldung auf der Seite des DFB als Reaktion auf die von diesem selbst in Gang gebrachte Diskussion[43] rund um die Legalisierung von Pyrotechnik im Stadion. Wie der DFB aber in einer Stellungnahme deutlich macht, beruhten die Annahmen auf Seiten der Fans auf Missverständnissen.

In einem Interview bringt Feltes die Problematik in der Diskussion rund um die Pyrotechnik eindrucksvoll auf den Punkt: „Die Pyrotechnik ist so etwas wie eine heilige Kuh für die Ultras geworden, die natürlich sehen, dass Pyrotechnik im Ausland eingesetzt wird, ohne dass es Probleme gibt. Sie sehen, dass Pyrotechnik bei Veranstaltungen zum Beispiel in der Arena Auf Schalke eingesetzt werden darf. Es ist für sie schwer nachvollziehbar, dass sie bei Fußballspielen verboten ist."[44] Danwitz führte zu diesem Thema aus: „Ggfs. mag ein kontrolliertes Zünden von Feuerwerk, dem Chemnitzer Vorschlag folgend, Gewalt vermeidend wirken und helfen die Ultras integrieren [sic!]".[45]

Die Kriminalisierung des Einsatzes von Pyrotechnik auf der einen und die durchaus auch vorhandene Akzeptanz der Stadionbesucher auf der anderen Seite (ggf. gekoppelt mit der Faszination für die optischen Highlights) erschweren Diskussionen darüber hinaus. Sozialarbeiter Gander, Co-Leiter der Fanarbeit Basel und Geschäftsführer der Fanarbeit Schweiz, führte in der Schweiz eine große Fanbefragung (n=4.234 Teilnehmer) durch und kam u. a. zu dem Ergebnis, dass Pyrotechnik mehr Zuspruch als Ablehnung erfährt: „So gab es insgesamt 14.090 (66,5 %) befürwortende Nennungen gegenüber insgesamt 7.085 (33,5 %) ablehnende Nennungen." (Gander, 2012, S. 48) Die Befragten konnten (aus einer vorgegeben Liste) sowohl Gründe *dafür* als auch *dagegen* auswählen, wobei eine

---

[43] Vgl.: sl. 2010. NEWS-MELDUNG. Spahn: "Die überwältigende Mehrheit der Fans ist friedlich". [Online] Deutscher Fußballbund e. V., 19. 08 2010. [Zitat vom: 15. 09 2013.] http://www.dfb.de/news/de/dfb-allgemein/spahn-die-ueberwaeltigende-mehrheit-der-fans-ist-friedlich/24391.html. „Wir haben gesagt, dass wir bereit sind, unter bestimmten Voraussetzungen das Abbrennen von Feuerwerkskörpern zu erlauben. Natürlich geordnet, natürlich auch abgestimmt mit den jeweiligen Behörden und im Rahmen der gesetzlichen Vorgaben.".

[44] Bossmann, Berries. 2012. Feltes: Es drohen Eskalationen bei Pyrotechnik und Gewalt. [Online] Sportbild.de, 12. 09 2012. [Zitat vom: 08. 08 2013.] http://sportbild.bild.de/SPORT/bundesliga/2012/09/12/dfl-kriminologe-thomas-feltes-fuerchtet/es-drohen-eskalation-bei-pyrotechnik-und-gewalt.html##.

[45] Danwitz, Pia von. 2012. Verwenden von Feuerwerkskörpern in Fußballstadien. *Kriminalistik*. 2012, 8-9/2012, S. 545.

Mehrfachauswahl möglich war. Die Verteilung der einzelnen Antworten ergibt sich aus Abbildung 14.[46]

Unter Punkt 3, Gewalt (s. S. 9), wurde bereits kurz auf die Schwierigkeit einer Definition zum Begriff Gewalt eingegangen. Hieraus erwachsen z. T. auch die Konflikte um die Pyrotechnik und letztlich die Gründe zum Scheitern der Diskussionen darum. Es ist jedoch unzulässig, Pyrotechnik und Gewalt in einem Atemzug zu verwenden. Einzige Ausnahme wäre, wenn diese gezielt mit der Absicht des Verletzens anderer Personen eingesetzt wird. Dies allerdings ist in den sehr meisten Fällen nicht so.

In der Vergangenheit wurden zahlreiche Maßnahmen zur Verbannung von Pyrotechnik aus den Stadien ausprobiert und durchgeführt. Keine jedoch hat den gewünschten Erfolg gebracht. Insoweit ist es auch falsch, zu glauben, eine Verschärfung der Sanktionen würde da ein anderes Ergebnis vorbringen. Anstelle weiterhin zu kriminalisieren und zu stigmatisieren, sollte mehr auf das mögliche Gefahrenpotential beim Einsatz von Pyrotechnik hingewiesen werden. Dies muss allerdings auf einer sachlichen Basis geschehen.

---

[46] Ebd.

5. Akteure

Wer sind die Akteure, die anlässlich eines Fußballspiels aktiv werden (müssen)? Wer wirkt mit wem, wie und warum zusammen? Wer ist an der Vorbereitung, Durchführung und Nachbereitung eines Spiels von Hansa beteiligt? Diesen und anderen Fragen soll in diesem Abschnitt nachgegangen werden, weil sie von Bedeutung für die Beantwortung der Frage sind, ob möglicherweise Störungen im „Netzwerk Fußball" mitursächlich für die Probleme rund um das Fußballspiel sind.

Die Übersicht (Abbildung 15) stellt die wesentlichen Akteure bei einem Spiel von Hansa dar. „Wesentlich" meint an dieser Stelle, dass die Aufzählung nicht abschließend ist. Dennoch zeigt (bereits) sie, wie komplex das Geflecht ist, das letztlich eine hoch professionelle Kooperation und Koordination erfordert. Um zu gewährleisten, dass alle Akteure „am selben Strang" ziehen, ist es notwendig, unterschiedliche Sichtweisen zu ergründen, zu analysieren und in letzter Konsequenz mit Blick auf das gemeinsame Ziel zu bündeln. Wie zu zeigen sein wird, ist das optimale Modell ein sog. Sternmodell.

Abbildung 15: Übersicht der wesentlichen Akteure

Im Folgenden soll nun auf die wesentlichen der aufgezählten Akteure kurz näher eingegangen werden.

5.1. Fans

Fans sind gem. Duden „begeisterte Anhänger".[47] Sie sind die wichtigsten Akteure beim Fußball (sieht man einmal von den Spielern und Schiedsrichtern ab), da sich sämtliche Maßnahmen auf sie fokussieren. Wie auch alle Interviewpartner der vorliegenden Masterarbeit ausführten, gibt es nicht *den* Fan. Die Beschreibung als „begeisterter Anhänger" erscheint daher nicht ausreichend, um die Komplexität aller Fans zu beschreiben. Die Definition von Roose et. al. vermag dies besser. Sie beschreiben Fans als „Menschen, die längerfristig eine leidenschaftliche Beziehung zu einem für sie externen, öffentlichen, entweder personalen, kollektiven, gegenständlichen oder abstrakten Fanobjekt haben und in die emotionale Beziehung zu diesem Objekt Zeit und/oder Geld investieren". [im Original kursiv] (Roose, et al., 2010 S. 12)

Der Fan unterscheidet sich demnach vom „normalen" Stadionbesucher, der nur wenige Male in der Saison ein Fußballspiel vor Ort besucht bzw. Spiele nur gelegentlich zuhause vor dem Fernseher verfolgt. Neben der Längerfristigkeit ist der wohl auffallendste Unterschied die emotionale Bindung. Eine gute Unterscheidung zwischen dem normalen Stadionbesucher, den Friedmann „Kunde" bzw. „Konsument" nennt, und dem frenetischen Fan, der gemeinhin auch gleichgesetzt wird mit dem sog. „Problemfan", stellt er in seinem Buch zusammen.

Aus Tabelle 1 (Friedmann, 2009 S. 17) wird noch ein weiterer wichtiger Punkt deutlich: Das Gewaltpotential der einzelnen Fans innerhalb derselben Gruppe kann sehr unterschiedlich sein. Hierin sind sich auch alle Interviewpartner einig; einmal ungeachtet davon, dass eine Klassifizierung[48] und somit klare Abgrenzung zwischen den einzelnen Kategorien[49] nicht ohne Probleme ist. Dies zeigt zum einen die Heterogenität der Fanszene im Allgemeinen und auch vor Ort und zum anderen die Schwierigkeit der Ausarbeitung von Konzepten zur Eindämmung von Gewalt bei Fußballspielen.

---

[47] S. Dudenverlag. 2013. Fan. [Online] Bibliographisches Institut GmbH, 2013. [Zitat vom: 05. 11 2013.] http://www.duden.de/rechtschreibung/Fan.
[48] Der Verfasser hat die Schnittmengen durch Fettdruck in Tabelle 1 hervorgehoben.
[49] Kategorie -A- = der friedliche "Fan"; Kategorie -B- = der gewaltbereite/geneigte "Fan"; Kategorie -C- = der gewaltsuchende "Fan"; vgl. ZIS Jahresberichte Fußball unter Punkt 4 (Störerlage).

Tabelle 1: Die verschiedenen Zuschauergruppen im Stadion (eigene Tabelle nach Friedmann)

Zuschauergruppen im Fußballstadion	Klassifizierung	Verhalten, Erwartungen	Polizeikategorie, Gewaltpotential
Die Kunden und Konsumenten	Distanziert-passiv, **konsumorientiert**, unauffällig, eventorientiert	Geringe Identifikation mit Verein und Spielern, beherrschte Reaktion auf spielgeschehen, Erwartung: interessantes Spiel	Kategorie A (friedliche Fans)
Die Fans innerhalb einer Subkultur	Engagiert-kontrolliert, **konsumorientiert**, **fußballzentriert**, situativ zügellos, überschwänglich	Deutliche Identifikation mit Verein und Spielern, empathisches Erleben des Spielgeschehens, Gruppenorientierung, Erwartung: Sieg der eigenen Mannschaft	Kategorie A und B (friedliche Fans und latent gewaltbereit)
Die Ultras	Fanatisch-parteilich, **fußballzentriert**, **erlebnisorientiert**, kritisch, unabhängig, wettstreitend	Vereinsfixiertheit, einseitiges Beurteilen des Spielgeschehens, kritische Beurteilung von Spielern, Vereinen, Medien und Polizei, gezielte Diskriminierung des Gegners, hochgradige Gruppenorientierung, gegen Kommerzialisierung des Sport, Erwartung: Sieg der eigenen Mannschaft, egal wie	Kategorie A, B und C (friedliche Fans, latent gewaltbereit und Gewalt suchend)
Die Hooligans	Konfliktsuchend-aggressiv, **erlebnisorientiert**, gewohnheitsmäßig gewalttätig	Empfindung Gästefans als Gegner, Umfeld des Fußballs dient als Stimulans für Aggressionen, Teilnahme stets in Gruppen, darin Vorherrschen von Ritualen und Profilierungsdruck, Erwartung: eigene Aktionsmöglichkeit, Gewaltausübung	Kategorie C (Gewalt suchend)

So auch Ebert: „Wir haben als Polizei den Fehler gemacht, dass wir Konzepte, die vielleicht mal von Erfolg gekrönt waren im Zusammenhang mit dem Hooligan-Zeitalter, nahtlos übertragen haben auf Zeiten der Ultra-Bewegungen." (Ebert, Interview, S. 193)

Auch die Fans haben erkannt, dass es wichtig ist, Interessen gemeinsam nach außen hin zu vertreten und im Idealfall in Kommunikation zu treten. Aus diesem Grunde haben sie sich an nahezu allen Spielorten organisiert. „Einzig und allein das Fandasein rund um den F. C. Hansa Rostock steht im Mittelpunkt des Vereins"[50] beschreibt die Fanszene Rostock e. V. ihre Ziele. Der seit mittlerweile fünf Jahren als Dachverband bestehende Verein vertritt in der Person ihres Vorstandsvorsitzenden Roman Päsler die Interessen aller Hansafans. Darüber hinaus gibt es zahlreiche andere Projekte,[51] die z. T. auch versuchen, als Vermittler zwischen den einzelnen Akteuren aufzutreten. So führt beispielsweise das Fanprojekt Mannheim/Ludwigshafen in seiner Broschüre aus: „Eine Aufgabe sehen wir in der Vernetzung der unterschiedlichsten Interessen und möchten erreichen, dass wir, unter Berücksichtigung gesellschaftlicher und gesetzlicher Normen, vor allem den Zielen und Wünschen ‚unserer Fans' entsprechen. Herausforderung und Symbiose unserer Arbeit stellt immer wieder der Dialog mit Verbänden, Parteien und der Polizei dar." (Willig, 2012, S. 4)

5.2. Veranstalter und Polizei

Die *gleichzeitige* Benennung von Veranstalter und Polizei soll im Folgenden die *verschiedenen* Verantwortungsbereiche deutlich machen und dabei insbesondere den Unterschied zwischen Zivilrecht und Öffentlichem Recht aufzeigen. Das Zivilrecht regelt die Rechtsbeziehungen zwischen gleichberechtigten Rechtssubjekten, also zwischen Bürger und Bürger, während das Öffentliche Recht die Rechtsbeziehungen zwischen Hoheitsträgern und Rechtsunterworfenen regelt, namentlich zwischen Staat und Bürger.

In Bezug auf den Veranstalter, namentlich den F. C. Hansa Rostock, ist hier vornehmlich auf die *Verkehrssicherungspflicht des Veranstalters bei Fußballspielen* hinzuweisen. Hierzu hatte das OLG Frankfurt

---

[50] S. Fanszene Rostock e.V. 2013. Fanszene Rostock e.V. – Gemeinsam für Hansa! [Online] 2013. [Zitat vom: 05. 11 2013.] http://fanszene-rostock.de/uber-uns/.

[51] S. z. B. auch: http://www.fananwaelte.de/; http://blau-weiss-rote-hilfe.de/; http://www.rot-schwarze-hilfe.de/; http://www.profans.de/; http://www.fanrechtefonds.de/.

am 24.02.2011 in einem Urteil[52] u. a. ausgeführt: „Es sind vielmehr nur die Vorkehrungen zu treffen, die geeignet sind, die Schädigung anderer tunlichst abzuwenden." Demnach ist ein Sicherheitskonzept ausreichend, „nach dem alle Zuschauer vor dem Betreten des Stadions einer Kontrolle – insbesondere auch auf das verbotene Mitführen von Feuerwerkskörpern – unterzogen wurden, alle Fans des Gästevereins zusätzlich ein zweites Mal vor Betreten des Stadionblocks kontrolliert wurden und zudem stichprobenweise einzelne Fans ein drittes Mal untersucht wurden."[53]

Die Aufgabe der Polizei liegt in erster Linie in der Gefahrenabwehr, worunter auch ausdrücklich die Verhütung von Straftaten fällt.[54] Darüber hinaus hat sie auch Straftaten zu verfolgen, wobei sie an dieser Stelle dem Strafverfolgungs**zwang**[55] unterliegt. Eine weitere Aufgabe der Polizei ist der Schutz privater Rechte. Hierunter fällt auch das Hausrecht der Vereine.

Dieses breite Spektrum an Aufgaben ist für die Polizei nicht immer ohne Probleme. Nach Frevel hat die Polizei eine schwierige Aufgabe in Staat und Gesellschaft. Sie stehe bei Konflikten Dritter oftmals "dazwischen„ und sehe sich widersprüchlichen, oftmals auch unvereinbaren Erwartungen ausgesetzt. „Und manche Einsatzentscheidungen geben den Einsatzleitern nur eine Option des Handelns zwischen ‚Pest und Cholera' – irgendetwas werden sie auf jeden Fall falsch machen (müssen)."[56]

---

[52] Landesrechtsprechungsdatenbank. 2011. Verkehrssicherungspflichten des Veranstalters von Fußballspielen. OLG Frankfurt 3. Zivilsenat | Urteil vom 24.02.2011 | AZ: 3 U 140/10. [Online] juris. Für die Bundesrepublik Deutschland, 24. 02 2011. [Zitat vom: 05. 11 2013.] http://www.lareda.hessenrecht.hessen.de/jportal/portal/t/s15/page/bslaredaprod .psml?&doc.id=KORE206692011%3Ajuris-r01&showdoccase=1&doc.part=L.
[53] Ebd.
[54] Vgl. §§ 2 II i. V. m. 7 I Nr. 4 des Gesetzes über die öffentliche Sicherheit und Ordnung in Mecklenburg-Vorpommern (Sicherheits- und Ordnungsgesetz - SOG M-V).
[55] Vgl. §§ 152 II i. V. m. 163 I der Strafprozessordnung (StPO) → Legalitätsprinzip.
[56] Frevel, Bernhard und Behr, Rafael. 2013. „Call for Papers". „Die kritisierte Polizei". [Online] 10 2013. [Zitat vom: 02. 10 2013.] http://www.empirische-polizeiforschung.de/CfPEPFXVII2014DiekritisiertePolizei.pdf.

5.3. Ordnungs- / Sicherheitsdienst

Der Einsatz der Polizei im Stadion und auf dem Stadiongelände zur Gewährung der Sicherheit ist rechtlich wie polizeitaktisch nur im sog. „Unterstützungsfall" zulässig, denn „bei einem Spiel trägt der Heimverein als Inhaber des Hausrechts die Hauptverantwortung im Stadion zur Gewährleistung der Sicherheit."[57] Für die DKB-Arena ist dies der F. C. Hansa Rostock.[58] Hierzu bedient er sich seines vereinseigenen Ordnungsdienstes sowie der Mitarbeiter des Sicherheitsdienstes der privaten *Alarm-, Bewachungs- und Sicherheitsdienst GmbH* (ABS).

Der Sicherheitsdienst verfügt – anders als die Polizei – nicht über hoheitliche Befugnisse. Durchsuchungen z. B. sind nur auf der Grundlage der jeweiligen Stadionordnung[59] und auf freiwilliger Basis möglich, wobei diese „Freiwilligkeit" eine beschränkte ist, denn im Verweigerungsfall kann der Zutritt zum Stadion verwehrt werden. Freiheitsentziehungen sind nur unter den Voraussetzungen der Jedermanns-Regelung gem. § 127 I StPO, der Einsatz einfacher körperlicher Gewalt nur bei Vorliegen einer Notwehr-, Notstands- oder Nothilfesituation möglich. *Problemfans*, die um diesen Umstand wissen und z. B. die eingesetzten Polizeibeamten provozieren, kann daher nur mit einem professionellen Einschreiten und einer situationsangemessen Kommunikation entgegnet werden. Dies formuliert insoweit auch Gliewe, Einsatzleiter der ABS GmbH: „Gerade im Sicherheitsgewerbe ist der Faktor Mensch die entscheidende Größe. Eine noch so gute technische Ausstattung ist nichts ohne qualifiziertes und motiviertes Einsatzpersonal."[60]

---

[57] Vorstand des Ligaverbandes. 2012. Einleitung zum Antragspaket 1 „Stadionerlebnis". [Online] 12. 12 2012. [Zitat vom: 06. 11 2013.] http://static.bundesliga.de/media/native/autosync/antragspaket_1_sicheres_sta dion_-_antraege_001_-_016_-_final.pdf.
[58] Hansa wurde am 28.12.1965 im Kultursaal der Deutschen Post in Rostock gegründet. Der Fußballclub gehört dem Mecklenburg-Vorpommerschen Fußballverband an (daher auch: F. C. Hansa Rostock e. V.)
[59] Für die DKB-Arena findet sich die relevante Regelung in § 2 II der Stadionordnung. Ostseestadion GmbH & Co KG. 2013. Stadionordnung. [Online] F.C. Hansa Rostock, 2013. [Zitat vom: 12. 08 2013.] http://www.dkb-arena-rostock.de/index.php?id=28.
[60] Gliewe, Oliver. 2013. Für jede Aufgabe die richtige Einsatzkraft. [Online] 2013. [Zitat vom: 10. 11 2013.] http://www.abs-sicherheitsdienst.de/index.php?id=personal.

Dass dies letztlich eine Frage der Definition ist *(Was ist „situations-angemessen"? Was ist „professionell"?)* und nicht ausnahmslos gelingt, wird an späterer Stelle noch zu zeigen sein.

5.4. Medien

„Massenmedien haben die Aufgabe, die Öffentlichkeit zu informieren und Entscheidungsträgern die öffentliche Meinung kundzutun. Darüber hinaus wirken sie durch Kontrolle und Kritik an der Meinungsbildung mit."[61] Tatsächlich aber geht es vor allem bei der Berichterstattung über Gewaltereignisse rund um den Fußball häufig nicht um seriösen Journalismus, sondern um Auflage und Quote, die man glaubt, am ehesten durch Berichte über (angebliche) Gewaltexzesse zu bekommen. Nach Hestermann entfallen beim Fernsehen[62] 15,4 % der Berichterstattung zum Thema Gewaltkriminalität auf Boulevardmagazine, 6,9 % auf private Boulevardmagazine und 6,4 % der Berichterstattung auf die privaten Nachrichten.[63] Zuletzt hatte der Freiburger Trainer Christian Streich in einer spektakulären „Wutrede" anlässlich einer Pressekonferenz[64] die Medien scharf kritisiert und für die Zukunft festgestellt: „Wenn diese Entwicklung so weiter geht, werden ganz schlimme Sachen passieren".[65]

In den Medien werden Geschehnisse übertrieben, verschiedene Dinge vermischt oder in unzulässiger Weise verfälscht[66]. „Die in der

---

[61] Branahl, Udo und Donges, Patrick. 2011. Warum Medien wichtig sind: Funktionen in der Demokratie. [Online] Bundeszentrale für politische Bildung, 08. 06 2011. [Zitat vom: 28. 09 2013.] http://www.bpb.de/izpb/7492/warum-medien-wichtig-sind-funktionen-in-der-demokratie?p=all.

[62] Hestermann führte eine standardisierte Inhaltsanalyse von 216 Nachrichtensendungen sowie 128 Boulevardmagazinen von folgenden acht Sendern: ARD, ZDF, RTL, Sat1, Pro7, RTL2, Vox, Kabel Eins.

[63] Hestermann, Thomas. 2011. Medienschaffende unter Marktdruck. Alte und neue Herausforderungen für die Sicherheit. [Online] 15. 03 2011. [Zitat vom: 02. 10 2013.] http://www.sicherheit-forschung.de/workshops/workshop_3/ws_3_vortraege/hestermann.pdf.

[64] Verfügbar unter: Badische Zeitung. 2013. Streichs Wutrede: Labbadia, Hertha und die Medien. [Online] YouTube, 26. 08 2013. [Zitat vom: 01. 12 2013.] http://www.youtube.com/watch?v=rFca0_K98d4.

[65] Breuer, Marcus. 2013. Streich rechnet mit Medien ab. [Online] Kölner Stadtanzeiger, 28. 08 2013. [Zitat vom: 01. 12 2013.] http://www.ksta.de/fussball/--lolita--skandal-streich-rechnet-mit-medien-ab,15189340,24142334.html.

[66] Zur Rolle der Journalisten dabei vgl. Wüst, Ann-Kathrin. 2012. JOURNALISTEN UND MEDIENGEWALT. Berichterstattung zwischen Wissenschaft und Öffentlichkeit – Eine unüberwindbare Kluft? [Online] 06 2012. [Zitat vom: 01. 12 2013.] http://opus.bsz-

Regel einseitige und oftmals nachlässig recherchierte Berichterstattung über Fans führt jedoch zu einer stigmatisierenden Darstellung der Fankultur und deren Handlungsweisen und in der Folge zu einer verzerrten Wahrnehmung der Sicherheitslage." (Gabriel, 2010, S. 48) Zum Teil nimmt die Art der Berichterstattung in den Medien auch bizarr anmutende Formen an: Als Reaktion auf die Ausschreitungen bei Spiel Schalke gegen Dortmund am 26.10.2013 hat der WDR das Bild der BVB-Südtribüne mit den Fans dort aus dem Vorspann des regionalen Vorabendmagazins gestrichen. Nach WDR-Studioleiter Baars will der WDR „zum Nachdenken anregen, eine Diskussion anstoßen".[67] Ein zumindest fragwürdiger Umgang mit der Problematik der Fußballgewalt, der nach zwei Tagen vom WDR-Intendanten persönlich unterbunden wurde.[68]

Ein weiteres Problem kann eine verschärfende Wirkung haben: Durch die Berichterstattung in den Medien werden Entscheidungsträger bei der Polizei, bei Vereinen, und in der (Lokal-)Politik in gewisse Erwartungshaltungen der Bevölkerung gedrängt: „Zwangsläufig erhöht sich in einem aufgeheizten medialen Umfeld auch der Druck auf Politik und Polizei, Härte und Kompromisslosigkeit zu zeigen, was deren Handlungsmöglichkeiten deutlich einschränkt."[69]

---

bw.de/hdms/volltexte/2012/999/pdf/Bachelorarbeit_A_Wuest_120614.pdf.
Hochschule der Medien Stuttgart.
[67] Spiegel.de. 2013. WDR schneidet BVB aus "Lokalzeit"-Vorspann. Nach Ausschreitungen auf Schalke. [Online] Spiegel.de, 31. 10 2013. [Zitat vom: 11. 11 2013.]http://www.stern.de/sport/nach-ausschreitungen-auf-schalke-wdr-schneidet-bvb-aus-lokalzeit-vorspann-2068175.html.
[68] Menke, Frank. 2013. Die Wand ist weg, die Diskussion ist da. Südtribüne aus Lokalzeit-Trailer verbannt. [Online] Westdeutscher Rundfunk Köln, 31. 10 2013. [Zitat vom: 03. 12 2013.] http://www1.wdr.de/themen/sport/dortmundersuedtribuene100.html.
[69] Vgl. Gabriel, Die Fanprojekte - Garanten für Kommunikation und Dialog aller Beteiligten, 2012, S. 229.

6. Netzwerk

6.1. Netzwerke im Fußball

Bereits im vorangegangen Abschnitt wurde die Komplexität des Netzwerks Fußball dargestellt. In Anlehnung an Heiderich[70] lässt sich das Netzwerk Fußball wie folgt beschreiben:

Das Netzwerk Fußball besteht aus zahlreichen verschiedenen, verbundenen Akteuren, die in der Lage sind, ihre Ressourcen gemeinsam zu nutzen. Daraus ergeben sich einige Vorteile gegenüber einer isolierten Arbeitsweise:

- zentrale Steuerung von Daten und Informationen
- Nutzung gemeinsamer Datenbestände
- größere Leistungsfähigkeit
- gemeinsame Nutzung der Ressourcen.

Akteure können auf unterschiedliche Art und Weise miteinander verbunden werden. Damit sie aber überhaupt miteinander kommunizieren können, müssen sie auf gemeinsame Standards und Festlegungen zurückgreifen.[71]

Viele Vorgänge bei der Übertragung von Daten in (technischen) Netzwerken werden mit einem abstrakten Modell, dem OSI-Schichtenmodell erklärt: Auf der Senderseite läuft die Kommunikation von oben nach unten und auf der Empfängerseite von unten nach oben. Logisch gesehen, erfolgt die Kommunikation zwischen Sender und Empfänger jedoch horizontal in jeder Schicht. Nur bei gleichen Protokollen in einer Schicht ist eine Kommunikation möglich.[72]

---

[70] Heiderich, Klaus. 2012. Heiderich Internet & PC Service - Grundlagen Netzwerktechnik. [Online] 2012. [Zitat vom: 05. 11 2013.] http://klausheiderich.de/netzwt/n_1.htm.

[71] Heiderich, Klaus. 2012. [Online] 2012. [Zitat vom: 05. 11 2013.] http://klausheiderich.de/netzwt/n_5.htm#5.Vernetzungstechnologien%7Coutline

[72] Heiderich, Klaus. 2012. [Online] 2012. [Zitat vom: 05. 11 2013.] http://klausheiderich.de/netzwt/n_7.htm#7.Netzwerktheorie%7Coutline.

Tabelle 2: Eigene Tabelle zur Bedeutung der Axiome Watzlawicks

Axiom	Bedeutung
Man kann nicht nicht kommunizieren.	Auch, wenn man (verbal) nichts sagt, teilt man dennoch etwas mit, ggf. auch nonverbal durch Auftreten und Ausrüstung/Aussehen. Dessen müssen sich Sender und Empfänger bewusst sein.
Jede Kommunikation hat einen Inhalts- und einen Beziehungsaspekt.	Während der Inhaltsaspekt die reine Information, also die Sachebene meint, beschreibt der Beziehungsaspekt das Verhältnis der an einer Kommunikation beteiligten Partner. Eine reine Sachbotschaft ohne jegliche darin transportierte Beziehungsebene gibt es nicht.[73]
Kommunikation ist immer Ursache und Wirkung.[74]	Je nach Wahrnehmung der Struktur des Gespräches ändert sich auch dessen Bedeutung. Fragen nach *Schuld* und *Recht* werden unterschiedlich beantwortet. Das Bild über den Inhalt eines Gespräches wird durch die Perspektive bestimmt.
Menschliche Kommunikation bedient sich analoger und digitaler Modalitäten.	Die Kommunikation auf der Sachebene erfolgt digital, die auf der Beziehungsebene analog. Unter der analogen Kommunikation versteht man die sprachfreie Übermittlung von Informationen, die insoweit emotional eingefärbt sein und Deutungsschwankungen unterliegen kann. Digitale Kommunikation umfasst in diesem Sinne die Syntaktik und Semantik der Sprache. Es ergeben sich insoweit gleich zwei Gefahren bei der Kommunikation.
Kommunikation ist symmetrisch oder komplementär	Mit Blick auf die Beziehungsebene können die Partner entweder gleichberechtigt sein, dann erfolgt die Kommunikation symmetrisch, oder sie sind nicht gleichberechtigt, dann erfolgt die Kommunikation komplementär. Probleme können demnach entstehen, wenn die Partner ihre Positionen unterschiedlich sehen.

Watzlawick entwickelte in diesem Zusammenhang die fünf kommunikationstheoretischen Axiome (siehe Tabelle 2).[75]

---

[73] S. auch: Kumbier, Dagmar. 2013. Das Innere Team in der Psychotherapie : Methoden- und Praxisbuch. Stuttgart: Klett-Cotta, 2013. oder Schulz von Thun, Friedemann. 2013. Miteinander reden 1-4 [Elektronische Ressource] : Störungen und Klärungen. Allgemeine Psychologie der Kommunikation. Reinbek : Rowohlt E-Book, 2013.
[74] Dieses Axiom wird in der Literatur auch mit „Die Natur einer Beziehung ist durch die Interpunktion der Kommunikationsabläufe seitens der Partner bedingt." beschrieben.

Die Kenntnis der in Rede stehenden Axiome ist für die Gesamtbetrachtung wichtig, um zu wissen und insbesondere zu verstehen, welche Prozesse bei der Kommunikation stattfinden. Insoweit kann das Wissen um die Bedeutung der Axiome helfen, Missverständnisse bei der Kommunikation auszuräumen. Denn nicht immer stimmen Gesagtes und Gehörtes überein. So kommt es nicht selten vor, dass Akteure dasselbe wollen, aber gänzlich aneinander vorbei reden, da ihnen z. B. eine gemeinsame Schnittmenge fehlt. Eine große Rolle dabei spielt auch die nonverbale Kommunikation, die z.b. durch Ausstattung, Ausrüstung oder Mimik der Polizeibeamten erfolgt.

6.2. Ergebnisse aus zwei Online-Umfragen

Im Folgenden werden teilweise bereits veröffentlichte Ergebnisse von zwei im Jahr 2012 und 2013 durchgeführten Online-Umfragen[76] wiedergegeben.[77] An der ersten Umfrage nahmen insgesamt 1.370 Personen teil, an der Wiederholungsumfrage 1.133 Personen. 592 Teilnehmer der Wiederholungsumfrage gaben an, nicht (auch) an der ersten Umfrage teilgenommen zu haben, womit knapp 2.000 Personen mit beiden Umfragen erreicht werden konnten. Eine Repräsentativität der Umfrage war weder beabsichtigt, noch möglich.

---

[75] Bender, Stefan. 2013. Die Axiome von Paul Watzlawick. [Online] 07 2013. [Zitat vom: 01. 12 2013.] http://www.paulwatzlawick.de/axiome.html.
[76] Teile der vom 04.08.2012 bis zum 24.08.2012 sowie vom 24.06.2013 bis zum 18.07.2013 durchgeführten Befragungen wurden vorab aus Gründen der Aktualität in Abstimmung mit dem Betreuer der Masterarbeit in der Zeitschrift „Kriminalistik" veröffentlicht (Heft 2/2013, S. 75-80, „Fußball und Gewalt aus Sicht der Fans" und Heft 8-9/2013, S. 526-531, „Fußball und Gewalt aus Sicht der Fans – Wiederholung einer Befragung"). Ebenso wurden Arbeitsberichte zu den Befragungen zeitlich befristet (Einstellung zum 01.11.2013) auf der Website www.fussballbefragung.de eingestellt, um den Teilnehmern an der Studie zeitnah die versprochene Rückmeldung zu geben. Diese Seite wird auf www.andreas-schwinkendorf.de umgeleitet.
[77] Der thematische Rahmen der Masterarbeit geht über diese Umfragen hinaus. Zudem werden andere Schwerpunkte bezüglich der Auswertung der Daten gesetzt.

6.2.1. Wesentliche quantitative Ergebnisse[78]

In der ersten Umfrage wurden insgesamt 35 Einzelfragen, unterteilt in drei große Themenkomplexe gestellt. Die Wiederholungsumfrage umfasste 45 Einzelfragen, unterteilt in neun Themenkomplexe. Beide Umfragen unterschieden sich nicht nur im Umfang der gestellten Fragen. Darüber hinaus enthielt die Wiederholungsumfrage deutlich mehr offene Fragen, wodurch zum einen dem Umstand, dass viele Teilnehmer der ersten Umfrage auch in großem Umfang die (wenigen) Freitextfelder nutzten, um sich mitzuteilen, Rechnung getragen wurde, und zum anderen ein deutlich größerer *qualitativer* Datenpool entstanden ist. Der besondere Mehrwert von Antworten auf *offene* Fragen liegt darin, dass die Antwort vom Teilnehmer frei gegeben werden kann. Er ist demnach nicht durch Antwortvorgaben eingeengt. Auch wird etwaigen Verzerrungen entgegengewirkt. Überdies können sich so im Idealfall weitere Meinungen ergeben, die zum Zeitpunkt der Formulierung der Fragen nicht präsent waren.

Besonders spannend mit Blick auf die erste Umfrage ist der Umstand, dass dort – eigenem Bekunden zufolge – 191 Ultras/Suptras erreicht werden konnten, was einem prozentualen Anteil von 17,1 % der bei dieser Frage abgegebenen Antworten entspricht.

Im Mittel beider Umfragen[79] mit ca. 90,0 %[80] waren die Teilnehmer der Umfrage erwartungsgemäß vorwiegend männlich. 56,6 % verfügen über einen gymnasialen Abschluss, 34,8 % über einen Realschulabschluss. 67,3 % bzw. 55,0 % der Teilnehmer wohnten zum Zeitpunkt der Umfrage in Mecklenburg-Vorpommern; ein signifikanter Zuwachs zu einem bestimmten Bundesland ist dabei nicht auszumachen. Auffällig ist die Verschiebung bei der Frage nach der Häufigkeit des Stadionbesuchs: Während bei der ersten Umfrage noch insgesamt 35,2 % der Teilnehmer angaben, das Stadion eher selten bzw. ab und zu aufzusuchen, lag diese Zahl in der Summe

---

[78] Alle folgenden Angaben sind – sofern nicht ausdrücklich etwas anderes angegeben wird – in Prozent.
[79] „Mittel" → Sofern die Prozentangaben beider Umfragen bei gleichen Fragen nahezu gleich sind, wird das Mittel beider Werte abgebildet. Lediglich bei signifikanten Abweichungen erfolgt eine Darstellung beider Werte, wobei – sofern nichts anderes ausgeführt – die Reihenfolge der Werte auch der der Umfragen entspricht. (→ NICHT Mittelwert).
[80] Die Prozentangaben auf den folgenden Seiten beziehen sich auf die abgegebenen Antworten bei der jeweiligen Frage und damit nicht zwingend auf die Gesamtzahl der Teilnehmer. Auch hier wird zur Vereinfachung der Lesbarkeit nur die männliche Form verwendet.

bei der Wiederholungsumfrage bereits bei 62,1 % der Teilnehmer. 69,2 % suchen die DKB-Arena mit Freunden/Kollegen, 16,5 % mit der Familie auf. 56,0 % der Teilnehmer sind Mitglied in einem Fußballverein (auch andere als Hansa).

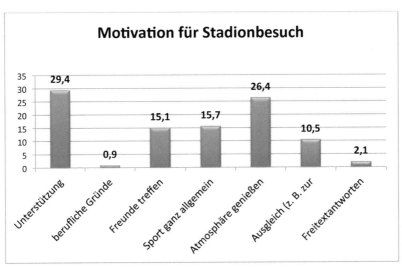

Abbildung 16: Individuelle Motivation für den Stadionbesuch

Aus der Abbildung 16 ist die individuelle Motivation der Teilnehmer für ihren Stadionbesuch zu entnehmen (n=1.114, hier: *Umfrage 2013*). Es ist ersichtlich, dass ca. ein Drittel die *Unterstützung der Mannschaft* und gut ein Viertel *Atmosphäre genießen* als Motivation ansehen. Hieraus ist implizit abzulesen, dass für Viele offensichtlich das Erleben eines Fußballspiels direkt live vor Ort die vorzugswürdigere Variante zum Fernsehsessel ist. Fußball als die „schönste Nebensache der Welt" ist ein Spektakel, dessen Stimmung im Fernsehen nicht so rüberkommt wie vor Ort. Es wird deutlich, dass ein Stadionbesuch gerade auch wegen der dort herrschenden Stimmung und nicht ausschließlich wegen der Platzierung der Mannschaft durchgeführt wird.

Damit das fragile[81] Netzwerk Fußball funktioniert, ist es notwendig, von Anfang an auch die sog. Problemfanszene einzubinden. Wie fragil dieses Netzwerk tatsächlich ist, zeigte die Aktion 12:12. Hier wurde sehr eindrucksvoll deutlich, wie wichtig die Stimme (der Fans) für die Stimmung (im Stadion) ist. Nach Gabriel sind die Choreografien „Geschenke der Fans an ihren Verein". (Gabriel, 2012 S. 227) Dieser „Denkzettel" der Aktion 12:12 führte vor Augen, dass Stimmung wesentlicher Bestandteil eines Fußballspiels ist. „Der Reiz des Stadionbesuchs beginnt bereits mit der ‚Ästhetik' des Ensembles von Architektur und vielen zehntausend Menschen". (Gabler, 2010, S. 10)

Vor diesem Hintergrund wurde den Teilnehmern der zweiten Umfrage auch die Frage gestellt: „Wie beurteilen Sie den Einfluss der Ultras auf die Fanszene bzw. ihre Vormachtstellung in der Kurve?" Mit Mittelwerten[82] von 5,03 bzw. 4,07 erachteten die Teilnehmer den Einfluss der Ultras tendenziell zwar als zu hoch, aber im Ergebnis auch als positiv. Dieser Trend setzt sich auch in der Frage „Erachten Sie eine Kommunikation mit Ultras und Problemfans als notwendig und sinnvoll?" fort. So hielten die Teilnehmer mit Mittelwerten[83] von 2,14 bzw. 2,48 die Kommunikation sowohl deutlich als notwendig wie auch sinnvoll.

Bei einem Mittelwert von 3,27 hat sich nach Ansicht der Teilnehmer der Wiederholungsumfrage die Zusammenarbeit des Vereins F. C. Hansa Rostock mit den Fans verbessert. Es zeigt sich, dass die Anstrengungen des Vereins auch in der öffentlichen Wahrnehmung in die richtige Richtung gehen. Mit der browserunabhängigen Mitgliederaktion „Du bist Hansa" versucht der Verein neben dem fiskalischen Aspekt, sich offen zu zeigen und Mitglieder zu akquirieren. Unter dem Leitspruch „Du trägst die Kogge im Herzen und willst das auch der ganzen Welt zeigen? Dann schließe dich jetzt der großen Hansa-Familie an!"[84] ist es möglich, online Mitglied zu werden.

---

[81] Das Netzwerk ist fragil, da es sich ständig neu konstituieren muss, da die Akteure ebenso wechseln wie die Abläufe.

[82] Nicht zu verwechseln mit dem Mittel (vgl. FN 79). Ratingskala 1-7; Einfluss zu gering = 1 → Einfluss zu hoch = 7; Einfluss negativ = 1 → Einfluss positiv = 7; Problem = 1 → Subkultur = 7.

[83] Ratingskala 1-7; notwendig = 1 → nicht notwendig = 7; sinnvoll = 1 → nicht sinnvoll = 7.

[84] LUPCOM media GmbH. 2013. Mitglied werden. Meine Heimat. Meine Liebe. Mein Verein. [Online] 12 2013. [Zitat vom: 01. 12 2013.] http://www.dubisthansa.de/mitglied-werden.html.

Tabelle 3: Einschätzungen zu Statements in Gegenüberstellung

	stimme sehr zu		stimme zu		Einzel- fallab- hängig		lehne ab		lehne sehr ab	
	'12	'13	'12	'13	'12	'13	'12	'13	'12	'13
Alkohol sollte im Stadion erlaubt sein.	32,4	24,5	45,4	52,8	9,0	10,0	7,5	8,0	5,8	4,8
Feuerwerkskörper im Stadion sollten erlaubt sein.	21,0		23,2		14,3		13,0		28,6	
Gewalttätigen Fans sollte der Zutritt zum Stadion für längere Zeit verboten werden.	40,1	47,2	21,0	20,7	16,0	20,3	10,6	6,5	12,4	5,3
Die Polizei sollte bereits im Vorfeld viel härter / konsequenter gegen randalierende Fans vorgehen.	21,8	28,3	21,8	25,1	17,5	18,5	18,8	14,1	20,1	14,1
Wenn die Gewalt im und um das Stadion weiter zunimmt, werde ich keine Spiele mehr besuchen.	9,9	10,4	10,1	16,7	13,1	15,1	23,4	20,2	43,5	37,7
Die Justiz sollte deutliche und harte Strafen gegen Randalierer verhängen.	31,3	37,8	20,9	23,2	13,2	16,0	15,5	11,1	19,1	12,0
Pyrotechnik und Feuerwerk gehören zu einem Fußballspiel dazu. Man sollte sie erlauben.	33,0	26,0	22,0	27,0	11,8	13,0	10,8	14,3	22,5	19,8
Ultras sind wichtig für die Stimmung im Stadion. Man sollte ihnen den Zutritt nicht verbieten, auch wenn sie mal über die Stränge schlagen.	33,1	21,3	24,7	32,6	14,7	16,7	13,0	17,1	14,6	12,3
Straftaten i. Z. m. Fußball werden meistens durch alkoholisierte Täter begangen.	6,0		29,9		23,4		28,0		12,7	

In beiden Umfragen wurden die Teilnehmer mit einigen Statements konfrontiert, zu welchen sie um ihre Einschätzung gebeten wurden.

Tabelle 3[85] zeigt die Positionierung der Teilnehmer im Vergleich der beiden Umfragen, wobei die Teilnehmerverteilung bei n=1.180 bzw. n=1.015 lag.

Wenn man sich die einzelnen Antworten ansieht, wird deutlich, dass zwischen den beiden Umfragen knapp 12 Monate lagen. Während gewalttätige Ausschreitungen im und um das Stadion nach wie vor keinen Grund darstellen, von einem Stadionbesuch Abstand zu nehmen, sind bei den übrigen Statements durchaus z. T. deutliche Verschiebungen zwischen den einzelnen Items auszumachen. Wenn allerdings die einzelnen Antworttendenzen (stimme sehr zu und stimme zu; lehne ab und lehne sehr ab) aufsummiert werden, zeigt sich, dass die Veränderungen nicht mehr so groß sind, wie es auf den ersten Blick scheint.

Zusammen mit den Antworten auf die Frage zur Notwendigkeit und Sinnhaftigkeit der Kommunikation mit sog. Problemfans ergibt sich ein sehr differenziertes Bild: Kommunikation ist der Motor für einen gewaltfreien Fußball-Event, etwaigen Verunreinigungen z. B. in Form von übermäßigem Alkoholkonsum muss (nach Auffassung der Befragten) durch Sanktionierung entgegengewirkt werden.

Mit jeweils 70,0 % halten knapp drei Viertel der Teilnehmer die derzeitigen Sicherheitsmaßnahmen in der DKB-Arena für ausreichend; 62,0 % finden die Anstrengungen im präventiven Bereich für ausreichend. Immer wieder schwingt in den Antworten mit, dass sich die Besucher im Stadion sicher fühlen. In diesem Kontext verwundern die deutlichen Ablehnungen von Gesichtsscanner, Ausweisscanner, personalisierten Tickets, Geisterspielen oder aber einem Alkoholverbot im Stadion nicht, wie die Zahlen der Tabelle 4[86] zeigen, wobei die Teilnehmerverteilung bei n=1.134 bzw. n=979 lag.

2012 und 2013 war die Akzeptanz von Stadionverboten, die durch ein Gericht verhängt werden, höher als bei einer Verhängung durch einen Verein. Dennoch ist bei der Aufsummierung der Antworttendenzen eine interessante Verschiebung zugunsten der Vereine zu beobachten. 2012 fanden 55,0 % die Verhängung eines Stadionverbotes durch ein Gericht sehr gut bzw. gut, 2013 lag diese Zustimmung bei 61,0 %, was einem Zuwachs von 6,0 % entspricht.

---

[85] Entnommen aus (Feltes, et al., 2013 S. 528).
[86] Entnommen aus (Feltes, et al., 2013 S. 529).

Tabelle 4: Was halten Sie von...?

	sehr gut		gut		weniger gut		gar nicht gut		weiß nicht/ kenne nicht	
	'12	'13	'12	'13	'12	'13	'12	'13	'12	'13
von der Sperrung (12) / Öffnung (13) der Südtribüne?	9,8	63,1	9,2	23,4	16,7	6,5	62,2	5,1	2,1	2,0
vom Gesichtsscanner?	8,7	10,7	13,1	15,5	13,4	15,3	61,2	54,3	3,6	4,2
vom Ausweisscanner?	12,1	14,0	19,3	25,2	10,9	13,8	55,3	44,5	2,5	2,5
von der personalisierten Eintrittskarte?	15,6	20,0	18,7	20,3	15,6	19,0	48,6	39,9	1,5	0,8
von „Geisterspielen" als Sanktion auf Ausschreitungen?	5,8	3,6	3,9	4,0	12,1	15,2	75,2	76,1	3,0	1,0
von Stadionverboten gegen Fans durch die Vereine?	25,4	30,3	19,5	23,8	19,6	22,4	33,8	22,4	1,7	1,1
von Stadionverboten gegen Fans als strafrechtliche Sanktion (durch einen Richter)?	30,0	35,7	24,5	25,4	16,0	16,6	27,0	21,2	2,5	1,1
von der Verhängung von Strafen durch das DFB-Sportgericht		6,3		12,1		32,1		48,6		1,0
vom Alkoholverbot im Stadion durch die Polizei?		9,3		14,1		34,2		40,6		1,9

Die Verhängung von Stadionverboten durch den Verein fanden 2012 insgesamt 45,0 % sehr gut bzw. gut, 2013 waren dies bereits 54,0 % gut, was einem Zuwachs von immerhin 9,0 % entspricht. Offenbar schwingt hier die Notwendigkeit einer zeitnahen Reaktion auf ein Fehlverhalten mit, sodass sich der von einer Sanktion Betroffene sein Fehlverhalten auch zuschreiben kann. Möglicherweise kann dieser Zuwachs aber auch auf den (flexiblen und differenzierten)

Rostocker Weg im Umgang mit Stadionverboten zurückgeführt werden, der später noch dargestellt wird.

Sehr deutlich fällt die Ablehnung bei der Verhängung von Strafen durch das DFB-Sportgericht aus. 80,7 % finden dies weniger gut bzw. gar nicht gut. Auf die DFB-Sportgerichtsbarkeit wird unter dem Punkt 6.2.2 ab S. 52 nochmal genauer eingegangen.

Nicht selten wird von Verbänden, Politik und Polizei das Stadionverbot als probates Mittel gegen gewalttätige Ausschreitungen im Zusammenhang mit Fußball gepriesen. Während in der ersten Umfrage 60,2 % dies nicht oder eher nicht so sahen, lag die Ablehnung 2013 nur noch bei 51,3 %. Sicher können Personen, die sich nicht im Stadion befinden, *dort* auch keine Straftaten verüben. Das Problem löst dies gleichwohl nicht. Im Übrigen werden nicht immer nur die „Richtigen" gefasst und mit einem Stadionverbot belegt. Vielmehr handelt es sich zum Großteil auch um Mitläufer. Und eben diese werden stigmatisiert und die Entscheidungsträger „treiben sie im Grunde genommen dann in eine Situation, wo sie gar keine andere Chance haben, als sich weiterhin so zu verhalten, wie wir das von ihnen erwarten. Die stehen dann, in Rostock zum Beispiel, außerhalb des Stadions und machen da Rabatz, statt denen [...] die Hand zu reichen".[87] Dies führt zu einer Solidarisierung, wobei diese Sanktion lediglich auf die Symptome abzielt und den zahlreichen Ursachen nicht gerecht wird. Die Einbindung aller Fans in aktuelle Diskussionen, in Teilen auch in Entscheidungsprozesse, bietet überdies einen weiteren Vorteil, wie Päsler in seinem Interview ausführte: „Und es ist auch so, dass wenn Fans eingebunden werden, diesen auch ein Stück Verantwortung übergeben wird. Sie fühlen sich dann vielleicht schlecht, wenn sie der Verantwortung nicht gerecht werden und das Gegenüber enttäuschen. Und wenn man mit den Fans nicht redet und völlig abblockt, können die machen, was sie wollen und es stellt sich auch kein Schuldgefühl ein." (Päsler, Interview, S. 148)

54,7 % der Befragten der Wiederholungsumfrage empfinden das Verfahren rund am das Stadionverbot als nicht rechtsstaatlich. Ähnlich sieht das auch Feltes: „Ein Stadionverbot ist vom Prinzip her eine strafrechtliche Sanktion. Das heißt, es gehört nicht in die Hände

---

[87] Feltes, Thomas. 2012. Der Mobilat Fantalk. Sicherheitskonzept der DFL [Online]. Sport1, Essen (11Freunde-Bar): Youtube [hier: 21:55 min - 22:36 min], 11. 12 2012. [Zitat vom: 12.07.2013.] http://www.youtube.com/watch?v=uDA1VLfzIRE.

des DFB und der Vereine, sondern in die von Staatsanwaltschaft und Justiz, wie es auch in anderen Ländern der Fall ist."[88] Darüber hinaus gaben 79,4 % an, dass, wenn ein Stadionverbot (dann doch) unumgänglich ist, dieses aber erst nach einer eindeutigen Verurteilung ausgesprochen werden sollte. Mit Blick auf eine zeitnahe Sanktionierung stellt dies jedoch ein Problem dar. Einzige Lösung hierfür wäre die Beschleunigung der Erledigung der Ermittlungsverfahren bzw. der Verfahrenseröffnungen.

Zur wegen der „Geschehnisse [...] beim Heimspiel gegen den FC St. Pauli am 19. November 2011" am 01.12.2011 erfolgten Sperrung der Rostocker Südtribüne[89] hatten die Teilnehmer eine sehr eindeutige Auffassung. So fanden diese mit 78,9 % mehr als drei Viertel der Teilnehmer weniger gut bzw. gar nicht gut. Nachdem die Tribüne zum 26.01.2013, beim Spiel gegen den SC Preußen Münster, wieder eröffnet wurde,[90] war es von Interesse, wie die Teilnehmer diesen Umstand in der zweiten Umfrage, also ein gutes halbes Jahr nach der Wiedereröffnung betrachten. Demnach ist es so, dass die Öffnung insgesamt sogar 86,5 % gut bzw. sehr gut finden. Daraus ist also deutlich erkennbar, dass die Teilnehmer die Unterstützung, die von der Südtribüne kommt, zumindest genießen, wahrscheinlich sogar für notwendig erachten.

Speziell auf den Ausweisscanner angesprochen – die Frage wurde in die erste Befragung aufgenommen, da dieses Thema damals politisch diskutiert wurde –, wird deutlich, dass dieser nach Ansicht der Teilnehmer nicht zu einer (gefühlten) Erhöhung der Sicherheit im Stadion führen würde, wie aus Tabelle 5[91] abzulesen ist, wobei die Teilnehmerverteilung bei n=1.122 bzw. n=951 lag.

---

[88] Bossmann, Berries. 2012. Feltes: Es drohen Eskalationen bei Pyrotechnik und Gewalt. [Online] Sportbild.de, 12. 09 2012. [Zitat vom: 08. 08 2013.] http://sportbild.bild.de/SPORT/bundesliga/2012/09/12/dfl-kriminologe-thomas-feltesfuerchtet/es-drohen-eskalation-bei-pyrotechnik-und-gewalt.html.

[89] F.C. HANSA NEWS. 2011. Maßnahmenkatalog zur Verbesserung der Sicherheit. [Online] 01. 12 2011. [Zitat vom: 01. 12 2013.] http://www.fc-hansa.de/index.php?id=154&oid=24807.

[90] S. F. C. Hansa Rostock e. V. 2013. Mit frischem Wind und neuer Stärke: Stadionstruktur beschlossen. [Online] F.C. HANSA NEWS, 18. 01 2013. [Zitat vom: 05. 11 2013.] http://www.fc-hansa.de/index.php?id=154&oid=34334.

[91] Entnommen aus (Feltes, et al., 2013 S. 529).

Tabelle 5: Einführung eines Ausweisscanners

	trifft mehr zu		trifft zu		trifft weniger zu		trifft gar nicht zu		weiß nicht	
	'12	'13	'12	'13	'12	'13	'12	'13	'12	'13
Ich würde auf den Stadionbesuch verzichten.	15,4	10,0	14,5	13,3	21,0	30,0	40,9	41,0	8,4	5,7
Ich würde mich in meinen Rechten beschränkt sehen.	43,6	37,5	22,3	21,3	12,8	17,0	19,5	22,3	1,7	1,9
Ich hätte das Gefühl, dass es mehr Sicherheit im Stadion gibt.	10,0	12,7	20,0	23,5	18,9	21,6	46,7	40,2	4,4	2,1
Die Wartezeiten, die dann entstünden, würden mich vom Stadionbesuch abhalten.	12,3	9,0	18,7	19,8	34,1	40,0	26,7	23,7	8,2	7,4
Ich würde versuchen, diese Regelung zu umgehen.	21,9	16,6	16,1	14,1	12,9	15,8	42,2	45,7	7,0	7,9

Interessanterweise gibt es einen solchen Ausweisscanner[92] in der Schweiz schon seit knapp zwei Jahren. Im März 2012 wurde er erstmalig im Eishockeystadion Zug eingesetzt. Dass der Verein ein Interesse an einer Abschreckung hat, liegt allerdings auf der Hand: Seit Beginn 2012 müssen Eishockeyvereine 60,0 % der Polizeikosten tragen. Im Rahmen des Sicherheitschecks durch den Sicherheitsdienst werden ca. ein Viertel der Gästefans ausgewählt, von ihnen Fotos angefertigt und deren Ausweise eingescannt. Die Meinungen der für einen Fernsehbeitrag Befragten gehen dabei erwartungsgemäß deutlich auseinander. (Eisenring, 2012)

Dem vereinseigenen Ordnungsdienst von Hansa wurde in den beiden Umfragen ein schlechtes Zeugnis ausgestellt. 37,8 % halten etwa Nachbesserungen im Bereich der Ausbildung für unabdingbar. Angesprochen auf diese Einschätzung, die sich im Verlaufe des zwischen beiden Umfragen liegenden Jahres nicht verändert hat (Verschlechterung um ca. 0,6 %), antwortete Abrokat als Aufsichtsratsvorsitzender von Hansa:

---

[92] Kosten des Scanners ca. 14.700 Euro (ca. 18.000 Franken) → Bezahlt durch die Stadt.

„Ich möchte allerdings auch dazu sagen, dass es nicht so ganz einfach ist, in einem Ordnungsdienst eine HUNDERT prozentige Qualität und Hygiene zu erreichen. Das hat einfach was mit der Branche zu tun. Das hat was mit den Mitarbeitern zu tun und das hat insbesondere was mit der Fluktuation in einem Ordnungsdienst zu tun. Das heißt, wann man sehr viel Geld in Ausbildung und in den Ordnungsdienst investiert, heißt das noch lange nicht, dass man diesen Zustand noch in einem halben Jahr hat, weil man unheimlich viel Fluktuation beim Personal hat." (Abrokat, Interview, S. 221)

17,6 % der Teilnehmer finden, dass es in Rostock keine Problemfanszene gibt. Hier zeigt sich – ähnlich wie bei Aussagen über Gewalt –, dass Problemfanszene kein fester oder klar umrissener Begriff ist. Dass es durchaus Probleme mit Ausschreitungen durch Fans gibt, scheint unstrittig. Aber so, wie ein Teil der Fans im Einsatz von Pyrotechnik keine Gewalt sehen, stellen offenkundig einige (andere) Verhaltensweisen kein Problem dar, womit für diejenigen dann auch folgerichtig keine Problemfanszene vorliegt.

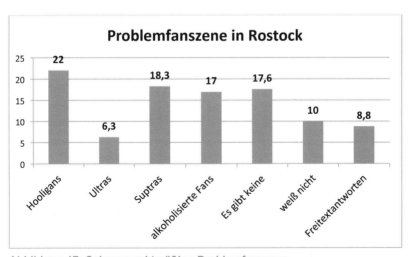

Abbildung 17: Schwerpunktmäßige Problemfanszene

22,0 % bzw. 18,3 % sehen diese bei den Hooligans bzw. bei den Suptras, nur 6,3 % subsumieren hierunter die Ultras. 17,1 % der

Teilnehmer wollen dies an keiner besonderen Gruppe festmachen; vielmehr sehen sie die schwerpunktmäßige Problemfanszene bei den alkoholisierten Fans (s. Abbildung 17, n=968).

Mit Mittelwerten von jeweils 3,12 sind die Teilnehmer der Wiederholungsumfrage der Auffassung, dass die (in den Augen der Teilnehmer so wahrgenommene) teilweise übermäßige Präsenz, wie auch die in Teilen nicht angebrachte Anzugsordnung („Kampfanzug", „Maske" usw.) einen Teil der Ausschreitungen provoziert (s. Tabelle 6).

Tabelle 6: Präsenz und Anzugsordnung der Polizei

	1	2	3	4	5	6	7		Ø
	Präsenz provoziert								
trifft nicht zu	28,7	20,9	15,4	10,6	5,4	7,4	11,7	trifft nicht zu	3,12 n=928
	Anzugsordnung provoziert								
	29,9	20,8	14,3	9,7	5,8	7,0	12,5		3,12 n=929

Dabei stellt sich immer wieder die Frage, inwieweit man einen Bereich auch unsicher „gestalten" oder wirken lassen kann. So kann ein falscher Eindruck entstehen, wenn Bahnreisende, die z. B. nicht zum Fußballspiel wollen, im Hauptbahnhof in Rostock ankommen und bereits durch eine Hundertschaft in Einsatzkleidung empfangen werden, wie sich aus einigen Rückmeldungen der Umfragen ergibt. Offenbar werden die Ausrüstungszustände der Polizei in der Öffentlichkeit anders wahrgenommen als durch die Polizei. Der Polizei ist bekannt, dass „zurückhaltende Polizeipräsenz gegenüber organisierten Fans und der Einsatz von Konfliktmanagern [...] als Lösungsmöglichkeiten zur Gewaltvermeidung in das Blickfeld" rücken. (Polizeidirektion_Hannover, 2008 S. 7)

In diesen Kontext passt ein Zitat aus dem Interview mit Ebert im Zusammenhang mit gruppendynamischen Prozessen:

„Das Verhalten eines einzelnen Störers auf der einen Seite und die Reaktion eines EINZELNEN Polizeibeamten auf der anderen Seite können ein Prozess anstoßen, der schwer wieder einzufangen ist und der einer polizeilichen Lage dann eine Richtung gibt". (Ebert, Interview, S. 192)

Im Zusammenhang mit gewalttätigen Ausschreitungen im Fußball wird immer wieder die Abschaffung der Stehplätze diskutiert. In englischen Stadien ist dies bereits umgesetzt worden. Dort sorgen Ordner dafür, dass die Sitzplatzpflicht auch rigoros umgesetzt wird. Den Hintergrund dieser immer wieder auftauchenden Forderung beschreibt Ebert wie folgt: „Sitzplätze nehmen Dynamik und Emotionen aus der Situation. ‚Bewegung schafft Bewegung‘ sagt man immer. Also Bewegung auf der Tribüne schürt zusätzliche Emotionen und Mobilität. Die Stimmung würde aber aus den Stadien weichen." (Ebert, Interview, S. 212)

Tabelle 7: Abschaffung der Stehplätze

	stimme sehr zu	stimme zu	lehne ab	lehne sehr ab	Ø
Das würde die Sicherheit erhöhen.	3,2	9,2	30,4	57,3	3.4
Finde ich eine gute Sache.	2,8	3,7	26,4	67,1	3.6
Das nimmt dem Spiel die Stimmung.	64,0	24,7	7,8	3,5	1.5
Ich würde nicht mehr ins Stadion gehen.	11,0	21,2	44,5	23,3	2.8
Ich würde trotzdem stehen.	45,3	34,5	15,7	4,5	1.8
Das würde nur die Ticketpreise erhöhen.	46,1	38,8	12,0	3,2	1.7

Zu diesem Punkt wurden auch die Teilnehmer der Wiederholungsumfrage befragt. Die Positionierung ist an dieser Stelle sehr eindeutig: 87,7 % bezweifeln, dass eine solche Maßnahme die Sicherheit erhöhen würde und 67,8 % würde dies von einem künftigen Stadionbesuch abhalten. Neun von zehn Teilnehmern (88,7 %) sind der Auffassung, dass eine Abschaffung der Stehplätze zugunsten von nur noch Sitzplätzen dem Spiel die Stimmung nehmen würde (s. Tabelle 7[93]; n=954).

Auf die Darstellung weiterer quantitativer Daten wurde an dieser Stelle verzichtet. Diese können jedoch bei Interesse beim Autor unter info@andreas-schwinkendorf.de angefordert werden.

6.2.2. Wesentliche qualitative Ergebnisse

Die qualitative Auswertung der Daten erfolgte mittels MAXQDA 11. Den Antworten wurden zur deskriptiven Häufigkeitsdarstellung im Vorfeld Kategorien zugeordnet. Da ein Teil der Antworten gleichsam in zwei oder mehrere Kategorien passte und es keinen sachlichen Grund für (lediglich) die eine oder die andere Kategorie gab bzw. ein Teil der Antworten mehrere Vorschläge enthielt, wurden die entsprechenden Antworten z. T. auch mehr als nur einer Kategorie zugewiesen. Insoweit kann in Ausnahmefällen die Summe der Kategorien-Anteile die Anzahl der abgegebenen Antworten übersteigen.

6.2.2.1. Sicherheit

In der Umfrage von 2012 hielten ca. 70,0 % der Teilnehmer die derzeitigen Sicherheitsmaßnahmen in der DKB-Arena für ausreichend. Dieser geschlossenen Frage wurde eine offene angefügt. Die Teilnehmer wurden gefragt, welche Verbesserungsmöglichkeiten sie mit Blick auf die derzeitigen Sicherheitsmaßnahmen sehen. Neben vorgegeben Maßnahmen hatten die Teilnehmer die Möglichkeit, im Freitextfeld zusätzlich noch weitere Vorschläge zu unterbreiten, wovon 235 Teilnehmer diese Möglichkeit nutzten. 28 Teilnehmer nutzen nochmal die Möglichkeit zu bekunden, dass sie ausdrücklich keine Verbesserungsmöglichkeiten sehen. Neben zahlreichen sehr individuellen, und z. T. nicht umsetzbaren Vorschlägen kristallisierten sich drei Vorschläge besonders heraus, die sich mit einem Teil der quantitativen Daten decken: 34 Teilnehmer waren der Überzeugung, dass weniger Polizei oftmals mehr bewirken würde. Sie sind

---

[93] Entnommen aus (Feltes, et al., 2013 S. 530).

der Überzeugung, dass dies z. T. gerade die Auseinandersetzungen provoziert. In die gleiche Richtung geht Piastowski: „In der Vergangenheit hat allerdings das stete Ausdehnen polizeilicher Einsatzmaßnahmen gewalttätige Auseinandersetzungen nicht verhindern und schon gar nicht deren Ursachen beheben können. Manchmal entsteht gar der Eindruck, als sei die ‚Strategie des massiven Polizeieinsatzes' kontraproduktiv, weil gewalttätige Personen erst dadurch die Anerkennung erhalten, die sie sich wünschen." (Piastowski, 2010, S. 38)

Eine bessere Ausbildung der Ordner wird von 18 Teilnehmern gesehen. Der größte absolute Anteil fällt allerdings auf die Veränderung der Stadionstruktur, die 78 der Teilnehmer favorisieren.

Da die Vorschläge zur Stadionstruktur aber aus 2012 stammten und anzunehmen war, dass diese nur noch bedingt verwertbar sind, da die Wiedereröffnung der Südtribüne einige der Vorschläge obsolet hat werden lassen, wurde diese Frage auch in 2013 gestellt. 151 nutzen hier die Möglichkeit der Freitexteingabe: Mit 28 Antworten wollten 18,5 % erneut nochmals ausdrücklich verbalisieren, dass sie die Notwendigkeit einer Verbesserung nicht sehen. 24 Teilnehmer gaben die verschiedensten Vorschläge für bauliche Veränderungen an, wobei vornehmlich Vorrichtungen zu Abschottung benannt wurden. Was derartige bauliche Maßnahmen für kleine Vereine bedeuten, zeigt die Neu-Installation des Netz-Käfigs in der Leipziger Red-Bull-Arena: Die 3.000 qm Netz kosteten ca. 15.000 €.[94]

Personalisierte Tickets sehen immerhin noch 10 Teilnehmer als weitere Möglichkeit. Diese griff auch jüngst Pistorius – Vorsitzender der Innenministerkonferenz (IMK) und niedersächsischer Innen- und Sportminister – in einem Interview der *Neuen Osnabrücker Zeitung* auf. Demnach wollte er auf der IMK vom 04. – 06. Dezember 2013 in Osnabrück das Holländische Modell für Hochrisikospiele vorschlagen, wonach „bei einer als riskant eingeschätzten Begegnung alle anreisenden Fans ihre Karten erst am Spielort nach einer Identifizierung ausgehändigt bekommen."[95] DFL-Geschäftsführer Rettig

---

[94] KRAUSE, S., SCHMIDT, A. und PETERS, E. 2013. Netz-Käfig soll Hansas Chaoten stoppen - HÖCHSTE SICHERHEIT BEIM OST-DERBY. RB Leipzig empfängt Samstag, 14 Uhr, Rostock. [Online] BILD GMBH & CO. KG, 20. 11 2013. [Zitat vom: 20. 11 2013.] http://www.bild.de/regional/leipzig/rb-leipzig/bullen-stecken-hansa-chaoten-in-den-kaefig-33479690.bild.html.
[95] Unbekannt. 2013. Karten für Auswärtsfans nur unter Auflagen. POLITIKER WILL MEHR KONTROLLE BEI HOCHRISIKOSPIELEN. [Online] Axel Springer

bezeichnete Pistorius' Vorschlag als „nicht praktikabel", da dies bei den Zuschauermassen nicht umzusetzen sei.[96] Auch Gewaltforscher Zick sieht hierin eine „Möglichkeit, die kommen wird. Ich bin sicher, dass DFL und DFB noch stärker daran arbeiten, Tickets zu personalisieren. Anders wird man nicht mehr ins Stadion kommen."[97] Interessanterweise sehen dies DFB und DFL gerade nicht so. Auf der Homepage der Piratenfraktion im Landtag NRW werden sie wie folgt zitiert: „Personalisierte Tickets ermöglichen keinen wirkungsvollen Sicherheitsgewinn und sind nach den Erfahrungen u. a. der WM 2006 nicht vollständig kontrollierbar. Zudem steht der Sicherheitszugewinn in keinem Verhältnis zum Datenschutz und der praktischen Umsetzung."[98]

Die Annahme, dass die Wiedereröffnung der Südtribüne zu einem geänderten Antwortverhalten führen wird, hat sich damit bestätigt. Insgesamt 35 Teilnehmer sprachen sich für eine Verlegung der Blöcke von Gäste- und Heimfans aus, wobei 22 Antworten auf die Verlegung der Fantribüne auf Nord und 13 auf die Verlegung des Gästefanblocks fielen. Bis auf einen Teilnehmer, der die Schließung der Südtribüne vorschlug, ging es allen Teilnehmern lediglich um eine Verlegung eines der beiden Blöcke, nicht aber um die Schließung.

Die Teilnehmer der Umfrage wurden außerdem gefragt, ob ihnen die sogenannten Drittortauseinandersetzungen, also „Körperverletzungen im Rahmen von tätlichen Auseinandersetzungen zwischen rivalisierenden Gruppen", die durch die mit „derartigen Tätlichkeiten typischerweise verbundene Eskalationsgefahr" (Zöller, et al., 2013

AG 2012, 30. 11 2013. [Zitat vom: 01. 12 2013.] http://www.bild.de/sport/fussball/1-bundesliga/karten-nur-unter-auflagen-bei-hochrisikospielen-33610542.bild.html.

[96] Vgl. Unbekannt. 2013. DFL: Pistorius-Vorschlag zu Fans "nicht praktikabel". [Online] SÜDWEST PRESSE Ehinger Tagblatt, 03. 12 2013. [Zitat vom: 03. 12 2013.] http://www.swp.de/ulm/sport/sonstige/ueberregional/Fussball-Bundesliga-DFL-Sicherheit-Auswaertsfan-Innenministerkonferenz-DFL-Pistorius-Vorschlag-zu-Fans-nicht-praktikabel;art1157854,2337985.

[97] Bauer, Sebastian. 2013. Fans radikalisieren sich. Ein Interview mit Gewaltforscher Dr. Andreas Zick. [Online] WESTFALEN-BLATT Vereinigte Zeitungsverlage GmbH, 10. 12 2013. [Zitat vom: 10. 12 2013.] http://www.westfalen-blatt.de/nachricht/2013-12-10-fans-radikalisieren-sich-9309081/613/.

[98] Herrmann, Frank und Kuster, Marie. 2013. Strafen und Überwachung für alle Fans – Bankrotterklärung der Politik. [Online] Piratenfraktion im Landtag NRW - Fraktionsvorstand, 02. 12 2013. [Zitat vom: 05. 12 2013.] http://www.piratenfraktion-nrw.de/2013/12/strafen-und-uberwachung-fur-alle-fans-bankrotterklarung-der-politik/.

S. 429) verbunden sind, ein Begriff sind. 56,2 % bejahten diese Frage. Offensichtlich ist die Mehrheit derjenigen, die an der Umfrage teilnehmen, mit dieser Problematik vertraut.

In der Folgefrage wurden die Teilnehmer gebeten, zu sagen, ob diese auch in Rostock stattfinden und falls ja, wo dies ist. Hintergrund der Frage war, ggf. örtliche Schwerpunkte auszumachen und daran Strategien zur Minimierung von Gefahren zu entwickeln. 195 Teilnehmer nutzen die Möglichkeit, das Freitextfeld zu bedienen. 65 Teilnehmer gaben direkt oder implizit zu verstehen, dass sie dazu keine Angaben machen, 17 gaben „Wald und Wiese" als Antwort. Inwieweit diese 17 zu den 65 Teilnehmern zugezählt werden müssten, ist an dieser Stelle rein spekulativ. 15 Teilnehmer benannten ganz konkret den Barnsdorfer Wald und 14 das Stadtgebiet im Allgemeinen. 38 Teilnehmer gaben an, dass sie hierzu keine weiterführenden Angaben machen können. Hier zwei Zitate aus den Antworten:

„Auf der Insel Leckomio ... welch plumper Versuch, rauszufinden wo die Jungs sich kloppen. Ist doch deren Ding, läuft meistens deutlich fairer ab als jeder Klitschko Kampf und da regt sich niemand drüber auf..."

„Politik und Überwachungsstaat sollten sich in einigen Bereichen einfach zurücknehmen ... diese Wiesenkämpfe wurden doch genau so gewollt ... raus aus den Arenen ... und jetzt heuchlerisch rumhetzen obwohl es niemanden betrifft und stören sollte ... das ist Deutschland!!!"[99]

Die Angaben zu dieser Frage brachten insoweit keine weiterführenden Erkenntnisse. Möglicherweise aber enthält das zweite gewählte Zitat bereits einen ersten Fingerzeig in Richtung Verdrängung. Letztlich bleibt zu beachten, dass diese Angaben über ein Jahr alt sind. Welche besondere Problematik sich hinter diesen sog. „Drittortauseinandersetzungen" verbirgt, zeigten jüngst die Ereignisse in Köln, bei denen ein Fan fast zu Tode kam.[100]

---

[99] Zwei Zitate aus der Ersten Umfrage.
[100] Anstelle Vieler: sid. 2014. Schwere Krawalle vor Köln-Schalke: Ein Schwerverletzter, mehrere Festnahmen. [Online] DIE WELT, 18. 01 2014. [Zitat vom: 19. 01 2014.] http://www.welt.de/newsticker/sport-news/article123986598/Schwere-Krawalle-vor-Koeln-Schalke-Ein-Schwerverletzter-mehrere-Festnahmen.html oder Unbekannt. 2014. Fußball-

Die Teilnehmer der Wiederholungsumfrage wurden gefragt, wie sie die Entwicklung der Sicherheit in den Stadien während der letzten 6 Monate einschätzen. 16,3 % gaben an, dies nicht einschätzen zu können, für 76,1 % ist diese entweder gleich geblieben bzw. hat sogar noch zugenommen. Für nur 4,4 % der Teilnehmer hat die Sicherheit abgenommen (s. Abbildung 18).

Die Möglichkeit der Freitexteingabe nutzen 34 Teilnehmer, hier konnten 5 Kategorien codiert werden: Insgesamt 16 Teilnehmer finden, die Sicherheit in den Stadien ist gleichbleibend hoch bzw. hoch wie nie. Für 6 Teilnehmer hat die Sicherheit abgenommen bzw. ist gleichbleibend schlecht. Immerhin 9 Teilnehmer schätzen die Maßnahmen als überzogen ein.

Entwickung der Sicherheit in den Stadien

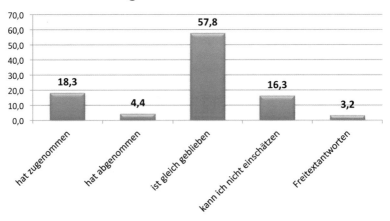

Abbildung 18: Entwicklung der Sicherheit in den Stadien

Einer der Teilnehmer führte zu diesem Punkt folgendes aus:

„Die Sicherheit war schon ausreichend gewährleistet, dennoch schustern sich die Sicherheitsfirma ABS und die Polizei schon auffällig sinnlose ‚Sicherheitsspiele' zu und die DFB-/DFL-Richtlinien sind auch total übertrieben. UA gehört Pyrotechnik

---

Fan in Köln schwer verletzt. [Online] Süddeutscher Verlag, 18. 01 2014. [Zitat vom: 19. 01 2014.] http://www.sueddeutsche.de/sport/auseinandersetzungen-vor-testspiel-fussball-fan-in-koeln-schwer-verletzt-1.1866128.

einfach dazu (nicht das Werfen auf Menschen, aber das Zünden IM Block) und man wird sie niemals verbieten können. Es gibt immer Wege! Und die Kontrollen und Überwachungen, denn auch noch heimlich, sind einfach zu viel! Stasi 2.0 ... toller Überwachungsstaat ... nicht nur im Fußball)".[101]

62,0 % halten die derzeitigen Anstrengungen des Vereins im präventiven Bereich für ausreichend. 66 Teilnehmer nutzten die Möglichkeit der Freitexteingabe. Allein 16 Teilnehmer sind der Auffassung, dass es natürlich immer besser geht, aber die Anstrengungen so in Ordnung sind und acht gaben an, dass der Verein auf dem richtigen Weg ist, wiesen aber darauf hin, dass die derzeitigen Maßnahmen nicht vernachlässigt werden dürfen und der Verein „am Ball bleiben" muss. 12 Teilnehmer äußerten, dass sie diesen Punkt nicht beurteilen können und sieben Teilnehmer verwiesen nochmal auf die zwingende Notwendigkeit einer Kommunikation.

„Der Verein ist hier auf einem guten Weg. Besonders hervorzuheben ist dabei die kürzlich getroffene Maßnahme, Kindern bis 14 Jahren ab der neuen Saison freien Eintritt ins Stadion zu gewähren. Hier ist zu hoffen, dass mittelfristig aus dieser Generation heraus eine andere und vor allem gewaltfreie Fankultur mit vernünftigen Ansichten erwächst."

„Ich verstehe bis heute nicht, wieso die Vereine für die Menschen (keine Fans) haften, die Straftaten begehen, nur weil sie "Hausrecht" haben?! Anders gefragt: wenn man eine Bank überfällt mit dem FCH Schal, warum wird der Verein dann nicht dafür verurteilt. Oder anders gefragt: warum haftet die Bank nicht selber dafür, dass sie überfallen wurde und zahlt ein Strafgeld an die Bundesbank? Schließlich haben die bisherigen Sicherheitsmaßnahmen ja versagt!!!"[102]

6.2.2.2. Polizei

Die Deutsche Polizeigewerkschaft (DPolG) beziffert die Kosten für die Polizeieinsätze pro Saison bundesweit mit ca. 100 Millionen Euro. Obwohl die Berechnungsgrundlage fragwürdig ist, stehen Forde-

---

[101] Zitat aus der Wiederholungsumfrage.
[102] Zwei Zitate aus der Wiederholungsumfrage.

rungen nach einer Kostenübernahme durch die Vereine im Raum. Hessens Ministerpräsident Bouffier brachte vor knapp einem Jahr sogar den „Sicherheits-Euro" ins Gespräch.[103] Diese, immer wieder aufkommende Forderung entbehrt jedoch einer entsprechenden (Rechts-)Grundlage, weshalb sich die Frage stellt, warum sie immer wieder kommt. „Nahezu 800 Millionen Euro an Steuern und Abgaben flossen in der Saison 2011/12 von den 36 Profilclubs in die deutsche Staatskasse" wie sich aus dem Bundesliga Report 2013 ergibt.

84,3 % der Teilnehmer lehnen diese Idee ab bzw. sehr ab. Bei den 41 Freitextantworten stachen 3 Kategorien besonders hervor: 9 Teilnehmer verwiesen darauf, dass die Kosten vom Grunde her durch die eigentlichen Verursacher, also die wenigen Problemfans getragen werden sollten. Jeweils 6 Teilnehmer sprechen sich für eine teilweise Übernahme aus bzw. führen aus, dass die Polizei ihre Mannstärke festlegt und insoweit teilweise die Kostenhöhe aufgrund ihrer Konzepte selbst steuert. Interessanterweise lehnt die Gewerkschaft der Polizei (GdP) eine Kostenübernahme als „unsinnige Forderung"[104] ab. Und auch die Innenminister können sich mit der Forderung Wendts (Vorsitzender der DPolG) nicht identifizieren. „Zur Begründung sei die Bedeutung des Fußballs für das Image der Städte und die Wirtschaft angeführt worden.[105]

Das Gewaltmonopol ermächtigt die Polizei, einfache körperliche Gewalt gegenüber den Bürgern anzuwenden. Dadurch verfügt die Polizei über sehr viel Macht. Und wer über viel Macht verfügt, mag unter bestimmten Umständen auch geneigt sein, diese zu missbrauchen. Wie eine internationale Untersuchung zeigte, geschehen Übergriffe z. T. auch unbewusst, da sie von den Polizeibeamten gar nicht als solche wahrgenommen wurden. Durch die Untersuchung wurde auch deutlich, „dass die einzelnen Handlungen, Handlungs-

---

[103] stj/dpa. 2012. Bouffier will Fußballfans für Sicherheit zahlen lassen. „Sicherheits-Euro" gegen Gewalt in Stadien. [Online] FOCUS Online, 04. 12 2012. [Zitat vom: 11. 11 2013.] http://www.focus.de/sport/fussball/sicherheits-euro-gegen-gewalt-in-stadien-bouffier-will-fussballfans-fuer-sicherheit-zahlen-lassen_aid_874168.html.
[104] Gewerkschaft der Polizei Bundesvorstand. 2011. Feindbilder ins Abseits – Dialog für Sicherheit im Fußball. Spitzentreffen von Fußball und Polizei. [Online] 12. 01 2011. [Zitat vom: 11. 11 2013.] http://www.gdp.de/gdp/gdp.nsf/id/p110103.
[105] dpa/ssc. 2011. Liga soll für Sicherheit zahlen. Innenminister zu Fußball-Krawallen. [Online] n-tv.de, 22. 06 2011. [Zitat vom: 11. 11 2013.] http://www.n-tv.de/politik/Liga-soll-fuer-Sicherheit-zahlen-article3637001.html.

ursachen sowie deren Rechtfertigungen insbesondere dann, wenn es um gewalttätige Übergriffe geht, von diversen Faktoren abhängig und nicht nur rechtlichen Vorgaben bzw. dem polizeilichen Auftrag unterworfen sind." (Feltes, et al., 2007)

Wenngleich polizeiliche Übergriffe eine Ausnahme darstellen, ist – wie die Amnesty SeKo-Gruppe Polizei (eine deutsche Sektionsgruppe von Amnesty International [AI]) zurecht bemerkt – jeder (Einzel-)Fall ein Fall zu viel.[106] Vor diesem Hintergrund wird immer wieder die Kennzeichnungs**pflicht**[107] von Polizeibeamten im Einsatz diskutiert. In ihrer Broschüre „Nichts zu verbergen – Mehr Verantwortung bei der Polizei: Argumente für Transparenz" zählt AI die vier wesentlichen Argumente für eine Kennzeichnung auf. Hierzu zählen: Erkennbarkeit, Aufklärung, Schutz und Prävention.[108] Auch der Deutsche Anwaltverein (DAV) spricht sich für eine Kennzeichnung der Polizeibeamten aus: „Eine gesetzliche Normierung der Ausweis- und Kennzeichnungspflicht von Polizeibediensteten garantiert die individuelle Zurechenbarkeit staatlichen Handelns."[109] Die Argumentation der GDP bei ihrer Stellungnahme „Ein klares Nein zur Kennzeichnungspflicht" vermag indes nur wenig zu überzeugen. So führt die GDP aus, dass es „eine nicht akzeptable Zumutung für die Einsatzkräfte dar[stellt], wenn sie […] in ihrer Freizeit Beschimpfungen, Sachbeschädigungen und Nachstellungen erleiden könnten."[110] Wie

---

[106] Vgl. Themenkoordinationsgruppe Polizei und Menschenrechte. 2013. Transparenz schützt Menschenrechte - Mehr Verantwortung bei der Polizei. Argumente. [Online] Amnesty International, 2013. [Zitat vom: 01. 12 2013.] http://www.amnestypolizei.de/mitreden/argumente.html.

[107] Das Unterstreichen des Wortteils „Pflicht" soll deutlich machen, dass es in diesem Punkt um die gesetzlich verbindliche Normierung der Kennzeichnung gehen soll.

[108] Themenkoordinationsgruppe Polizei und Menschenrechte. 2013. Nichts zu verbergen – Mehr Verantwortung bei der Polizei: Argumente für Transparenz. Eine Kampagne von Amnesty International. [Online] Amnesty International, 2013. [Zitat vom: 01. 12 2013.] http://www.amnestypolizei.de/sites/default/files/imce/pfds/100831_AI_Argument ationshilfe_Screen_Doppelseiten.pdf.

[109] Deutscher Anwaltverein. 2010. Stellungnahme des Deutschen Anwaltvereins durch den Gefahrenabwehrrechtsausschuss zur Forderung einer Kennzeichnungspflicht für Polizeibedienstete. [Online] 07 2010. [Zitat vom: 11. 11 2013.] http://www.anwaltverein.de/downloads/stellungnahmen/SN-10/SN-38-2010.pdf. S. 3.

[110] GEWERKSCHAFT DER POLIZEI. 2011. Ein klares Nein zur Kennzeichnungspflicht. [Online] 05 2011. [Zitat vom: 11. 11 2013.] http://www.gdp.de/gdp/gdp.nsf/id/Posa/$file/Pos_Kennzeichnungspflicht.pdf.

sich aus einer Kleinen Anfrage[111] der Partei Die Linke an das Land Berlin vom 26. Februar 2013 ergibt, wurde bei 1.436 Strafanzeigen gegen Polizeibeamte in 31 Strafverfahren der Name oder die Nummer der individuellen Kennzeichnung genannt. Dies entspricht zum einen nur 2,2 % aller Anzeigen und belegt zum anderen keine erhöhte Gefährdung durch die Kennzeichnung.

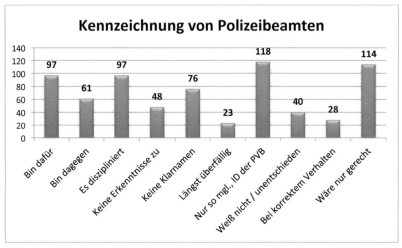

Abbildung 19: Antwortenverteilung zur Kennzeichnungspflicht

Selbst der Wissenschaftliche Dienst des Deutschen Bundestages beschäftigte sich in seinem Infobrief vom 18.04.2011[112] mit diesem Thema in Form eines Überblicks in den Mitgliedstaaten der Europäischen Union. Demnach ist die Kennzeichnungspflicht in den meisten Mitgliedstaaten bereits als Pflicht verankert. In Deutschland besteht

---

[111] Frank Henkel (Senator für Inneres und Sport). 2013. Kleine Anfrage der Abgeordneten Marion Seelig und Udo Wolf (Drucksache 17 / 11 641). Individuelle Kennzeichnungspflicht für Polizeibeamte in Berlin – Befürchtungen und Wirklichkeit. [Online] 06. 05 2013. [Zitat vom: 11. 11 2013.] http://www.die-linke-berlin.de/fileadmin/linksfraktion/ka/2013/ka17-11641.pdf.

[112] Robbe, Patrizia und Hollstein, Juliane. 2011. Kennzeichnungspflicht von Polizeibeamtinnen und -beamten in den Mitgliedstaaten der Europäischen Union. Aktenzeichen: WD 3 – 3010 – 126/11. [Online] 18. 04 2011. [Zitat vom: 01. 12 2013.] http://www.bundestag.de/dokumente/analysen/2011/kennzeichnungspflicht_polizei.pdf.

lediglich für Berlin, Rheinland-Pfalz[113] und Brandenburg eine Kennzeichnungspflicht, andere Bundesländer wie z.b. Hessen und Baden-Württemberg planen, sie einzuführen. In Nordrhein-Westphalen ist es in den Koalitionsvertrag aufgenommen: „Transparenz stärkt das Vertrauen der Bevölkerung in die Arbeit der Polizei. Wir werden unter Wahrung der Persönlichkeitsrechte der Polizistinnen und Polizisten eine individualisierte anonymisierte Kennzeichnung der Polizei beim Einsatz geschlossener Einheiten einführen."[114] Sehr viele Teilnehmer der Wiederholungsumfrage hatten sich zur Kennzeichnungspflicht geäußert. Hier gingen insgesamt 671 Einzelantworten ein, die im Wesentlichen alle in dieselbe Richtung gehen. Die Antwortenverteilung bei dieser Frage ist der Abbildung 19 zu entnehmen.

Wie aus Abbildung 19 gut ersichtlich ist, waren lediglich 61 Einzelantworten der Kategorie „Bin dagegen" zuzuordnen. Ausgehend von der Summe[115] der Einzelantworten aller Kategorien entspricht dies einem Prozentsatz von 8,7 %. 118 Teilnehmer sind der Auffassung, dass nur durch eine Individualkennzeichnung eine Identifizierung möglich ist und nur dadurch somit überhaupt erst die Möglichkeit besteht, sich gegen Übergriffe auf dem Rechtsweg zu wehren. 114 Teilnehmer empfänden eine Kennzeichnung als gerecht. So müssen sie sich auch ausweisen und es ist nicht erkennbar, warum dies für die Polizeibeamten nicht gelten sollte, wie folgendes Zitat einer der Teilnehmer veranschaulicht: „Jegliche Ausreden der Politik und Polizei sind reine Polemik und absolut lächerlich. Sie wollen, dass jeder Fan seinen Ausweis einscannen lässt, aber befürchten massive Persönlichkeitsrechtsverletzungen der Polizisten, wenn die eine Rückennummer tragen sollen. Darüber kann man nur lachen." 97 Teilnehmer sind der Auffassung, dass – und damit stimmen sie Ebert zu (vgl. S. 197) – eine Kennzeichnung disziplinieren würde. Auch dies wäre insoweit ein aktiver Schutz für die Fans gegen übergriffiges Verhalten. Ebenfalls 97 Teilnehmer gaben an, für eine Kennzeichnung zu sein, führten ihre Auffassung aber nicht weiter aus. Für 76 Teilnehmer ist die Befürchtung der Gewerkschaften, wonach die ge-

---

[113] Der formale Beginn der Kennzeichnungspflicht war der 01.01.2014. Die tatsächliche Umsetzung in der Praxis dürfte sich ggf. noch ein wenig verzögern.
[114] NRWSPD – Bündnis 90/Die Grünen NRW. 2012. Koalitionsvertrag 2012–2017. [Online] 2012. [Zitat vom: 12. 12 2013.] http://www.gruene-nrw.de/fileadmin/user_upload/gruene-nrw/politik-und-themen/12/koalitionsvertrag/Koalitionsvertrag_2012-2017.pdf.
[115] Berechnungsgrundlage waren 702 Einzelantworten. Beachte in diesem Zusammenhang die Ausführungen auf Seite 52.

kennzeichneten Polizeibeamten mit Übergriffen rechnen müssen, nicht nachvollziehbar, da die Kennzeichnung keine Klarnamen enthalten muss. Vielmehr wäre eine (von Spiel zu Spiel wechselnde) alphanumerische Kennzeichnung ausreichend und würde den gewünschten Zweck – eine Identifikation – auch erfüllen. Dies drückt auch folgendes beispielhaftes Zitat aus der Wiederholungsumfrage aus: „Eine Kennzeichnung der Polizisten durch z. B. Nummern, deren ‚Umschlüsselung‘ auf den Namen nur im Rahmen eines ordentlichen Verfahrens erfolgt, halte ich für sinnvoll. So sollte zumindest eine innerbehördliche Ermittlung, ohne Weitergabe des Namens an die Öffentlichkeit oder den Betroffenen ermöglicht werden." Im Übrigen könnte dies – so einige Teilnehmer – auch von vornherein dem Vorwurf, die Polizei würde ohnehin alles vertuschen, entgegenwirken. Einige der Teilnehmer gaben sich auch als Polizeibeamte zu erkennen. Das folgende, beispielhafte Zitat zeigt, unter welchem Druck sich die Polizeibeamten z. T. befinden:

„Polizisten, die den Grundsatz der Verhältnismäßigkeit aufgeben, sollten auch dafür bestraft oder zur Ordnung gerufen werden. Es gibt einen Grundsatz und an den sollten sich alle Beamten, Polizisten und auch Ordner halten. Gewalt nicht mit Gewalt begegnen. Ich bin selber Polizist und ich kenne diese Einsätze im Stadion. Nur sollte es erlaubt sein, Kollegen, Freunde und sich selber zu schützen. Es gibt Personen, die sehen nur ihren Hass gegen die Polizei und nicht die Person. In jedem Polizisten steckt ein Mensch und keine Hassperson. Wir sollten eins bedenken, jeder Polizist möchte nach dem Dienst wieder nach Hause kommen!!!!!!!! Das sehen viele ‚Chaoten‘ nicht."

Ein letztes Zitat aus der Wiederholungsumfrage fasst gut zusammen, welche Argumente i. Z. m. der Kennzeichnungspflicht angebracht wurden: „Eine Gefährdung für den einzelnen Polizisten kann ich nicht erkennen. Allein durch den Namen kann ich nicht direkt die Adresse ausfindig machen bzw. gezielt Polizisten angreifen. Zumal die Leitung der Polizei eh klar erkennbar ist. Die Anzahl der Anzeigen würde sicherlich steigen, schon alleine der Tatsache geschuldet, dass eine Anzeige jetzt ohne Kennzeichnung kaum möglich ist. Allerdings würde auch das Gewaltpotenzial auf Seiten der Polizei zurückgehen, da man sich nicht mehr in der Menge verstecken kann."

6.2.2.3. Stadionverbot

Aktuell gibt es ca. 2.800 Personen mit Stadionverbot bundesweit.[116] Mitte 2012 hatte Hansa insgesamt 74 dieser Stadionverbote als Hausrechteinhaber verhängt und führte damit die Rangliste der Vereine der 3. Liga an (s. Tabelle 8)[117]. Die Fans von Hansa führen die Liste der Vereine in dieser Liga mit 145 Personen mit Stadionverbot an und liegen damit an zweiter Stelle der am meisten belasteten Vereine **aller** Ligen.

Tabelle 8: Übersicht der fünf am meisten belasteten Vereine der 3. Liga

Die fünf am meisten belasteten Vereine der 3. Liga

Hansa Rostock	145
Hallescher FC	69
MSV Duisburg	58
Rot-Weiß Erfurt	33
1. FC Saarbrücken	29

Um einen einheitlichen Umgang bei der Vergabe von Stadionverboten zu gewährleisten, wurden durch die DFB-Abteilung Prävention & Sicherheit die „Richtlinien zur einheitlichen Behandlung von Stadionverboten" erlassen. In seinem Urteil vom 30.09.2009 bestätigte der Bundesgerichtshof (BGH. AZ: V ZR 253/08) die Zulässigkeit bundesweiter Stadionverbote, wogegen jedoch Verfassungsbeschwerde eingelegt wurde. Beim Stadionverbot handelt es sich um eine zivilrechtliche Maßnahme. Es geht auf das Hausrecht zurück, welches sich auf Art. 13 GG i. V. m. §§ 903, 1004 BGB stützt und insoweit dem Eigentümer ermöglicht, „andere von jeder Einwirkung ausschließen".[118] Die Ausübung des Hausrechts bei Fußballspielen gilt allerdings nicht grenzenlos. So befand der BGH in seinem Urteil aus 2009: „Bei Fußballspielen gewährt der Veranstalter [...] grundsätzlich jedermann gegen Bezahlung den Zutritt zu dem Stadion.

---

[116] Vgl. REPPLINGER, ROGER. 2013. "Na, am Wochenende wieder schön prügeln?". LEBEN ALS STADIONVERBOTLER. [Online] ZEIT ONLINE GmbH, 06. 08 2013. [Zitat vom: 01. 12 2013.] http://www.zeit.de/sport/2013-08/stadionverbot-polizei-fussball-fans.

[117] Daten aus einer aktuell laufenden Studie des Lehrstuhls für Kriminologie der Ruhr-Universität Bochum.

[118] Vgl. Wortlaut zu § 903 S. 1 des Bürgerlichen Gesetzbuches; Abzurufen z. B. unter http://dejure.org/gesetze/BGB/903.html.

Will er bestimmte Personen davon ausschließen, muss er deren mittelbar in das Zivilrecht einwirkende Grundrechte beachten; ihr allgemeines Persönlichkeitsrecht [...] und das [...] Gebot der Gleichbehandlung lassen es nicht zu, einen einzelnen Zuschauer willkürlich auszuschließen."[119] Im selben Urteil bestätigte der BGH allerdings auch, dass der „Ausspruch eines bundesweiten Stadionverbots [...] von dem Hausrecht des Veranstalters gedeckt [ist], wenn ein sachlicher Grund besteht".[120],[121] Die entsprechenden Vollmachten sind im Internet hinterlegt.[122] Hier hat Hansa am 25.06.2013 die Richtlinien ausdrücklich anerkannt.

Gem. § 481 I S. 1 StPO darf die Polizei selbst „nach Maßgabe der Polizeigesetze personenbezogene Daten aus Strafverfahren verwenden." Für Mecklenburg-Vorpommern ist die Datenübermittlung im Gesetz über die öffentliche Sicherheit und Ordnung (SOG M-V) geregelt. Demnach dürfen gem. § 39 I S. 2 Nr. 2 SOG M-V personenbezogene Daten übermittelt werden, „soweit dies zur Abwehr einer im einzelnen Falle bevorstehenden Gefahr unerlässlich ist." Ganz offensichtlich gibt es hier einen Interpretationsspielraum. Verleih, Mitglied der Arbeitsgemeinschaft Fan-Anwälte, steht dem allerdings skeptisch gegenüber. In einem Interview äußerte sie: „So halten wir die Datenweitergabe von vorläufigen Erkenntnissen der Polizei an die Vereine für unzulässig. Vor allem, weil sie zu einem Zeitpunkt erfolgt, an dem die Betroffenen regelmäßig noch nicht einmal Akteneinsicht zu den Vorwürfen haben."

---

[119] Vgl.: V. Zivilsenat des BGH. 2009. Bundesgerichtshof bestätigt bundesweites Stadionverbot. [Online] 30. 10 2009. [Zitat vom: 26. 07 2013.] http://juris.bundesgerichtshof.de/cgi-bin/rechtsprechung/document.py?Gericht=bgh&Art=en&Datum=2009&Seite=20&nr=49956&pos=602&anz=3418.

[120] Zur Kritik an der Entscheidung des BGH in den Medien siehe beispielhaft: Eberts, Carsten. 2010. Fans reagieren geschockt. [Online] 17. 05 2010. [Zitat vom: 26. 07 2013.] http://www.sueddeutsche.de/sport/stadionverbote-fans-reagieren-geschockt-1.140490 sowie Hipp, Dietmar. 2009. Urteil zu Stadionverboten: Im Zweifel gegen den Fußballfan. [Online] 30. 10 2009. [Zitat vom: 26. 07 2013.] http://www.spiegel.de/sport/fussball/urteil-zu-stadionverboten-im-zweifel-gegen-den-fussballfan-a-658328.html.

[121] Da das Hausrecht allein allerdings keine bundesweite Verhängung zuließ, war die Schaffung einer weiteren Rechtsgrundlage erforderlich, die in den „DFB-Richtlinien zur einheitlichen Behandlung von Stadionverboten" zu sehen ist. Abzurufen unter: http://www.dfb.de/uploads/media/Richtlinien_zur_einheitlichen_Behandlung_von_Stadionverboten_Stand_Juli_2012.pdf.

[122] Nachzulesen unter der URL: http://dfb.de/index.php?id=503930.

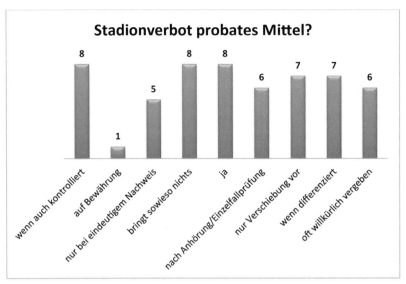

Stadionverbot probates Mittel?

Abbildung 20: Ist das Stadionverbot ein probates Mittel? (Freitextantworten)

Bereits zuvor wurde dargestellt, dass 60,2 % der Befragten der ersten Umfrage und 51,3 % der Befragten der zweiten Umfrage das Stadionverbot für kein probates Mittel halten, um die Sicherheit im Stadion zu erhöhen. 56 nutzten bei dieser Frage das Freitextfeld. Auch diese Antworten sind zu Kategorien zusammengefasst worden, die Antwortverteilung ist der Abbildung 20 zu entnehmen. Einer der Teilnehmer weist in seiner Antwort ebenfalls darauf hin, dass nicht selten nur die Mitläufer mit einem Stadionverbot belegt werden: „Die Hintermänner werden doch nie erwischt. Die suchen sich Halbwüchsige oder Trottel, die die Aktionen durchführen, und bleiben selbst schön im Hintergrund." In der Tat darf in diesem Zusammenhang die (im Alter zunehmende) Wichtigkeit der Peer-Group mit Blick auf die Sozialisation nicht vergessen werden. „Soziale Beziehungen", so bemerken Harring et. al., „stellen für jeden Menschen zentrale Bezugssysteme dar. [...] Peers lösen in vielen Bereichen die Familie als primäre Bezugsinstanz ab." (Harring, et al., 2010 S. 9)

In diesem Zusammenhang wurden die Teilnehmer überdies gefragt, ob sie das Verfahren rund um das Stadionverbot als rechtsstaatlich erachten. Eine der 58 Freitext-Antworten lautete: „kann ich nicht beurteilen, da mir der komplette Verfahrensablauf nicht in seinem ganzen Umfang bekannt ist". Dieser Auffassung schlossen sich inhaltlich noch 21 weitere Teilnehmer an. An dieser Stelle scheint insoweit Nachholbedarf zu bestehen. Transparenz schafft Verständnis; zumal ein Stadionverbot de facto eine Sanktion ist bzw. als solche von den Betroffenen wahrgenommen wird.

Dass ein Stadionverbot erst nach Verurteilung ausgesprochen werden sollte, befürworten ca. 80,0 % der Teilnehmer (s. a. S. 47). Einer der Teilnehmer gab im Freitextfeld folgende Antwort: „Hatte selbst ein Jahr lang SV, das SV bestand schon vor der Anzeige und nach dem Freispruch aus ‚erwiesener Unschuld' wurden die Unterlagen nicht verschickt, obwohl das der übliche Ablauf wäre UND das SV bestand noch Monate weiter. Des Weiteren stand ich in der ‚Gewalttäter Sport'-Akte, obwohl ich keiner war und bin dort erst nach Jahren auf die ‚Gelöscht'-Liste gewandert und bei jedem Urlaub und jeder Verkehrskontrolle wurde ich angeguckt wie ein Schwerverbrecher und musste mir hämische Kommentare gefallen lassen!"[123]

Hieraus wird sehr deutlich, dass viel mehr Qualität in der Vorgangsbearbeitung vorherrschen muss, um so die Beweissicherung zu erhöhen.

Insgesamt sollten bundesweit mehr Flexibilität und Rechtssicherheit für alle Seiten eintreten. So muss; z. B.:

- im Vorfeld nach einem Tatvorwurf, der über die Polizei an den Verein herangetragen wird, dem Betroffenen ein Anhörungsrecht eingerichtet werden.[124] Dies handhabt nicht jeder Verein so.
- bei Einstellung eines Strafverfahrens, auch gegen Auflagen, ein Stadionverbot sofort und unkompliziert aufgehoben werden, wenn es sich auf das entsprechende Verfahren gestützt hat.

---

[123] Zitat aus der Ersten Umfrage.
[124] So z. B. Sprengelmeyer, Christian. 2013. Stadionverbote. [Online] VfL Osnabrück GmbH & Co. KGaA, 2013. [Zitat vom: 10. 08 2013.] http://www.vfl.de/fanblock/stadionverbote.html.

- viel häufiger die Möglichkeit eines Stadionverbotes auf Bewährung genutzt werden.[125]
- ein Vorschlag seitens der Polizei für ein Stadionverbot durch die Vereinsverantwortlichen kritisch geprüft werden. Eine Art „Polizeihörigkeit" ist kontraproduktiv, da es darum geht, den tatsächlichen Vorfall, der Anlass für ein Stadionverbot sein soll, aufzuklären.

„Stadionverbote, welche schon das Hooligan-Problem nicht lösen konnten, da die Kämpfe lediglich aus den Stadien [...] verlagert wurden, wirken bei Ultras eher als problemverschärfend." (Rusch, 2013 S. 11) Zum einen wirke es nämlich heroisierend und zum anderen „wird den betroffenen Jugendlichen die Möglichkeit genommen, dem Kernstück ihrer Freizeitgestaltung nachzugehen".[126]

Die *Richtlinien zur einheitlichen Behandlung von Stadionverboten* (RiLi) wurden 2013 überarbeitet, die neue Fassung trat am 01.01.2014 in Kraft.[127] Die „allgemeinen und nicht abschließenden" *Hinweise und Erläuterungen* zu den Richtlinien will der DFB als „Hilfestellung für die Stadionverbotsbeauftragen bei der Ausübung ihrer Tätigkeit, aber auch als Hilfestellung und für ein besseres Verständnis für alle weiteren Personen, die sich mit bundesweit wirksamen Stadionverboten befassen",[128] verstanden wissen. Bereits im ersten Satz zu § 1 der *Hinweise und Erläuterungen* schwingt mit, dass die Ausführungen in dem Dokument bereits im Vorfeld etwaige Diskussionen „im Keim ersticken sollen". Hierin heißt es: „Die momentane Praxis der Vergabe von Stadionverboten wird von Kritikern u. a. dahingehend kritisiert, sie

---

[125] Bandermann, Peter und Reinke, Stefan. 2013. 32 Stadionverbote für Schalker nach Schlägerei in Dortmund. [Online] WAZ New Media GmbH & Co. KG, 14. 08 2013. [Zitat vom: 14. 09 2013.] http://www.derwesten.de/staedte/dortmund/32-stadionverbote-fuer-schalker-nach-schlaegerei-in-dortmund-id8314580.html.
[126] Ebd.
[127] Deutscher Fußball-Bund. 2013. RiLi zur einheitlichen Behandlung von Stadionverboten / November 2013. [Online] 11 2013. [Zitat vom: 01. 12 2013.] http://www.dfb.de/uploads/media/Richtlinien_zur_einheitlichen_Behandlung_von_Stadionverboten_-_ab_01.01.2014.pdf.
[128] DFB-Hauptabteilung Prävention & Sicherheit. 2013. HINWEISE & ERLÄUTERUNGEN zu den Richtlinien zur einheitlichen Behandlungvon Stadionverboten. [Online] 11 2013. [Zitat vom: 01. 12 2013.] http://www.dfb.de/uploads/media/Hinweise___Erlaeuterungen_zu_den_RiLi_zur_einheitlichen_Behandlung_von_Stadionverboten_-_ab_01.01.2014.pdf.

sei rechtsstaatlich nicht hinnehmbar".[129] Und: „Entgegen der Aussagen der Kritiker handelt es sich – auch nicht in der Ausgestaltung – bei Stadionverboten um keine Sanktion, sondern um eine Gefahrenabwehrmaßnahme der für die Sicherheit einer Veranstaltung verantwortlichen Vereine. Eine Unschuldsvermutung gilt dementsprechend nicht. Es kommt vielmehr auf die objektive Gefahrenprognose an."[130]

Bei Hansa zeichnet Rainer Friedrich als Vorstand der Präventionsabteilung für die Vergabe von Stadionverboten verantwortlich. Das Vorgehen durch ihn, das man als „Rostocker Weg" bezeichnen könnte, berücksichtigt diese Forderungen bereits seit langem. So werden potentielle SVler[131] generell zum Verein geladen, damit sie sich dort zu den Vorwürfen äußern können. Es steht ihnen frei, sich entsprechend begleiten zu lassen. Danach wird über das Aussprechen eines Stadionverbotes mit einer entsprechenden Begründung vor Ort entschieden. Sofern es die Schwere des Deliktes zulässt, wird – wenn das Stadionverbot unumgänglich ist – dieses zu Bewährung ausgesprochen. Diese Bewährung – die in §§ 3 i. V. m. 7 der RiLi ausdrücklich, wenn auch ein wenig verklausuliert, vorgesehen ist – erfolgt (so Friedrich) mit dem Fingerzeig, dass der SVler den Widerruf der Aussetzung nun in seiner Hand hat. I. d. R. werden diese Bewährungen auch an Auflagen geknüpft. So z. B. ein Fan durch eine alkoholbedingte Tat aufgefallen ist, werden Alkoholkontrollen vor und nach dem Spiel als Bedingung zur Aufrechterhaltung der Bewährung aufgestellt. Auch hier wird dem SVler gezeigt, dass es an ihm liegt, ob das Stadionverbot eintritt oder nicht. Der „Rostocker Weg" ist insoweit auch pädagogisch deutlich sinnvoller. Überdies wird deutlich, dass es für Hansa keiner Veränderungen der RiLi bedurft hätte, da hier bereits – wie geschildert – Einzelfall bezogen und der Schwere des Verstoßes angemessen vorgegangen wird.

Zusammenfassend zum Stadionverbot sei an dieser Stelle auf ein Zitat von Winands verwiesen: „[…] können mit einer schlichten Ausgrenzung von Personen keine sozialen Probleme gelöst werden. Hinter jeder Person steht eine eigene Biographie, die es zu verste-

---

[129] Ebd. S. 2.
[130] Ebd. S. 3.
[131] SVler oder SV-ler sind gängige Abkürzungen für einen Fan, der mit einem Stadionverbot belegt wurde, also einen Stadionverbotler.

hen gilt, um gute Prävention zu leisten."[132] Und das ist es, worum es geht: Zukünftige Straftaten oder Verhaltensweisen, welche die Ordnung im und um das Stadion stören, zu verhindern.

6.2.2.4. Fans und Polizei

Wie bereits erwähnt, will die vorliegende Masterarbeit Lösungsansätze zur Vermeidung von Gewalt im Zusammenhang mit Fußballspielen erarbeiten. Daher ist der Fokus auch auf das Verhältnis zwischen den Fans und der Polizei zu legen. Friedmann spricht hier von einem *gestörten Verhältnis*. (Friedmann, 2009) und Bieberstein, Fan des HSV und Teilnehmer des Fankongresses in Berlin 2014 spricht von einem nicht existenten Verhältnis und der Unmöglichkeit einer vertrauensvollen Zusammenarbeit.[133] Um die Auffassung der Teilnehmer der Wiederholungsumfrage einzufangen, wurden Sie nach den Gründen und Ursachen befragt, weshalb das Verhältnis aus ihrer Sicht angespannt ist. Von der Möglichkeit der Freitextantwort machten insgesamt 666 Teilnehmer Gebrauch. Hierbei kristallisierten sich elf wesentliche Kategorien heraus (s. Abbildung 21)

Ein Teilnehmer antwortete: „Ehrlich gesagt, ist das Verhältnis schon so verhärtet, da weiß keiner mehr genau, wo die eigentliche Ursache liegt. Die beiden Parteien schieben sich gegenseitig den schwarzen Peter zu, ohne auch nur ansatzweise aufeinander zuzugehen." In diesem Zitat schwingen drei wesentliche Punkte mit. Offenkundig müssen die Ursachen auf *beiden Seiten* und *weit zurückliegend* gesehen werden. Darüber hinaus müssen beide Seiten künftig mehr *aufeinander zugehen*. Dieser Ansicht schlossen sich zahlreiche weitere Teilnehmer an: „Das Problem hierbei liegt darin, dass sich über Jahre die Fronten immer weiter verhärtet haben, weil weder die eine noch die andere Seite wirklich bereit ist, einen Schritt aufeinander zuzugehen."[134]

---

[132] Erscheint demnächst im Tagungsband der DVJJ zum 29. Deutschen Jugendgerichtstag: "Jugend ohne Rettungsschirm. Herausforderungen annehmen!". http://www.dvjj.de/jugendgerichtstage/29-jgt-2013/vortr-ge-foren.
[133] NTV. 2014. Polizei bleibt Feindbild der Fußballfans. "Wir werden betrachtet wie Terroristen". [Online] 19. 01 2014. [Zitat vom: 19. 01 2014.] http://www.n-tv.de/sport/fussball/Polizei-bleibt-Feindbild-der-Fussballfans-article12104301.html.
[134] Zitat aus der Wiederholungsumfrage.

Ursachen für Polizei-Fan-Verhältnis

Abbildung 21: Antwortenverteilung zur Ursache nach dem angespannten Verhältnis (absolut)

Die „Schuld" nur einer Partei zuzuschieben, wäre nicht nur zu kurz gedacht, sondern schlichtweg auch falsch und würde dem komplexen Ursachengeflecht auch nicht gerecht. „Das ist wie im Kindergarten. Beide Kinder sind bockig und behaupten, der jeweils andere hätte mit der Zickerei begonnen. Die Polizei hat sich nicht zu wundern, wenn besonders Fans wieder und wieder kriminalisiert, gesondert kontrolliert und für Lächerlichkeiten angegangen werden. Fans wiederum brauchen sich im Gegenzug nicht allzu sehr darüber wundern, da eigene Aktionen nicht den Frieden stärken, sondern oftmals ebenso provozieren."[135]

Mit 294 Stimmen sticht die Kategorie „Fehlverhalten" in der Abbildung 21 sehr deutlich aus den anderen heraus. Auch aus der unterteilten Betrachtung der „Verursacher" des Fehlverhaltens wird deutlich, dass nicht nur eine Seite verantwortlich gemacht werden kann, wenngleich der Polizei ein Übergewicht der Antworten zufällt. Da die Polizei aber Vertreterin des Gewaltmonopols ist, darf diese Zahl nicht überbewertet werden. Immerhin ein Drittel sieht ein Fehlverhalten als Ursache für das angespannte Verhältnis zwischen Polizei

---

[135] Zitat eines Teilnehmers an der Wiederholungsumfrage.

und Fans auf beiden Seiten und ca. ein Viertel sieht dieses bei den Fans (s. Abbildung 22).

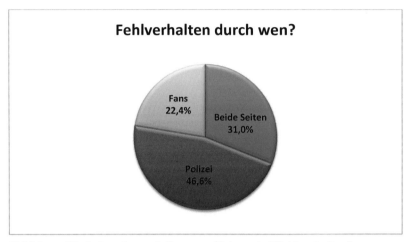

Abbildung 22: Antwortenverteilung zur Kategorie "Fehlverhalten"

Bereits Ebert deutete in seinem Interview an, dass Konzepte, die für die Hooligans Erfolg versprechend waren, nicht auf Ultras übertragen werden können (vgl. Ebert, Interview, S. 193). Dennoch wurden „Hooligan-Konzepte" zu Beginn – zwischenzeitlich hat die Polizei Rostock ihre Konzepte deutlich überarbeitet – nahtlos übernommen. Ein Teilnehmer führte aus: „Viele polizeiliche Maßnahmen, die heute zur Anwendung kommen (z. B. Stadionverbote), stammen aus der Zeit der Hooligans in den 80er und 90er Jahren. Hooligans und Ultras haben jedoch komplett unterschiedliche Motive zum Stadionbesuch und müssen dementsprechend auch anders behandelt werden. So trifft ein Stadionverbot – auch wenn es berechtigt ist – einen Jugendlichen heute viel mehr, da ihm die Möglichkeit genommen wird, seinen Verein zu unterstützen und seine Freunde im Stadion zu treffen. Die Probleme der Jugendlichen werden damit lediglich aus dem Stadion auf die Straße verlagert, aber nicht die Ursache bekämpft. Vielmehr kann bei einem zu strengem Stadionverbot eher eine Radikalisierung statt Einsicht eintreten." Dieser Auffassung schlossen sich noch 20 weitere Teilnehmer der Wiederholungsumfrage an (s. Abbildung 21).

Es erfordert von allen Seiten die Bereitschaft, auf die jeweils anderen zuzugehen, zu lernen und offen zu sein. Auch die Kategorien „Fehlende Kommunikation" und „Vorurteile/fehlende Einsicht" stechen aus der Abbildung 21 quantitativ hervor. So sehen 77 Teilnehmer die zuerst genannte Kategorie und sogar 144 Teilnehmer die zweite als ursächlich für die Spannungen zwischen Fans und Polizei.

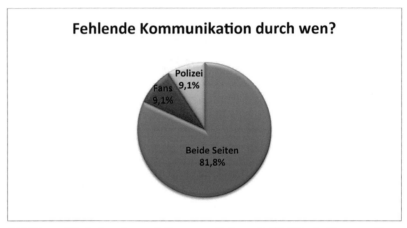

Fehlende Kommunikation durch wen?

Abbildung 23: Antwortenverteilung zur Kategorie "Fehlende Kommunikation"

Das Aufeinanderzugehen ist keine Einbahnstraße. Dies wird auch in den Antworten der Teilnehmer deutlich. Sowohl in der weiteren Unterteilung der Kategorie „Fehlende Kommunikation" als auch der Kategorie „Vorurteile/Fehlende Einsicht" ist dies ablesbar. Der jeweils größte Anteil der Antworten entfällt auf „Beide Seiten" (s. Abbildung 23 und Abbildung 24). Die Polizei in Rostock geht an dieser Stelle bereits den Weg, seit dem Fußballspiel gegen FC Rot-Weiß Erfurt am 18.05.2013, mittels Twitter mit den Fans zu kommunizieren. Inzwischen können sich die Rostocker Beamten über 1.503[136] Follower freuen.

---

[136] Stand: 18.06.2014.

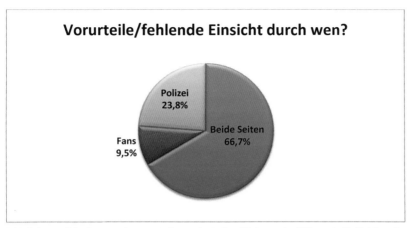

Abbildung 24: Antwortenverteilung bei der Kategorie "Vorurteile/fehlende Einsicht"

6.2.2.5. DFB-Sportgerichtsbarkeit

Das DFB-Sportgericht kann Sanktionen gegenüber den Vereinen verhängen. Die Struktur und der interne Rechtsweg entsprechen in etwa dem der ordentlichen Gerichte (vgl. § 12 GVG), wobei die Richter ehrenamtlich tätig sind. Seit seiner Gründung ist das DFB-Sportgericht nicht unumstritten. Aus diesem Grunde wurden die Teilnehmer der Wiederholungsumfrage gefragt: „Wie stehen Sie generell zur DFB-Sportgerichtsbarkeit?" Bei dieser Frage gingen 654 Einzelantworten ein. Wie sich aus Abbildung 25 ablesen lässt, ist die Meinung der Teilnehmer sehr deutlich. Lediglich 7 der 654 Teilnehmer gaben an, dass sie der DFB-Sportgerichtsbarkeit positiv gegenüberstehen, ohne jedoch eine Begründung abzugeben. 59 Teilnehmer gaben an, dass sie eine Gerichtsbarkeit im Allgemeinen für notwendig erachten, schränkten diese Aussage allerdings zugleich ein, weshalb sie sich auch in anderen Kategorien wiederfinden. So gab bspw. Ein Teilnehmer an: „Gute Idee schlecht umgesetzt. Die finanziellen Sanktionen gegen die Vereine hemmen sie, weitere Maßnahmen zu ergreifen. Der DFB macht es sich dort zu einfach. Es sollten gute Maßnahmen ermittelt werden und diese den Vereinen offeriert werden bzw. in bestimmten Situationen erzwungen werden, ohne dass die Vereine finanziell ausbluten."

Wenngleich bei dieser Frage elf Kategorien gebildet wurden, sind deren Grenzen in Teilen durchaus fließend und nicht trennscharf voneinander abzugrenzen.

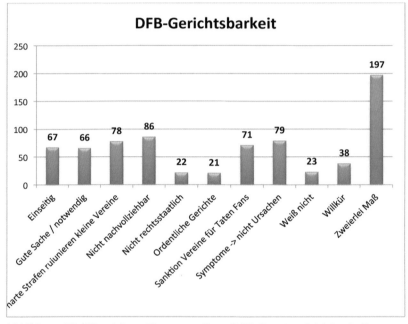

Abbildung 25: Wie stehen Sie generell zur DFB-Sportgerichtsbarkeit

Immer wieder – was an der letzten Kategorie abzulesen ist – monieren die Teilnehmer, dass ihrer Auffassung nach mit zweierlei Maß gemessen wird. Kleinere und insbesondere Ost-Vereine würden im Vergleich zu größeren und West-Vereinen deutlich schärfer sanktioniert. Die Teilnehmer bringen in ihren, z. T. sehr ausführlichen Antworten zahlreiche Beispiele an, die diese Aussage durchaus zulassen. Sehr häufig wird kritisiert, dass Entscheidungen nicht nachvollziehbar sind. Darüber hinaus sind die Teilnehmer häufig der Auffassung, dass die Sanktionen lediglich an den Symptomen angreifen, nicht jedoch auf die einzelnen Ursachen eingehen, was das folgende Zitat beispielhaft belegen soll:

„Der DFB setzt sich nicht mit den Ursachen der Gewalt und dem tatsächlichen Sicherheitsempfinden der Zuschauer auseinander. Urteile werden ‚von oben herab' gefällt, ohne dass der DFB selbst Verantwortung übernimmt. Ausschreitungen werden i. d. R. ausschließlich den mangelnden Sicherheitsvorkehrungen der Vereine zugeschrieben und die Vereine häufig mit den Problemen alleine gelassen. Der Verein haftet stets für ‚seine' Fans. Es gibt jedoch keine Liste von Fans eines Vereins, die man einfach abarbeiten kann und dann die Täter aussortiert. Tatsächlich kann jeder gewaltbereite und gewaltsuchende zum Fußball gehen und sich ausleben. Gesellschaftliche Ursachen werden völlig außen vor gelassen."

6.2.2.6. Ordner

Die Teilnehmer an den Befragungen sind der Auffassung, dass beim Ordnungsdienst von Hansa Nachholbedarf gibt. Lediglich 212 (13,8 %) der Umfrage aus 2013 sehen diesen nicht.

80 Personen nutzten die Möglichkeit der Freitexteingabe. Abbildung 26 zeigt die Antwortenverteilung bei dieser Frage. Hauptproblem scheint an dieser Stelle zu sein, dass der Ordnungsdienst in den Augen der Teilnehmer zu Übergriffen neigt. Überdies wird den Ordnern in vielen Fällen das entsprechende Fingerspitzengefühl abgesprochen: „mehr ‚Fingerspitzengefühl' an unproblematischen Eingängen".[137] Einer der Teilnehmer weist mit „Bilder sagen mehr als Wort" auf das YouTube-Video[138] „ABS/Hansa Ordner - Landespokalfinale M-V" hin. Freilich dürfte dieser ein Einzelfall sein. Dennoch zeigt das Video deutlich, dass Mitarbeiter eines Ordnungsdienstes auch in Extremlagen professionell zu handeln imstande sein müssen.

---

[137] Zitat aus der Wiederholungsumfrage.
[138] Abzurufen unter www.youtube.com/watch?v=R4ww5JbGW4k.

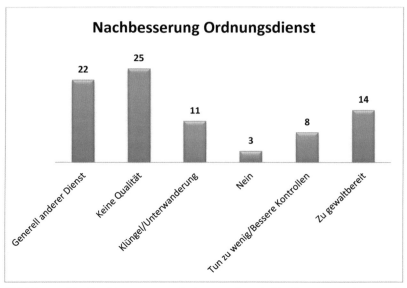

Abbildung 26: Nachbesserung Ordnungsdienst (Freitextantworten nach Kategorien)

6.2.2.7. Sonstige Anmerkungen

Von der Möglichkeit in der Wiederholungsumfrage, sonstige Anmerkungen und Kommentare zu machen, machten insgesamt 326 Teilnehmer Gebrauch. Die Antworten waren nicht selten sehr ausführlich. Sie wiesen in der Bandbreite sachlich nüchtern argumentierend bis emotional, verzweifelt und hilfesuchend alles auf. Wenngleich durchaus auch Übereinstimmungen festzustellen waren, verbot sich nach einem zunächst unternommenen Versuch eine, wie auch immer geartete, Kategorisierung: So wären entweder viel zu viele Punkte schlichtweg weggekürzt worden bzw. die Anzahl der Kategorien derart hoch gewesen, dass ein Überblick nur schwerlich darzustellen gewesen wäre. Es wurden daher sämtliche Antworten ungekürzt in die Anlage übernommen, um sie ggf. zu einem späteren Zeitpunkt detaillierter auszuwerten (s. „Was Sie ansonsten noch loswerden wollen" ab S. 295).

6.3. Die Experteninterviews

Die Interviews wurden mit einem Aufnahmegerät aufgezeichnet, die Interviewten zuvor über die Vorgehensweise und den Datenschutz informiert. Die Gespräche dauerten jeweils ca. 90 Minuten. Die Transkription erfolgte nach den Regeln des einfachen Transkriptionssystems (s. S. 287 ff.) Die Transkripte sowie der Interview-Leitfaden sind in der Anlage ab Seite 129 beigefügt.

6.3.1. Interviewpartner

Die Interviews sollten mit „Experten" durchgeführt werden. Experten sind Personen, die eine Sache besonders gut kennen, weil sie sich beruflich damit beschäftigen, weil sie sich sehr dafür interessieren oder schon oft damit befasst haben oder weil sie als Repräsentant einer Organisation oder Institution befragt werden.[139] Für die Interviews im Rahmen dieser Arbeit wurden folgende Personen ausgewählt, die diese Voraussetzungen erfüllen:

> ➢ Roman Päsler: Der Betriebswirt ist der Vorstandsvorsitzende der Fanszene Rostock e. V. und vertritt somit alle Fans des F. C. Hansa Rostock.
> ➢ Michael Noetzel: Der Rechtsanwalt ist Mitglied der Arbeitsgemeinschaft Fananwälte und vertritt somit von Sanktionen betroffenen Fans.
> ➢ Michael Ebert: Der Leiter der Polizeiinspektion Rostock führt die meisten Risikospiele des F. C. Hansa Rostock und verantwortet somit die Maßnahmen der Polizei.
> ➢ Thomas Abrokat: Der Leiter einer DKB-Filiale ist Vorstandsvorsitzender des F. C. Hansa Rostock und vertritt somit die Interessen des Vereins.

---

[139] S. dazu die Beispiele bei ViLeS. 2010. Konzepte und Definitionen im Modul Das Experteninterview. [Online] Carl von Ossietzky-Universität Oldenburg, 16. 06 2010. [Zitat vom: 05. 11 2013.] http://viles.uni-olden-burg.de/navtest/viles0/kapitel02_Ausgew~aehlte~~lMethoden~~lder~~lDatener he-bung/modul02_Das~~lExperteninterview/ebene01_Konzepte~~lund~~lDefinitio nen/02__02__01__01.php3.

Zitate aus diesen Interviews wurden bereits an verschiedenen Stellen der Arbeit verwendet.

6.3.2. Ausgewählte Aspekte

Bereits unter Pkt. 1.1 Forschungsfragen (S. 5) wurde u. a. die Frage gestellt: *Sind unterschiedliche Vorstellungen zwischen den Akteuren mitursächlich für einen (Groß-)Teil der Konflikte?* Allein vor diesem Hintergrund war es wichtig, die Meinungen und Auffassungen der Haupt-Protagonisten einzufangen. Wie schon Winand feststellte, ist es wichtig, „die momentan schwelenden Konflikte" zu thematisieren, „denn unbearbeitet droht die Gefahr einer Radikalisierung zwischen den Interaktionspartnern."[140]

Bei den Experten wurde jeweils ein Vertreter der Akteure

- Fans
- RA, Fanvertretung u. a.
- Polizei
- Verein

ausgewählt. Es war als nicht unwahrscheinlich anzusehen, dass sich die Ansichten, Auffassungen und Meinungen a) in vielen Punkten und b) dort z. T. sehr deutlich unterscheiden werden. Es war wichtig, als „objektiver Dritter" diese Gegensätze zu erfassen und zu benennen.[141] Während es in der Tat Fragen gab, bei denen – allein schon dem Grunde nach – inhaltliche Abweichungen festzustellen waren, überwiegen erwartungs**un**gemäß dennoch die Übereinstimmungen.

Nach Würdigung der Gesamtumstände spricht dies zum einen für eine bereits gute Kommunikation in Rostock und zum anderen für ein bereits gut aufgestelltes Rostocker System, das es nunmehr lediglich zu optimieren gilt.

---

[140] Erscheint demnächst im Tagungsband der DVJJ zum 29. Deutschen Jugendgerichtstag: "Jugend ohne Rettungsschirm. Herausforderungen annehmen!". http://www.dvjj.de/jugendgerichtstage/29-jgt-2013/vortr-ge-foren.
[141] Vgl. Zitat zur FN 140.

6.3.2.1. Zusammenarbeit der Akteure

Die Interviewpartner (IP) wurden gefragt, wie sich die Zusammenarbeit vor, während und nach Fußballspielen mit bestimmten Akteuren gestaltet. Hierbei wurden ihnen verschiedene Akteure vorgegeben, worunter sich auch ausdrücklich die befanden, die die jeweils anderen IP vertreten.

Die Zusammenarbeit untereinander wird von allen IP unisono als gut bis sehr gut beschrieben. Päsler etwa findet, dass „das Verhältnis zum Verein [derzeit] so gut wie nie zuvor" ist. Demnach ist er „voll umfänglich zufrieden". (P.143)[142] Noetzel lobt die Zusammenarbeit mit der Rostocker Polizei. Leichte Einschränkungen macht er für andere Polizeien, wobei er im Ergebnis dazu kommt, dass die Zusammenarbeit „dann auch eigentlich relativ gut" funktioniert. (N.167) Die Zusammenarbeit mit der Vereinsführung bezeichnet Ebert als „gut", wobei er gleichsam auf deren Zustandekommen kritisch blickt: „obwohl wir ja wissen, dass dieser Aufsichtsrat vorwiegend aus der Ultraszene heraus gewählt worden ist, die Vertreter in Einzelfällen dieser entstammen". (E.194)

Was die weiteren Akteure angeht, sind durchaus Einschränkungen zu erkennen. Abrokat etwa führt mit Blick auf den mit der Stadt getroffenen Kooperationsvertrag aus: „Ich glaube, hier müssen wir auch noch mehr Einsicht erzeugen, dass die STADT für ihre Jugend mitverantwortlich ist." (A.221) Auch Ebert verweist auf die Anstrengungen in diesem Punkt: „Es war ein langer Prozess, bis wir da waren, wo wir jetzt sind", wobei er letztlich die „sehr gute und professionelle Zusammenarbeit mit der Stadt" hervorhebt. (E.195) Sehr deutliche Kritik übt Abrokat an der Presse: „Die Presse möge sich in erster Linie auf die Berichterstattung ‚Fußball' konzentrieren und nicht darauf, welche Randerscheinungen es gibt und diese in den Mittelpunkt stellen. Das kann nicht sein. Also auch die Medien haben dazu einen Beitrag geleistet, dass wir diese aufgeregte und oftmals nicht faktenbasierte Diskussion haben." (A.222) Abrokat spielt in diesem Punkt insbesondere auf zwei Beiträge der *Ostseezeitung*[143] aus der jüngsten Vergangenheit an, die gem. der *F. C.*

---

[142] Zur Vereinfachung des Leseflusses erfolgt die Quellenangabe im Abschnitt 6.3.2 in Form einer Buchstaben-Zahlen-Kombination. Hierbei stehen der Buchstabe für den jeweiligen IP (P = Päsler, N = Noetzel, E = Ebert, A = Abrokat), und die Zahl für die Seitenangabe in dieser Arbeit.
[143] Köpke, Jörg. 2013. Hansa-Chaoten kosten die Steuerzahler Millionen. [Online] OSTSEE-ZEITUNG GmbH & Co. KG, 03. 10 2013. [Zitat vom: 03. 10 2013.]

Hansa Rostock News[144] inhaltlich wie faktisch nicht der Wahrheit entsprechen.

6.3.2.2. Polizei und Polizieren

Darüber hinaus wurden die IP befragt, was nach ihrer Meinung zum angespannten Verhältnis zwischen Polizei und Fanszene geführt hat. Päsler sieht hierin das Ergebnis „eine[r] stetige[n] Entwicklung". Einen wesentlichen Aspekt sieht er in der Labelung des Fanverhaltens: „Und so hat man die Leute auch in bestimmte Schienen reingedrängt und damit kriminalisiert." (P.140) Einigkeit besteht zwischen Noetzel und Abrokat dahingehend, dass die Ursachen nicht lediglich auf einer, sondern vielmehr auf beiden Seiten zu suchen sind und dass mangelnde bzw. unzureichende Kommunikation einen wesentlichen Anteil bilden. Noetzel führt dazu aus: „Die Ursachen liegen – glaube ich – zum einen in dem Verhalten beider Seiten, im Umgang miteinander und auch in der Vergangenheit fehlenden Bereitschaft, Verständnis für die andere Seite aufzubauen." (N.164) Abrokat führt im Weiteren aus: „Dadurch bauen sich Klischees und Feinbilder auf. Das ist das Eine. Dann liegt es an mangelhafter Kommunikation und an mangelhaftem gegenseitigem Verständnis für das Handeln der jeweiligen Seite." (A.220) Auch Ebert spricht implizit die Kommunikation an. Demnach gibt es „unterschiedliche Sichtweisen darüber, was beim Fußball erlaubt ist und was beim Fußball nicht erlaubt ist." (E.192) Kommunikation schafft Transparenz. So auch jüngst Behr in seinem Interview mit der Standard.at.: „Im Einsatz werden oft nur noch Befehle gegeben und es wird gemacht, da kann man nicht mehr innehalten. Wenn der Helm auf ist, wird auch miteinander nicht mehr viel geredet. Da verlässt man sich auf eingeübte und ritualisierte Handlungen. Mitten im Lauf

---

http://www.ostsee-zeitung.de/Region-Rostock/Rostock/Sport/FC-Hansa/Hansa-Chaoten-kosten-die-Steuerzahler-Millionensowie OZ. 2013. Hansa: Rote Karte für Vester und Bergmann? [Online] OSTSEE-ZEITUNG GmbH & Co. KG, 22. 10 2013. [Zitat vom: 22. 10 2013.] http://www.ostsee-zeitung.de/Region-Rostock/Rostock/Sport/FC-Hansa/Hansa-Rote-Karte-fuer-Vester-und-Bergmann2.

[144] NEWS, F.C. HANSA. 2013. Berichte der 'Welt' & 'Ostsee-Zeitung' entsprechen nicht den Tatsachen. [Online] 24. 10 2013. [Zitat vom: 29. 10 2013.] http://www.fc-hansa.de/index.php?id=154&oid=38922sowieStellungnahme zum heutigen OZ-Artikel: Undifferenzierte Berichterstattung durch Herstellen falscher Zusammenhänge. [Online] 05. 10 2013. [Zitat vom: 01. 10 2013.] http://www.fc-hansa.de/index.php?id=154&oid=38546.

einzuhalten und zu sagen ‚Moment, vielleicht gehen wir wieder zurück' geht nicht."[145] Aber genau diese Transparenz sehen knapp
zwei Drittel der Teilnehmer der Wiederholungsumfrage nicht. 68,7 %
(n=925) sind der Auffassung (lehne (sehr) ab), dass die Polizei weder transparent arbeitet noch auf Fragen Anlass entsprechend antwortet.

In Sachen einer Kennzeichnungspflicht für Polizeibeamte sind sich
alle vier IP sehr einig. „Nach meinem demokratischen Grundverständnis ist es nicht nachvollziehbar, warum das nicht gewollt ist
und nicht gemacht wird." äußert sich Päsler dazu. (P.145) Nach
Ebert, der „nichts gegen die Kennzeichnung von Mitarbeitern" hat,
„diszipliniert [eine Kennzeichnung] im Umgang miteinander." (E.197)
Auch Noetzel spricht sich deutlich für eine Kennzeichnungspflicht
aus. Für ihn müssen es keine Klarnamen sein, vielmehr geht es „um
eine individuelle Kennzeichnung", die für ihn vollkommen ausreichend ist. (N.168) Abrokat, der ebenfalls keine Notwendigkeit von
Klarnamen sieht, sieht hierin die einzige Möglichkeit, „Fehlverhalten
nachvollziehbar" zu machen, da „sonst niemand [die] Verantwortung" hat. (A.223) Während Päsler in diesem Zusammenhang in der
Blau-Weiß-Rote-Hilfe „Interessensvertretungen der Fans" sieht
(P.145), sind Abrokat und Ebert da kritischer. Abrokat etwa meint:
„Wir sehen die Entwicklung aber auch nicht unkritisch als Verein,
weil man dann eventuell aufpassen muss, dass sich das Ganze
nicht verselbständigt und dazu da ist, um eben Klientel zu gewinnen." (A.224), wenngleich er es letztlich als „legitim" ansieht, „wenn
man sich gegen Fehlverhalten der Polizei dann auch mit Unterstützung durch Fananwälte wehrt." (A.224). Für Ebert bedarf es einer
solchen Organisation nicht, da es „genügend Einrichtungen [gibt],
die darüber wachen, dass Recht und Gesetz eingehalten werden.
Und letztlich ist es auch so, dass die Polizei über sich selbst – das
mag man jetzt kritisch aus Sicht der Fans betrachten – wacht."
(E.197)

---

[145] Selmer, Nicole. 2012. Polizisten brauchen Liebe, Harmonie und Ordnung.
[Online] derStandard.at/dieStandard.at/daStandard.at, 17. 08 2012. [Zitat vom:
02. 12 2012.] http://derstandard.at/1343745036158/Polizisten-brauchen-Liebe-
Harmonie-und-Ordnung.

6.3.2.3. (Mehr) Überwachung und Sicherheit

Nach Auffassung vieler Experten und nach Auffassung der übergroßen Mehrheit der Stadionbesucher ist es in deutschen Fußballstadien sicher. So titelte jüngst der Tagesspiegel: „Mittlerweile sind sich fast alle an der Diskussion beteiligten Parteien einig: Gewalt ist ein Problem im deutschen Fußball, geht aber nur von einem Bruchteil der Fans aus. Und im europäischen Vergleich lebt der deutsche Stadionbesucher vergleichsweise sicher. Selbst ZIS-Leiter Ingo Rautenberg sagte dem Tagesspiegel, er sehe eigentlich keinen Grund für ein neues Sicherheitskonzept."[146] Dennoch werden nach wie vor (noch) „ausgefeiltere Überwachungstechnologien" ins Gespräch gebracht. Zu diesem (scheinbaren?) Widerspruch wurden die IP in ihren Interviews befragt. Nach Päsler ist dies ein Zeichen dafür, dass sich das Fußballstadion und die Fans dazu eignen, neue Technologien in der Praxis auszutesten, um sie dann (bei Erfolg) in die breite Masse zu bringen: „Im Stadion fangen wir damit mal an und nach 5 Jahren setzen wir das dann auf dem Bahnhof fort und irgendwann auf dem Marktplatz. Ich denke, das ist der Einstieg in die Überwachung." (P.146) Genauso sieht dies auch Noetzel, der in den neuen Technologien einen „Testballon für Sachen [sieht], die man dann in anderen Bereichen einsetzen kann, also z. B. Demonstrationen." (N.170) Abrokat sieht in diesem Punkt nicht nur keine Notwendigkeit, vielmehr sieht er hierin auch ein Folgeproblem: „Das heißt, das Ganze hat eine Kostenkomponente, die uns am Ende fehlt, um in den sportlichen Erfolg oder in Fanarbeit zu investieren. Deswegen haben wir auch aus diesem Grund nur ein geringes Interesse daran, solche Maßnahmen durchzuführen." (A.225)

Auf die Frage, welche Verbesserungen es im Hinblick auf die Reisewege von Fans noch geben kann, waren sich Päsler, Ebert und Abrokat sehr einig und präferieren Sonder-, Fan- oder Entlastungszüge. Päsler etwa sieht in Sonderzügen eine „zu bevorzugende Maßnahme", mit der „man bei bestimmten Spielen so schon bestimmte Sachen entspannen kann." (P.148) Durch Sonderzüge sind der „geordnete Ablauf" (A.227) und das „kanalisierte Heranführen"(E.200) möglich. Noetzel sieht das meiste Potential bei der Polizei. Nach seiner Auffassung „schafft es die Polizei trotzdem, drei

---

[146] Anstelle Vieler: Spannagel, Lars. 2012. Mehr Sicherheit – um welchen Preis? Gewalt in deutschen Fußballstadien. [Online] Der Tagesspiegel, 12. 12 2012. [Zitat vom: 12. 12 2012.] http://www.tagesspiegel.de/sport/gewalt-in-deutschen-fussballstadien-mehr-sicherheit-um-welchen-preis-/7508106.html.

oder vier Anzeigen wegen Beleidigung zu produzieren", auch wenn nichts passiert ist. (N.174)

Immer wieder kommt es in den Stadien trotz durchgeführter Durchsuchungen zum Einsatz von Pyrotechnik. Dass dies zu (lebens-)gefährlichen, da unkontrollierbaren Situationen führen kann, zeigte das Beispiel des Fahnenbrandes des HSV Ultra-Gruppe Chosen Few[147] am 23.11.2012. Daher wird immer wieder die Legalisierung durch den **kontrollierten** Einsatz von Pyrotechnik in dafür vorgesehenen Bereichen des Stadions durch besonders geschulte Personen diskutiert. Auch zu diesem Punkt wurden die IP befragt. Päsler sieht keinen Zusammenhang zwischen einem illegalen Einsatz von Pyrotechnik und einer dadurch bedingten Erhöhung der Gefahr von Unfällen. (P.149) Noetzel und Ebert können sich hingegen schon vorstellen, dass „durch das strikte Verbot von Pyrotechnik die Gefahr von Unfällen, durch einen dann illegal erfolgenden Einsatz, erhöht" wird, wobei Noetzel gleichwohl zurückhaltend mit einem bedingten Zusammenhang ist. (N.175) Eine solche Einschränkung macht Ebert nicht, wobei er die Akzeptanz eines zugewiesenen Bereiches für die Fans durch eben diese anzweifelt, wonach eine „extra dafür ausgewiesenen Zone [...] Pyrotechnik aber aus Sicht der Ultras wieder halb so attraktiv machen [würde]". Demnach kann er sich nicht vorstellen, „dass Ultras einen gesonderten Bereich zum Abbrennen von Pyrotechnik annehmen würden, das macht ja gerade den Reiz aus, aus der Deckung, aus der Masse heraus entsprechend Pyrotechnik zu zünden und ggf. die eigene Choreografien damit zu schmücken." (E.202) Abrokat will sich in diesem Punkt nicht festlegen. Er kann es zwar nicht ausschließen, betrachtet die Beantwortung der Frage allerdings als „hypothetisch". (A.229)

Einen sehr interessanten Vorschlag zur Reduzierung der Gefahren beim Einsatz von Pyrotechnik, den es sich zu verfolgen lohnt, hat Ebert in seinem Interview eingebracht: „Vielleicht gelingt es der Industrie ja, Pyrotechnik, die mit niedrigerer Temperatur abbrennt, zu entwickeln. Die also nur Rauch macht, ohne dass Magnesium und sonstige Chemikalien dort verbrannt werden. Daraus ergibt sich ja die große Gefahr." (E.203)

---

[147] Zur Stellungnahme der Ultra-Gruppe: Chosen Few Hamburg. 2012. Stellungnahme Düsseldorf. [Online] 11 2012. [Zitat vom: 12. 02 2013.] http://cfhh.net/?p=3908.

6.3.2.4. Hansa-Fans

Auf die Frage, was denn DEN Hansa-Fan ausmacht, antworteten alle IP unisono, dass es DEN Hansa-Fan nicht gibt.

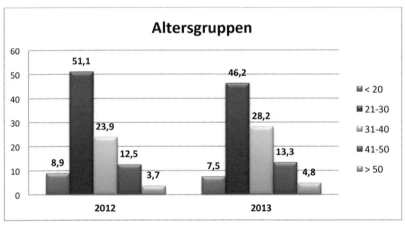

Abbildung 27: Altersgruppen der Teilnehmer beider Umfragen

Vielmehr handelt es sich hierbei um einen Querschnitt der Gesamtgesellschaft. Zwar gibt es vom Altersdurchschnitt und vom Geschlecht her quantitative Unterschiede – wie auch die beiden Online-Umfragen ansatzweise[148] zeigten (s. Abbildung 27 & Abbildung 28) –, die jedoch nicht typisch für Hansa-, sondern für Fußballfans im Allgemeinen sind. Dies im Übrigen zeigt auch die Schwierigkeit eines allgemein gültigen Konzeptes, da es eben auch dem Umstand, dass es nicht den Muster-Hansa-Fan gibt, Rechnung tragen muss.

Sehr oft werden die Termini „Hansa-Fan" und „Problemfan" in einem Atemzug benannt, als ob es sich um eine (zwingend) identische Personengruppe handelt. Die IP wurden daher nach ihrer Einschätzung zu diesem Punkt befragt, wobei auch hier alle vier IP sehr dicht beieinander sind. Päsler will nicht von einer Problemfan**szene** sprechen. Vielmehr geht er in diesem Punkt von einzelnen Personen

---

[148] Ansatzweise meint in diesem Zusammenhang, dass bei den Umfragen auch Nicht-Hansa-Fans befragt wurden.

aus. Er ist er der Auffassung, „dass es in der Rostocker, wie in jeder anderen Fanszene auch, Problemfans gibt." (P.147). Ähnlich drückt sich Noetzel aus, wonach die „Fanszene [...] bunt und vielfältig [ist] und da gibt es alle möglichen Gruppen." (N.172) Ebert verbindet mit seinem ähnlich lautenden Statement eine deutliche Kritik, wonach „Staat und Gesellschaft versagt [haben], weil diese die jungen Menschen nicht auffangen. Da hat Sozialarbeit versagt, weil die Gesellschaft nicht in der Lage war, ihnen andere attraktive, alternative Angebote zu machen." (E.198) Abrokat bezeichnet die einzelnen Personen als „Dominanzgruppen, die versuchen, unterschiedliche Dinge in einer Fanszene durchzusetzen." (A.226) In diesem Zusammenhang waren die IP auch zu befragen, in welche Kategorie (vgl. FN 49) sie die Ultras verorten würden. Auch in diesem Punkt waren sich die IP, wenn auch mit unterschiedlichen Schwerpunkten, einig. Päsler und Noetzel finden schon die Einteilung der Fans in Kategorien nicht gut; Päsler beschreibt sie grundsätzlich mit „Quatsch, weil sie undifferenziert, also nicht breit gefächert genug ist" (P.148) und Noetzel betrachtet die Kriterien für die Einteilung als „einfach viel zu schwammig". (N.174) Ebert und Abrokat schätzen die Ultras als viel zu heterogen ein, als dass eine allgemein gültige Aussage in Form einer Verortung in EINE Kategorie möglich wäre. Insoweit können Aussagen in diese Richtung nur für einzelne Personen, nicht aber für ganze Personengruppen, namentlich die Ultras getroffen werden. (E.199 und A.227)

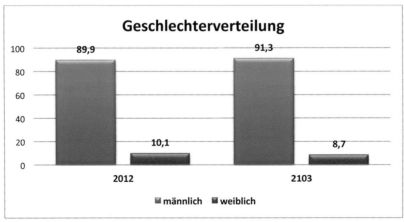

Abbildung 28: Geschlechterverteilung der Teilnehmer beider Online-Umfragen

Mit Mittelwerten von 2.14 bzw. 2.48 erachten die Teilnehmer der Wiederholungsumfrage eine Kommunikation mit Ultras und „Problemfans" als notwendig bzw. sinnvoll. Vielfach ist jedoch zu beobachten, dass eine Beteiligung der Fans durch Verantwortliche nicht stattfindet. Dies schlug sich im Übrigen auch in der Aktion „12:12" nieder.[149] In einer Notwendigkeit der Einbindung der Fans sind sich die vier IP inhaltlich sehr einig. Päsler ist der Auffassung, dass, „wenn man mit den Fans nicht redet und völlig abblockt, können die machen, was sie wollen und es stellt sich auch kein Schuldgefühl ein." (P.148) Noetzel geht in diesem Punkt noch einen Schritt weiter. Für ihn ist das „keine Frage der Ultragruppierung, sondern eine Frage der Fans allgemein." (N.175) Ebert ist grundsätzlich gleicher Auffassung, wonach Ultras „zwingend" einzubinden sind, gibt allerdings zu bedenken, dass der „Verein [...] aufpassen [muss], dass er den Ultras nicht das Gewicht gibt, das sie gerne für sich beanspruchen."(E.202) Abrokat sieht in der Einbindung in Form der Kommunikation die Möglichkeit, „gewisse Einsichten zu erzeugen, um dann Konflikte zu vermeiden oder möglichst klein zu halten." (A.229)

---

[149] Vgl. bespw. die URL: http://www.12doppelpunkt12.de/hintergrund/.

7. Ergebnisse

Wenn man ein Problem lösen will, dann muss man es zuvor erst einmal klar definieren. Die Masterarbeit verfolgt das Ziel, Probleme im Zusammenhang mit gewalttätigen Ausschreitungen rund um den Fußball zu benennen und den Problembereich damit einzugrenzen und zu definieren. Dazu erfolgten eine Netzwerkanalyse und eine Schwachstellenanalyse.

7.1. Netzwerk- und Schwachstellenanalyse

Unter Kapitel 5 erfolgte die Darstellung der wichtigsten Akteure, also der einzelnen Netzwerkpartner. Das Ergebnis der Netzwerkanalyse beschrieb die Art der Beziehung der Akteure zum Fußball. Im darauffolgenden Kapitel erfolgte die Darstellung der Komplexität und Fragilität eines derartig umfangreichen Netzwerkes, wie es im Zusammenhang mit dem Fußball entstanden ist. Es wurde dargestellt, dass (scheinbar) kleine Ursachen große Wirkungen bedingen können.

Eine Besonderheit des Netzwerks Fußball ist folgende: Während es zwischen einzelnen Akteuren eine direkte Verbindung gibt, ist der Kontakt zwischen anderen hingegen nur über Dritte möglich. Vor dem Hintergrund der selektiven Wahrnehmung, einem psychologischen Phänomen, bei dem nur einzelne Aspekte der Informationen wahrgenommen (und demnach auch nur weitergeleitet), andere dafür jedoch ausgeblendet werden und der kognitiven Dissonanz, also der inneren Unvereinbarkeit verschiedener Gedanken, Meinungen, Wünsche bzw. Absichten, die dazu führt, dass unerwünschte Einsichten ausgeblendet werden, ist dies nicht unproblematisch. Es ist demnach notwendig, eine Lösung zu finden, die aus der *Kreuzverbindung* ein *Sternmodell* hervorbringt.

Nach Diaz-Bone unterscheidet die „formale Netzwerkanalyse [...] drei Eigenschaftsaspekte, die einbezogen werden können" (Diaz-Bone, 2006 S. 5):

> ➢ Eigenschaften der Knoten→ Also: Was sind die spezifischen Besonderheiten der Akteure, die unter Pkt. 5 (s. S. 29) aufgelistet sind? Wo liegen Gemeinsamkeiten und Unterschiede?

> Eigenschaften der Beziehungen→ Also: Auf welcher Ebene findet die Kommunikation statt und in welcher Weise (vgl. Tabelle 2 auf S. 38)?
> Eigenschaften der Netzwerkstruktur→ Also: Wie ausgeprägt ist das Netzwerk um Hansa?

Durch die Auswertung der beiden Online-Umfragen sowie der vier Interviews erfolgte im Kapitel 6 „Netzwerk" (S. 37 ff.) die Untersuchung der verschieden Abläufe vor, während und nach einem Fußballspiel. Es wurden Fehler und sonstige Unstimmigkeiten, namentlich Schwachstellen aufgedeckt.

Zusammen mit der Netzwerkanalyse sollen nunmehr im Ergebnis der in Rede stehenden Schwachstellenanalyse Vorschläge entwickelt bzw. Vorhandenes aufgegriffen werden, um die Prozesse und Verfahrensabläufe künftig in Sinne eines friedlichen Fußballereignisses zu optimieren.

Für die Schwachstellenanalyse eignen sich verschiedene Analysemethoden. Mögliche Methoden sind z. B. das Ursache-Wirkungs-Diagramm, die Kennzahlentechnik, die SWOT-Analyse oder das SARA-Modell.

Den Ausführungen zum SARA-Modell soll ein Zitat von Zick vorangestellt werden: „Eine gute Antwort, die auch die Prävention und Intervention umfasst, verlangt präzise Fragen nach den Formen der Gewalt, belastbaren Fakten und den Ursachen der Gewalt im Fußball. Gute Antworten müssen auch offen sein für Kritik, gerade weil die Gewaltformen, ihre Ausmaße und Ursachen unterschiedlich interpretiert werden können."[150]

---

[150] Zick, Andreas. Gewaltphänomene im deutschen Fußball. Erscheint demnächst in der Bundeszentrale für Politische Bildung.

7.2. SARA-Modell im Allgemeinen[151]

Das SARA-Modell eignet sich dazu, in einer Organisation ständig wiederkehrende Probleme aufzuzeigen und einer Lösung zuzuführen. Es soll im Folgenden auf das Rostocker Netzwerk Fußball angewendet werden.

Das Akronym SARA steht Scanning – Analysis – Response – Assessment, also für Absuchen / Rastern – Auswertung / Aufgliederung – Reaktion / Resonanz – Bewertung / Beurteilung. Der Vorteil einer Aufteilung der Problemlösung in separate Phasenliegt darin, dass sichergestellt wird, dass die einzelnen notwendigen Schritte (s. Pkte. 7.2.1 bis 7.2.4) in der **richtigen** Reihenfolge durchgeführt werden. So werden Lösungen nicht gefunden oder übernommen, bevor eine Analyse des Problems vorgenommen wurde. Das Vorgehen mittels SARA,[152] also in vier vordefinierten Phasen mit ihren jeweiligen Schritten, wirkt zudem der Tendenz entgegen, direkt eine (endgültige) Lösung zu formulieren, ohne deren mögliche Auswirkungen auf das Problem zu beurteilen.

SARA ist im Ablauf der Phasen nicht (immer) stringent linear, also nicht zwingend Scanning → Analysis → Response → Assessment. Vielmehr kann (und zum Teil muss) der Verlauf auch schleifenhaft vonstatten gehen, sodass z. B. die Durchführung der Analysis, also des zweiten Schritts, zu einer Neuausrichtung des Projekts führen kann, wodurch sich ein neuerliches Scanning erforderlich macht. Je länger und komplizierter ein Projekt ist bzw. andauert, desto mehr Schleifen dieser Art sind zu erwarten bzw. notwendig. Dies bedeutet allerdings nicht, dass Schritte übersprungen und/oder in einer anderen als der vorgegebenen Reihenfolge durchgeführt werden. Eine Ausnahme der Reihenfolge kann sich lediglich aus der Notwendigkeit der Stabilisierung eines Problems ergeben, wodurch ein temporärer Sprung vom Scanning bis zur Durchführung kurzfristiger Notfallmaßnahmen notwendig werden kann, während die weitere Analyse vorgenommen wird.

---

[151] Allgemeine Ausführungen dieses Abschnitts zum SARA-Modell (7.2. ff.) stellen Übersetzungen des Verfassers dar, die der Original-Homepage entlehnt sind. Eine ständige Zitation in diesem Abschnitt nebst Unter-Punkten (etwa: „ebd.") erfolgt im Sinne eines Leseflusses nicht. Quelle: Center for Problem-Oriented Policing. 2013. The SARA Model. [Online] University of Wisconsin-Madison Law School's Frank J. Remington Center, 2013. [Zitat vom: 29. 10 2013.] http://www.popcenter.org/about/?p=sara. (inkl. Sub-Sites).

[152] Im Folgenden i. S. eines Leseflusses nur noch SARA genannt.

Den vier Elementen von SARA liegen mehrere Arbeitsschritte zugrunde, die gezielt auf das zu ergründende und anzugehende Problem anzuwenden sind.[153]

7.2.1. Scanning

Mit Hilfe der Umfragen und der Interviews erfolgte eine konkrete Bestimmung des status quo rund um die Spiele des F. C. Hansa Rostock. Ständig wiederkehrende Probleme wurden bestimmt und die möglichen Folgen für die Akteure herausgearbeitet. Bei der Auswertung erfolgten überdies erste Interpretationen mit dem Ziel der Entwicklung zunächst allgemeiner Ziele. Um ein Problem anzugehen, ist es nicht nur notwendig, selbiges zu benennen, sondern vielmehr auch, zu akzeptieren, dass es (überhaupt) Optimierungsbedarf gibt. Weiterhin ist es notwendig, eine Rangfolge der Probleme aufzustellen, um die (knappen) Ressourcen möglichst optimal einzusetzen. Hierbei hat sich herausgestellt, dass die in der Vergangenheit nur unzureichend oder gar nicht vorhandene Kommunikation eine wesentliche Ursache für die (über Jahre gewachsenen) Probleme darstellt. Letztlich ist es wichtig, zu untersuchen, wie häufig und wie lange Probleme auftreten. Der Punkt „Scanning" wurde bereits durchgeführt und findet sich vornehmlich in Punkt 6 (s. S. 37 ff.) wieder.

7.2.2. Analysis

Dieser Punkt ist sehr wichtig und wird nicht selten übersprungen, da Probleme manchmal (fälschlicherweise) offensichtlich erscheinen oder Entscheidungsträger dem inneren wie äußeren Druck, sofort Lösungen zu präsentieren, nachgeben. Nachdem die Probleme benannt wurden, z. B.[154] die unterschiedlichen Sichtweisen auf die

---

[153] Sehr ausführliche Informationen zu SARA allgemeiner Art können dem Handbuch „CRIME ANALYSIS FOR PROBLEM SOLVERS – In 60 Small Steps" entnommen werden, welches im Internet frei zur Verfügung gestellt wird. Clarke, Ronald V. und Eck, John E. 2005. CRIME ANALYSIS FOR PROBLEM SOLVERS. In 60 Small Steps. [Online] 08. 08 2005. [Zitat vom: 16. 11 2013.] . http://www.popcenter.org/learning/60steps/.
[154] Anstelle vieler/aller Beispiele, hier nur einige wesentliche, um das Thema aufzugreifen.

Thematik Pyrotechnik, Unverständnis bzgl. der Vergabepraxis zu den Stadionverboten oder (aus Sicht der Fans) nicht nachvollziehbares Vorgehen von Ordnungsdienst und Polizei, ist es in einem weiteren Schritt notwendig, Ereignisse und Bedingungen, die zum Problem geführt haben, zu identifizieren und zu verstehen.

Hierzu wurden Recherchen durchgeführt, was zu den erkannten Problemen an Lösungsstrategien bereits bekannt ist. (Auf die „Task Force Hansa Rostock" wird unter Pkt. 7.3.1 ab S. 96 gesondert eingegangen). Da die Thematik *Fußball und Gewalt* bereits seit Jahrzehnten besteht, ist die Literaturlage hierzu äußerst umfangreich. Auf sie konnte im Rahmen dieser Arbeit daher auch nur begrenzt eingegangen werden. Allerdings ist die Situation in Rostock nur sehr schwer mit der bei anderen Vereinen vergleichbar. Wesentliche Besonderheiten sind zum einen die infrastrukturelle Einbindung des Stadions in die Stadt und zum anderen die besondere Fanstruktur. So kommen nach Aussage Friedrichs lediglich 20,0 % der Fans aus der Hansestadt selbst, die übrigen 80,0 % verteilen sich auf Gesamt-Mecklenburg-Vorpommern sowie in Teilen auch darüber hinaus, namentlich bundesweit. Insoweit wäre es sinnvoll, im Rahmen bzw. im Vorfeld der Analyse zunächst ein Gutachten zur Fanstruktur erstellen zu lassen.

Bei der Bestandsaufnahme der derzeitigen Problemlösungsstrategien wurden die Stärken und Schwächen dieser sehr deutlich: Bewährt hat sich z. B. deutlich die Strategie der Rostocker Polizei, wonach Gästefans kanalisiert vom Abreisebahnhof, über die Unterwegsbahnhöfe und den Hauptbahnhof Rostock letztlich mit Bussen der RSAG zur DKB-Arena gebracht werden. Auch weitere technische Sperren – etwa die temporäre Abgitterung vor der DKB-Arena oder Sichtblenden darin – haben sich bewährt. Schwächen liegen in mangelnder Transparenz auf Seiten der Polizei: „Je kommunikativer, transparenter und differenzierter die Einsätze durchgeführt werden, desto höher die Akzeptanz polizeilichen Einsatzhandelns und ganz generell der Institution Polizei bei den Jugendlichen." (Gabriel, 2012 S. 229)

Das Netzwerk Fußball verfügt über zahlreiche Akteure (s. Pkt. 5 ab. S. 29). Auch wenn es bereits z. T. sogar sehr gute Kooperationen in Rostock gibt, wird das gänzliche Synergiepotential noch nicht genutzt. „Ein Synergieeffekt besteht aus dem Zusammenwirken von

Faktoren, die sich gegenseitig fördern bzw. gemeinsam mehr bewirken als jeder für sich allein."[155]

Einige Akteure sind noch zu sehr in eigenen Sichtweisen verhaftet und zeigen sich nicht offen genug für andere Akteure. In einem Interview sagte etwa der DFL-Geschäftsführer Andreas Rettig „Das Problem ist, dass jeder seinen Ausschnitt wahrnimmt und meist auch legitime Interessen hat. Die große Kunst wird es sein, dass alle aus der Vogelperspektive auf die Probleme draufschauen." Im selben Interview sagte Rettig weiter „Von allen Seiten wurde nicht so kommuniziert, wie das im Sinne einer Deeskalation hilfreich ist."[156] Diesem Ansatz folgend, startet die DFL ab Januar 2014 mit dem *Pool zur Förderung innovativer Fußball- und Fankultur (PFiFF)*. „Mit diesem Förderprogramm erhoffen wir uns einen Impuls für neue Wege in der Fanarbeit. Insbesondere die Erweiterung um gesamtgesellschaftliche Aspekte steht dabei im Vordergrund, denn Fankultur in Deutschland findet längst auch jenseits von Spieltagen statt".[157]

Ein grundsätzlicher Fehler ist die zu geringe Einbindung der wichtigsten Akteure, namentlich der Fans. Das Konzeptpapier „Sicheres Stadionerlebnis" wurde und wird vielerorts als der „große Wurf" angepriesen. Die DFL etwa zieht nach ca. einem Jahr Konzeptpapier eine positive Bilanz: „Geschäftsführer Andreas Rettig lobte dann auch ausführlich die Fortschritte in der Gesprächskultur [...], die sich im vergangenen Jahr verstetigt hätten. Der Dialog zwischen Vereins-, Verbands- und Fanvertretern finde auf mehreren Ebenen und unabhängig von der jeweiligen Wochenendkonjunktur [...] statt."[158]

---

[155] Stiller, Gudrun. 2012. Synergieeffekt. [Online] Wirtschaftslexikon24.com, 2012. [Zitat vom: 10. 11 2013.] http://www.wirtschaftslexikon24.com/d/synergieeffekt/synergieeffekt.htm.
[156] Ruf, Christoph (16. 01 2013). Ich bin froh, dass es die Ultras gibt. (t. v. GmbH, Herausgeber) Abgerufen am 08. 07 2013 von http://www.taz.de/DFL-Geschaeftsfuehrer-Andreas-Rettig/!108511/.
[157] DFL DEUTSCHE FUSSBALL LIGA GMBH. 2013. DFL Deutsche Fußball Liga GmbH: 45/2013: Ligaverband initiiert neues Förderprogramm für Fankultur: PFiFF startet ab Januar 2014. [Online] news aktuell GmbH * presseportal, 03. 12 2013. [Zitat vom: 03. 12 2013.] http://www.presseportal.de/pm/52476/2612788/dfl-deutsche-fussball-liga-gmbh-45-2013-ligaverband-initiiert-neues-foerderprogramm-fuer-fankultur.
[158] Ruf, Christoph. 2013. Sicheres Stadionerlebnis. Ein Jahr nach ihrem Konzept zieht die Deutsche Fußball Liga eine positive Bilanz. [Online] Verlag Neues Deutschland Druckerei und Verlag GmbH, 04. 12 2013. [Zitat vom: 04. 12 2013.] http://www.neues-deutschland.de/artikel/916995.html.

Diesem positiven Fazit schließt sich auch Leiter der Koordinations-
stelle Fanprojekte (KOS), Michael Gabriel an: „DFB und DFL haben
ihre Ankündigungen für ihren Bereich konsequent umgesetzt. Fan-
Organisationen sind in alle Arbeitsgruppen integriert worden."[159] Eine Beteiligung der Fans erfolgte jedoch dennoch kaum. Wenngleich
Rettig den Umstand, „dass dem Verband eigentlich nicht an einem
aufrichtigen Dialog mit den Fans gelegen sei", so nicht sieht.[160]

Als Reaktion auf die Nichtbeteiligung bei der Ausarbeitung des in
Rede stehenden Papiers gründete sich die Aktion 12:12. „Sie taten
sich zusammen, gingen auf die Straßen, es war wohl die größte
Fußballprotestaktion der vergangenen Jahrzehnte. Und sie schwie-
gen. Wochenlang war es merkwürdig ruhig in den Stadien. Für jeweils 12 Minuten und 12 Sekunden blieben die Fans stumm, erst
dann wurde es laut in den Kurven. Man kann zu den Ultras und ihrem Dauersingsang stehen, wie man will. In diesen stillen Minuten
konnte jeder spüren, was dem Fußball fehlen würde."[161]

Bei der Entwicklung von Strategien spielt eine Vielzahl von Ressourcen eine große Rolle. Obwohl es dazu eine Reihe von wissenschaftlichen Studien gibt, werden die Ergebnisse zu selten genutzt;
insbesondere durch die Vereine und die Polizei. Unstrittig ist, dass
die Polizei nicht alle ihre Strategien mit der Öffentlichkeit teilen kann.
Dennoch lässt sich die Polizei nur sehr selten und wenn doch, nur
sehr zögerlich und beschränkt „in die Karten schauen". Dies wird als
deutlicher Nachteil angesehen, da eine offene Kommunikationsstra-
tegie (auch) für mehr Verständnis für konkrete polizeiliche Maßnahmen sorgen würde und zudem generell das Vertrauen der Bürger in
die Polizei stärken würde.

---

[159] Unbekannt. 2013. Fanprojekt-Koordinator lobt Sicherheitskonzept. [Online]
SÜDWEST PRESSE Reutlinger Nachrichten, 03. 12 2013. [Zitat vom: 03. 12
2013.] http://www.swp.de/hechingen/sport/fussball/ueberregional/Fussball-
Bundesliga-DFL-Sicherheit-Sicherheitskonzept-Fussballfan-Fanprojekt-
Koordinator-lobt-Sicherheitskonzept;art1157834,2337615.
[160] Ebd.
[161] Spiller, Christian. 2012. Die Fans sind keine unkritische Masse mehr. SI-
CHERHEIT IM FUSSBAL. [Online] ZEIT ONLINE GmbH, 12. 12 2012. [Zitat
vom: 12. 11 2013.] http://www.zeit.de/sport/2012-12/fussball-fans-
sicherheitskonzept-dfl.

7.2.3. Response

Es gibt nicht *die* Ursache zur Entstehung von Gewalt rund um den Fußball. Vielmehr sind sie derartig umfangreich, dass sich auch die Konzepte zur Eindämmung daran orientieren müssen: „Eine nachhaltig wirkende Strategie der Kriminalprävention muss der Ursachenvielfalt Rechnung tragen. Dies erfordert ein übergreifendes, integratives Gesamtkonzept. Kriminalprävention ist somit eine gesamtgesellschaftliche Aufgabe [...]". (Hepp, et al., 2005 S. 275)

In der dritten Phase von SARA werden wirksame Antworten mit Blick auf das Problem entwickelt und umgesetzt bzw. bereits vorhandene aufgegriffen, ausgebaut oder angeglichen. Bevor jedoch dieser Schritt gegangen werden kann, muss die Analyse **abgeschlossen** sein. Denn es zeigt sich immer wieder, dass „Schnellschüsse" auf lange Sicht nicht effektiv sind, wenn die angebotenen Lösungen nicht auf die spezifische Ursache des Problems zugeschnitten sind. „Symbolische Politik beseitigt weder Kriminalität, noch soziale Probleme. Sie schafft beides erst. Zu Risiken und Nebenwirkungen dieser Politik fragen Sie den Kriminologen"[162] Feltes' Anspielung auf die TV-Apotheken-Werbesports bzw. Beipackzettel zeigt die deutliche Notwendigkeit, auch und gerade die Wissenschaft mit einzubeziehen.

Die Lösungen sollten direkt mit den Ergebnissen der Analysen verknüpft werden. Sie sollten mit Blick auf die Ressourcen, die zur Verfügung stehende Zeit und die Dringlichkeit der Lösung des Problems auch machbar sein. Hierbei sollte außerdem der Grundsatz gelten, dass eine Reihe von möglichen Antworten effektiver sein kann als eine einzelne Reaktion in einigen Situationen.

7.2.4. Assessment

Die letzte Phase von SARA umfasst die Überprüfung, inwieweit ein Plan umgesetzt und die Ziele erreicht worden sind, was in Form einer Evaluation geschehen kann. Dies beinhaltet darüber hinaus die

---

[162] Feltes, Thomas. 2012. Sicherheit 2025 - „Soziale Sicherheit ". Vortrag am 18. April 2012 im Rahmen des BMBF- Innovationsforums „Zivile Sicherheit – Sicherheit in einer offenen Gesellschaft. [Online] 24. 04 2012. [Zitat vom: 02. 10 2013.] http://www.sicherheit-forschung.de/workshops/workshop_6/ws_6_vortraege/vortrag_feltes.pdf.

Feststellung, ob und falls ja, in welchem Umfang neue Strategien benötigt werden, um den ursprünglichen Plan zu erweitern. Die Auswirkungen eines mit Hilfe der ersten drei Schritte entwickelten Konzeptes können z. B. mit der Beantwortung folgender Fragen ermittelt werden:

- Gibt es insgesamt positive Auswirkungen auf die Probleme?
- Wurde das Problem insgesamt beseitigt?
- Gibt es weniger Vorfälle?
- Gibt es weniger schwerwiegende Schadensfälle?
- Ist eine bessere Handhabung der Vorfälle möglich bzw. gibt es bessere Antworten zum Problem?
- Gab es einen Abbau von Vorurteilen?

Die Anzahl einer Reihe von durch die Polizei verwendeten Maßnahmen wird dabei zur Beurteilung von deren Wirksamkeit herangezogen. Dies umfasst beispielhaft Zahlen von Verhaftungen, die Schwere der gemeldeten Delikte, Reaktionszeiten, Aufklärungsquoten usw. (s. a. Kapitel 3, S. 9). Allerdings ist diese doch sehr vordergründige, deskriptive Bewertung mit Vorsicht zu interpretieren, da rein zahlenmäßige Veränderungen oftmals alleine durch den „Projekteffekt" zustande gekommen sein können. So ist das Phänomen, dass „neue Besen" besonders gut kehren, im Polizeibereich spätestens seit dem sog. „New-Yorker-Modell" bekannt. Dreher und Feltes vermuten, dass ein Großteil der positiven Veränderungen alleine dadurch zustande kam, dass eine neue Führung den bis dahin geübten „Schlendrian" bei der New Yorker Polizei austrieb und leider gleichzeitig einen „Konfrontationskurs den Bürgern gegenüber" begann. (Dreher, et al., 1998 S. 9)[163]

Konzepte zur Lösung der Probleme können sehr komplex sein und sollten zunächst solange aufrechterhalten werden, bis der Erfolg erreicht wurde oder ein Misserfolg nachweisbar ist. Aber auch, wenn die Beurteilung erfolgt ist, ist das Verfahren nicht abgeschlossen. Sollte sich im Ergebnis dieses vierten Schrittes herausstellen, dass das Problem weiterhin besteht oder sich verändert hat, muss ggf. von vorne begonnen werden.

---

[163] Downloadbar unter: Dreher, Gunther und Feltes, Thomas. 1997-1998. Das Modell New York: Kriminalprävention durch ´Zero Tolerance´? [Online] Felix-Verlag, 2013. [Zitat vom: 01. 12 2013.] http://www.felix-ver-lag.de/index.php?option=com_content&view=article&id=172&Itemid=2&lang=de.

7.3. Lösungsvorschlag speziell für Rostock

7.3.1.Task Force Rostock

Die Spiele zwischen Hansa und St. Pauli waren – als beide Vereine noch in derselben Liga spielten – seit jeher von offener Feindschaft getragen. Viele sprachen in diesem Zusammenhang auch von einem Hass-Derby und drückten dem Spiel so von vornherein einen Stempel auf. Die Rivalitäten zwischen den Fanlagern beider Vereine wurden dann auch im Jahre 1993 in einem Film verarbeitet. Wenngleich die Handlung des Films relativ einseitig zum Nachteil der Rostocker Fanszene dargestellt wird, gibt es dennoch einige wichtige Ansätze: „Ein Film über die Träume der Jugend und den Schmerz des Erwachsenwerdens, angesiedelt im Milieu der Fußballfans. [...] Eine kritisch-unterhaltende Ost-West-Tragödie, die die Flucht aus sozialer Ungerechtigkeit in Extremismus, Gewalt und auch in Gefühle plausibel vermittelt"[164] titelte z. B. der Verleger zum Film „Schicksalsspiel: Tragödie". Auch am 19.11.2011 kam es bei einem Spiel der beiden Vereine zu heftigen Ausschreitungen: „Erst zündeten Pauli-Fans Bengalos und Knaller, dann antworteten Hansa-Chaoten mit Leuchtraketen."[165] Zwar wurde bei der Aktion niemand verletzt, sie stellte insgesamt allerdings eine äußerst gefährliche Situation dar. Das Spiel wurde durch den Schiedsrichter für ca. 10 Minuten unterbrochen und stand kurz vor dem Abbruch.

Als Konsequenz auf diese Ausschreitungen wurde eine sog. Task Force eingerichtet. Eine Task Force ist eine für eine **begrenzte Zeit** gebildete Arbeitsgruppe mit dem Ziel der Lösung komplexer Probleme. Die Mitglieder der Task Force Hansa Rostock entsprechen im Wesentlichen denen des Örtlichen Ausschusses Sport und Sicherheit (ÖASS). Die Zielrichtung und die Mitglieder des ÖASS Rostock können aus der

---

[164] 2001 Versand-Dienst GmbH. 2010. Schicksalsspiel. [Online] 2010. [Zitat vom: 10. 11 2013.] http://www.zweitausendeins.de/filmlexikon/?sucheNach=titel&wert=59570.

[165] Der Stern. 2011. Ausschreitungen beim Hass-Derby. Hansa Rostock gegen St. Pauli. [Online] 19. 11 2011. [Zitat vom: 10. 11 2013.] http://www.stern.de/sport/fussball/hansa-rostock-gegen-st-pauli-ausschreitungen-beim-hass-derby-1753025.html.

Tabelle 9[166] abgelesen werden. Es sind hier bereits erste gute Ansätze abzulesen. Eine externe Beratung – hierauf wird im folgenden
Punkt eingegangen – ist allerdings nicht abzulesen. Die Zielrichtung
der Task Force schien von Anfang an vornehmlich repressiv ausgerichtet gewesen zu sein.[167]

Tabelle 9: Örtlicher Ausschuss Sport und Sicherheit (ÖASS) Rostock

Kommune	Hansestadt Rostock	
Verein(e)	*Name*	*Sportart*
	F.C. Hansa Rostock e. V.	*Fußball*
Name	Örtlicher Ausschuss Sport und Sicherheit (ÖASS)	
Federführung	Ostseestadion GmbH & Co. KG, Veranstaltungsleitung	
Mitglieder	F.C. Hansa Rostock e.V., Polizeiinspektion Rostock, Bundespolizeiinspektion Rostock, Kommunaler Präventionsrat, Amtsgericht Rostock, Staatsanwaltschaft Rostock, kommunales Fanprojekt, Stadionbetreiber, Landesfußballverband	
eingerichtet seit	28.07.2008	
Sitzungshäufigkeit	Halbjährig	
Kurzbeschreibung	Um bei Fußballveranstaltungen im Zusammenhang mit dem F.C. Hansa Rostock bereits im Vorfeld ein höchstmögliches Maß an Sicherheit für die Besucher und die Bürger in der Stadt gewährleisten zu können, hierbei Einschränkungen für Anlieger so gering wie möglich zu halten und für einen reibungslosen Ablauf zu sorgen, wurde der ÖASS gegründet. Durch die Arbeit des ÖASS soll eine Abstimmung von Maßnahmen der beteiligten Mitglieder erreicht werden. Polizeiliche und ordnungsrechtliche Sicherheitskonzepte sowie Maßnahmen mit Präventionscharakter sollen eng miteinander verzahnt werden.	

---

[166] Ministerium für Inneres und Kommunales des Landes Nordrhein-Westfalen.
2013. Örtliche Konzepte. Örtliche Ausschüsse für Sport und Sicherheit. [Online]
2013. [Zitat vom: 05. 09 2013.] http://www.mik.nrw.de/themen-aufgaben/schutz-
sicherheit/sport-und-sicherheit/oertliche-ausschuesse/lokale-
konzepte.html#c8780.
[167] F.C. HANSA NEWS. 2011. Maßnahmenkatalog zur Verbesserung der Sicherheit. [Online] 01. 12 2011. [Zitat vom: 10. 11 2013.] http://www.fc-
hansa.de/index.php?id=154&oid=24807.

Kontakt	Ostseestadion GmbH & Co. KG / Veranstaltungsleitung
	Ansprechpartner: Rainer Friedrich
	Kopernikusstraße 17 c
	18057 Rostock
	Tel. 0381-3770-123
	Fax. 0381-3770-203
	rainer-friedrich@ostseestadion-gmbh.de

Im Oktober dieses Jahres verließ mit Kai-Uwe Theede ein namhaftes Mitglied die Task Force. Der Vorwurf: „Die Task-Force ist ein Beratungsgremium des F. C. Hansa Rostock und diese Kern-, Basisinformationen, anhand derer man auch weitere Empfehlungen aussprechen könnte bei Verfehlungen auf der Südtribüne, die werden dem Gremium in toto vorenthalten. Das geht einfach nicht."[168] Rainer Friedrich, Mitglied des Vorstandes bei Hansa, erwiderte: „Ich denke schon, dass die Task-Force als solches inhaltlichen Einblick hat. Trotzdem geht es darum, dass wir bestimmte Vereinbarungen haben und ich denke, dass wir alle gut daran tun, dass wir uns auch daran halten."[169]

7.3.2. Fankongress mit systemischem Ansatz

Im Streit um die Task Force Rostock wurde deutlich, dass zwar beide Protagonisten (hier: Theede und Friedrich) dem Grunde nach dasselbe Ziel vor Augen, aber unterschiedliche Vorstellungen von der konkreten Umsetzung hatten. Es wäre falsch, die Arbeit der Task Force insgesamt als gescheitert zu bezeichnen, dennoch wurden die Schwächen im Verlaufe der Zeit deutlich. Vielmehr sollte geprüft werden, inwieweit die Task Force in ihrer jetzigen Konstellation aufrechterhalten werden kann.

Wie also kann solchen Entwicklungen – also das zunehmende aneinander Vorbeireden oder das (unbemerkte) Fahren auf unterschiedlichen Wegen mit dem selben Ziel – entgegengewirkt werden? Kol-

---

[168] Theede, Kai-Uwe und Friedrich, Rainer. 2013. Theedes Aufschrei: "Hansa auf falschem Weg". [Befragte Person] Jan Didjurgeit. http://www.ndr.de/ndr2/audio178881.html. NDR.de, Rostock: Norddeutscher Rundfunk, 21. 10 2013.

[169] Das gesamte Transkript des Radio-Interviews ist der Anlage zu entnehmen (ab S. 242).

lektivstrafen beenden keine Ausschreitungen, sondern verschärfen die Probleme, denn sie erzeugen Frust. Auch ein runder Tisch, an dem sich alle Akteure (gleichberechtigt) versammeln, benötigt einen „Draufblick", also eine Supervision, **sowie** eine externe Anleitung. „Supervision und Coaching sind die konzeptionellen Grundlagen für die Beratung von Personen in ihren beruflichen Rollen und Positionen. Zentrales Element des Beratungsprozesses ist die Reflexion. Der Ratsuchende wird dabei unterstützt, Klärung und Entwicklung auf Basis eigener Erkenntnisse zu erreichen."[170]

Zur Lösung der Probleme in Rostock wird die Erarbeitung eines langfristig funktionierenden Konzeptes unter Zuhilfenahme eines systemischen (Beratungs-)Ansatzes vorgeschlagen, der auch Supervision und Prozessbegleitung (Coaching) umfasst.

Es ist nicht ungewöhnlich, dass sich Akteure einer externen Beratung verschließen, ihr zumindest jedoch skeptisch und zurückhaltend gegenüberstehen. Vom Grunde her allerdings kann man die Entwicklung eines belastbaren Konzeptes mit den Überlegungen rund um den Hausbau vergleichen. Dieser Vergleich stellt im Übrigen auch nicht selten den Einstieg in Lehrgänge des Projektmanagements dar. Um im Verlaufe des Projektes „Hausbau" keine bösen Überraschungen zu erleben, bedient man sich eines (guten) Architekten. Dieser kostet natürlich Geld. Da er aber bereits im Vorfeld bei Fehlentwicklungen eingreifend gegensteuert, ist dies gut investiertes Geld. Noch bevor überhaupt der erste Spatenstich stattfindet, müssen alle Details abschließend geklärt sein: Während die Lage und die Anzahl z. B. der Steckdosen im Verlaufe der Bauzeit ggf. noch verändert werden können, ist dies bei der Anordnung der Wände bereit deutlich schwieriger und nur noch mit einem deutlichen finanziellen Mehraufwand, ggf. aber auch gar nicht mehr möglich. Klar ist auch, dass der Dachaufbau nicht vor der Grundplattenlegung möglich ist.

Der Vergleich des Projektes „Konzept zur Vermeidung von Gewalt" mit dem Projekt „Hausbau" zeigt deutliche Parallelen auf: Alles zu seiner Zeit, alles in der richtigen Reihenfolge und nicht am falschen Ende sparen. „Die Akteure sollen von innen heraus unterstützt werden, effizienter und dauerhafter Veränderungsprozesse durchzuführen und Lösungen sowohl zur Veränderung eingeschliffener Hand-

[170] Deutsche Gesellschaft für Supervision e.V. 2013. Supervision. [Online] 2013. [Zitat vom: 10. 11 2013.] http://www.dgsv.de/supervision/.

lungs- und Kommunikationsroutinen als auch für hartnäckige Problemlagen zu entwickeln."[171] (Rolfes, et al., 2013 S. 22)

Bei der Darstellung zu SARA wurden bereits erste Ausführungen zum Basismodell einer systemischen Schleife getätigt (s. S. 89). Worin wird nun der Vorteil der systemischen Schleife gesehen? Sie „stellt ein anschauliches, einfaches Denk- und Prozessmodell dar, welche die systemische Haltung zum Ausdruck bringt: Zuerst verstehen, was läuft, Hypothesen bilden, reflektieren und **dann erst** reagieren." [Hervorhebung durch Verfasser] (Wild, 2009 S. 43)

Tabelle 10: Eigene Tabelle nach Rolfes et. al. (2013, S. 23-24)

Grundhaltung	• Wertschätzung und Allparteilichkeit • Prozessorientierung • Potenzial- und Lösungsorientierung	• Systemisches Fragen und Aktives Zuhören • Hypothesen und Wirklichkeitskonstruktionen	Fähigkeiten und Methoden

Damit Konzepte und die darauf fußende Präventionsarbeit (auch langfristig) funktionieren, sind auf Seiten der an ihr beteiligten Akteure sowohl bestimmte Grundhaltungen, als auch Fähigkeiten und Methoden notwendig. Diese beiden wesentlichen Punkte sind mit ihren Unterpunkten in Tabelle 10 dargestellt. (Rolfes & Wilhelm, 2013, S. 23-24) Aufgrund der regionalen Besonderheiten rund um Hansa sollten auch die Gespräche regional angelegt sein. Vorstellbar ist insoweit eine Veranstaltung, namentlich ein Fankongress, unter Beteiligung ALLER Akteure. Geleitet werden sollte sie durch einen externen Moderator, der idealerweise in keinerlei Interessenkonflikte geraten kann, also keinem der Akteure angehört. Für Rostock bieten sich z. B. Wissenschaftler der Universitäten Rostock und/oder Greifswald an.

---

[171] Der Beitrag ist abzurufen unter: [Online] 2013. [Zitat vom: 10. 11 2013.] http://www.kriminalpraevention.de/images/stories/inhalt/forum/pdf/2013-01/regionale-sicherheitsanalysen-1-2013-01.pdf.

In Abbildung 29 hat der Verfasser nochmal die einzelnen Phasen von SARA zusammengefasst, ihre Abhängigkeiten und Schleifen grafisch dargestellt:

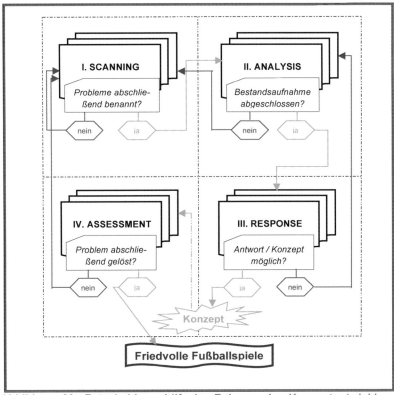

Abbildung 29: Entscheidungshilfe im Rahmen der Konzeptentwicklung mit SARA

Es wird deutlich, dass ein Übergang von einer zur nächsten Phase nur bei Bejahung der „finalen Frage" möglich ist; andernfalls erfolgt eine Rückverweisung an die vorherige Phase. Insoweit entstünden sodann die bereits mehrfach erwähnten Schleifen, die ggf. auch von Phase III zu Phase I führen können. Dieses Vorgehen kann zwar derweilen aufwendig sein, hat aber zum Ergebnis, dass das Ziel –

also „Friedvolle Fußballspiele" (um in der Terminologie der Abbildung 29 zu bleiben) – nachhaltig sein wird. Hierbei verweist ein roter Pfeil zurück zur vorangegangenen Phase, ein grüner zur nächsten. Der Dreifachrahmen um das SARA-Modell soll die wissenschaftliche Umrandung symbolisieren. Nachdem – es wurde bereits an früherer Stelle dieser Arbeit ausgeführt – ein wissenschaftliches Gutachten zur Rostocker Fanstruktur erstellt und dies von allen am Entscheidungsprozess beteiligten Akteuren eingehend studiert wurde – **und auch erst dann** –, sollte der eigentliche Konzeptentwicklungsprozess unter wissenschaftlicher Begleitung beginnen. Hierbei sollte im Idealfall darauf geachtet werden, dass der das Gutachten verfassende Wissenschaftler nicht mit dem systemischen Berater identisch ist.

Zick benennt in seinem neusten Aufsatz „vier Paradigmen und ihre Aushandlung" als Möglichkeiten, um „die Gewalt aller Akteure präventiv niedrig [zu] halten, oder sogar [zu] reduzieren."[172] Hierzu zählt er: 1. Kontrolle und Repression von außen, 2. Unabhängige Fanarbeit, 3. Selbst-Kontrolle der Fans und 4. Prävention und Intervention.

---

[172] Zick, Andreas. Gewaltphänomene im deutschen Fußball. Erscheint demnächst in der Bundeszentrale für Politische Bildung.

8. Zusammenfassung

Noch immer überlagern Schlagzeilen von, insgesamt gesehen, eher seltenen Ausschreitungen im Fußball die Spiele und das Erleben an sich. Auch wenn Gewalt als gesellschaftliches Problem immer präsent sein wird, werden die Begriffe Fußball und Gewalt oftmals in einem Atemzug verwendet. Dass dies zu einfach und zu kurz gedacht ist, liegt auf der Hand.

Viele Konzepte zur Eindämmung der Gewalt im Zusammenhang mit Fußballspielen scheitern, da sie an den Symptomen und nicht an den Ursachen ansetzen. Damit Konzepte zielführend und nachhaltig sind, müssen sie wohlüberlegt und bedacht sein. „Die kriminologische Forschung ist reich an Belegen, dass unbedachte repressive Maßnahmen massive Nebenwirkungen haben können, die im Ergebnis ein Problem eher eskalieren lassen, als es zu beheben. Und auch bei polizeilichen Maßnahmen verfügen Polizeiwissenschaft und empirische Polizeiforschung inzwischen über viele Hinweise darauf, was wirkt und was nicht wirkt."[173] Es ist richtig, was Gander zur Situation in der Schweiz schreibt, und dies lässt sich auch auf Deutschland übertragen: „Ein Umfeld, das die Fans nicht ausschließlich unter Sicherheitsaspekten und als Risikofaktor wahrnimmt, sondern deren kreatives Potenzial (an)erkennt und fördert, wirkt präventiv. Daher ist uns wichtig, das mehrheitlich negative und defizitorientierte Bild über die Entwicklung der Fankurven in der Schweiz aus der Optik der Fanarbeit zu beleuchten und den Dialog zu fördern. Gewalt entsteht auch dort, wo der Dialog nicht mehr möglich ist."[174]

Die bisherigen Ausführungen haben gezeigt, dass die Rostocker Akteure an vielen Stellen weiter sind, als viele andere Vereine und dass sie entgegen dem Bild, das sich aufgrund weniger gewalttäti-

---

[173] Feltes, Thomas. 2013. Vortrag beim „Aktionstag Berliner Linie" des Berliner Fußballverbandes am 22. Juni 2013 in Berlin. [Online] 22. 06 2013. [Zitat vom: 29.   08   2013.] http://www.thomasfeltes.de/pdf/vortraege/2013_VortragFeltesBerlinerFussballv erband.pdf.
[174] Gander, Thomas. 2013. fanarbeit schweiz: Grundsatz. [Online] 2013. [Zitat vom: 21. 07 2013.] http://www.fanarbeit.ch/index.php?id=65.

ger Fans in der Öffentlichkeit manifestiert hat, Gewalt ablehnend gegenüberstehen. Hansa ist – wie aber alle anderen (größeren) Sportvereine auch – offensichtlich ein Sammelbecken für in der Gesellschaft vorhandene gewaltbereite Täter. Fußball darf (und muss) insoweit auch als Spiegelbild, als Querschnitt der Gesellschaft verstanden werden. Der "Schwarze Peter" in der Diskussion um sog. gewaltbereite (Hansa-)Fans muss von der Polizei und / oder dem Verein dorthin zurückzugeben werden, wo er hingehört: Zu den Städten und Gemeinden insgesamt, die sich nicht um diese Problemgruppe kümmern. Denn auch dies wurde deutlich: Die Ursachen für Gewalt werden an anderer Stelle gesetzt, die Symptome allerdings äußern sich dann z. B. im Kontext eines Fußballspiels.

Es wurde ebenfalls gezeigt, dass mithilfe einer externen systemischen Beratung ein sich langfristig tragendes Konzept erarbeitet werden kann. Rostock ist zwar in seinen Anstrengungen auf einem sehr guten Weg,[175] sollte aber das Mittel einer externen Beratung nutzen. Denn eben diese externe Beratung unter Beachtung der Vorgaben von SARA brächte den gewünschten Erfolg. Zu Beginn der Anstrengungen sollte ein Gutachten über die Rostocker Fankultur erstellt werden. Da dieses – als Voraussetzung für alles darauf folgende – im Interesse Aller sein sollte, sollten fiskalische Anstrengungen und Möglichkeiten hierzu von allen Akteuren gebündelt zum Einsatz kommen.

Bereits am 16.08.2008 gab es zwischen Hansa, den Fans, der Polizei und dem Ordnungsdienst eine *Zielvereinbarung über eine Selbstverpflichtung (ZV)*. Diese ist in der Anlage (S. 289) beigefügt. Auch sie ist in dieser Art einzigartig im deutschen Fußball. Die ZV „dient der Verbesserung der positiven Fankultur beim F. C. Hansa Rostock e. V. und soll dazu beitragen, das öffentliche Erscheinungsbild sowie das Image der Fans und des Vereins zu fördern." So war im September 2008 in der offiziellen Vereinszeitschrift Hansas, der „Kogge", zu lesen.[176] Zu Beginn eines Konzeptentwick-

---

[175] Rostock ist insgesamt in Punkten sogar weiter, als manch ein Akteur glauben kann.
[176] Fanbeirat. 2008. KOGGE. [Online] Ausgabe 2, 14. 09 2008. [Zitat vom: 01. 12 2013.] http://www.fc-hansa.de/modules/hansa_kogge/files/95dd0a9c6c2ccdf.pdf. S. 20.

lungsprozesses sollte ein Ziel definiert werden, das von allen geteilt werden kann. Maximalziel sind dabei natürlich – wie aus Abbildung 29 ersichtlich – „Friedvolle Fußballspiele". Dieses könnte durch die (erneute) Formulierung einer ZV über Selbstverpflichtung erreicht werden.

Mit den beiden durchgeführten Online-Umfragen sollte ermittelt werden, was von den Fans an Sicherheitsmaßnahmen (noch) akzeptiert wird. Schlagwörter wie Gesichts- und Ausweisscanner, Abschaffung der Stehplätze oder personalisierte Tickets werden auf breiter Basis abgelehnt. Würden diese Maßnahmen dennoch umgesetzt, würde dies nicht nur nicht den gewünschten Erfolg bringen, vielmehr würde dies nur für unnötigen Zündstoff sorgen und Konfrontationen im und um das Stadion würden zunehmen. Die Umfragen, insbesondere die offenen Fragen der zweiten, haben sehr deutlich aufgezeigt, dass viele Auseinandersetzungen von Misstrauen und Unwissenheit über das Gegenüber getragen sind. Wenn sowohl Fans sich einmal in die Lage der Polizeibeamten versetzen würden, denen Flaschen und Steine „um die Ohren fliegen", als auch Polizeibeamte bereit wären, mehr von der Jugendkultur der Ultras zu erfahren, würde diese viele Situationen deutlich entspannen.

Es konnte im Weiteren aufgezeigt werden, dass die Polizei in Rostock zwar in einigen Situationen mehr Fingerspitzengefühl zeigen muss, grundsätzlich aber eine sehr gute taktische Ausrichtung und sich im Grundsatz bereits gut auf die besondere Rostocker Fanszene eingestellt hat. Dass die Einschätzungen einiger, von polizeilichen Maßnahmen betroffenen Menschen eine andere ist, ist der Sache immanent. Zur Disziplinierung sollte die bereits angefangene Kennzeichnung der Polizeibeamten weiter ausgebaut werden.

Einen Anteil am schlechten Image der Hansa-Fans haben auch die Medien aufgrund ihrer einseitigen Berichterstattung. Es ist unstrittig, dass es immer wieder Hansa-Fans gibt, die über die Stränge schlagen. Es ist aber auch unstrittig, dass dem Hansa-Fan im Allgemeinen von Anfang an ein Label zugeschrieben ist. Dies lässt sich aus vielen Vorab-Medienberichten zu Risikospielen ablesen. Die Termini

sprechen von vornherein eine stigmatisierende Sprache. Daran orientieren sich dann auch Erwartungshaltungen der auswärtigen Polizeien. Sie orientieren häufig ihre Strategie an der „berüchtigten
Rostocker Problemfanszene".[177] Dies wiederum setzt letztlich einen
Ursache-Wirkungs-Prozess in Gang, der in Teilen kaum noch ein-
zuholen ist.

Bislang haben sich Städte und Gemeinden zu sehr aus ihrer Verantwortung gestohlen, denn die Ursachen für Gewalt rund um den
Fußball sind vielfältig und nicht im Bereich des Fußballs alleine angesiedelt. Hier jedoch entladen sich Aggressionen. Demzufolge
kann ein Konzept, das nur und erst an dem Fan als Fan ansetzt,
nicht funktionieren. Prävention muss viel früher und vor allem dort
ansetzen, wo abweichendes Verhalten entsteht: Im sozialen Umfeld
der Betroffenen. Fußballspiele werden zu Kristallisationspunkten
misslungener Sozialisation wenn es zu Ausschreitungen und Ge-
walthandlungen kommt. Es gilt, die Ursachen zu bekämpfen und
nicht die Erscheinungsformen.

---

[177] Dieser Terminus stellt nicht die Einschätzung des Verfassers dar.

Literaturverzeichnis

Antholz, B. (2013). Polizeistärke und Kriminalitätsverlauf. *Kriminalistik* (11/2013), pp. 659-668.

Becker, H. S. (1973). *Außenseiter : zur Soziologie abweichenden Verhaltens / Übers.* von Norbert Schultze (Conditio humana Ausg.). Frankfurt (am Main): S. Fischer.

Danwitz, P. v. (2012). Verwenden von Feuerwerkskörpern in Fußballstadien. *Kriminalistik* (8-9/2012).

Diaz-Bone, R. (06 2006). *Eine kurze Einführung in die sozialwissenschaftliche Netzwerkanalyse.* Abgerufen am 05. 11 2013 von Mitteilungen aus dem Schwerpunktbereich Methodenlehre, Heft Nr. 57 : http://www.rainer-diaz-bone.de/Diaz-Bone_Netzwerkanalyse.pdf

Diekmann, A. (2012). *Empirische Sozialforschung : Grundlagen, Methoden, Anwendungen* (6. Auflage Ausg.). Reinbek bei Hamburg: Rowohlt-Taschenbuch-Verlag.

Dreher, G., & Feltes, T. (1998). *Das Modell New York: Kriminalprävention durch "Zero tolerance"?* : Beiträge zur aktuellen kriminalpolitischen Diskussion (Empirische Polizeiforschung Ausg., Bd. 12). Holzkirchen/Obb.: Felix.

Eisenring, K. (02. 03 2012). *Strengere Eingangskontrollen.* Abgerufen am 10. 11 2013 von http://www.srf.ch/player/tv/schweiz-aktuell/video/strengere-eingangskontrollen?id=9db60e67-b7c6-4199-a940-43516e81bab6

Ellebracht, H., Lenz, G., & Osterhold, G. (2009). *Systemische Organisations- und Unternehmensberatung : Praxishandbuch für Berater und Führungskräfte* (3., überarb. und erw. Aufl. Ausg.). Wiesbaden: Gabler.

Feltes, T. [. (1991). *Kriminologie-Lexikon* (4., völlig neubearb. Ausg., Bd. Aufl. des von Egon Rössmann begr. Taschenlexikons der Kriminologie für den Kriminalpraktiker). (H.-J. Kerner, Hrsg.) Heidelberg: Kriminalistik-Verlag.

Feltes, T. (15. April 2010). Fußballgewalt als misslungene Kommunikation. *Neue Praxis* (4/2010), S. 405-421.

Feltes, T. (2008). Null-Toleranz. (H.-J. Lange, Ed.) *Kriminalpolitik* (Studien zur Inneren Sicherheit. 9), pp. 231-250.

Feltes, T. (27. 02 2013). *Schriftliche Stellungnahme zur Öffentlichen Anhörung.* (L. NRW, Hrsg.) Abgerufen am 30. 06 2013 von „Gegen Randalierer im Zusammenhang mit Fußballspielen konsequent vorgehen": http://www.landtag.nrw.de/portal/WWW/dokumentenarchiv/Dokume nt/MMST16-551.pdf?von=1&bis=0

Feltes, T. (28. 12 2012). *Sicherheit bei Großveranstaltungen durch Überwachung der Teilnehmerinnen?* Abgerufen am 28. 06 2013 von Zur aktuellen Diskussion um den Umgang mit Gewalt in und um Fußballstadien: http://www.thomasfeltes.de/pdf/veroeffentlichungen/2013_Feltes_Si cherheit_bei_Grossveranstaltungen.pdf

Feltes, T. (2012). Ultras und Fanbeauftragte. Ultras im Abseits? : Porträt einer verwegenen Fankultur. *Thein, Martin; Linkelmann, Jannis* .

Feltes, T. (2007). Zusammenarbeit zwischen privater und staatlicher Polizei bei der FIFA WM 2006. *Zeitschrift für Rechtspolitik* (Heft 7).

Feltes, T., & Schwinkendorf, A. (2013). Fußball und Gewalt aus der Sicht der Fans. Ergebnisse einer nicht-repräsentativen Umfrage in Mecklenburg-Vorpommern. *Kriminalistik , 67* (02/2013), S. 75 – 80.

Feltes, T., & Schwinkendorf, A. (2013). Fußball und Gewalt aus Sicht der Fans - Wiederholung einer Befragung. *Kriminalistik , 67* (8-9/2013), S. 526-531.

Feltes, T., Klukkert, A., & Ohlemacher, T. (2007). „..., dann habe ich ihm auch schon eine geschmiert." Autoritätserhalt und Eskalationsangst als Ursachen polizeilicher Gewaltausübung. *Monatsschrift für Kriminologie und Strafrechtsreform* (4/ 2007), S. 285-303.

Friedmann, F. (2009). *Polizei und Fans - ein gestörtes Verhältnis? : eine empirische Untersuchung von gewalttätigem*

Zuschauerverhalten im deutschen Profifußball. Hamburg: Diplomica-Verl.

Friedmann, F. (2009). *Polizei und Fans - ein gestörtes Verhältnis?* : *eine empirische Untersuchung von gewalttätigem Zuschauerverhalten im deutschen Profifußball*. Hamburg: Diplomica-Verlag.

Gabler, J. (2010). *Die Ultras : Fußballfans und Fußballkulturen in Deutschland*. Köln: PapyRossa-Verlag.

Gabriel, M. (2012). Die Fanprojekte - Garanten für Kommunikation und Dialog aller Beteiligten. *Kriminalistik* (4/2012), S. 227-230.

Gabriel, M. (2010). Fußballfans sind keine Verbecher!? - Das schwierige Verhältnis zwischen Polizei und Fanprojekten. In K. [. Möller, & K. Möller (Hrsg.), *Dasselbe in grün? : aktuelle Perspektiven auf das Verhältnis von Polizei und sozialer Arbeit* (S. 47-55). Weinheim ; München: Juventa-Verlag.

Gander, T. (2012). Das Pyro-Dilemma. *rotblau* (Teil 5).

Harring, M., Böhm-Kasper, O., Rohlfs, C., & Palenthin, C. (2010). *Freundschaften, Cliquen und Jugendkulturen : Peer als Bildungs- und Sozialisationsinstanzen*. (M. Harring, Hrsg.) Wiesbaden: VS, Verlag für Sozialwissenschaften.

Helfferich, C. (2011). *Die Qualität qualitativer Daten : Manual für die Durchführung qualitativer Interviews* (4. Auflage Ausg.). Wiesbaden: VS Verlag für Sozialwissenschaften.

Hepp, R., & Hähle, R. (2005). Leitlinien Polizeiliche Kriminalprävention. In B. [. Bannenberg, *Kommunale Kriminalprävention : ausgewählte Beiträge des 9. Deutschen Präventionstages (17. und 18. Mai 2004 in Stuttgart)*. Mönchengladbach: Forum-Verl. Godesberg.

Herz, A. (12 2010). Gewaltphänome - Strukturen, Entwickungen und Reaktionsbedarf. *Kriminalistik* (12/2012), S. 691-696.

Orth, J. F., & Schiffbauer, B. (2011). Die Rechtslage beim bundesweiten Stadionverbot. *RECHTSWISSENSCHAFT* (Heft 2), S. 177-217.

Literaturverzeichnis

Orth, J. F., & Schiffbauer, B. (2011). Die Rechtslage beim bundesweiten Stadionverbot. *RECHTSWISSENSCHAFT* (Heft 2), S. 177-217.

Piastowski, A. (2010). Polizei und Fanprojekte - Dialog und Kooperation im Spannungsfeld. In K. M. (Hrsg.), & K. Möller (Hrsg.), *Dasselbe in grün? : aktuelle Perspektiven auf das Verhältnis von Polizei und sozialer Arbeit* (S. 38-46). Weinheim ; München: Juventa-Verlag.

Pilz, G. A. (1986). Einführung / Sport und körperliche Gewalt - Darstellung aktueller Probleme. In G. A. Pilz, *Sport und körperliche Gewalt* (Orig.-Ausg., 11. - 13. Tsd. Ausg., S. 9 ff.). Reinbek bei Hamburg: Rowohlt.

Pilz, G. A. (06 2012). Neue Entwicklungen in der Ultra- und Fanszene - Folgerungen für polizeiliches Handeln. *Kriminalsitk* (06/2012), S. 339-348.

Pilz, G. A., & Wölki, F. (2006). Ultras - Zuneigungs-, Protest- und Provokationskultur im Fußball. *Unsere Jugend* (58 (2006) 6), S. 270-279.

Pilz, G. A., & Wölki, F. (2006). Ultras - Zuneigungs-, Protest- und Provokationskultur im Fußball. *Unsere Jugend* (58 (2006) 6), S. 270-279.

Polizeidirektion_Hannover. (2008). *Einsatz von Konfliktmanagern bei Fußballveranstaltungen (Erfahrungsbericht zu einem Projekt der Polizeidirektion Hannover und der Zentralen Polizeidirektion in der Bundesligasaison 2007/2008)*. Hannover: Zentrale Polizeidirektion.

Raithel, J., & Mansel, J. (2003). *Kriminalität und Gewalt im Jugendalter : Hell- und Dunkelfeldbefunde im Vergleich.* (J. Raithel, Hrsg.) Weinheim ; München: Juventa-Verlag.

Rolfes, M., & Wilhelm, J. L. (2013). Gemeinsam für mehr Lebensqualität in Wilhelmshaven: Systemische Beratungsansätze in der Präventionsarbeit. *forum kriminalprävention* (01/2013), S. 22-31.

Roose, J., Schäfer, M. S., & Schmidt-Lux, T. (2010). *Fans : soziologische Perspektiven.* Wiesbaden: VS Verlag für Sozialwissenschaften.

Rusch, R. (2013). *Ein Vergleich zwischen den Ultras Nürnberg '94 und und Suptras Rostock '01.* Universität Rostock, Wirtschafts- und Sozialwissenschaftliche Fakultät, Rostock.

Schulz, H.-J., & Weber, R. (1986). Gewalt von Zuschauern / Zuschauerausschreitungen - Das Problem der Fans. In G. A. Pilz, *Sport und körperliche Gewalt* (Orig.-Ausg., 11. - 13. Tsd. Ausg.). Reinbek bei Hamburg: Rowohlt.

Schwind, H.-D. (2009). *Kriminologie, Eine praxisorientierte Einführung mit Beispielen* (19. Auflage Ausg.). Heidelberg: Kriminalistik Verlag.

Theunert, H. (1987). *Gewalt in den Medien - Gewalt in der Realität : gesellschaftl. Zusammenhänge u. pädag. Handeln.* Opladen: Leske und Budrich.

Welker, M., Werner, A., & Scholz, J. (2005). *Online-Research : Markt- und Sozialforschung mit dem Internet.* Heidelberg: dpunkt-Verl.

Wild, M. (2009). *Ermittlung von Interventionen für den Wissens- und Informationsaustausch mittels Intranet bei der RCB* (Online-Ressource Ausg.). München: GRIN Verlag GmbH.

Willig, M. (2012). *Saisionbericht 2011/2012.* Mannheim: Fanprojekt Mannheim/Ludwigshafen.

Zöller, M. A., & Lorenz, M. (2013). Sittenwidrigkeit von Körperverletzungen bei verabredeten Auseinandersetzungen rivalisierender Gruppen (E n t s c h e i d u n g s b e s p r e c h u n g=. *Zeitschrift für das Juristische Studium* (Ausgabe 4/2013).

Literaturverzeichnis

Internetquellenverzeichnis

☞ CRIME ANALYSIS FOR PROBLEM SOLVERS – In 60 Small Steps. Entnommen werden, welches im Internet frei zur Verfügung gestellt wird. Clarke, Ronald V. und Eck, John E. 2005. CRIME ANALYSIS FOR PROBLEM SOLVERS. In 60 Small Steps. [Online] 08. 08 2005. [Zitat vom: 16. 11 2013.] . http://www.popcenter.org/learning/60steps/.

☞ 2001 Versand-Dienst GmbH. 2010. Schicksalsspiel. [Online] 2010. [Zitat vom: 10. 11 2013.] http://www.zweitausendeins.de/filmlexikon/?sucheNach=titel&wert=59570.

☞ Academic dictionaries and encyclopedias. 2013. Ostseestadion. [Online] 2013. [Zitat vom: 01. 12 2013.] http://de.academic.ru/pictures/dewiki/79/Ostseestadion.JPG.

☞ Aktion von schwatzgelb.de. 2013. ich-fuehl-mich-sicher. [Online] 12 2013. [Zitat vom: 01. 12 2013.] http://www.ich-fuehl-mich-sicher.de/.

☞ Badische Zeitung. 2013. Streichs Wutrede: Labbadia, Hertha und die Medien. [Online] YouTube, 26. 08 2013. [Zitat vom: 01. 12 2013.] http://www.youtube.com/watch?v=rFca0_K98d4.

☞ Bandermann, Peter und Reinke, Stefan. 2013. 32 Stadionverbote für Schalker nach Schlägerei in Dortmund. [Online] WAZ NewMedia GmbH & Co. KG, 14. 08 2013. [Zitat vom: 14. 09 2013.] http://www.derwesten.de/staedte/dortmund/32-stadionverbote-fuer-schalker-nach-schlaegerei-in-dortmund-id8314580.html.

☞ Bauer, Sebastian. 2013. Fans radikalisieren sich. Ein Interview mit Gewaltforscher Dr. Andreas Zick. [Online] WESTFALEN-BLATT Vereinigte Zeitungsverlage GmbH, 10. 12 2013. [Zitat vom: 10. 12 2013.] http://www.westfalen-blatt.de/nachricht/2013-12-10-fans-radikalisieren-sich-9309081/613/.

☞ Bender, Stefan. 2013. Die Axiome von Paul Watzlawick. [Online] 07 2013. [Zitat vom: 01. 12 2013.] http://www.paulwatzlawick.de/axiome.html.

☞ Bossmann, Berries. 2012. Feltes: Es drohen Eskalationen bei Pyrotechnik und Gewalt. [Online] Sportbild.de, 12. 09 2012. [Zitat vom: 08. 08 2013.] http://sportbild.bild.de/SPORT/bundesliga/2012/09/12/dfl-kriminologe-thomas-feltes-fuerchtet/es-drohen-eskalation-bei-pyrotechnik-und-gewalt.html##.

☞ Bossmann, Berries. 2012. Feltes: Es drohen Eskalationen bei Pyrotechnik und Gewalt. [Online] Sportbild.de, 12. 09 2012. [Zitat vom: 08. 08 2013.] http://sportbild.bild.de/SPORT/bundesliga/2012/09/12/dfl-kriminologe-thomas-feltesfuerchtet/es-drohen-eskalation-bei-pyrotechnik-und-gewalt.html.

☞ Branahl, Udo und Donges, Patrick. 2011. Warum Medien wichtig sind: Funktionen in der Demokratie. [Online] Bundeszentrale für politische Bildung, 08. 06 2011. [Zitat vom: 28. 09.2013.] http://www.bpb.de/izpb/7492/warum-medien-wichtig-sind-funktionen-in-der-demokratie?p=all.

☞ Breuer, Marcus. 2013. Streich rechnet mit Medien ab. [Online] Kölner Stadtanzeiger, 28. 08 2013. [Zitat vom: 01. 12 2013.] http://www.ksta.de/fussball/--lolita--skandal-streich-rechnet-mit-medien-ab,15189340,24142334.html.

☞ Brings, Stefan. 2012. Justiz auf einen Blick. [Online] 02 2012. [Zitat vom: 28. 09 2013.] https://www.destatis.de/DE/Publikationen/Thematisch/Rechtspflege/Querschnitt/BroschuereJustizBlick0100001099004.pdf?__blob=publicationFile.

☞ Bundeszentrale für politische Bildung. 2011. Gewalt. Nachschlagen | Lexika | Das Politiklexikon | G | Gewalt. [Online] 2011. [Zitat vom: 04. 11 2013.] https://www.bpb.de/nachschlagen/lexika/17566/gewalt.

☞ Center for Problem-Oriented Policing. 2013. The SARA Model. [Online] University of Wisconsin-Madison Law School's Frank J. Remington Center, 2013. [Zitat vom: 29. 10 2013.]

Literaturverzeichnis

http://www.popcenter.org/about/?p=sara (inkl. Sub-Sites).

☞ Chosen Few Hamburg. 2012. Stellungnahme Düsseldorf. [Online] 11 2012. [Zitat vom: 12. 02 2013.] http://cfhh.net/?p=3908.

☞ Der Stern. 2011. Ausschreitungen beim Hass-Derby. Hansa Rostock gegen St. Pauli. [Online] 19. 11 2011. [Zitat vom: 10. 11 2013.] http://www.stern.de/sport/fussball/hansa-rostock-gegen-st-pauli-ausschreitungen-beim-hass-derby-1753025.html.

☞ Deutsche Gesellschaft für Supervision e.V. 2013. Supervision. [Online] 2013. [Zitat vom: 10. 11 2013.] http://www.dgsv.de/supervision/.

☞ Deutscher Anwaltverein. 2010. Stellungnahme des Deutschen Anwaltvereins durch den Gefahrenabwehrrechtsausschuss zur Forderung einer Kennzeichnungspflicht für Polizeibedienstete. [Online] 07 2010. [Zitat vom: 11. 11 2013.] http://www.anwaltverein.de/downloads/stellungnahmen/SN-10/SN-38-2010.pdf.

☞ Deutscher Fußball-Bund. 2013. RiLi zur einheitlichen Behandlung von Stadionverboten / November 2013. [Online] 11 2013. [Zitat vom: 01. 12 2013.] http://www.dfb.de/uploads/media/Richtlinien_zur_einheitlichen_B ehandlung_von_Stadionverboten_-_ab_01.01.2014.pdf.

☞ DFB-Hauptabteilung Prävention & Sicherheit. 2013. HINWEISE & ERLÄUTERUNGEN zu den Richtlinien zur einheitlichen Behandlung von Stadionverboten. [Online] 11 2013. [Zitat vom: 01. 12 2013.] http://www.dfb.de/uploads/media/Hinweise___Erlaeuterungen_zu _den_RiLi_zur_einheitlichen_Behandlung_von_Stadionverboten _-_ab_01.01.2014.pdf.

☞ DFB-Richtlinien zur einheitlichen Behandlung von Stadionverboten. http://www.dfb.de/uploads/media/Richtlinien_zur_einheitlichen_B ehandlung_von_Stadionverboten_Stand_Juli_2012.pdf.

☞ dfb/dfl. 2011. DFB und Ligaverband beenden Diskussion um Pyrotechnik. NEWS-MELDUNG. [Online] 02. 11 2011. [Zitat vom: 30. 07 2013.] http://www.dfb.de/news/de/dfb-allgemein/dfb-und-ligaverband-beenden-diskussion-um-pyrotechnik/29825.html.

☞ DFL DEUTSCHE FUSSBALL LIGA GMBH. 2013. DFL Deutsche Fußball Liga GmbH: 45/2013: Ligaverband initiiert neues Förderprogramm für Fankultur: PFiFF startet ab Januar 2014. [Online] news aktuell GmbH * presseportal, 03. 12 2013. [Zitat vom: 03. 12 2013.] http://www.presseportal.de/pm/52476/2612788/dfl-deutsche-fussball-liga-gmbh-45-2013-ligaverband-initiiert-neues-foerderprogramm-fuer-fankultur.

☞ dpa/ssc. 2011. Liga soll für Sicherheit zahlen. Innenminister zu Fußball-Krawallen. [Online] n-tv.de, 22. 06 2011. [Zitat vom: 11. 11 2013.] http://www.n-tv.de/politik/Liga-soll-fuer-Sicherheit-zahlen-article3637001.html.

☞ Dreher, Gunther und Feltes, Thomas. 1997-1998. Das Modell New York: Kriminalprävention durch ´Zero Tolerance´? [Online] Felix-Verlag, 2013. [Zitat vom: 01. 12 2013.] http://www.felix-ver-lag.de/index.php?option=com_content&view=article&id=172&Ite mid=2&lang=de.

☞ Dudenverlag. 2013. Fan. [Online] Bibliographisches Institut GmbH, 2013. [Zitat vom: 05. 11 2013.] http://www.duden.de/rechtschreibung/Fan.

☞ Eberts, Carsten. 2010. Fans reagieren geschockt. [Online] 17. 05 2010. [Zitat vom: 26. 07 2013.] http://www.sueddeutsche.de/sport/stadionverbote-fans-reagieren-geschockt-1.140490.

☞ F. C. Hansa Rostock e. V. 2013. Mit frischem Wind und neuer Stärke: Stadionstruktur beschlossen. [Online] F.C. HANSA NEWS, 18. 01 2013. [Zitat vom: 05. 11 2013.] http://www.fc-hansa.de/index.php?id=154&oid=34334.

☞ F.C. HANSA NEWS. 2011. Maßnahmenkatalog zur Verbesserung der Sicherheit. [Online] 01. 12 2011. [Zitat vom: 01. 12 2013.] http://www.fc-hansa.de/index.php?id=154&oid=24807.

☞ Fanbeirat. 2008. KOGGE. [Online] Ausgabe 2, 14. 09 2008. [Zitat vom: 01. 12 2013.] http://www.fc-hansa.de/modules/hansa_kogge/files/95dd0a9c6c2ccdf.pdf.

☞ Fanszene Rostock e.V. 2013. Fanszene Rostock e.V. – Gemeinsam für Hansa! [Online] 2013. [Zitat vom: 05. 11 2013.] http://fanszene-rostock.de/uber-uns/.

☞ FCH. Stellungnahme zum heutigen OZ-Artikel: Undifferenzierte Berichterstattung durch Herstellen falscher Zusammenhänge. [Online] 05. 10 2013. [Zitat vom: 01. 10 2013.] http://www.fc-hansa.de/index.php?id=154&oid=38546.

☞ Feltes, Thomas. 2012. Der Mobilat Fantalk. Sicherheitskonzept der DFL [Online]. Sport1, Essen (11Freunde-Bar): Youtube [hier: 21:55 min - 22:36 min], 11. 12 2012. [Zitat vom: 12.07.2013.] http://www.youtube.com/watch?v=uDA1VLfzIRE.

☞ Feltes, Thomas. 2012. Sicherheit 2025 - „Soziale Sicherheit ". Vortrag am 18. April 2012 im Rahmen des BMBF- Innovationsforums „Zivile Sicherheit – Sicherheit in einer offenen Gesellschaft. [Online] 24. 04 2012. [Zitat vom: 02. 10 2013.] http://www.sicherheit-for-schung.de/workshops/workshop_6/ws_6_vortraege/vortrag_feltes.pdf.

☞ Feltes, Thomas. 2013. Vortrag beim „Aktionstag Berliner Linie" des Berliner Fußballverbandes am 22. Juni 2013 in Berlin. [Online] 22. 06 2013. [Zitat vom: 29. 08 2013.] http://www.thomasfeltes.de/pdf/vortraege/2013_VortragFeltesBerlinerFussballverband.pdf.

☞ Frank Henkel (Senator für Inneres und Sport). 2013. Kleine Anfrage der Abgeordneten Marion Seelig und Udo Wolf (Drucksache 17 / 11 641). Individuelle Kennzeichnungspflicht für Polizeibeamte in Berlin – Befürchtungen und Wirklichkeit. [Online] 06. 05 2013. [Zitat vom: 11. 11 2013.] http://www.die-linke-berlin.de/fileadmin/linksfraktion/ka/2013/ka17-11641.pdf.

☞ Frevel, Bernhard und Behr, Rafael. 2013. „Call for Papers". „Die kritisierte Polizei". [Online] 10 2013. [Zitat vom: 02. 10 2013.] http://www.empirische-polizeiforschung.de/CfPEPFXVII2014DiekritisiertePolizei.pdf.

☞ Gander, Thomas. 2013. fanarbeit schweiz: Grundsatz. [Online] 2013. [Zitat vom: 21. 07 2013.] http://www.fanarbeit.ch/index.php?id=65.

☞ Geilhausen, Stefani. 2013. Statistik sagt nichts über Sicherheit aus. Interview Thomas Feltes. [Online] RP Digital GmbH, 03. 08 2013. [Zitat vom: 31. 03 2013.] http://www.rp-online.de/region-duesseldorf/duesseldorf/nachrichten/statistik-sagt-nichts-ueber-sicherheit-aus-1.3580014.

☞ Geilhausen, Stefani. 2013. Statistik sagt nichts über Sicherheit aus. Die tatsächliche Kriminalität einer Stadt werde in den Zahlen nicht abgebildet, sagt der Kriminologe Thomas Feltes. [Online] 03. 08 2013. [Zitat vom: 03. 08 2013.] http://www.rponline.de/regionduesseldorf/duesseldorf/nachrichten/statistik-sagt-nichts-uebersicherheitaus-1.3580014.

☞ Gewerkschaft der Polizei Bundesvorstand. 2011. Feindbilder ins Abseits – Dialog für Sicherheit im Fußball. Spitzentreffen von Fußball und Polizei. [Online] 12. 01 2011. [Zitat vom: 11. 11 2013.] http://www.gdp.de/gdp/gdp.nsf/id/p110103.

☞ GEWERKSCHAFT DER POLIZEI. 2011. Ein klares Nein zur Kennzeichnungspflicht. [Online] 05 2011. [Zitat vom: 11. 11 2013.] http://www.gdp.de/gdp/gdp.nsf/id/Posa/$file/Pos_Kennzeichnungspflicht.pdf.

☞ Gliewe, Oliver. 2013. Für jede Aufgabe die richtige Einsatzkraft. [Online] 2013. [Zitat vom: 10. 11 2013.] http://www.abs-sicherheitsdienst.de/index.php?id=personal.

☞ Habegger, Tobias. 2012. Polizisten suchen Dialog mit Fans. [Online] 02. 05 2012. [Zitat vom: 01. 07 2013.] http://www.bernerzeitung.ch/region/bern/Polizisten-suchen-Dialog-mit-Fans/story/30068227.

☞ Heiderich, Klaus. 2012. Heiderich Internet & PC Service - Grundlagen Netzwerktechnik. [Online] 2012. [Zitat vom: 05. 11 2013.] http://klausheiderich.de/netzwt/n_1.htm.

☞ Herrmann, Frank und Kuster, Marie. 2013. Strafen und Überwachung für alle Fans – Bankrotterklärung der Politik. [Online] Piratenfraktion im Landtag NRW - Fraktionsvorstand, 02. 12 2013. [Zitat vom: 05. 12 2013.] http://www.piratenfraktion-nrw.de/2013/12/strafen-und-uberwachung-fur-alle-fans-bankrotterklarung-der-politik/.

☞ Hestermann, Thomas. 2011. Medienschaffende unter Marktdruck. Alte und neue Herausforderungen für die Sicherheit. [Online] 15. 03 2011. [Zitat vom: 02. 10 2013.] http://www.sicherheit-for-schung.de/workshops/workshop_3/ws_3_vortraege/hestermann. pdf.

☞ Hipp, Dietmar. 2009. Urteil zu Stadionverboten: Im Zweifel gegen den Fußballfan. [Online] 30. 10 2009. [Zitat vom: 26. 07 2013.] http://www.spiegel.de/sport/fussball/urteil-zu-stadionverboten-im-zweifel-gegen-den-fussballfan-a-658328.html.

☞ HNA.de. 2013. Großeinsatz: Hansa-Hooligans randalieren in Göttingen. Polizei hält gewaltbereite Fußballfans in Schach. [Online] Hessische/Niedersächsische Allgemeine (HNA), 28. 07 2013. [Zitat vom: 30. 07 2013.] http://www.hna.de/lokales/goettingen/hansa-hooligans-randalieren-goettingen-3028763.html.

☞ Hoffmeister, Kurt. 2013. Wie der Fußball nach Deutschland kam. Die Einführung des Fußballspiels durch Konrad Koch und August Hermann in Braunschweig seit Beginn der Ballspiele. [Online] 2013. [Zitat vom: 28. 06 2013.] http://www.braunschweig.de/kultur_tourismus/stadtportraet/gesch ich-te/konradkoch/Praesentation_Wie_der_Fussball_nach_D_kam.p df.

☞ Kataster-, Vermessungs- und Liegenschaftsamt. 2013. Kartenbilder der Hansestadt Rostock. [Online] Amt für Geoinformation, Vermessung und Katasterwesen, Koordinierungsstelle für Geoinformationswesen (KGeo), 2013. [Zitat vom: 01. 12 2013.] http://www.geoport-hro.de/.

☞ Koordinierungsstelle für Geoinformationswesen (KGeo). 2013. GAIA-MVlight - GeoPortal Mecklenburg-Vorpommern. [Online] Landesamt für innere Verwaltung Mecklenburg-Vorpommern, 2013. [Zitat vom: 05. 11 2013.] http://www.geoportal-mv.de/land-mv/GeoPortalMV_prod/de/Geodatenviewer/GAIA-MVilighti/index.jsp.

☞ Köpke, Jörg. 2013. Hansa-Chaoten kosten die Steuerzahler Millionen. [Online] OSTSEE-ZEITUNG GmbH & Co. KG, 03. 10 2013. [Zitat vom: 03. 10 2013.] http://www.ostsee-zeitung.de/Region-Rostock/Rostock/Sport/FC-Hansa/Hansa-Chaoten-kosten-die-Steuerzahler-Millionen

☞ KRAUSE, S., SCHMIDT, A. und PETERS, E. 2013. Netz-Käfig soll Hansas Chaoten stoppen - HÖCHSTE SICHERHEIT BEIM OST-DERBY. RB Leipzig empfängt Samstag, 14 Uhr, Rostock. [Online] BILD GMBH & CO. KG, 20. 11 2013. [Zitat vom: 20. 11 2013.] http://www.bild.de/regional/leipzig/rb-leipzig/bullen-stecken-hansa-chaoten-in-den-kaefig-33479690.bild.html.

☞ Landeskriminalamt SH. „Soziale und sichere Stadt – Sozialraum-Management", Stand: August 2006, Herausgeber: Innenministerium des Landes Schleswig-Holstein, Landeskriminalamt, Zentralstelle Polizeiliche Kriminalprävention, [Zitat vom: 10. 02 2012.] www.polizei.schleswig-holstein.de.

☞ Landesrechtsprechungsdatenbank. 2011. Verkehrssicherungspflichten des Veranstalters von Fußballspielen. OLG Frankfurt 3. Zivilsenat | Urteil vom 24.02.2011 | AZ: 3 U 140/10. [Online] juris.Für die Bundesrepublik Deutschland, 24. 02 2011. [Zitat vom: 05. 11 2013.] http://www.lareda.hessenrecht.hessen.de/jportal/portal/t/s15/page/bslaredaprod.psml?&doc.id=KORE206692011%3Ajuris-r01&showdoccase=1&doc.part=L.

☞ LANDTAG MECKLENBURG-VORPOMMERN - Die Landesregierung. 2013. KLEINE ANFRAGE der Abgeordneten Silke Gajek, Fraktion BÜNDNIS 90/DIE GRÜNEN. Mögliche Gewalt im Rahmen von Sportveranstaltungen. [Online] 07. 08 2013. [Zitat vom: 08. 08 2013.] http://www.landtag-mv.de/fileadmin/media/Dokumente/Parlamentsdokumente/Drucksachen/6_Wahlperiode/D06-2000/Drs06-2084.pdf.

☞ LUPCOM media GmbH. 2013. Mitglied werden. Meine Heimat. Meine Liebe. Mein Verein. [Online] 12 2013. [Zitat vom: 01. 12 2013.] http://www.dubisthansa.de/mitglied-werden.html.

☞ Menke, Frank. 2013. Die Wand ist weg, die Diskussion ist da. Südtribüne aus Lokalzeit-Trailer verbannt. [Online] Westdeutscher Rundfunk Köln, 31. 10 2013. [Zitat vom: 03. 12 2013.] http://www1.wdr.de/themen/sport/dortmundersuedtribuene100.html.

☞ Ministerium für Inneres und Kommunales des Landes Nordrhein-Westfalen. 2013. Örtliche Konzepte. Örtliche Ausschüsse für Sport und Sicherheit. [Online] 2013. [Zitat vom: 05. 09 2013.] http://www.mik.nrw.de/themen-aufgaben/schutz-sicherheit/sport-und-sicherheit/oertliche-ausschuesse/lokale-konzepte.html#c8780.

☞ MSPW. 2013. Hansa Rostock zieht auswärts die meisten Zuschauer an. [Online] 25. 12 2013. [Zitat vom: 27. 12 2013.] http://www.3-liga.com/news-3liga-hansa-rostock-zieht-auswaerts-die-meisten-zuschauer-an-9704.html.

☞ NRWSPD – Bündnis 90/Die Grünen NRW. 2012. Koalitionsvertrag 2012–2017. [Online] 2012. [Zitat vom: 12. 12 2013.] http://www.gruene-nrw.de/fileadmin/user_upload/gruene-nrw/politik-und-themen/12/koalitionsvertrag/Koalitionsvertrag_2012-2017.pdf.

☞ NTV. 2014. Polizei bleibt Feindbild der Fußballfans. "Wir werden betrachtet wie Terroristen". [Online] 19. 01 2014. [Zitat vom: 19. 01 2014.] http://www.n-tv.de/sport/fussball/Polizei-bleibt-Feindbild-der-Fussballfans-article12104301.html.

☞ Ostseestadion GmbH & Co KG. 2013. Stadionordnung. [Online] F.C. Hansa Rostock, 2013. [Zitat vom: 12. 08 2013.] http://www.dkb-arena-rostock.de/index.php?id=28.

☞ Ostseestadion GmbH & Co KG. 2013. Stadionplan. [Online] 2013. [Zitat vom: 12. 08 2013.] http://www.dkb-arena-rostock.de/themes/ostseestadion/downloads/stadionplan13-14.pdf.

☞ Pilz et. al. 2011. Wandlungen des Zuschauerverhaltens im Profifußball. Kurzfassung der Studie. [Online] 13. 09 2011. [Zitat vom: 31. 07 2013.] http://www.migration-boell.de/downloads/diversity/Kurzfassung_Studie-

Wandlungen.pdf.

☞ Polizei Nordrhein-Westpfahlen. Landesamt für Polizeiliche Zentrale Dienste. Zentrale Informationsstelle Sporteinsätze. Jahresbericht Fußball Saison 2012/2013. [Online] [Zitat vom: 01. 11 2013.] http://www.polizei-nrw.de/media/Dokumente/12-13_Jahresbericht_ZIS.pdf.

☞ Polizeidirektion Hannover. 2008. Einsatz von Konfliktmanagern bei Fußballveranstaltungen. Erfahrungsbericht zu einem Projekt der Polizeidirektion Hannover und der Zentralen Polizeidirektion in der Bundesligasaison 2007 /2008. [Online] 11 2008. [Zitat vom: 15. 09 2013.] http://www.kos-fanprojek-te.de/fileadmin/user_upload/media/fanarbeit/pdf/200911-erfahrungsbericht.pdf.

☞ pyroweb GmbH. 2013. Häufige Fragen / FAQs. [Online] 2013. [Zitat vom: 26. 07 2013.] https://www.pyroweb.de/bestelluebersicht-daten-und-warenkorb-PXPbestellung.html.

☞ REPPLINGER, ROGER. 2013. "Na, am Wochenende wieder schön prügeln?". LEBEN ALS STADIONVERBOTLER. [Online] ZEIT ONLINE GmbH, 06. 08 2013. [Zitat vom: 01. 12 2013.] http://www.zeit.de/sport/2013-08/stadionverbot-polizei-fussball-fans.

☞ Robbe, Patrizia und Hollstein, Juliane. 2011. Kennzeichnungspflicht von Polizeibeamtinnen und -beamten in den Mitgliedstaaten der Europäischen Union. Aktenzeichen: WD 3 – 3010 – 126/11. [Online] 18. 04 2011. [Zitat vom: 01. 12 2013.] http://www.bundestag.de/dokumente/analysen/2011/kennzeichnu ngspflicht_polizei.pdf.

☞ Ruf, Christoph (16. 01 2013). Ich bin froh, dass es die Ultras gibt. (t. v. GmbH, Herausgeber) Abgerufen am 08. 07 2013 von http://www.taz.de/DFL-Geschaeftsfuehrer-Andreas-Rettig/!108511/.

☞ Ruf, Christoph. 2013. Ein Jahr DFL-Sicherheitspapier: Alles bleibt besser. [Online] SPIEGEL ONLINE GmbH, 03. 12 2013. [Zitat vom: 12. 12 2013.]

http://www.spiegel.de/sport/fussball/bilanz-nach-einem-jahr-dfl-sicherheitspapier-a-937029.html.

☞ Ruf, Christoph. 2013. Sicheres Stadionerlebnis. Ein Jahr nach ihrem Konzept zieht die Deutsche Fußball Liga eine positive Bilanz. [Online] Verlag Neues Deutschland Druckerei und Verlag GmbH, 04. 12 2013. [Zitat vom: 04. 12 2013.] http://www.neuesdeutschland.de/artikel/916995.html.

☞ SCHNEIDER, FRANK. 2013. WIE SCHLIMM SIND DIE FANS IN MEINEM VEREIN? Die Gewalt-Tabelle der Bundesliga. [Online] BILD GMBH & CO. KG, 21. 11 2013. [Zitat vom: 22. 11 2013.] http://www.bild.de/sport/fussball/bundesliga/gewalt-tabelle-wie-schlimm-sind-die-fans-in-meinem-verein-27283440.bild.html.

☞ Schwier, Jürgen. 2003. Zur Entwicklung des modernen Sports. Homepage von Prof. Dr. Jürgen Schwier. [Online] 16. 04 2003. [Zitat vom: 28. 06 2013.] http://www.uni-giessen.de/~g51039/vorlesungIV.htm.

☞ Selmer, Nicole. 2012. Polizisten brauchen Liebe, Harmonie und Ordnung. [Online] derStandard.at/dieStandard.at/daStandard.at, 17. 08 2012. [Zitat vom: 02. 12 2012.] http://derstandard.at/1343745036158/Polizisten-brauchen-Liebe-Harmonie-und-Ordnung.

☞ sid. 2014. Schwere Krawalle vor Köln-Schalke: Ein Schwerverletzter, mehrere Festnahmen. [Online] DIE WELT, 18. 01 2014. [Zitat vom: 19. 01 2014.] http://www.welt.de/newsticker/sport-news/article123986598/Schwere-Krawalle-vor-Koeln-Schalke-Ein-Schwerverletzter-mehrere-Festnahmen.html

☞ sl. 2010. NEWS-MELDUNG. Spahn: "Die überwältigende Mehrheit der Fans ist friedlich". [Online] Deutscher Fußballbund e. V., 19. 08 2010. [Zitat vom: 15. 09 2013.] http://www.dfb.de/news/de/dfb-allgemein/spahn-die-ueberwaeltigende-mehrheit-der-fans-ist-friedlich/24391.html.

☞ Spannagel, Lars. 2012. Mehr Sicherheit – um welchen Preis? Gewalt in deutschen Fußballstadien. [Online] Der Tagesspiegel, 12. 12 2012. [Zitat vom: 12. 12 2012.] http://www.tagesspiegel.de/sport/gewalt-in-deutschen-fussballstadien-mehr-sicherheit-um-welchen-preis-

/7508106.html.

☞ Spiegel. 2013. WDR schneidet BVB aus "Lokalzeit"-Vorspann. Nach Ausschreitungen auf Schalke. [Online] Spiegel.de, 31. 10 2013. [Zitat vom: 11. 11 2013.]http://www.stern.de/sport/nach-ausschreitungen-auf-schalke-wdr-schneidet-bvb-aus-lokalzeit-vorspann-2068175.html.

☞ Spiller, Christian. 2012. Die Fans sind keine unkritische Masse mehr. SICHERHEIT IM FUSSBAL. [Online] ZEIT ONLINE GmbH, 12. 12 2012. [Zitat vom: 12. 11 2013.] http://www.zeit.de/sport/2012-12/fussball-fans-sicherheitskonzept-dfl.

☞ Sprengelmeyer, Christian. 2013. Stadionverbote. [Online] VfL Osnabrück GmbH & Co. KGaA, 2013. [Zitat vom: 10. 08 2013.] http://www.vfl.de/fanblock/stadionverbote.html.

☞ Stiller, Gudrun. 2012. Synergieeffekt. [Online] Wirtschaftslexikon24.com, 2012. [Zitat vom: 10. 11 2013.] http://www.wirtschaftslexikon24.com/d/synergieeffekt/synergieeffekt.htm.

☞ stj/dpa. 2012. Bouffier will Fußballfans für Sicherheit zahlen lassen. „Sicherheits-Euro" gegen Gewalt in Stadien. [Online] FOCUS Online, 04. 12 2012. [Zitat vom: 11. 11 2013.] http://www.focus.de/sport/fussball/sicherheits-euro-gegen-gewalt-in-stadien-bouffier-will-fussballfans-fuer-sicherheit-zahlen-lassen_aid_874168.html.

☞ Theede, Kai-Uwe und Friedrich, Rainer. 2013. Theedes Aufschrei: "Hansa auf falschem Weg". [Befragte Person] Jan Didjurgeit. http://www.ndr.de/ndr2/audio178881.html. NDR.de, Rostock: Norddeutscher Rundfunk, 21. 10 2013.

☞ Themenkoordinationsgruppe Polizei und Menschenrechte. 2013. Nichts zu verbergen – Mehr Verantwortung bei der Polizei: Argumente für Transparenz. Eine Kampagne von Amnesty International. [Online] Amnesty International, 2013. [Zitat vom: 01. 12 2013.] http://www.amnestypolizei.de/sites/default/files/imce/pfds/100831_AI_Argumentationshilfe_Screen_Doppelseiten.pdf.

☞ Themenkoordinationsgruppe Polizei und Menschenrechte. 2013. Transparenz schützt Menschenrechte - Mehr Verantwortung bei der Polizei. Argumente. [Online] Amnesty International, 2013. [Zitat vom: 01. 12 2013.] http://www.amnestypolizei.de/mitreden/argumente.html.

☞ Unbekannt. 2013. DFL: Pistorius-Vorschlag zu Fans "nicht praktikabel". [Online] SÜDWEST PRESSE Ehinger Tagblatt, 03. 12 2013. [Zitat vom: 03. 12 2013.] http://www.swp.de/ulm/sport/sonstige/ueberregional/Fussball-Bundesliga-DFL-Sicherheit-Auswaertsfan-Innenministerkonferenz-DFL-Pistorius-Vorschlag-zu-Fans-nicht-praktikabel;art1157854,2337985.

☞ Unbekannt. 2013. Fanprojekt-Koordinator lobt Sicherheitskonzept. [Online] SÜDWEST PRESSE Reutlinger Nachrichten, 03. 12 2013. [Zitat vom: 03. 12 2013.] http://www.swp.de/hechingen/sport/fussball/ueberregional/Fussb all-Bundesliga-DFL-Sicherheit-Sicherheitskonzept-Fussballfan-Fanprojekt-Koordinator-lobt-Sicherheitskonzept;art1157834,2337615.

☞ Unbekannt. 2013. Karten für Auswärtsfans nur unter Auflagen. POLITIKER WILL MEHR KONTROLLE BEI HOCHRISIKOSPIE-LEN. [Online] Axel Springer AG 2012, 30. 11 2013. [Zitat vom: 01. 12 2013.] http://www.bild.de/sport/fussball/1-bundesliga/karten-nur-unter-auflagen-bei-hochrisikospielen-33610542.bild.html.

☞ Unbekannt. 2014. Fußball-Fan in Köln schwer verletzt. [Online] Süddeutscher Verlag, 18. 01 2014. [Zitat vom: 19. 01 2014.] http://www.sueddeutsche.de/sport/auseinandersetzungen-vor-testspiel-fussball-fan-in-koeln-schwer-verletzt-1.1866128.

☞ ViLeS. 2010. Konzepte und Definitionen im Modul Das Experteninterview. [Online] Carl von Ossietzky-Universität Oldenburg, 16. 06 2010. [Zitat vom: 05. 11 2013.] http://viles.uni-olden-burg.de/navtest/viles0/kapitel02_Ausgew~aehlte~~lMethoden~~l der~~lDatenerhebung/modul02_Das~~lExperteninterview/ebene 01_Konzepte~~lund~~lDefinitionen/02__02__01__01.php3.

☞ Vorstand des Ligaverbandes. 2012. Einleitung zum Antragspaket 1 „Stadionerlebnis". [Online] 12. 12 2012. [Zitat vom: 06. 11 2013.] http://static.bundesliga.de/media/native/autosync/antragspaket_1 _sicheres_stadion_-_antraege_001_-_016_-_final.pdf.

☞ Wikia. 2012. Fußball-Lexikon. [Online] 31.01.2012. [Zitat vom: 28. 06 2013.] http://de.fussball-lexikon.wikia.com/wiki/Cambridge_Rules.

☞ wissen.de. 2011. Wann und wo war das erste Fußball-Länderspiel? [Online] wissenmedia in der inmediaONE GmbH, Gütersloh/München, 07. 11 2011. [Zitat vom: 28. 06 2013.] http://www.wissen.de/wann-und-wo-war-das-erste-fussball-laenderspiel.

☞ Wortlaut zu § 903 S. 1 des Bürgerlichen Gesetzbuches; Abzurufen z. B. unter http://dejure.org/gesetze/BGB/903.html.

☞ Zivilsenat des BGH. 2009. Bundesgerichtshof bestätigt bundesweites Stadionverbot. [Online] 30. 10 2009. [Zitat vom: 26. 07 2013.] http://juris.bundesgerichtshof.de/cgi-bin/rechtsprechung/document.py?Gericht=bgh&Art=en&Datum=2009&Seite=20&nr=49956&pos=602&anz=3418.

☞ Zur Rolle der Journalisten dabei vgl. Wüst, Ann-Kathrin. 2012. JOURNALISTEN UND MEDIENGEWALT. Berichterstattung zwischen Wissenschaft und Öffentlichkeit – Eine unüberwindbare Kluft? [Online] 06 2012. [Zitat vom: 01. 12 2013.] http://opus.bsz-bw.de/hdms/volltexte/2012/999/pdf/Bachelorarbeit_A_Wuest_12 0614.pdf.

Anhang

I. Die Interviews

a. Interviewleitfaden

Beginn des Leitfadens

Das vorliegende Interview umfasst Fragen einer Öffentlichen Anhörung des Innenausschusses des Landtags NRW ("Gegen Randalierer im Zusammenhang mit Fußballspielen konsequent vorgehen")[178], solche der Interdisziplinäreren Untersuchung zur Analyse der neuen Entwicklungen im Lagefeld Fußball der DHPol[179], sowie Fragen, die sich aus den Antworten der beiden Online-Umfragen, der Profession des Interviewten sowie dessen Antworten auf die Fragen des Interviews ergeben.

Beginn des Interviews:

- Bitte stellen Sie sich zunächst kurz vor. (Alter, aktuelle Tätigkeit, Bezug zum Fußball als Sportereignis)

Quelle

Allgemein

NRW Warum gibt es Gewalt rund um Fußballspiele?

NRW Wie schätzen Sie den Kenntnisstand von Verbänden, Polizei und Politik über die Ultra-Bewegung ein? Haben möglicherweise Unkenntnis und Unsicherheit in Bezug auf

---

[178] http://www.landtag.nrw.de/portal/WWW/dokumentenarchiv/Dokument/MME1 6-231.pdf.
[179] https://www.dhpol.de/de/medien/downloads/hochschule/08/Abschlussbericht _Lagebild_ Fussball.pdf.

die Fankultur Probleme im Bereich des Fußballs geschaffen?

Kom-
binati- Wie gestaltet sich in Rostock die Zusammenarbeit vor,
on während und nach Fußballspielen mit den folgenden Akteuren? Sehen Sie dort Verbesserungsmöglichkeiten?

a. Vereinsführung
b. Sicherheits- oder Ordnungsdienst des Vereins
c. Sicherheitsbeauftragter und Fanbeauftragter des Vereins
d. Stadt
e. Bundespolizei
f. Staatsanwaltschaft
g. Deutsche Bahn und andere Verkehrsbetriebe, z. B. RSAG.

DHPol Gibt es noch andere Akteure, die Sie in diesem Zusammenhang als wichtig erachten?

NRW Warum werden immer mehr und ausgefeiltere Überwachungstechnologien (Videoüberwachung, Gesichtserkennung, personalisierte Tickets usw.) eingesetzt, obwohl es nach Einschätzung vieler Experten in den deutschen Stadien keine besonderen Gefahrensituationen gibt?

NRW Wie beurteilen Sie die Schaffung einer unabhängigen Beobachterstelle, die den Gebrauch von Überwachungstechnologie im Zusammenhang mit Fußballspielen dokumentiert und die Verhältnismäßigkeit kontrolliert?

Fans
DHPol In welchem Ausmaß ist Alkohol ein Problem im Zusammenhang mit dem Gewaltphänomen bei Fußballspielen (Anreise, Umfeld des Stadions, im Stadion)?

DHPol Ist in der Rostocker Problemszene eine politische Ausrichtung zu erkennen?

DHPol   Je Antwort: Führt die politische Ausrichtung zu Gewalt bzw. Problemsituationen im Zusammenhang mit Fußballeinsätzen?

NRW   Welche Verbesserungen kann es aus Ihrer Sicht in Hinblick auf die Reisewege von Fans geben?

DHPol   In welcher Weise sind die Ultras in die Vereinsstrukturen eingebunden bzw. nehmen in diesen Einfluss?

Kombination   Mit Mittelwerten von 2.14 bzw. 2.48 erachten die Teilnehmer der Wiederholungsumfrage eine Kommunikation mit Ultras und „Problemfans" als notwendig bzw. sinnvoll. Sollten auch aus Ihrer Sicht freie Fangruppen, z.B. Ultras, für Entscheidungsträger als Ansprechpartner wahrgenommen und in Entscheidungsprozesse eingebunden werden? Wenn ja, wie könnte eine Beteiligung aussehen?

DHPol   Welche Fangruppen nutzen welche Reisemittel und ergeben sich daraus Probleme?

DHPol   Wie gestaltet sich in Rostock die Informationsgewinnung und -steuerung hinsichtlich der Heim- und Auswärtsfans sowie der Reiseinformationen?

Pyrotechnik

NRW   Wird durch das strikte Verbot von Pyrotechnik die Gefahr von Unfällen, durch einen dann illegal erfolgenden Einsatz, erhöht?

NRW   Welche Auswirkungen hätte die Legalisierung von Pyrotechnik, z.B. in definierten und unter besonderer Sicherheits-Beobachtung stehenden Bereichen eines Stadions?

NRW   Welche Möglichkeiten sehen Sie, um Gewalttaten und Pyrotechnik auf den Zuschauerrängen in Fußballstadien zu unterbinden?

Maßnahmen

NRW   Sind Prävention und Dialog geeignete Maßnahmen, um Sicherheit rund um Fußballspiele nachhaltig herzustellen?

NRW   Sind Repressionen und Sanktionen geeignete Maßnahmen, um Sicherheit rund um Fußballspiele nachhaltig herzustellen?

NRW   Wie beurteilen Sie die folgenden technischen Maßnahmen im Hinblick auf die Erhöhung der Sicherheit im Fußballstadion: Videoüberwachung, Gesichtserkennung, personalisierte Tickets, Ausweisscanner?

NRW   Halten Sie die sogenannten „Nackt-Kontrollen" durch körperliche Durchsuchungen in Zelten oder Nacktscanner (durch private Sicherheitsdienste) für angemessen/verhältnismäßig?

NRW   Stellt die Datei „Gewalttäter Sport" ein geeignetes Mittel dar, um mehr Sicherheit im Stadion herzustellen?

NRW   Wie wirkt sich Ihrer Meinung nach die Datei auf das Staatsverständnis und damit das Verständnis von Recht und Gesetz von jungen Menschen aus?

AG   "Während einige Polizeidienststellen Einträge in die Datei Gewalttäter Sport mit viel Augenmaß veranlassen, speichern andere Dienststellen regelrecht nach dem Gießkannenprinzip." heißt es auf der HP der „AG Fananwälte". Wo würden Sie die Rostocker Polizei verorten?

DHPol   Nutzen Sie Platzverweise als rechtliches Mittel und wenn ja, in welcher Form ergeben sich hierbei Probleme?

DHPol   Nutzen Sie das Instrument der Meldeauflagen und sehen Sie hierbei Probleme?

DHPol   Nutzen Sie das Rechtsmittel der Gefährderansprache in? Wenn ja; in schriftlicher oder in mündlicher Form?

NRW   Ist das NKSS ein geeignetes Mittel, um eine flächendeckende Beteiligung der Fangruppierungen zu erreichen?

Kom-
binati-
on
Welche weiterennicht-repressiven Maßnahmen würden Sie einführen, um eine Verbesserung der Sicherheit in Fußballstadien zu erreichen?

Stadionverbote

NRW Welcher Nutzen ergibt sich durch Stadion- bzw. Stadtverbote, welcher Schaden entsteht hierdurch?

NRW Wie wirken sich Ihrer Meinung nach Stadionverbote bzw. Stadtverbote auf die Betroffenen aus?

NRW Welcher Aufwand ist notwendig, um Stadion- bzw. Stadtverbote durchzusetzen?

Ordner / Polizei

NRW In beiden Umfragen wird durch die Teilnehmer mit Blick auf den Ausbildungsstand deutlicher Nachholbedarf gesehen: 37,5 % bzw. 38,1 %. Wo sehen Sie evtl. Handlungsbedarfe in Bezug auf die in den Stadien eingesetzten Sicherheitsdienste und die Sicherheitskonzepte der Vereine?

Sicherheit

NRW Wie bewerten Sie das DFL Sicherheitskonzept „sicheres Stadionerlebnis"?

DHPol Wie ist der Alkoholausschank an Spieltagen in der Stadt, im Stadionumfeld und im Stadion geregelt?

DHPol Wird die Polizei bei der Frage des Vollbierausschanks in den oben genannten Bereichen beteiligt?

NRW Wer oder was bestimmt die jeweilige Polizeitaktik bei einer Spielbegegnung, und gibt es Ansätze, wie man die Strategien für 'Risikospiele' optimieren könnte?

Social Media

DHPol Sehen Sie generell Verbesserungsmöglichkeiten hinsichtlich des Informationsmanagements?

ZIS

NRW   Stellen die Kennzahlen der „Zentralen Informationsstelle Sporteinsätze" (ZIS) eine geeignete Grundlage zur Beurteilung der Sicherheit im Rahmen von Fußballspielen dar?

NRW   Wie müsste die ZIS optimiert werden, so dass z.b. aussagekräftige Daten in Bezug auf Verursacher der Gewalt und Verletzungen im Zusammenhang mit Fußballspielen erhoben werden können?

Sonstiges

NRW   Wie bewerten Sie den Einsatz von StaatsanwältInnen vor Ort (im Stadion)? Wie bewerten Sie in diesem Zusammenhang Vorschläge, auch RichterInnen für die Durchführung möglicher Schnellverfahren im Stadion einzusetzen?

NRW   Wie bewerten Sie die Arbeit der sozialpädagogischen Fanprojekte als präventive Maßnahme in Bezug auf die Sicherheit bei Fußballspielen?

NRW   Seit 20 Jahren besteht das „Nationale Konzept Sport und Sicherheit" (NKSS) um durch das gemeinsame und abgestimmte Handeln aller Beteiligten die Sicherheit bei Sportveranstaltungen zu verbessern. Auch seit Jahrzehnten gibt es Spielbegegnungen mit besonderem Konfliktpotential bei den Fans, z.B. das Revierderby. Obwohl damit eine langjährige Erfahrung vorausgesetzt werden könnte, kommt es immer wieder zu kritischen Situationen sowohl bei der An- und Abreise der Fangruppen, wie auch mitunter im Stadion selbst. Was könnten die Gründe hierfür sein?

Zum Schluss

DHPol   Gibt es sonst noch Aspekte, die sie benennen möchten und auf die ich im Interview bislang nicht eingegangen bin?

Ende des Interviews:

Das Transkript meines am TT.MM.2013 in der Zeit von SS:MM bis SS:MM Uhr durch Herrn Schwinkendorf geführten Interviews habe ich gelesen. Meine Aussagen wurden richtig und vollständig wiedergegeben.

Ich stimme der Verwendung meiner Aussagen in der Masterarbeit von Herrn Schwinkendorf zum Thema „Fußball und Gewalt - Die Sicht von Zuschauern und Akteuren am Beispiel des F.C. Hansa Rostock" zu.

Ich bestätige, dass der Inhalt des Interviews ausschließlich Herrn Schwinkendorf zur Alleinverwertung in allen Medien zu Verfügung gestellt wird. Ich übertrage Herrn Schwinkendorf für die Dauer von einem Jahr das ausschließliche, danach das einfache Nutzungsrecht.

Rostock, . Monat 2013   Rostock, . Monat 2013

Name Interviewter   *Andreas Schwinkendorf*

~~~~~~

Ende des Leitfadens

b. Transkript Interview Roman Päsler

Das vorliegende Interview umfasst Fragen einer Öffentlichen Anhörung des Innenausschusses des Landtags NRW ("Gegen Randalierer im Zusammenhang mit Fußballspielen konsequent vorgehen")[180], solche der Interdisziplinäreren Untersuchung zur Analyse der neuen Entwicklungen im Lagefeld Fußball der DHPol[181], sowie Fragen, die sich aus den Antworten der beiden Online-Umfragen, der Profession des Interviewten sowie dessen Antworten auf die Fragen des Interviews ergeben.

Beginn des Interviews: **23.09.2013, 16:45 Uhr**

Bitte stellen Sie sich zunächst kurz vor (insbesondere Ihren persönlichen Bezug zum Fußball als Sportereignis).

Angefangen habe ich '95, zu Hansa zu fahren. Vorher war ich erstmal Schalke-Fan. Ich hatte dort auch Verwandtschaft. Aber dann ist Hansa aufgestiegen in die 1. Liga, da war ich 12 Jahre alt und so bin ich also zu Hansa gekommen. Dann bin ich mit meinem Vater ins Stadion gefahren. Das erste große Spiel – ich glaube, das war der dritte oder vierte Spieltag – war gegen St. Pauli, bei dem die Bänke geflogen sind. In den Gästeblock rein und das hat mich nicht mehr losgelassen. Und eins / zwei Jahre später fing ich dann an, selbständig ins Stadion zu fahren, zu Hansa. Mit Bekannten aus Teterow, vom Gymnasium. Die sagten, dass sie dahin gefahren waren und ich erwiderte dann, dass ich mal mitkomme. Wir sind dann mit dem Zug gefahren von Teterow nach Rostock. Seit '96/'97 fing ich dann an, alle Heimspiele zu fahren. Und '97/'98 fuhr ich dann auch regelmäßig zu Auswärtsspielen. Das erste Auswärtsspiel war gegen HSV, ich glaube zwei / drei Tage vor Heiligabend.

Das zur Entwicklung. Und dann ging es ja los mit der Ultrabewegung, so um 2.000 rum. Auch in Rostock. Dann gab's ja die Stadion-Neuentwicklung. Man war ja in Block E gewesen. Nach dem Abriss und Neuaufbau der Tribünen hat man sich dann in Block 8a ge-

---

[180]http://www.landtag.nrw.de/portal/WWW/dokumentenarchiv/Dokument/MME16-231.pdf.
[181]https://www.dhpol.de/de/medien/downloads/hochschule/08/Abschlussbericht_Lagebild_Fussball.pdf.

sammelt. Und 2.000 / 2.001 ist man dann in Block 27a gezogen. Und zu dem Zeitpunkt wurden auch die Suptras Rostock gegründet. Eigentlich als Zusammenschluss von allen aktiven Fans, die damals zu Hansa gefahren sind. Also man kann sie als „Allesfahrer" zusammenfassen. Das ist also eine Zusammenfassung von Supporters und Ultras. Das steht dahinter und das hatte – glaube ich – noch nicht das Gedankentum wie heute. Das ist dann gewachsen. Ich war auch von Anfang an bei der Vereinigung dabei.

Und dann bin ich zu meinem Posten gekommen. Das ist jetzt ein zeitlich riesiger Sprung. Man hat also versucht, Fahnen zu bemalen und sowas alles. Man hat bei Hansa nach einem Raum geschaut, war zunächst erst beim alten Sportforum, wo das neue Hotel jetzt gemacht ist. Da hat man dann einen Raum übergemalt. Als das Stadion dann fertig war, ist man unter die Nordtribüne gegangen. Da waren ja die alten VIP-Räume drinnen gewesen. Da konnte man dann die Räume nutzen von Hansa aus. Und dann gab es 2.007, 20. Februar 2.007, die Pressekonferenz von Hansa, bei der Grabow verkündete, dass man die Zusammenarbeit mit den Suptras Rostock kündigt. Da wurde dann auch der Raum weggenommen. Man durfte nicht mehr in den Raum reingehen. Die Polizei ist reingegangen und hat irgendwelche Dinge durchsucht und mitgenommen und was da alles war. So kam es eigentlich dazu, dass man weggedrängt wurde. Und der erste Schritt war, sich selbständig zu machen. Man hat sich einen eigenen Raum gesucht, hat den angemietet und betreibt den bis heute. Man ist dort aktiv. Das war eine Entwicklung und ging immer Schritt für Schritt. Dann ging es los mit der Organisation der Sonderzüge. Da ist man dann zum Verein gegangen und hat gesagt, dass man gern einen Sonderzug nach Cottbus machen will. Das war, glaube ich, 2.009. Da hat Hansa eine total ablehnende Haltung gehabt.

Zwischenfrage Interviewer: Inwiefern? Warum?

Ich war bei den Gesprächen nicht dabei. Aber das finanzielle Risiko war Hansa wohl zu groß. Und bei Hansa ist auch generell immer die Grundstimmung: Hatten wir noch nie, wollen wir auch nicht und machen wir auch nicht. Und so kam auch wieder das – wenn Hansa das nicht will –, wir das dann selbst machen. Und so ist auch das wieder ein Erfolgskonzept geworden. Bis heute hin im Übrigen, wobei wir wohl schon 10 Sonderzüge organisiert haben. Was auch super funktioniert.

Also wie gesagt, von Hansa aus dem Raum rausgeschmissen, da haben wir uns einen eigenen gesucht. Sonderzüge wollte Hansa auch nicht machen, jetzt machen wir das allein auf unseren Namen und unsere Rechnung. Und es läuft alles. Also alle Dinge, bei denen man versucht, irgendwie die Fans zu piesacken, da kommt man mit gestärkter Brust raus. Das gleiche war auch bei der Südtribüne: Südtribüne wurde geschlossen und am Ende des Tages ist der Vorstand komplett weg. Weil man sich eben gut organisiert und mit Problemen umgehen kann. Also aus allen Situation sind wir bislang immer gestärkt hervorgegangen.

Einwurf Interviewers: Der Umstand des finanziellen Risikos bei den Sonderzügen wurde auch bei der Fachkonferenz "Fußball und Fans - Wissenschaftliche Perspektiven" am 12. und 13. Dezember 2012 an der Ruhr-Universität Bochum von vereinzelten Teilnehmern aufgeworfen. Der Leiter der Führungsgruppe der Polizeiinspektion Rostock wies diese Bedenken für die Rostocker Fans allerdings zurück, wobei er auf die Eigenständigkeit der Rostocker Fans in Bezug auf Organisation und die Finanzierung verwies. Er führte sinngemäß aus, dass sich die Rostocker Fans in Anbetracht nun IHRES finanziellen Risikos dem Grunde nach im Zug benehmen. Interessanterweise – so die Einschätzung des Interviewers, der ebenfalls an der Konferenz teilnahm – schien diese Möglichkeit einigen Teilnehmern neu zu sein und es wurde deutlich, dass diese den „Rostocker Weg" als mögliches Konzept für die eigenen Fans mitnehmen.

Die Fans stehen auch dahinter und finden das gut. Es gibt dann im Vorfeld Besprechungen mit den Zivilbeamten der Bundespolizei, die FKB, also die Fankundigen Beamten. Und man arbeitet da vernünftig zusammen. Das ist also wirklich ein gutes Konzept, was man mit der Polizei auf die Beine stellt.

Gibt es Unterschiede in der Zusammenarbeit zwischen Bundes- und Landespolizei?

Die gibt es auf jeden Fall. Also der normale Fan differenziert sicher nicht, für den ist Polizei gleich Polizei. Ob er nun den Knüppel von der Landespolizei bekommt oder von der Bundespolizei, das tut beides weh. Aber für uns ist das Ganze schon differenzierter. Die Zusammenarbeit mit den FKB einfacher und nicht so negativ belastet wie die Zusammenarbeit mit den SKB. Das hängt natürlich auch mit bestimmten Personen zusammen. Also SKB-Anonym[182] ist ein rotes Tuch. Das kann nicht funktionieren, das wird nicht funktionieren und das ist dann eben so. Das ist auch mehr so das Gefühl, dass die uns anscheißen wollen. Keine Frage, die Polizei ist da, um Straftaten aufzudecken und zu verfolgen, aber trotzdem ist da mehr der Druck da, also der Verfolgungsdruck. Also quasi den Mittelweg zu suchen. Bei bestimmten Sachen muss Fußball auch Fußball bleiben und da muss man auch mal die Augen zudrücken. Also nicht bei schweren Straftaten. Das ist dann einfacher bei den FKB. Als Beispiel: Wenn da jemand im Zug rauchen würde, dann würde die das nicht so jucken. Dies mal als ein banales Beispiel. Das Verhältnis ist dort anders. Es ist aber nicht freundschaftlich, es sind immer noch Polizisten aus Fansicht. Aber das ist okay. Man respektiert sich und man arbeitet vernünftig zusammen. Das hat sich sicher auch durch den Sonderzug so entwickelt.

Warum gibt es Gewalt rund um Fußballspiele?

[Anm. des Interviewers: Hr. Päsler überlegt 2-3 Sekunden]. Das ist auch ein Kräftemessen. Also es gibt nicht nur das Spiel auf dem Platz. Für mich ist es so, da spielt z. B. Rostock gegen Dortmund II. Und da geht's für mich darum, wer der Beste ist. Es geht also darum, zu zeigen: Rostock ist die Stadt und Dortmunder sind eben Pfeifen. Einmal wird das auf dem Platz entschieden, dass Hansa die beste Mannschaft ist. Genauso wird das auf den Rängen entschieden, wer ist der Lauteste, wer bringt die meisten Fans mit, wer macht die besten Choreografien. Und genauso ist es, wenn sich Leute irgendwo treffen zur Dritten Halbzeit und da die Kräfte spielen lassen und zeigen: Wir sind hier in eurer Stadt mit so und so vielen Leuten und ihr könnt nichts dagegen machen. Wir sind die Besten, wir haben den Längsten *[Anm. des Interviewers: Hr. Päsler schmunzelt leicht und mach deutlich, dass dieser Vergleich lediglich der Veranschaulichung dient]*

---

[182] Der Interviewte, Hr. Päsler, nennt den Namen eines/r Rostocker SKB. Der Name ist dem Interviewer bekannt, er wird aber zur Wahrung der Persönlichkeitsrechte an dieser Stelle nicht genannt.

Die nächste Frage ist natürlich auch, wie man Gewalt definiert. Also für mich ist Pyrotechnik klar keine Gewalt, auch wenn es immer als solche benannt wird im Stadion. Ich glaube auch, dass die Gewalt raus ist aus dem Stadion, die hat sich nach draußen verlagert. Wenn es sie im Stadion überhaupt noch gibt, dann ist es maximal so, dass sich zwei alkoholisierte Fans ohrfeigen, ohne dass dies nun fußballtypisch ist. Das gibt es auf jedem Dorffest. Ansonsten gibt es da nur noch die wirklich abgesprochenen Sachen, im Wald z. B., wo sich dann 20:20 treffen und da ihr Ding machen. Ansonsten ist es nicht so, dass es im Stadion und drum rum Mord und Totschlag gibt.

Das Verhältnis zwischen der Polizei und der Fanszene ist als angespannt zu bezeichnen. Worin sehen Sie die Ursachen hierfür?

Das ist eine stetige Entwicklung gewesen. Da kann man zurückgehen in das Jahr 2.000 / 2.001. Da war SKB-Anonym auch schon da und da hat man sich noch begrüßt und ganz normal unterhalten. Und da haben die das dann ausgenutzt. Vielleicht waren wir auch ein bisschen dämlich. Jedenfalls dachte man noch, dass das quasi Freunde sind. Und dann kam auch wirklich der Zuschlag für die WM 2.006 und da kam der große Schlag, der große Hammer, da ging es los mit Stadionverbot auf 5 Jahre. Also bis 2.000 kann ich an einer Hand abzählen, wer Stadionverbot hatte. Und dann ging das wirklich MASSIV los. 5 Jahre waren Satz. Und somit hat sich das dann auch alles verschoben und verlagert. Wenn man 5 Jahre Stadionverbot bekommt, dann ist das für einen Jugendlichen, der 15 / 16 / 17 Jahre alt ist, EWIG weit weg. Soweit denkt man ja gar nicht. Wenn man 35 ist, ist das ja ein ganz anderer Zeitraum, aber als Jugendlicher sind 5 Jahre eine Ewigkeit. Und so hat man die Leute auch in bestimmte Schienen reingedrängt und damit kriminalisiert. Das war vorher nicht so da. Also bis 2.000 hat Pyrotechnik keinen im Stadion gejuckt. Da war weder die mediale Aufmerksamkeit da, noch hat es den DFB gejuckt. Und auch die Sanktionen waren anders. Als Beispiel: Da wurde jemand erwischt mit Pyrotechnik – ich glaube, das war in Duisburg – und der hatte einen Bußgeldbescheid bekommen in Höhe von 50 DM. Und darüber hat er sich noch aufgeregt, ob die eine Meise haben. Heute würde man sich freuen und sagen, dass man das eben mal mitnimmt.

Zwischenfrage Interviewer: Was halten die Fans in diesem Zusammenhang vom „Chemnitzer Weg"? Es erfolgt eine kurze Vorstellung desselben durch den Interviewer.

Ich denke, dass dies so nicht durchsetzbar ist. Deshalb hatte ich auch die Aktion „Pyrotechnik legalisieren, Emotionen respektieren" nicht unterstützt. Und auch die Rostocker Fanszene hatte das nicht unterstützt, da es Unfug ist. Ich stelle mir das so vor, dass dann 5 Meter x 5 Meter frei sind und da steht dann ein Einzelner in der Mitte und zeigt die Fackel hoch. Das ist Unfug.

Zwischenfrage Interviewer: Das ist dann auch nicht der Ansatz der Fans?

Also von uns nicht. Ich weiß nicht, wie das in anderen Fanszenen ist, aber wir haben das nicht unterstützt. Ich sehe das nicht umsetzbar. Ich sehe eher umsetzbar, dass wir sagen, dass wir nicht mit Leuchtspuren auf Kinder schießen oder auf Ränge oder auf den Platz. Und wir schmeißen auch keine Böller. Und wenn wir Pyrotechnik zünden, schmeißen wir das nicht über den Zaun, es bleibt unten liegen. Oder wir halten es in der Hand hoch. Also das, was gewünscht ist. Das jedenfalls sehe ich eher umsetzbar als einen speziellen Bereich und einen speziellen Zeitraum, sowie nur eine spezielle Person, die das darf, während eine andere das nicht darf. Mein Spruch ist immer, dass die Kirche halbwegs im Dorf bleiben soll. So, wie es 2.000 schon mal war, solange es nicht Überhand genommen hatte. Nehmen wir mal ein Beispiel: Erstes Auswärtsspiel, Hansa gegen Dresden, Leuchtspur geschossen, auf den Platz rauf, die Kinder laufen rein, mit Böllern beschmissen usw. Das ist überschritten, das ist nicht in Ordnung. Aber ein Spiel später war Pyrotechnik im Stadion, Böller wurden nicht geschmissen, das war in Ordnung. Das stört niemanden.

Haben möglicherweise Unkenntnis und Unsicherheit beim Kenntnisstand von Verbänden, Polizei und Politik über die Ultra-Bewegung und in Bezug auf die Fankultur Probleme im Bereich des Fußballs geschaffen?

Ich glaube, dass die SKB und die FKB schon wissen, was Ultratum ist und woran es liegt, dass auch mal ein Schal geklaut wird, also dass sowas passiert. Das können die schon einschätzen. Aber ich glaube schon, dass denen in höheren Ebenen teilweise die Strukturen nicht bekannt sind, das was Ultratum ausmacht usw. Weil da auch alle 2 / 3 Jahre ein Neuer kommt, der sich beweisen will. Ich denke auch, dass das schwierig ist, weil der, der drei Sterne auf der Schulter hat, manchmal mehr zu sagen hat, als der an der Basis, der dann Kenntnis davon hat. Man sollte die einfach mal machen lassen. Manchmal ist es auch so, dass die selbst den Kopf schütteln, bei manchen Dingen, die so von oben durchgesetzt werden, aber die können dagegen nichts machen. Oder aber die FKB von der Bundespolizei fahren auswärts, stehen am Gleis und sagen den regionalen Kräften, dass diese anders vorgehen sollen, als beabsichtigt und die werden aber nicht gehört. Der Polizeiführer aber sagt, dass er das Sagen hat und das so durchsetzt, wie er es für richtig hält.

Zwischenfrage Interviewer: Also „hausgemachte" Probleme?

Ja natürlich hausgemacht. Ich glaube auch, man müsste den FKB manchmal auch mehr Befugnisse geben.

Zwischenfrage Interviewer: Inwiefern mehr Befugnisse?

Ich meine damit mehr Entscheidungsgewalt. Also, dass die SKB sagen können, dass sie den Sachverhalt jetzt so lösen und nicht etwa so, wie der Polizeiführer das für richtig hält. Ich glaube, das ist der bessere Weg, obwohl der vielleicht weniger Sterne auf der Schulter hat. Das ist ein großes Problem. Ebenso wie die unterschiedlichen Zuständigkeiten an den verschiedenen Spielorten und die daraus resultierenden unterschiedlichen Auffassungen. Außerdem, wenn also die FKB auswärts eh nur rumstehen und nichts zu sagen haben und dann nicht für ernst genommen werden.

Wie gestaltet sich in Rostock die Zusammenarbeit vor, während und nach Fußballspielen mit den folgenden Akteuren? Sehen Sie dort Verbesserungsmöglichkeiten?

Vereinsführung: Derzeit ist das Verhältnis zum Verein so gut wie nie zuvor. Ich sehe zurzeit überhaupt keinen Punkt, bei dem ich sagen müsste, das geht überhaupt nicht oder das muss anders gemacht werden. Ich bin zurzeit voll umfänglich zufrieden. Das hängt aber auch damit zusammen, dass die Vereinsführung gewechselt hat. Mit der letzten war das schwieriger. Da wäre auch kein Zusammentreffen mehr möglich gewesen. Also man hätte sich nicht mehr verständigen können. Herr Abrokat ist ein Glücksfall. Der ist von der DKB, leitet in Rostock noch eine Filiale, ist der größte Sponsor und damit auch der größte Geldgeber für Hansa Rostock, sitzt als Vorsitzender im Aufsichtsrat und ist nicht Irgendeiner. Der ist auch mehr Fan als ein Bankangestellter oder Repräsentant der DKB-Bank. Das ist eine Supersache für den Verein, weil er auch wirklich den Kontakt zur Fanszene hat. Glücksfall.

Sicherheits- oder Ordnungsdienst des Vereins: Hat sich auch gebessert. Also eigentlich ist es derzeit auch unproblematisch. Nehmen wir mal die Personalie Rainer Friedrich, ist ja auch in den Vorstand gewählt worden. Ich denke, vor 1 ½ Jahre wäre das undenkbar gewesen aus Sicht der Fanszene. Es sehen immer noch viele viele kritisch. Ich hatte auch viel einstecken müssen. Ich kann mit ihm zurzeit sehr gut zusammenarbeiten. Er hat sich auch um 180 ° gedreht. Es ist kein Vergleich mehr zu früher. Wenn wir Probleme haben, gehe ich zu ihm hin und wir finden immer eine Lösung. Das gleiche gilt auch für den Ordnungsdienst, auch der ist mit eingebunden. Wir hätten es vor zwei Jahren nicht für möglich gehalten, aber es ist zurzeit sehr sehr gut.

Stadt: Hier gibt es keine Berührungspunkte. Ich hatte auch so nie mit der Stadt zu tun gehabt. Außer, wenn ich eine Demonstration angemeldet habe.

Staatsanwaltschaft: Auch hier gibt es keine Berührungspunkte

Deutsche Bahn und andere Verkehrsbetriebe: RSAG keinerlei Kontakt. Und zur Deutschen Bahn besteht der Kontakt eben über die Sonderzüge. Da gibt es einen sehr guten Ansprechpartner, der in Schwerin sitzt. Wir versuchen, da auch immer einen guten Preis hinzubekommen, weil wir natürlich auch immer in Konkurrenz stehen zu Bussen, Autos, Transportern und Wochenendticket. Ein Zug rentiert sich nur, wenn man 600 / 700 Leute zusammen bekommt und deshalb muss der Preis auch stimmen. Wir können nicht losfahren mit 400 Leuten, weil der Zug ist plus/minus Null kalkuliert und der muss ausgelastet sein, da wir ansonsten Geld rauflegen müssten, das wir nicht haben.

Die Rostocker Fanszene organisiert ihren Sonderzug in eigener (finanzieller) Zuständigkeit. Wie muss ich mir das vorstellen?

Das hat sich auch entwickelt. Den ersten Zug habe ich zwar nicht mitgemacht, aber da war es so, dass man im Vorfeld das Geld komplett überweisen musste. Dazu wurden dann Karten verkauft, dadurch wurde das Geld eingesammelt. Dann war eine Woche vorher Verkaufsstopp in der Hoffnung, dass alle Karten verkauft sind. Dann wurde eben das Geld überwiesen und der Zug ist gerollt.

Heute ist es so, dass der Zug losrollt und wir 2 / 3 Wochen später die Rechnung erhalten und dann das Geld überweisen und alles ist gut. Das läuft dann komplett komplikationslos. Und auch von der Liquidität ist das für uns angenehm. Weil man vorher die Karten verkaufen kann ohne Druck. Denn die letzten 200 Karten gehen auch immer erst kurz vorher weg, z. B. weil das Geld nicht früher da ist o. ä. Das hilft dann schon, wenn man das Geld erst später bezahlen muss.

Betroffene polizeilichen Fehlverhaltens beklagen, dass aufgrund fehlender Kennzeichnung die Überführung der Polizisten in den meisten Fallen ausgeschlossen ist. Vertreter von Gewerkschaften befürchten durch eine Kennzeichnung eine erhöhte Gefährdung der Polizisten und/oder eine ungerechtfertigte Anzeigewelle gegen die Polizisten. Wie stehen Sie dazu?

Das ist ein ganz großes Problem. Das sehen ja nicht nur Fans so, sondern auch internationale Gremien. Amnesty International kritisiert ganz stark, dass Deutschland zu den wenigen Ländern der Welt gehört, in denen keine Kennzeichnungspflicht für die Beamten besteht. Ich sehe das auch als höchst problematisch.

Es ist so schon schwer, einem Polizisten Fehlverhalten nachzuweisen. Ein Grund ist auch der Korpsgeist, der dort herrscht und der Grundsatz, dass eine Krähe der anderen kein Auge aushackt. Und dann noch die Hürde zu haben, gar nicht zu wissen, wen man da anzeigen muss. Der Polizist hat dadurch – in meinen Augen – Narrenfreiheit. Vielleicht würde die ganze Sache auch entspannter sein, wenn der Polizist weiß, dass sein Fehlverhalten doch aufgedeckt wird. Es ist doch so: 10 Polizisten können einen guten Job machen, einer haut daneben und schon ist das Gesamtbild wieder zerstört. Eigentlich sollte die Polizei doch ein eigenes Interesse daran haben, dass Fehlverhalten in den eigenen Reihen aufgedeckt und auch geahndet wird. Nach meinem demokratischen Grundverständnis ist es nicht nachvollziehbar, warum das nicht gewollt ist und nicht gemacht wird.

In diesem Zusammenhang tun sich auch immer wieder die Gewerkschaften hervor. Einen überzeugenden Grund haben die bislang aber nicht benannt. Und die Wahrung der Sicherheit ist durch entsprechendes Vorgehen, z. B. Wechsel der Individualnummer nach jedem Einsatz und entsprechende Dokumentation in einer Liste umgesetzt. Der tatsächliche Ablauf ist ja egal, es gibt genug Möglichkeiten, die Persönlichkeitsrechte der Polizisten zu wahren. Klarnamen sind auch nicht erforderlich, ich muss nicht wissen, ob der Schulz oder Meier heißt. Mich regt eben diese Alibihaltung auf, wenn man ansonsten ein Antwortschreiben bekommt, wonach man ja eigentlich will, aber den Täter nicht ermitteln kann. Dadurch entsteht eben auch viel Frustration und das ist ein weiterer Baustein dafür, dass die Kommunikation schlecht ist zwischen den Fans und der Polizei.

In diesem Zusammenhang: Wie stehen Sie in zu Vereinen wieder der „Blau-Weiß-Roten-Hilfe" oder der „Arbeitsgemeinschaft Fananwälte"?

Definitiv bedarf es solcher Organisationen. Das schwang ja eben auch mit. Ich sehe das so, dass diese Organisationen Interessensvertretungen der Fans sind. Fans haben früher ja keine Lobby gehabt, haben sich nicht kommuniziert, wussten nicht, wie man mit den Medien umgeht, haben keinen Pressesprecher o. ä. Ein Fan ist eben nur ein Fan und keine Behörde, die sich sowas leisten kann. Und dafür sind diese Organisationen eben da. Um den Fans Gehör zu verschaffen und die Meinung nach außen hin zu vertreten. Das ist für eine Demokratie wichtig. Für mich ist das eben ein Interessenverband, ähnlich wie es die Gewerkschaft für die Polizei ist. Und das im Übrigen kritisiert ja auch niemand, dass es die gibt.

Warum werden immer mehr und ausgefeiltere Überwachungstechnologien (Videoüberwachung, Gesichtserkennung, personalisierte Tickets usw.) eingesetzt, obwohl es nach Einschätzung vieler Experten in den deutschen Stadien keine besonderen Gefahrensituationen gibt?

Ich komme wieder darauf zurück, dass Fußballfans in Deutschland keine Lobby haben. Mit denen kann man es machen, mit denen wird erstmal alles ausprobiert. Im Stadion fangen wir damit mal an und nach 5 Jahren setzen wir das dann auf dem Bahnhof fort und irgendwann auf dem Marktplatz. Ich denke, das ist der Einstieg in die Überwachung. Und man sucht sich irgendwelche Gründe, die man gut verkaufen kann und darauf springen die Medien dann auch auf. Ich glaube, deswegen wird auch immer wieder propagiert, dass es Gewalt im Stadion gibt. Und dieses Bild muss auch irgendwie aufrechterhalten werden, da man sonst solche Maßnahmen nicht durchsetzen kann. Und die Politik hat ein Interesse daran. Und über Fußball kann jeder mitreden. Jeder hat irgendeine Meinung dazu, jeder nimmt das wahr, jeder interessiert sich dafür und damit kann sich dann jeder austoben. Ein gutes Beispiel ist z. B. die Datei „Gewalttäter Sport": Beim Fußball angefangen und bei Islamisten fortgesetzt.

Wie beurteilen Sie die Schaffung einer unabhängigen Beobachterstelle, die den Gebrauch von Überwachungstechnologien im Zusammenhang mit Fußballspielen dokumentiert und die Verhältnismäßigkeit kontrolliert?

Das befürworte ich natürlich dringend. Das schwang ja vorhin auch schon ein wenig mit. Da spielt natürlich auch mit rein, dass Fehlverhalten der Polizei nicht durch die Polizei bearbeitet wird, sondern von einer externen Stelle, was im Übrigen auch von internationalen Gremien angeprangert wird. Das sollte eigentlich selbstverständlich sein. Ich überwache ja auch nicht meine eigene Steuererklärung.

Welcher Typ Mensch ist der Hansa-Fan?

Es sind alle Schichten der Gesellschaft vertreten. Das macht es auch aus. Es ist vom Hartz-IV-Empfänger bis zum Doktor, Anwalt, Ingenieur alles vertreten. Und anders, als es in den Medien berichtet wird, dass es sich dabei nur um Dummköpfe handelt, ist dies bei Weitem nicht so. Typisch für den Hansa-Fan ist vielleicht, dass er unbequem ist und sich nicht veralbern lässt.

Gibt es in Rostock eine Problemfanszene? Und falls ja, sind dies eher einzelne Fans oder auch ganze Gruppen?

[Anm. des Interviewers: Herr Päsler sucht nach einem geeigneten Einstieg] Ich glaube, dass es in der Rostocker, wie in jeder anderen Fanszene auch, Problemfans gibt. Mit diesen Wenigen, die sich z. B. zur Dritten Halbzeit treffen, habe ich auch meine Probleme, da mir das zu weit vom Fußball weg ist. Das ist eher schon Sport vielleicht. So wie Boxen z. B., nur dass man hier nicht 1:1 steht, sondern 20:20. Aber was das nun soll, dass man 200 / 300 / 400 km fährt, unter der Woche, 18:00 / 19:00 Uhr, das Spiel ist zwei Wochen später und noch nicht mal gegen die Mannschaft, mit der man dann auf dem Platz steht. Kann ich nicht mit umgehen, würde mir nichts geben. Deshalb kann ich dazu nicht so viel sagen, aber die wird's geben wie in jeder anderen Fanszene auch.

In welchem Ausmaß ist Alkohol ein Problem im Zusammenhang mit dem Gewaltphänomen bei Fußballspielen (Anreise, Umfeld des Stadions, im Stadion)?

[Anm. des Interviewers: Herr Päsler denkt 2-3 Sekunden nach] Wenn Hansa-Fans auswärts fahren, ist schon ein hoher Alkoholkonsum zu verzeichnen. Ob dadurch allerdings weniger oder mehr Gewalt auftritt, weiß ich nicht. Ich glaube, dass sich aus der Rechtsprechung ergibt, dass es keinen Zusammenhang zwischen Gewalt und Alkoholkonsum gibt. Ich kann es aber – wie gesagt – nicht einschätzen, ob es weniger oder mehr Gewalt gibt im Stadion.

Es gibt die Einteilung der Fans in die Kategorien A, B und C. Diese wird nicht nur durch die Polizei genutzt. Wo würden Sie die Ultras einstufen?
Ich finde die Einstufung schon Quatsch, weil sie undifferenziert, also nicht breit gefächert genug ist. Außerdem, der Schritt von B zu C ist zu groß. Ich finde die Einstufung nicht gut.

Welche Verbesserungen kann es aus Ihrer Sicht in Hinblick auf die Reisewege von Fans geben?
Ein gutes Beispiel sind die bereits erwähnten Sonderzüge. Hier wird schon im Vorfeld versucht, Konflikte abzubauen. Hansa Rostock ist eine Fanszene, die viel reist, auswärts fährt. Unter 1.000 Leuten sind es eigentlich nie, egal, wohin es geht. Und wenn wir in Moskau spielen, würden sich Leute finden. Die Fanszene Rostock ist eben auch prädestiniert dafür, Wochenendticket zu fahren. Das gibt natürlich Konflikte mit anderen Reisenden, mit Kapazitäten im Zug, sodass man diese Sonderzug-Variante als zu bevorzugende Maßnahme betrachten sollte und dass man bei bestimmten Spielen so schon bestimmte Sachen entspannen kann.
Ansonsten finde ich es natürlich schlecht, Leuten vorzuschreiben, wie sie fahren sollen. Gegen Union Berlin war es so, dass man nur eine Karte bekommen hat, wenn man Sonderzug gefahren ist. Und dann werden am besten noch die Tickets personalisiert und dann weiß man schon, wer da ist. Das lehne ich ab, man sollte schon die Wahlfreiheit haben, wie man anreist.

Mit Mittelwerten von 2.14 bzw. 2.48 *[Anm. des Interviewers: Es erfolgt eine kurze Erläuterung]* **erachten die Teilnehmer der Wiederholungsumfrage eine Kommunikation mit Ultras und „Problemfans" als notwendig bzw. sinnvoll. Sollten auch aus Ihrer Sicht freie Fangruppen, z.B. Ultras, für Entscheidungsträger als Ansprechpartner wahrgenommen und in Entscheidungsprozesse eingebunden werden? Wenn ja, wie könnte eine Beteiligung aussehen?**

Ja, das ist definitiv so. Wie gesagt, bei unserem Verein ist das zurzeit ein gutes Beispiel: Wir werden eingebunden in bestimmte Themen. Und es ist auch so, dass wenn Fans eingebunden werden, diesen auch ein Stück Verantwortung übergeben wird. Sie fühlen sich dann vielleicht schlecht, wenn sie der Verantwortung nicht gerecht werden und das Gegenüber enttäuschen. Und wenn man mit den Fans nicht redet und völlig abblockt, können die machen, was sie wollen und es stellt sich auch kein Schuldgefühl ein. Das ist meine Einschätzung. Und deshalb ist es wichtig, mit allen zu reden und nicht auszuschließen. Z. B., dass man mit dem nicht will, weil der Stadionverbot hat. Davon bin ich im Übrigen gar kein Freund von, das würde es bei mir nie geben. Ich würde niemanden ausschließen. Wer Hansa-Fan ist, wird nicht ausgeschlossen. Er wird vielmehr eingebunden. So wird er auch am Verein gehalten. Der Verein ist da auch auf diesem Weg, also in der Präventionsarbeit. Ich glaube auch, der Verein will jetzt eine Kooperation mit dem Neustrelitzer Jugendgefängnis eingehen. Dann gab es jetzt auch einen Vorschlag aus der Fanszene heraus, dass sich vielleicht eine Fußballmannschaft gründet, als Breitensport, in der vielleicht Stadionverbotler am Wochenende spielen, oder auch andere Fans. Dass Hansa so auch ein Verein ist, der von Mitgliedern getragen wird. Und wenn man dann eine Mannschaft hat mit Stadionverbotlern, die z. B. in der Kreisklasse spielen, gibt man ihnen die Bindung zum Verein. Denen ist dann nicht alles egal, was passiert. Wenn der Verein also 50.000 oder 100.000 Euro zahlen muss, dann ist denen das egal, wenn sie ausgeschlossen sind. Aber wenn man sie einbindet und ihnen aufzeigt, dass sie dazu gehören, dann ist das anders. Für die meisten ist das ansonsten zu weit weg. Also 50.000 Euro, das hört man jede Woche. Das zahlen die dann halt. Dass dem Verein das aber wirklich weh tut, nimmt dann keiner so richtig wahr. Deshalb muss man da eine Kommunikation schaffen, in der man zeigt, dass das nicht so einfach für den Verein ist. Und das schafft man nur durch Kommunikation; in allen Bereichen.

Wird durch das strikte Verbot von Pyrotechnik die Gefahr von Unfällen, durch einen dann illegal erfolgenden Einsatz, erhöht?

Das glaube ich nicht. Also zunächst muss ich mal sagen: Die Stigmatisierung von Pyrotechnik ist gefährlich. Und da überschlägt sich auch jeder mit. Allein bei den Angaben zu den entwickelten Temperaturen gibt es vollkommen unterschiedliche Angaben. Der eine sagt, das wird 1.000 °C heiß, der andere sagt, das wird 2.000 °C heiß. Und das ist ja alles ganz schlimm. Solange ich zum Fußball fahre, und das ist seit '95, habe ich noch keinen Verletzten durch Pyrotechnik mitbekommen. Also tatsächlich sind mir nur 2 Fälle bekannt. Ich glaube, einer aus Nürnberg und einer aus Hamburg. Ansonsten kenne ich nicht einen einzigen Fall, bei dem es im Block dazu gekommen ist, dass einer dadurch verletzt wurde, egal, wie es gezündet wurde. Und ich finde es sogar sicherer, wenn es auf dem Boden gezündet wird, als wenn es einer in der Hand hält und die

Funken sprühen.

Zwischenfrage Interviewer: Aber was sagen Sie zu dem Zwischenfall des Fahnenbrandes der HSV Ultragruppe Chosen Few beim Spiel Fortuna Düsseldorf gegen den Hamburger Sportverein im vergangenen Jahr?

Ist da jemand verletzt worden? Nein. Es gibt keine Gewalt im Stadion. Deshalb wird sich quasi Gewalt gesucht, um bestimmte Dinge durchsetzen zu können. Oder, um zu rechtfertigen, dass so und so viele Polizisten im Einsatz sind oder auch Ordner

Bei beiden Umfragen stimmte der Aussage „Pyrotechnik und Feuerwerk gehören zu einem Fußballspiel dazu. Man sollte sie erlauben." jeweils mehr als die Hälfte (2012, n=1.180, Σ 54,9 %; 2013, n=1.015, Σ 53,0 %) zu bzw. sehr zu. Wie erklären Sie sich diese Faszination?

Ich finde das erstmal wenig Zustimmung. Ich hätte gedacht, das ist mehr. Ich glaube, das resultiert auch so ein bisschen aus der Berichterstattung, wonach der Verein ja immer geschädigt wird. Ich glaube, wenn es die Strafen nicht geben würde, würde keiner was sagen.

Es ist eben so, dieses Unkoordinierte im Block und die Euphorie nach dem Motto „Jetzt geht's los". Das wird dadurch eben erzeugt.

Welche Möglichkeiten sehen Sie, um Gewalttaten und Pyrotechnik auf den Zuschauerrängen in Fußballstadien zu unterbinden?

Haben auch Sie Gewalt und Pyrotechnik schon wieder zusammengeworfen?

Einwurf Interviewer: Nein, da ist die Frage unglücklich formuliert. Fragen wir nach Gewalttaten ODER Pyrotechnik.

Ich glaube, Pyrotechnik ist schwer zu unterbinden. Die Fanszene, die das machen möchte, die macht es. Die bekommt es rein, das ist eben so. Das ist auch leicht zu bestellen. Und ich glaube, wenn das CE-Zeichen drauf ist, ist das eine Ordnungswidrigkeit.

Einwurf Interviewer: Das ist so nicht ganz korrekt. Sicher ist es auf den ersten Blick nur eine missbräuchliche Verwendung, da es nicht in einem Bühnenprogramm verwendet wird. Allerdings wird durch die neuerliche Struktur der Stadien – also z. B. durchgängige Über-dachung – verhindert, dass der Rauch ungehindert abziehen kann. Eine Rauch bedingte Verletzung Unbeteiligter ist daher nicht auszu-schließen bis wahrscheinlich, weshalb die Rechtsprechung regel-mäßig von einer (versuchten) gefährlichen Körperverletzung aus-geht.

Sind Repressionen und Sanktionen geeignete Maßnahmen, um Sicherheit rund um Fußballspiele nachhaltig herzustellen?

Repression auf gar keinen Fall. Da tritt auf jeden Fall der gegenteilige Effekt ein. Ich erinnere nochmal an das Jahr 2.002, in dem das mit den 5 Jahren Stadionverbot losging.

Und Sanktionen: Wenn einer Mist baut, dann soll er auch sanktioniert werden. Aber dafür sind Gerichte zuständig und die sollen das in unserem Staat auch bitte weiterhin tun. Und nicht über eine Hintertür über Polizei und Vereine. Dann macht man ein Stadionverbot und nach 1 ½ Jahren kommt dann die Rechtsprechung, wonach der Fan unschuldig ist. Das geht nicht.

Da passt ja ganz gut rein, dass Viele kommunizieren, dass faktisch – aufgrund des Prozederes – die Polizei quasi die Stadionverbote verhängt.

Das stimmt. Wenn man einen Verein hat, der polizeihörig ist – da gibt es viele, Bielefeld ist z. B. so ein Verein –, dann geht es auf Zuruf. Da wird dann ein Stadionverbot vorgeschlagen und das wird dann unterschrieben. In Rostock wird da schon geprüft. Da kann SKB-Anonym auf jeden Fall hinschreiben, dass der und der ein Stadionverbot bekommen sollen, da wird dann schon geschaut, also: Ist das so? Haben die was gemacht? Die werden dann angehört und können ihre Sicht der Dinge darstellen und da wird differenziert. Ich glaube, aktuell gibt es für den Standort Rostock, von Hansa an Hansa-Fans, ausgesprochene Stadionverbote 2. Und ich halte dieses Instrument für nicht gut.

Wie beurteilen Sie die folgenden technischen Maßnahmen im Hinblick auf die Erhöhung der Sicherheit im Fußballstadion?

Videoüberwachung: Ich glaube, die Kameras gibt es jetzt seit Ewigkeiten, also Mitte der '90er oder sogar davor noch. Also ich kann damit leben. Und ob das jetzt das Mittel ist, wodurch es zu nichts mehr kommt? *[Anm. des Interviewers: Hr. Päsler ist sich offenkundig nicht 100-prozentig sicher]* Kann sein. Ich glaube aber, dass nicht nur die Kameras im Stadion dazu beigetragen haben, sondern auch die Zivilbeamten, die auch aufgestockt wurden. Früher waren 2 da, jetzt sind gefühlt 100 da. Dann hat auch jede weitere Einheit ihre Kamera dabei und filmt alles. Und generell ist Gewalt nicht mit Dingen zu vergleichen, die in '90er oder '80er Jahren passiert sind. Und ob nun die Kameras ihren Beitrag dazu geleistet haben, weiß ich nicht. Also Pyrotechnik wird dadurch jedenfalls nicht unterbunden. Man findet trotzdem immer seinen Weg. Dann zieht man was hoch oder runter.

Gesichtserkennung: Das will ich nirgendwo haben in unserem Land. Das geht strikt gegen meinen Freiheitssinn. Und es kann mir auch keiner erklären, was das soll. Der Herr Caffier *[Anm. des Interviewers: Innen- und Sportminister des Landes MV]* hat z. B. gesagt, er will die Stadionverbotler aus dem Stadion bekommen. Dann muss er bitteschön mal ins Stadion kommen oder sich mit seinen Polizeiführungskräften unterhalten, ob das so ein Problem ist. Ich kenne keinen Stadionverbotler, der so ohne Weiteres im Block stehen kann und nicht erkannt wird durch die Zivilbeamten. Die erkennen die Stadionverbotler schon am Gang. Dafür brauche ich keinen Gesichtsscanner. Und da ist es wieder: Keine Lobby. Wir wollen das probieren, da fangen wir an und wir setzen das dann fort. Ich hoffe, dass sowas nicht durchsetzbar ist und ich glaube auch, dass dies in unserer Gesellschaft auch nicht passieren wird.

Personalisierte Tickets: Davon bin ich auch kein Freund. Immer aus meinen Ansichten der Freiheit heraus finde ich das nicht gut. Und auch da, was soll das? Es ist nicht kontrollierbar. Nehmen wir z. B.

die WM 2.006, da gab es personalisierte Tickets und da wurde niemand kontrolliert, ob der Inhaber der Karte identisch war mit der Person, die auf der Karte steht. Das geht gar nicht. Man bekommt den Einlass nicht gehändelt, wenn man nun noch die Personalien kontrollieren soll. Wir sind hier auch nicht am Flughafen. Dort dauert die Einlass-Situation 4 / 5 Stunden.

Ausweisscanner: Also ich lehne das auch ab. Schließlich sind wir hier immer noch beim Fußball, wir sind hier nicht am Flughafen, wo wirklich terroristische Gefahren drohen. Da gehe ich auch konform, dass da manche Dinge schärfer sein müssen. Aber bei der jetzigen Situation, bei der man genau sieht, dass es keine Gewalt im Stadion gibt, wüsste ich nicht, warum man sowas einführen sollte und was das bringen sollte. Was will man damit bezwecken? Wenn es doch mal drei Leute gibt, die sich ins Stadion einschmuggeln, und vielleicht noch nicht mal auf der Südtribüne, sondern woanders, in Ruhe das Spiel ansehen und dann wieder nach Hause gehen. Will man die jetzt noch rausfiltern? Verspricht man sich davon weniger Gewalt im Stadion? Die im Übrigen so und so nicht da ist.

Halten Sie die sogenannten „Nackt-Kontrollen" durch körperliche Durchsuchungen in Zelten oder Nacktscanner (durch private Sicherheitsdienste) für angemessen/verhältnismäßig?
In keiner Weise. *[Anm. des Interviewers: Hr. Päsler stellt eine Gegenfrage an den Interviewer]* Würden Sie zu Rammstein gehen, wenn Sie sich da scannen lassen müssten?

Der Interviewer erwidert, dass dies nicht Gegenstand des Interviews sein sollte und lässt die Antwort offen.

Stellt die Datei „Gewalttäter Sport" ein geeignetes Mittel dar, um mehr Sicherheit im Stadion herzustellen?

Ich glaube, wenn sie vernünftig geführt würde, dann wäre dies sicher ein gutes Mittel für die Polizei, wenn sie Personen antreffen und kontrollieren, um zu sagen, von welchem Verein diese Person kommt. Und so könnte sie dann auch erkennen, ob die Person ein wirklicher Kandidat für potentielle Gewalt ist. Aber da die SO schlecht geführt ist und so viele Leute drin stehen, die damit eigentlich nichts zu tun haben, ist diese Datei nutzlos. Es ist nur ein Mittel, um Leute zu drangsalieren, mehr ist das nicht. Und das

Schlimme daran ist, es gibt keine Rechtsgrundlage, wie du da wieder rauskommst. Es ist schon nervig, wenn du wirklich ausreisen willst und der Kontrolleur dich dann ganz genau anguckt und fragt, ob ich wieder zum Fußball will oder die noch bessere Frage, ob ich schon mal beim Fußball gewesen bin. Ich habe z. B. auch Bekannte, die beruflich weltweit fliegen müssen, und für die das ebenfalls nervig ist, dass sie minutenlang gefragt werden, wo sie denn beim Fußball waren und ob sie auch schön Randale gemacht haben.

Wie wirkt sich Ihrer Meinung nach die Datei auf das Staatsverständnis und damit das Verständnis von Recht und Gesetz von jungen Menschen aus?

Schlecht, das hatte ich ja schon mal kurz angedeutet. Ich z. B. bin ein konservativer Mensch, ich bin Mitglied der CDU seit 10 Jahren, christlich geprägt aber durch den Fußball bin ich ein ganz starker Kritiker unserer Innenpolitik geworden und dadurch habe ich auch ein ganz schlechtes Bild von der Polizei. Und wenn ICH das schon habe, als Konservativer und christlich geprägter Mensch, was soll dann erst der Jugendliche, der 16 Jahre alt ist, heutzutage von der Polizei denken?!

"Während einige Polizeidienststellen Einträge in die Datei Gewalttäter Sport mit viel Augenmaß veranlassen, speichern andere Dienststellen regelrecht nach dem Gießkannenprinzip."[183] heißt es auf der Homepage der „AG Fananwälte". Wo würden Sie die Rostocker Polizei verorten?

Darüber habe ich keinen Überblick. Ich weiß ja nicht, wer da gespeichert wird. Obwohl, wir hatten mal eine Große Anfrage gestartet und da ist schon rausgekommen, dass Polizei NRW mehr speichert, weil sie dort angesiedelt ist, im Gegensatz zu anderen Bundesländern. Komischerweise speichert Bayern fast gar nichts da drin. Das hätte ich nicht für möglich gehalten.

---

[183] Quelle: http://www.fananwaelte.de/Forderungen/Datei-Gewalttaeter-Sport

Zwischenfrage Interviewer: Haben die denn keine
Problemszene?

Oder sie sehen einfach, dass es nutzlos ist.

Wie beurteilen Sie die Wirksamkeit von Meldeauflagen für bestimmte Personen bei der Polizei, damit diese nicht an einem Fußballspiel teilnehmen oder sich in dessen Umgebung aufhalten können?
Das kann man nicht verallgemeinern. Wieder WM 2.006, da wurde es ziemlich inflationär eingesetzt. Da hatten wirklich Hinz und Kunz eine Meldeauflage. Die mussten sich dann jeden Tag bei der Polizei melden. Und die sind nie zum deutschen Spiel gefahren. Ich glaube, das hat jetzt ein bisschen abgenommen. Ich kenne nur 1 / 2 Leute, die Meldeauflage haben. Aber ob das jetzt Sinn hat? Also dann muss derjenige schon wirklich was auf dem Kerbholz haben.

Die Frage kann ich nicht abschließend beantworten.

Welche weiteren nicht-repressiven Maßnahmen würden Sie einführen, um eine Verbesserung der Sicherheit in Fußballstadien zu erreichen?

Wie gesagt, ich sehe keine Sicherheitsrisiko im Stadion und ich bin generell immer der Meinung, dass wenn jemand was schlimmes macht, man ihn nicht ausstoßen soll, sondern einbinden und an den Verein heranführen muss. Der Verein hat auch seine Verantwortung, die er wahrnehmen sollte.

Welcher Nutzen ergibt sich durch Stadionverbote, welcher Schaden entsteht hierdurch?

Es gibt sogar Fälle, die finden das gut, wenn sie Stadionverbot haben. Also quasi im Sinne eines Märtyrertums. Dann stehen sie gut da vielleicht. Ich halte generell Stadionverbote nicht für das probate Mittel, um bestimmte Fehlentwicklungen, die nichts speziell mit dem Fußball zu tun haben, sondern ein generelles Problem sind, entgegenzuwirken. Jugendliche Gewalt gibt es nicht nur im Fußball, die gibt's in Rostock in bestimmten Stadtteilen wahrscheinlich in jeder Ecke. Da gibt es andere Mittel als dieses.

Einwurf des Interviewers: Auf die Frage, ob ein Stadionverbot ein probates Mittel ist, um die Sicherheit zu erhöhen, antworteten bei den Umfragen Σ 60,2 % (n=1.123) eher nein und nein bzw. 51,31 % nein.

Wenn das Stadionverbot bei einer Person verhängt wird, die wirklich rechtskräftig verurteilt ist, dann kann man das auch machen. Aber nicht so auf Zuruf und quasi flächendeckend. Da war man vielleicht nur mal im Gewahrsam und schon hat man ein Stadionverbot. Und deshalb wird da die Wirkung auch nicht erzielt.

54,7 % (n=946) der Befragten der Wiederholungsumfrage empfanden das Verfahren rund um das Stadionverbot im Allgemeinen als nicht rechtsstaatlich. Liegt hierin die Ursache, dass die Akzeptanz der Verhängung eines Stadionverbotes durch ein Gericht bei beiden Umfragen deutlich über einer solchen durch den Verein?

Ich gehe auch davon aus, dass das vor Gericht noch ein bisschen anders ist. Also anders, als bei der Polizei. Ich denke, bei Gericht wird auch immer noch Recht gesprochen. Und da wird auch immer noch mit Augenmaß geurteilt.

79,4 % (n=946) gaben an, dass wenn ein Stadionverbot unumgänglich ist, es aber erst nach eindeutiger Verurteilung ausgesprochen werden sollte. Sehen Sie das auch so?

Ja, ohne Zweifel. Die Gründe hatte ich ja bereits ausgeführt.

Welcher Aufwand ist notwendig, um Stadionverbote durchzusetzen?

Auch das hatte ich vorhin schon kurz angerissen. Die Zivilbeamten erkennen die entsprechenden Fans. Und wenn die tatsächlich ins Stadion gelangen sollten, dann werden die auch erkannt.

In beiden Umfragen wird durch die Teilnehmer mit Blick auf den Ausbildungsstand deutlicher Nachholbedarf gesehen: 37,5 % bzw. 38,1 %. Wo sehen Sie evtl. Handlungsbedarfe in Bezug auf die in den Stadien eingesetzten Sicherheitsdienste und die Sicherheitskonzepte der Vereine?
Die müssen ja nicht sonst welche Ausbildung haben. Ich habe es nie so empfunden, dass die jetzt eine ganz spezielle Ausbildung haben müssen. Aber natürlich sollten sie schon – was so auch üblich ist – mit Menschen umgehen können. Also freundlich sein. Dafür brauche ich keine Ausbildung haben. Aber wenn Hansa Rostock irgendwo hinfährt, dann ist das das Hochsicherheitsspiel der Saison, da wird dann nicht unbedingt Opa Schulz am Eingang stehen und dich kontrollieren, da steht dann schon der Breitere da.

68,7 % (n=925) sind der Auffassung (lehne (sehr) ab), dass die Polizei weder transparent arbeitet noch auf Fragen Anlass entsprechend antwortet. Haben Sie eine Erklärung für diese Einschätzung der Teilnehmer?

Das ist auch schon so. Ich nehme da mal ein Beispiel: Vor Ort den Einsatzleiter zu sprechen, das ist schon eine Aufgabe, das hinzukriegen. Da guckt mich der Beamte mit großen Augen an und sagt, dass er das nicht weiß. Oder hier in Rostock hört man nur, dass Herr Ebert das ist.

Wie bewerten Sie das DFL Sicherheitskonzept „sicheres Stadionerlebnis"?
Ich muss immer wieder darauf zurückkommen, dass für mich die Gewaltsituation im Stadion nicht vorhanden ist. Es ist eher auf den Druck der Politik entstanden, die vielleicht ihre bestimmten Dinge durchsetzen wollen. Weil Fußballfans keine Lobby haben. Da wollten sich welche profilieren und die DFL hat es mit sich machen lassen, obwohl sie das nicht so wollen, wie es aktuell ist, also dass sich die Ultras organisieren, eine starke Meinungsbildung haben. Sie wurden unter Druck gesetzt und haben das auch gerne angenommen.

69.7 % (n=1.156) bzw. 70,8 % (n=976) halten die derzeitigen Sicherheitsmaßnahmen in der DKB-Arena für ausreichend. Warum also die ganzen Diskussionen?

Das weiß kein Mensch. Mehr kann ich dazu nicht sagen.

Auf die Frage, wer mehr für die Sicherheit im Stadion tun könnte, gaben 20.2 % (n=1.074) die Vereinsführung und 26.7 % und Fanvertretungen an. Nur 9,0 % fielen auf die Polizei. Warum wird gerade in diesem Punkt die Polizei nicht ganz vorne gesehen?

Also aus Sicht der aktiven Fanszene und der Ultrasicht besteht zur Polizei ein schlechtes Verhältnis und von daher will man die auch nicht im Stadion haben. Wir bekommen unsere Sachen schon allein geschaukelt.

Der Aussage „Die strikte Fantrennung hilft, Gewalt zu verhindern" stimmen 76,2 % (n=925) zu bzw. sehr zu. Mit 71,0 % akzeptieren überdies knapp ¾ die Absperrungen an den Spieltagen. Überrascht Sie diese deutliche Zustimmung und wie erklären Sie sich diese?

Das finde ich schon. Weil ich sehe es anders. Ich glaube eher, wenn eine Vermischung da wäre, würden sich die Leute, die sich finden wollen, finden und dann vielleicht auch mal wieder dieser Ehrenkodex herrschen, also z. B., dass man den Vater mit Kind laufen lässt. Aber wenn das mit der Fantrennung so ist, dass man gar keinen mehr sieht, und dann der Eine um die Ecke kommt, dann ist das wie das Schaf, das in das Löwenrudel läuft.

Zum Fußballspiel gegen FC Rot-Weiß Erfurt am 18.05.2013 kommunizierte die Rostocker Polizei erstmal via Twitter. Mittlerweile hat die PI Rostock über 600 Follower. Was denken Sie über diesen Schritt der Kommunikation?

Ich kenne es nicht, ich nutze es nicht. Generell wird das durch die aktive Fanszene abgelehnt. Und alles, was es der Polizei leichter macht, noch mehr über jeden Einzelnen herauszufinden, abzuspeichern, wird abgelehnt.

Einwurf Interviewer: Twitter kann man, im Gegensatz zu Facebook etwa, auch rein konsumierend genutzt werden und ohne, dass die Polizei auch nur ansatzweise mitbekommen kann, wer da gerade eine Nachricht liest.

Stellen die Kennzahlen der „Zentralen Informationsstelle Sporteinsätze" (ZIS) eine geeignete Grundlage zur Beurteilung der Sicherheit im Rahmen von Fußballspielen dar?

Nein, definitiv nicht.

Wie müsste die ZIS optimiert werden, sodass z.B. aussagekräftige Daten in Bezug auf Verursacher der Gewalt und Verletzungen im Zusammenhang mit Fußballspielen erhoben werden können?

Eine Statistik muss gut sein, um ein vernünftiges Abbild von bestimmten Tendenzen zu erlangen. Dafür muss sie gut geführt werden. Und nicht, wenn 100 Mann eingekesselt sind, dass dann lediglich auf die Anzahl der Gewahrsamnahmen abgezielt wird.

Wie bewerten Sie den Einsatz von StaatsanwältInnen vor Ort (im Stadion)? Wie bewerten Sie in diesem Zusammenhang Vorschläge, auch RichterInnen für die Durchführung möglicher Schnellverfahren im Stadion einzusetzen?

Ich halte generell von Schnellverfahren gar nichts. Nicht nur auf den Fußball bezogen, sondern auch generell. Jeder sollte in unserem Rechtsstaat schon die Möglichkeit haben, sich einen Anwalt zu nehmen, der Akteneinsicht nimmt und dann seinen Mandanten vernünftig berät und dann gemeinsam eine Strategie erarbeitet und das geht nicht innerhalb nur sehr kurzer Zeit. Ich sehe das Verfahren als solches also kritisch.

Wie bewerten Sie die Arbeit der sozialpädagogischen Fanprojekte als präventive Maßnahme in Bezug auf die Sicherheit bei Fußballspielen?
Das Fanprojekt in Rostock wurde 2.007 gegründet. Das war zum Zeitpunkt damals wichtig. Ich erinnere nochmal an die Pressekonferenz, bei der die Zusammenarbeit mit den Ultras aufgekündigt wurde. Und da hat das Fanprojekt schon ein Bindeglied zwischen dem Verein und der Fanszene dargestellt. Und es hat auch viel erreicht hinsichtlich der Stadionverbote.

Heutzutage ist es so, dass das Verhältnis zum Verein sehr gut ist. Von daher werden aktuell bestimmte Dinge nicht so gebraucht wie vielleicht in Zukunft, wenn mal eine andere Vereinsführung da ist, die nicht so auf Kommunikation setzt.

Der Abschaffung der Steh- zugunsten von Sitzplätzen wurde eine Rote Karte erteilt. So bezweifeln 87,7 % (n=954), dass dies die Sicherheit erhöhen würde. Und sogar 88,7 % sind der Überzeugung, dass dies dem Spiel die Stimmung nehmen würde. Wie stehen Sie dazu?

Da stellt sich natürlich gleich die Frage, was damit gemeint ist: Ist mit der Abschaffung der Stehplätze auch eine Sitzplatzpflicht vorherrschend? Also so wie in England, wo dann ein Ordner durch die Ränge geht und die stehenden Fans zum Sitzen auffordert? Oder ist es so, dass zwar Sitzplätze da sind, man aber trotzdem stehen kann? Die Rostocker Südtribüne hat z. B. gar keine Stehplätze, das ist eine reine Sitzplatztribüne. Aber da stehen alle. Wenn das also so ist wie in England, dann ist der Fußball tot. Das halte ich auch für schwer durchsetzbar. Und ich bin mir sicher, dass die Vereinsfunktionäre das bitter bereuen würden, also mit Blick auf die Stimmung.

Σ 84,3 % (n=1.049) lehnen eine Kostenübernahme Kosten für Polizeieinsätze durch die Vereine ab und lehne sehr ab. Wie stehen Sie zu dieser Aussage?

Das lehne ich natürlich auch ab. Es wird ja auch von der Polizei immer nach außen getragen, dass sie das Gewaltmonopol hat. Das soll dann auch so sein. Aber dann muss das auch der Staat bezahlen. Man würde ja auch nie auf die Idee kommen, beim Weihnachtsmarkt die Pommes-Bude zu fragen, ob die mal 5 Euro hat für den Polizeieinsatz. Im Übrigen wird der Polizeieinsatz ja auch immer weiter aufgebläht. Wenn ich mal sehe, dass beim Einsatz gegen St. Pauli 2.000 Polizisten im Einsatz sind. 1997 waren das noch 600 oder 700 und da hatte man schon gedacht, was das für eine Riesenzahl ist. Zumal die Polizisten ja eh da sind. Ob der nun in der Kaserne sitzt oder zum Fußball fährt. Sicher gibt es Zuschläge am Wochenende, keine Frage, aber ansonsten kosten die ja nicht mehr Geld. Weil das immer 1 zu 1 genommen wird. Also was kostet der an sich. Ich glaube so und so, dass Fußball aktuell dafür da ist, um Polizisten vorzuhalten für die richtigen Sachen.

Haben Sie auch an einer oder beiden Umfragen teilgenommen?

Ja, ich habe an beiden Umfragen teilgenommen.

Gibt es sonst noch Aspekte, die sie benennen möchten und auf die ich im Interview bislang nicht eingegangen bin?

In Sachen Kommunikation der Fans mit dem Verein ist auf jeden Fall ein Wandel gegeben. Die Fanszene hat das bereits gemacht bei der Problematik der Südtribüne. Es sind also Leute, die nicht nur von „Wand zur Mitte" denken. Dass sie sich also Gedanken darüber machen, wie man seine Position durchsetzt und wie man das nach außen kommuniziert, dass das auch wahrgenommen wird. Da dreht sich auf jeden Fall was. Das hat man auch gesehen in der Debatte um das Sicherheitspapier. Wo man gedacht hat: Was ist denn nun los? Wir konnten doch früher machen, was wir wollten?! Die Fans hat doch eh niemand gehört. Auf einmal springen auch die Medien mit auf den Zug rauf und bringen auch mal Meinungen, die nicht so Mainstream sind, wie sonst. Ich glaube also, dass das mit dem Gehör finden im Wandel ist.

Ende des Interviews: **23.09.2013, 18:20 Uhr**

Das Transkript meines am 23.09.2013 in der Zeit von 16:45 bis 18:20 Uhr durch Herrn Schwinkendorf geführten Interviews habe ich gelesen. Meine Aussagen wurden richtig und vollständig wiedergegeben.

Ich stimme der Verwendung meiner Aussagen in der Masterarbeit von Herrn Schwinkendorf zum Thema „Fußball und Gewalt - Die Sicht von Zuschauern und Akteuren am Beispiel des F.C. Hansa Rostock" zu.

Ich bestätige, dass der Inhalt des Interviews ausschließlich Herrn Schwinkendorf zur Alleinverwertung in allen Medien zu Verfügung gestellt wird. Ich übertrage Herrn Schwinkendorf für die Dauer von einem Jahr das ausschließliche, danach das einfache Nutzungsrecht.

Rostock, 24.11.2013   Rostock, 24.11.2013

Roman Päsler   Andreas Schwinkendorf

c. Transkript Interview Michael Noetzel

Das vorliegende Interview umfasst Fragen einer Öffentlichen Anhörung des Innenausschusses des Landtags NRW ("Gegen Randalierer im Zusammenhang mit Fußballspielen konsequent vorgehen")[184], solche der Interdisziplinäreren Untersuchung zur Analyse der neuen Entwicklungen im Lagefeld Fußball der DHPol[185], sowie Fragen, die sich aus den Antworten der beiden Online-Umfragen, der Profession des Interviewten sowie dessen Antworten auf die Fragen des Interviews ergeben.

Beginn des Interviews: **30. September 2013, 08:55 Uhr**

Bitte stellen Sie sich zunächst kurz vor. (aktuelle Tätigkeit, Bezug zum Fußball als Sportereignis)

Ja, mein Name ist Michael Noetzel. Ich bin Rechtsanwalt seit 2.009. Habe mich relativ frühzeitig entschieden, im Bereich Strafrecht tätig zu werden. Ich komme halt aus Rostock. Gehe schon sehr sehr lange zum Fußball, kenne da natürlich auch diverse Leute, die auch schon lange zum Fußball fahren und gehen. Und da bot es sich dann irgendwann an, sich in DEM Bereich mit Strafrecht zu beschäftigen. Kommt halt immer wieder vor. Dann gab es eben die Gründung der Arbeitsgemeinschaft Fananwälte, von der ich gehört habe. Und ein glücklicher Umstand führte dann dazu, dass ich Kolleginnen und Kollegen aus dieser Arbeitsgemeinschaft kennengelernt habe und dann dort auch Mitglied geworden bin. Wobei das dann eben auch nochmal mit einer intensiveren Beschäftigung mit diesem Thema führte, also nicht nur strafrechtlich, sondern auch fanpolitisch.

---

[184]http://www.landtag.nrw.de/portal/WWW/dokumentenarchiv/Dokument/MME1 6-231.pdf.
[185]https://www.dhpol.de/de/medien/downloads/hochschule/08/Abschlussbericht _Lagebild_ Fussball.pdf.

Warum gibt es Gewalt rund um Fußballspiele?

[Anm. Interviewer: Hr. Noetzel überlegt kurz] Warum gibt es Gewalt in der Gesellschaft? Also das kann ich so nicht beantworten. Das ist eine generelle Frage, das hat also nichts damit zu tun, dass es um Fußball geht. Es gibt überall Gewalt: im häuslichen Bereich, in Diskotheken, überall auf der Straße, auch sogar auf Arbeit – Aldi ist hier grad ein aktuelles Beispiel. Also ich glaube, das ist kein PHÄNOMEN, das man speziell auf den Fußball runterbrechen kann und deshalb hab ich da auch keine spezielle Antwort.

Das Verhältnis zwischen der Polizei und der Fanszene ist als angespannt zu bezeichnen. Worin sehen Sie die Ursachen hierfür?

Die Ursachen liegen – glaube ich – zum einen in dem Verhalten beider Seiten, im Umgang miteinander und auch in der Vergangenheit fehlenden Bereitschaft, Verständnis für die andere Seite aufzubauen. Also es ist ja so, es gibt beim Fußball Gewalt – das haben wir ja gerade gesagt – aber das ist ja nichts, was von der Masse der Fans ausgeht. Sondern es gibt einen relativ kleinen, ich denke auch überschaubaren Prozentsatz an Fußballfans, die gewaltbereit sind und das, was die Polizei auf der einen Seite macht, ist, sie verallgemeinert das und ist halt auch nicht bereit, sozusagen da auch so ein bisschen auf die Fans zuzugehen oder zu differenzieren. Das ist glaube ich das große Problem: Polizei differenziert nicht und auf der anderen Seite ist es dann eben so, dass die Fanszene dann eben nicht bereit ist, Verständnis für die Arbeit der Polizei oder die Maßnahmen der Polizei zu haben und aufzubringen. Und dann schaukelt sich das halt auch immer weiter hoch. Und solange da kein Aufeinander-Zugehen stattfindet, wird das Verhältnis zum einen immer problematisch bleiben und zum anderen wird es auf beiden Seiten immer Hardliner geben, die auch gar nicht WOLLEN, dass sich das Verhältnis entspannt. Da denke ich aber, dass es in Rostock einen ganz guten Weg gibt. Mittlerweile. Also es gibt Gespräche, mit dem Verein, mit der Polizei und mit der Fanszene. Und ich glaube, da sieht man, dass es auf beiden Seiten auch gesehen wird, dass es notwendig ist. Weil dem Großteil der Fans ist ja gar nicht daran gelegen, dass es da irgendwie zu Gewalt kommt. Also die Fans finden es auch entspannter, wenn die Polizei nicht da ist. Und man sieht das ja bei Heimspielen – gut, in der Dritten Liga kommen jetzt auch nicht so viele Gästefans – aber da ist ja kaum noch Polizei da.

Wie schätzen Sie den Kenntnisstand von Polizei und Politik über die Ultra-Bewegung ein?

Also bei der Politik denke ich gibt es da kaum Wissen und kaum Verständnis. Also das sind glaube ich eher so Allgemeinplätze, die so bekannt sind: Wenn man sich manchmal so die Innenminister anhört, was die so erzählen über Ultras und die Ultra-Bewegung. Aber auch das ist ja was, was man sehr differenziert betrachten muss und kann. Wenn man das will. Und auf Seiten der Polizei denke ich, ist da ein größeres Wissen da, was so Ultraszene, Fußballszene, Fanszene anbelangt, aber das sind wir wieder bei der Frage *Verständnis*, also ob die wirklich wissen, wo die Bewegung herkommt und was für einen sozialen Background das hat. Also das ist ja auch eine Jugendbewegung – sagt man ja auch – und ich glaube, da fehlt sehr viel, auch wenn da durch die Schaffung der Szenekundigen Beamten und Fankundigen Beamten da so Sonderzuständigkeiten geschaffen wurden und die dann auch Zeit haben, sich damit auseinanderzusetzen. Aber ich glaube, die gucken dann auch eher darauf, welche Gruppen mit welchen anderen Gruppen verfeindet sind und wo ist beim nächsten Spiel was zu erwarten und ich glaube, das andere ist dann auch eher so nebenbei. Man merkt es manchmal bei Betretungsverboten und Meldeauflagen, wenn dann Begründungen erfolgen, warum diese oder jene Person das und das nicht machen kann, weil sie dort und dort zu der und der Untergruppierung gehört oder so. Da merkt man einfach, dass die keine Ahnung haben.

Zwischenfrage Interviewer: Ist das zum Teil an den Haaren herbeigezogen?

Also wenn ich mir diesen Punkt angucke, welche Person zu welcher Gruppierung gehören soll, dann ist das oft – nicht immer – aber oft, fern jeglicher Tatsachen. Da geht's dann halt nur darum: Wer hat mal hinter welchem Banner gestanden? oder auch mal: Wer hat welches Banner aufgehängt? Und dann erfolgen da Zuordnungen, obwohl das damit gar nichts zu tun hat.

Wie gestaltet sich in Rostock die Zusammenarbeit vor, während und nach Fußballspielen mit den folgenden Akteuren? Sehen Sie dort Verbesserungsmöglichkeiten?

Vereinsführung: Da gibt es keine Berührungspunkte

Sicherheits- oder Ordnungsdienst des Vereins: Da gibt es auch keine Berührungspunkte

Stadt: Nur, wenn es Betretungsverbote gibt. Weil, die werden ja von der Polizei beantragt und vorgeschrieben – behaupte ich jetzt mal – und dann durch das Ordnungsamt erlassen und da gibt es dann Berührungspunkte. Aber das ist auch selten und das letzte Mal bestimmt auch schon ein Jahr her.

Polizei: [Anm. Interviewer: Hr. Noetzel atmet tief durch] Also wenn wir nur in Rostock sind, dann ist es so, dass es nur sehr wenig Zusammenarbeit gibt. Manchmal, wenn es im Zusammenhang mit Ermittlungsverfahren Verfahrensfragen gibt, also: Kommt der zur Vernehmung oder nicht? dann gibt es mal ein Telefonat oder ein Gespräch aber ansonsten gibt es keine Berührungspunkte. Ich schreibe dann, dass meine Mandanten keine Aussage machen und ich die Akte haben will und das war's

Zwischenfrage Interviewer: Und außerhalb von Rostock?

Außerhalb von Rostock ist das ein bisschen was anderes, weil wenn manchmal an Spieltagen auswärts Leute in Gewahrsam genommen werden oder bei bestimmten Spielen, Risikospielen ich auch mitfahre, als Rechtsanwalt, und eben dann nicht als Fan, dann ist es schon so, dass man da mit der Polizei mehr Berührungspunkte hat. Wenn's um Festnahmen geht, Gewahrsamnahmen, dann wird eben nachgefragt, warum, wieso, weshalb, dann wird versucht, darauf hinzuwirken, dass die Leute möglichst kurz nach Spielende auch rauskommen, damit die alle gemeinsam nach Hause fahren können, weil in der Regel ist da natürlich so ein Solidarisierungseffekt da. Wenn die Leute im Gewahrsam sind, dann wird auf die gewartet. Alle oder keiner fährt. Das hat dann natürlich wieder Konfliktpotential und da geht's dann auch mal zu gucken und darauf hinzuwirken, dass der Gewahrsam so gering wie möglich ist. Und das passiert öfter auch mal telefonisch und das funktioniert dann auch eigentlich relativ gut.

Zwischenfrage Interviewer: Treten Sie dann zum Teil auch als Mediator auf?

Ja, Ja [Anm. Interviewer: Hr. Noetzel verbindet seine Antwort mit einem Lächeln.] Weil bei solchen Geschichten, gerade bei Auswärtsfahrten, ist es mehr Mediator als Rechtsanwalt. Weil, wenn da eine polizeiliche Maßnahme stattfindet, findet sie statt. PUNKT. Und da kann ich dann auch erstmal schlecht intervenieren. Und Anhaltspunkte oder Rechtsgrundlagen für eine Identitätsfeststellung oder einen kurzzeitigen Gewahrsam sind in der Regel dann auch da. Da kann man dann halt nur gucken und intervenieren, dass man insbesondere nochmal auf die Verhältnismäßigkeit von Polizeieinsätzen hinweist. Also das steht ja immer über Allem und da habe ich zum Teil ganz gute Erfahrungen mit gemacht. Also in Bielefeld war mal so eine Situation, bei der es eskalierte, wo ich dann auch hingehen konnte und sagen konnte, dass das einfach so nicht geht wie die Polizei da agiert und im Anschluss war das dann auch tatsächlich ein bisschen entspannter und das hat dann auch auf dem Rückweg vom Stadion zurück auch alles ganz gut funktioniert, ohne dass die Polizei da nochmal großartig eingegriffen hat. Wie gesagt, es immer so eine Frage der Schwelle: Muss man da jetzt Jeden, der Tuch vor dem Mund hat, da mit 10 Leuten rausholen aus einer Gruppe von 800 Leuten oder kann man mal sagen, das ist jetzt nicht so sinnvoll. Ja, und das wird eben in unterschiedlichen Städten unterschiedlich gehandhabt. Und da bin ich dann MEISTENS eher Mediator.

Staatsanwaltschaft: Ja, zur Staatsanwaltschaft gibt es dann natürlich sehr viele Berührungspunkte. Wenn dann eben die Verfahren laufen, die Ermittlungsverfahren abgegeben sind an die Staatsanwaltschaft und ich die Akteneinsicht hatte, dann ist es in der Regel so, dass man dann mit der Staatsanwaltschaft auch telefoniert und da ist es in Rostock so, dass es eine Sonderzuständigkeit gibt von 2 Staatsanwälten und wenn etwas in Rostock mit Fußball ist, dann machen das die beiden. Das hat aus meiner Sicht einen ganz großen Vorteil: Dass sie eben auch eine gewisse Erfahrung haben, wie es beim Fußball läuft, wie Polizeieinsätze laufen, was so gesprochen wird – also „A. C. A. B." ist eben so ein Punkt – und das ist dann eben eine andere Diskussion als mit Staatsanwälten, die Fußball eben nur so nebenbei machen. Dann hat man eben welche, für die ist es egal, für die eine gefährliche Körperverletzung eine gefährliche Körperverletzung und es gibt eben welche, die sagen „Oh nein!", Fußball ist ganz schlimm, wir müssen da ganz besonders drauf achten. Das ist dann manchmal bisschen schwieriger.

Gibt es noch andere Akteure, die Sie in diesem Zusammenhang als wichtig erachten?

Außer den Fans nicht. Da fällt mir keiner weiter ein.

Betroffene polizeilichen Fehlverhaltens beklagen, dass aufgrund fehlender Kennzeichnung die Überführung der Polizisten in den meisten Fallen ausgeschlossen ist. Vertreter von Gewerkschaften befürchten durch eine Kennzeichnung eine erhöhte Gefahrdung der Polizisten und/oder eine ungerechtfertigte Anzeigewelle gegen die Polizisten. Wie stehen Sie dazu?

Ja. [Anm. Interviewer: Hr. Noetzel „seufzt" sein Ja, also ob er erleichtert ob dieser Frage wäre] Naja, das Erste ist erstmal, dass es keine belastbaren Zahlen gibt, die belegen, dass – war haben ja Berlin als allerbestes Beispiel – Polizeibeamte dann außerhalb des Dienstes erhöhten Angriffen ausgesetzt sind. Erstens.

Zweitens: Es geht um eine individuelle Kennzeichnung und nicht, dass da der Name steht. Das muss gar nicht sein. Da würde ich sagen, da kann ich auch mit leben, wobei – auch wieder in Berlin – im normalen Streifendienst die Streifenbeamten tatsächlich ihr Namensschild tragen und man das so auch öfter sieht – allerdings nur bei leitenden Beamten –, dass da eben das Namensschild dran ist, ohne dass die damit ein Problem haben, obwohl sie ja den Einsatz verantworten und man ja eigentlich sagen könnte, dass die viel gefährdeter sind als die Polizeibeamten in erster Reihe. Es ist ja nicht nur so, dass die Fans sagen, wir haben ein Problem bei der Identifizierung, sondern WENN sich dann mal jemand durchsetzt – oder durchringt, muss man ja sagen –, eine Anzeige zu erstatten, obwohl vorher klar ist, dass man da kaum Chancen hat, dann ist es ja auch die Staatsanwaltschaft, die Hände hebt und sagt: „Tut uns leid. Wir können das nicht feststellen, wer das war". Und Schalke ist jetzt das beste Beispiel. Da hat die Staatsanwaltschaft das auch gesagt, öffentlich, dass sie das Problem hat, die Beamten zu identifizieren, zu erkennen und namhaft zu machen, weil das nicht funktioniert.

Es gibt ein gutes Beispiel – ich glaube Österreich oder Schweiz, ich weiß es aber nicht genau –, da ist es so dass der Gruppenführer dafür verantwortlich ist, zu sagen, welcher Beamte das ist, wenn es Videoaufnahmen gibt. Die sind dann erkennbar in der kleinsten Einheit, in einer Gruppe, und der Gruppenführer muss dann sagen, wer das ist. Und das funktioniert wohl auch ganz gut.

Zwischenfrage Interviewer: Nachdiesseitigem Rechtsempfinden wäre ein anderer Beamter doch in jedem Falle Zeuge?!

Ja. [Anm. Interviewer: Hr. Noetzel schmunzelt sein „Ja" und impliziert damit seine Antwort] Also da brauchen wir uns ja auch nichts vormachen. Das sind Kollegen, die jahrelang zusammenarbeiten und vielleicht auch noch jahrelang zusammenarbeiten MÜSSEN. Das ist jetzt – ich will jetzt nicht sagen normaler Effekt – aber das wird einfach nicht vorkommen. Oder das kommt auch ganz ganz selten vor. Also man hat es selten, dass dann Beamte aus anderen Städten oder aus anderen Ländern, dass dann auch mal eine Anzeige kommt oder dass dann gesagt wird „Das geht jetzt gar nicht, was ich da gesehen habe". Aber das ist so selten, das kann man an einer Hand abzählen. Und es fällt mir auch gerade gar kein Beispiel ein. Das ist der Korpsgeist und im Zweifel ist es ja so, dass man sich dann ja fragen muss, ob der Beamte, der Zeuge ist für einen Übergriff, sich dann nicht selber auch strafbar gemacht hat und dann ist man wieder da, dann muss er vielleicht auch gar nichts sagen. Also das ist unsäglich. Und wenn man sich dann dazu die Zahlen anguckt, von wieviel Anzeigen – wozu es ja auch schon ein große Dunkelziffer gibt – tatsächlich Ermittlungsverfahren eingeleitet werden und wieviele von DENEN dann auch noch verurteilt werden, dann ist es so verschwindend gering.

Manchmal habe ich das ja auch, dass die Mandanten das UNBEDINGT wollen, dass da ein Ermittlungsverfahren eingeleitet wird. Und was man da dann von der Staatsanwaltschaft für Begründungen für eine Einstellung hört, das ist manchmal tatsächlich witzig. Wenn man weiß, wenn das ein Fußballfan wär, was dann sozusagen mit dem passieren würde.

Zwischenfrage Interviewer: Sie sagten eben „Wenn der Mandant das unbedingt will." **Schwingt da die Empfehlung an Ihren Mandanten mit, dass er dies, also eine Anzeige erstatten, lassen sollte?**

Genau. Man muss sich halt genau überlegen, was ist tatsächlich passiert. Also in der Regel ist es dann so, wenn Verletzungen da sind, tatsächlich, dass die Mandanten eher dazu neigen, auch tatsächlich eine Anzeige zu machen. Was ich prinzipiell richtig finde, aber ich muss ihnen natürlich immer gleich sagen, zum einen, dass es sehr schwierig ist dann mit der Identifizierung und das zweite ist, dass eben ganz ganz oft bei solchen Sachen entweder sofort oder eben manchmal auch erst, wenn die Anzeige gegen die Polizeibeamten da ist, eine Gegenanzeige ist wegen Widerstandes und Beleidigung

Warum werden immer mehr und ausgefeiltere Überwachungstechnologien (Videoüberwachung, Gesichtserkennung, personalisierte Tickets usw.) eingesetzt, obwohl es nach Einschätzung vieler Experten in den deutschen Stadien keine besonderen Gefahrensituationen gibt?

Ich denke ganz oft, dass diese Diskussionen, die im Fußball stattfinden, auch so eine Art Testballon sind. Testballon für Sachen, die man dann in anderen Bereichen einsetzen kann, also z. B. Demonstrationen. Dann vielleicht auch unter dem Deckmantel des Antiterrorkampfes. Dass man einfach guckt, was es für Technologien gibt – Die Polizei ist ja immer von Haus aus interessiert, dass ihr die Arbeit so leicht wie möglich gemacht wird und da geht es natürlich mit einher, dass sie mit mehr Überwachung, mit mehr Digitalisierung, z. B. Gesichtserkennung; es wird ihnen ja einfach Arbeit abgenommen. Und da sind sie natürlich dran interessiert. Wenn man es auf den Fußball runterbrechen will, dann denken ich ganz oft, dass in den letzten Jahren oder bis vor ein paar Jahren – da gab es ja keine Organisierung von Fans, die sich dagegen gewehrt haben. Da glaube ich auch, dass immer es so ein Testfeld, auch von der Politik ist, auch der Polizei. Also dass z. B. auch ganz viele Einsatztechniken geübt werden. Weil es dort eben einfacher ist, weil dort eben weniger Rechtssuchende sind, weniger Rechtsschutz da ist. Das hat sich ja – glaube ich – erst in den letzten Jahren so richtig entwickelt.

Wie beurteilen Sie die Schaffung einer unabhängigen Beobachterstelle, die den Gebrauch von Überwachungstechnologie im Zusammenhang mit Fußballspielen dokumentiert und die Verhältnismäßigkeit kontrolliert?

Also wenn es nicht nur um die Überwachung geht, sondern wenn es generell um die Polizei geht, dann bin ich ja ein Verfechter der so-genannten Polizeikommission. Also die Einrichtung einer Kommission, unabhängige Leute, in der Regel auch Juristen, an die sich Bürger wenden können, auch Polizeibeamte wenden können, wenn es um Straftaten geht oder auch nur Missstände. In Hamburg gab's das vor nicht allzu langer Zeit, doch jetzt ist es schon eine Weile her, also bis der Herr Schill kam und die abgeschafft hat. Und die haben sehr sehr gute Erfahrungen damit gemacht. Das Argument der Polizei war, dass sie das nicht braucht und dass das die Arbeit schlecht machen würde usw., hat in dem Fall nicht hingehauen, weil diese Kommission, der man eine Polizeinähe gerade nicht vorwerfen konnte, tatsächlich festgestellt hatte, dass in der ÜBERWIEGEN-DEN Anzahl der Fälle, die sich da gemeldet haben oder kontrolliert wurden, einfach festgestellt wurde, dass die Polizei rechtmäßig ge-handelt hatte.

Was die Gegensprecher da anführen, ist einfach nicht richtig, auf der anderen Seite hilft es aber eben, dass man so einer Kommission tatsächlich auch Ermittlungsmöglichkeiten einräumt, und das war eben so: Uneingeschränkter Zugang zu den Ermittlungsakten, zu den Dienststellen, zu den Polizeibeamten. Dann glaube ich, kann es dazu führen, dass da auch ein ganz anderes Bewusstsein bei der Polizei da ist. Jetzt ist es so: Was schert mich das?! Man bekommt es manchmal ja auch so zur Antwort, also „Beschweren Sie sich doch." Oder wenn Beleidigungen kommen von Polizeibeamten. Da hat man einfach keine Chance, dagegen vorzugehen.

Oder aber, ich wollte neulich mal eine Anzeige aufgeben, da standen dann drei Polizeibeamte, oder vier sogar, einer soll meinen Mandanten geschlagen haben und plötzlich hieß es „Wir müssen zum Einsatz!" und dann sind die weggelaufen. Wir sind dann auch noch ein bisschen hinterher gelaufen, aber wir haben die dann na-türlich verloren, weil da war dann tatsächlich noch ein bisschen Masse. Nicht, dass da noch großartig was los war, aber die waren dann halt einfach weg und dann hatten sie ihre Helme auf und dann waren sie weg.

Welcher Typ Mensch ist der Hansa-Fan?

Alles, was Sie sich so vorstellen können. Es gibt alle möglichen Typen Hansafan. Das ist halt einfach bunt gemischt. Und insbesondere auch bei Auswärtsfahrten findet man das Spektrum, was auch im Stadion ist, bei den Auswärtsfahrern wieder. Also das ist ja auch ENORM, was Hansa Rostock auswärts, also wieviele Fans dort mitfahren. Das finde ich echt immer wieder unglaublich, für die Dritte Liga. Und da finden sich alle möglichen Leute.

Gibt es in Rostock eine Problemfanszene? Und falls ja, sind dies eher einzelne Fans oder auch ganze Gruppen?

Also für mich gibt es keine Problemfanszene. Das ist, glaube ich, so ein Begriff, den die Polizei so geprägt hat. Die Fanszene ist bunt und vielfältig und da gibt es alle möglichen Gruppen und es ist einfach viel zu kurz gedacht, wenn man jetzt sagen würde, die oder die Gruppe ist jetzt besonders gewaltbereit und die oder die Gruppe hat damit gar nichts zu tun. Da sind wir wieder bei der vorangegangenen Frage, welcher Typ Mensch der Hansafan ist. Es gibt in jedem Teil des Ostseestadions Leute, die sehr sehr friedlich sind, und wird überall Leute finden, die ein loses Mundwerk haben und gerne auch mal eine Beleidigung aussprechen und auch überall findet man Leute, die einer Situation nicht aus dem Wege gehen würden, wenn da gegnerische Fans sind und es zu einer Schlägerei kommen soll. Also das kann man jetzt nicht verallgemeinern

In welchem Ausmaß ist Alkohol ein Problem im Zusammenhang mit dem Gewaltphänomen bei Fußballspielen (Anreise, Umfeld des Stadions, im Stadion)?

[Anm. Interviewer: Hr. Noetzel denkt lange nach] Also kann ich, ehrlich gesagt, schwer was zu sagen. Kann ich nichts zu sagen, weil ich nicht sagen kann, dass, wenn es keinen Alkohol gibt, dann nicht zu Straftaten kommt. Das kann ich einfach so nicht feststellen.

Oder anders gesagt: Es gibt eine Untersuchung, wann besonders viele Ausschreitungen passieren und das ist nach dem Sieg einer Mannschaft. Also wenn die eigene Mannschaft gewonnen hat, ist die Wahrscheinlichkeit, dass es zu Auseinandersetzungen kommt höher, als wenn sie verloren hat, was man vielleicht gar nicht so denkt.

Anm. Interviewer: Der Interviewer verbalisiert ein überraschtes „Aha?!"

Das ist so der Aha-Effekt, den hatte ich auch. Deswegen habe ich mir das gemerkt. Ich kann jetzt aber leider nicht sagen, wo die Untersuchung her ist. Aber jetzt am Wochenende hatten wir ein Treffen von der Arbeitsgemeinschaft und da hat das Einer zum Besten gegeben.

Auf der von David Petereit betriebenen Seite *MUPINFO* heißt es am 26.09.2013 u. a. „Daß ausgerechnet Nötzel von der Roten Hilfe zitiert wird, ist kein Zufall. Tritt er doch selbst mit einer Art Kopie der Organisation, der ‚Blau-Weiß-Roten-Hilfe' in Erscheinung, um Fans des FC-Hansa als Mandanten zu gewinnen. Letztlich dürfte dies Teil einer Strategie sein, die Fußballfanszene Hansa Rostocks politisch zu beeinflussen und letztlich zu vereinnahmen."[186] Wollen Sie wirklich die Fanszene politisch beeinflussen? Ist in der Rostocker Problemszene überhaupt eine politische Ausrichtung zu erkennen?

Das ist natürlich Quatsch. Also wo das her ist, ist klar. Also die Rostocker Fanszene lässt sich politisch nicht vereinnahmen. Es gibt in der Fanszene alles, was man sich vorstellen kann, was im politischen Raum in Deutschland so existiert. Wird man auch im Stadion und in der Fanszene finden. Die Szene lässt sich nicht vereinnahmen, sowohl von der einen Seite als auch von der anderen Seite nicht. Das hat sie mehrfach bewiesen, auch eindrucksvoll. Und, was soll ich dazu sagen?! Das ist natürlich Quatsch.

Ich arbeite halt schon so lange in dem Bereich. Ich habe weder die Rote-Hilfe gegründet, noch habe ich die Blau-Weiß-Rote-Hilfe gegründet. Ich arbeite mit denen halt dort zusammen, so wie auch der Kollege Rene Neumeister aus Greifswald mit denen zusammen arbeitet. Das hat nichts mit Mandanten-Gewinn zu tun. In der Regel sind das sowieso schon meine Mandanten. Und da geht's halt einfach nur darum, dass geguckt wird. Es ist halt eine Solidargemeinschaft. Dass geguckt wird, wie wir Fans, die Probleme mit der Justiz

---

[186] Vorbröker, Dirk. 2013. Na Hoppla!? Hausdurchsuchungen bei Linksextremisten. [Online] MUPINFO - Nachrichten für Mecklenburg und Pommern, 26. 09 2013. [Zitat vom: 27. 09 2013.] http://www.mupinfo.de/?p=26615.

und der Polizei haben, unterstützen. Insbesondere dann, wenn sie der Meinung sind, dass ein Anwalt zu teuer ist, dann kann man halt gucken, ob es nicht doch sinnvoll ist, einen Anwalt einzuschalten und ob wir das mit Mitteln unterstützen können. Weil eben gerade viele JUNGE Leute, auch davor zurückschrecken und dann lieber einen Strafbefehl akzeptieren oder auch eine Anklage und sich gar nicht melden und dann verurteilt werden für etwas, was vielleicht gar nicht sein muss.

Es gibt die Einteilung der Fans in die Kategorien A, B und C. Diese wird nicht nur durch die Polizei genutzt. Wo würden Sie die Ultras einstufen?

Ich persönlich finde diese Einteilung nicht sinnvoll, weil einfach die Kriterien, die dazu führen, dass eine Person in die eine oder die andere Kategorie kommt, einfach viel zu schwammig sind. Die Beschreibungen der Kategorien an sich sind ja relativ deutlich: „normale Fans", „Gewalt geneigt" und „Gewalt suchend", aber das ist ähnlich wie bei der Datei „Gewalttäter Sport": Wer da nun in welcher Kategorie landet und warum, das ist einfach viel zu undurchsichtig und insbesondere ist es ja so: Es reicht die Einleitung eines Strafverfahrens, ohne dass geguckt wird, was kommt da eigentlich bei raus. Und wie schnell man ein Ermittlungsverfahren hat, das weiß Jeder, der öfter zum Fußball fährt. Ich sag mal so ein Beispiel: Düsseldorf – weil das auch aktuell in aller Munde ist – 115 Leute und ein großer Kessel, gegen alle ist ein Ermittlungsverfahren eingeleitet worden. ALLE haben einen Eintrag „Gewalttäter Sport". ALLE. 115. Und Verurteilungen gab's in Düsseldorf vielleicht 10 Prozent. Also wenn es 10 Leute waren, dann ist das viel. Ansonsten ist da einfach mal nichts bei rumgekommen und genauso ist das mit der Einteilung. Zum Beispiel ist es ja auch so. Wir haben mal versucht, herauszufinden, wie man da reinkommt in diese Kategorien. Wir haben es noch nicht geschafft, von der Polizei eine Antwort zu bekommen.

Welche Verbesserungen kann es aus Ihrer Sicht in Hinblick auf die Reisewege von Fans geben?

Ich stelle fest, dass ganz oft nichts passiert. Wenn nichts passiert, schafft es die Polizei trotzdem, drei oder vier Anzeigen wegen Beleidigung zu produzieren – behaupte ich jetzt mal. Insbesondere die Bundespolizei ist ganz eifrig, was so „A.C.A.B."-Anzeigen anbelangt. Die Landespolizei hat das neulich nochmal versucht, bei der Staatsanwaltschaft Neubrandenburg, die aber auch KEIN Ermittlungsverfahren eingeleitet hat. Da ist manchmal auch: Weniger ist mehr. Klar, wenn es für einen Fan voraussehbar ist, dass sich verschiedene Fangruppierungen auf den Reisewegen begegnen, dann ist das natürlich „gefahrgeneigt" – wie man so schön sagt – aber ansonsten denke ich tatsächlich: Weniger ist mehr.

Mit Mittelwerten von 2.14 bzw. 2.48 erachten die Teilnehmer der Wiederholungsumfrage eine Kommunikation mit Ultras und „Problemfans" als notwendig bzw. sinnvoll. Sollten auch aus Ihrer Sicht freie Fangruppen, z.B. Ultras, für Entscheidungsträger als Ansprechpartner wahrgenommen und in Entscheidungsprozesse eingebunden werden? Wenn ja, wie könnte eine Beteiligung aussehen?

Also als Ansprechpartner ja, ganz klares Ja. Das ist einfach ganz wichtig, mit den Leuten zu reden. Und in Entscheidungsprozesse einbinden, das ist eine Frage, bei der sich die Vereine generell fragen müssen, ob die Fans nicht viel öfter und viel mehr in Entscheidungsprozesse eingebunden werden sollten. Das ist keine Frage der Ultragruppierung, sondern eine Frage der Fans allgemein. Wie gewichtig soll oder kann eine Stimme sein. Und aus meiner Sicht, da ich natürlich auch Fan bin, gerne. Wobei ich auch denke, dass wir in Rostock auf einem guten Weg sind.

Wird durch das strikte Verbot von Pyrotechnik die Gefahr von Unfällen, durch einen dann illegal erfolgenden Einsatz, erhöht?

[Anm. Interviewer: Hr. Noetzel denkt einige Sekunden nach] Ja. Also mit längerem Nachdenken denke ich: Ja. Es gibt ja die Idee des kontrollierten, gesicherten Abbrennens und dann sind die Vorkehrungen, die man dort trifft, deutlich besser geeignet, um Unfälle und Verletzungen zu vermeiden, als wie es momentan stattfindet. Wobei es nicht um das Schmuggeln geht, sondern um das unkontrollierte Abbrennen. Wobei auch da, denke ich, geguckt werden muss, wieviele Unfälle und Verletzungen TATSÄCHLICH passieren und da hört man doch sehr sehr selten, dass da tatsächlich was passiert. Ganz vermeiden kann man das sicherlich nicht, aber das ist wie mit allen anderen Sachen auch: Man kann auch nicht vermeiden, dass einer die Treppe runterfällt oder was auch immer.

Welche Auswirkungen hätte die Legalisierung von Pyrotechnik, z.B. in definierten und unter besonderer Sicherheits-Beobachtung stehenden Bereichen eines Stadions?

Es kann natürlich immer nur ein Kompromiss sein. Also für die Stimmung und das, was tatsächlich gewollt ist, ist es wahrscheinlich ein Minus, wenn man jetzt wirklich so einen streng abgegrenzten Bereich hat, aber es würde natürlich dazu führen, dass viel weniger Leute eben Stadionverbote bekommen, weil sie dann eben versuchen, wieder Pyrotechnik, die in der Regel auch noch nicht mal zugelassen ist in Deutschland, ins Stadion zu bringen. Und deswegen denke ich, wäre das schon ein Mehr an Sicherheit und die Frage ist ja auch, ob dann Leute tatsächlich noch bereit wären, diesen Weg zu gehen, wenn man doch sagt, da gibt's doch eine Alternative. Also warum soll man sich jetzt ein Stadionverbot einheimsen, wenn man doch die Möglichkeit hat, Rauch, Pyrotechnikfackeln abzufeuern. Also ich denke schon, dass es sinnvoll ist.

Bei beiden Umfragen stimmte der Aussage „*Pyrotechnik und Feuerwerk gehören zu einem Fußballspiel dazu. Man sollte sie erlauben.*" jeweils mehr als die Hälfte (2012, n=1.180, Σ 54,9 %; 2013, n=1.015, Σ 53,0 %) zu bzw. sehr zu. Wie erklären Sie sich diese Faszination?

Naja, zunächst muss man sich natürlich fragen, von wem Pyrotechnik und Problemfans stigmatisiert werden. Es sind ja nicht die Fans, die sagen, dass sie sich unsicher fühlen, wenn Pyrotechnik im Block ist, sondern es sind eben der DFB und die DFL, die da federführend sind und die Medien greifen das eben immer wieder auf. Ansonsten ist es ja eine Entwicklung. Wenn man mal in die 90er zurückgeht, oder auch noch in der 2.000ern war es dann immer so in Deutschland „Oh Gott, die hässliche Fratze des Fußballs". Und wenn man dann nach Griechenland oder auch Italien geguckt hat, oder auch nach Osteuropa und im internationalen Fußball war, dann heißt es immer „Eine herrliche Atmosphäre" und „Wunderbare Stimmung"; und das ist eben auch eine Verzerrung auch damals dann schon gewesen. In anderen Ländern war es okay, aber in Deutschland soll es dann nicht dazu gehören. Das ist natürlich was, was man gar nicht erklären kann: Warum soll das nicht so sein?

Sind Repressionen und Sanktionen geeignete Maßnahmen, um Sicherheit rund um Fußballspiele nachhaltig herzustellen?

Nein! Bestes Beispiel ist ja das Stadionverbot. Das gibt es seit – weiß ich nicht, wievielen Jahren und wenn man den Gerüchten Glauben schenken darf, dann wird es immer schlimmer im Stadion. Also das, denke ich, ist nicht dazu geeignet, die Sicherheit zu erhöhen. Es ist auch so: Vom Papier her ist das Stadionverbot ja eine PRÄVENTIVE Maßnahme, TATSÄCHLICH wird es aber als Strafe eingesetzt und auch als Strafe empfunden. Und das bringt ja aber nichts. Und für die Sicherheit ist es kein Gewinn. Erstens: IM Stadion passiert sowieso kaum was. Ich glaube auch, das ist unstrittig. Also kaum, nicht gar nichts, aber kaum. Ja, und außerhalb des Stadions bringt es nichts, weil die Stadionverbotler in der Regel ja dann doch mitreisen. Und wenn es kein Grund gibt für ein Betretungsverbot – und die Anforderungen sind relativ hoch –, dann hat man die Leute ja trotzdem auf dem Hinweg, auf dem Rückweg, in der Stadt, also hat das aus MEINER Sicht keinen Sinn. Die andere Seite ist: Wir reden hier immer noch, wenn wir von Ultras reden, von einer im Großen und Ganzen Jugend- und jugendlichen Kultur, das sind also alles noch sehr junge Menschen und auch da weiß man aus dem Jugendbereich, dass die Keule des Gesetzes nicht immer das ist, was einen zum Umdenken bewegt. Und da denke ich wird auch viel zu schnell bei Personen, die dann doch schon 21 sind, dann mit der ganzen Härte durchgegriffen, obwohl das letztlich gar nicht viel bringt.

Wie beurteilen Sie die folgenden technischen Maßnahmen im Hinblick auf die Erhöhung der Sicherheit im Fußballstadion?

Videoüberwachung: Gibt es seit Jahren, hat aus meiner Sicht zu keinem nennenswerten Irgendwas gebracht.

Personalisierte Tickets: Ist wie Gesichtserkennung: Man weiß doch, wer im Stadion ist. Man sieht die Leute, man kennt die Leute. Was hat denn das für einen Mehrwert, wenn ich jetzt vorher gucke, der und der geht ins Stadion?! Also es sind eh die Leute. Im Fußball ist es ja auch üblich, dass Jeder seinen Platz hat. Die Szenekundigen Beamten wissen, wer die Leute sind, die da ins Stadion gehen. Der DFB hat letztes Jahr eindeutig gesagt, es gibt keine Probleme mit der Einhaltung von Stadionverboten. Also man kann sich jetzt auch nicht darauf zurückziehen, dass man sagt „Wir müssen kontrollieren, dass Stadionverbote eingehalten werden." Es gibt keine Probleme damit. Und wenn, dann wäre es einfach unverhältnismäßig wegen eines so geringen Delikts wie einem Hausfriedensbruch, die Überwachung von – in der Regel – mehreren Tausend Menschen zu installieren

Ausweisscanner: Erschließt sich mir der Sinn nicht. Was soll der Hintergrund sein? Warum wollen die Ausweise scannen?

Einwurf Interviewer: Das gibt es in der Schweiz tatsächlich schon: Im Eishockeystadion Zug steht so ein Scanner, der Personalien von ins Stadion wollenden Gästefans scannt. Inwieweit hier ein Abgleich mit dahinterliegenden Datenbanken erfolgt, kann nicht abschließend gesagt werden. Die Ablehnung schien sich – zumindest nach dem Beitrag, der dem Interviewer im Kopf ist – in Grenzen zu halten.

Erschließt sich mir der Sinn nicht. Da sind wir wieder da: Wir haben Sonderzuständigkeiten bei der Polizei. Die kennen die Leute in der Regel mit Namen und Anschrift. Sie wissen, wer was ist. Sie wissen, wer wo steht. Da erschließt sich mir nicht der Sinn.

Halten Sie die sogenannten „Nackt-Kontrollen" durch körperliche Durchsuchungen in Zelten oder Nacktscanner (durch private Sicherheitsdienste) für angemessen/verhältnismäßig?
Natürlich nicht.

Stellt die Datei „Gewalttäter Sport" ein geeignetes Mittel dar, um mehr Sicherheit im Stadion herzustellen?

Nein, auch nicht. Was ist der Gehalt der Datei „Gewalttäter Sport?! Was hat man davon? Nichts! Weil, die Kriterien, wie man da rein kommt, einfach viel zu ungenau sind. Die Einleitung eines Ermittlungsverfahrens reicht. Und es muss in der Regel nicht mal was mit Gewalt zu tun haben. Wenn man dann mal anfängt, nachzufragen, auf welcher Grundlage oder wieso / weshalb, dann kann man natürlich versuchen, vor dem Verwaltungsgericht zu erstreiten – nach 3 Jahren –, dass man dann da raus kommt. Aber das ist einfach viel zu ungenau und erfasst auch viel zu viele Leute, die sich tatsächlich überhaupt nichts zu Schulden haben kommen lassen.

"Während einige Polizeidienststellen Einträge in die Datei Gewalttäter Sport mit viel Augenmaß veranlassen, speichern andere Dienststellen regelrecht nach dem Gießkannenprinzip."[187] heißt es auf der HP der „AG Fananwälte". Wo würden Sie die Rostocker Polizei verorten?

Ich kann die Rostocker Polizei nicht verorten, weil ich keine Kenntnis habe, welche Einträge die Polizei vornimmt. Das kann ich nicht sagen. Wir haben vor einiger Zeit mal eine Abfrage gemacht für einen relativ großen Teil der Fanszene und auch dort kann man jetzt nicht sagen, dass die Rostocker da besonders hervorgestochen sind, entweder in die eine oder die andere Richtung. Was dort eben auffällig war, war die Geschichte Düsseldorf, dass eben alle, die in diesem Kessel waren, alle einen Eintrag bekommen haben. Das war halt vorstechend.

Wie beurteilen Sie die Wirksamkeit von Meldeauflagen für bestimmte Personen bei der Polizei, damit diese nicht an einem Fußballspiel teilnehmen oder sich in dessen Umgebung aufhalten können?

Erstens Mal sind Meldeauflagen meines Wissens dieses Jahr SEHR stark zurückgegangen.

Zwischenfrage Interviewer: Warum?
Ich glaube einfach, dass die Voraussetzungen für Meldeauflagen relativ hoch sind und dadurch, dass eben Leute / Fans angefangen haben, sich dagegen zu wehren, natürlich auch der Polizei bewusst ist, dass sie immer ein Risiko eingeht, also auch vor Gericht zu verlieren, auch im Eilverfahren und es ja dann tatsächlich auch nur GANZ wenig Leute betrifft. Also bei denen man das wirklich machen KÖNNTE. Und dann hat man wieder das Problem, was es nützt,

---

[187] Quelle: http://www.fananwaelte.de/Forderungen/Datei-Gewalttaeter-Sport

wenn 10 Leute zuhause bleiben, aber 800 Leute unterwegs sind. Also da erschließt sich ja auch wieder der Sinn nicht so richtig. Das ist eine repressive Maßnahme. Aber in diesem Jahr wird sehr viel mehr mit Aufenthaltsbeschränkungen gearbeitet. Wobei eben auch dort die Rechtsprechung so ist, dass man in der Regel kein Aufenthaltsverbot für ein gesamtes Stadtgebiet aussprechen kann und dann ist es schon wieder – also wenn man sicherheitsrelevant denkt – wieder fraglich, was damit bezweckt werden soll.

Welche weiteren nicht-repressiven Maßnahmen würden Sie einführen, um eine Verbesserung der Sicherheit in Fußballstadien zu erreichen?

Mir fällt nichts ein. IM Stadion ist es SICHER. Die Stadien sind mit die sichersten Orte während des Fußballspiels, die es gibt.

Welcher Schaden entsteht durch Stadion- bzw. Stadtverbote?

Der Schaden ist, wenn man denn so will, der, dass es als Repression empfunden wird und die Einstellung gegenüber den betreffenden Stellen, die diese Verbote aussprechen, nicht gerade positiv beeinflusst wird.

Weil ansonsten bringt das ja nichts. Die Leute fahren trotzdem und lassen sich davon auch nicht großartig abhalten

Auf die Frage, ob ein Stadionverbot ein probates Mittel ist, um die Sicherheit zu erhöhen, antworteten bei den Umfragen Σ 60,2 % (n=1.123) eher nein und nein bzw. 51,31 % nein. Überrascht Sie diese Antwortenverteilung?

Nein. Es ist ja so: Die Frage ist, was ein Stadionverbot zur Folge hat. Ein Stadionverbot hat zur Folge, dass man nicht mehr INS Stadion gehen darf. Warum? Vorgeblich aus präventiven Gründen. Jetzt haben wir ja schon gesagt – Und ich glaube, dass man sich darüber nicht großartig streiten kann und muss! –, dass IM Stadion sehr wenig passiert. Das heißt, das Stadionverbot hat in Bezug auf die Sicherheit im Stadion gar keine Wirkung. Und auf die Sicherheit AUSSERHALB des Stadions hat es auch keine Wirkung, weil die Leute trotzdem da sind. Sie fahren trotzdem mit auswärts. Sie stellen sich in der Nähe des Stadions hin und versuchen noch, so ein bisschen Atmosphäre, also das, was ihnen noch möglich ist, irgendwie mitzubekommen. Es gibt in der Regel eine große Solidarität auch von den Stadiongängern mit den Stadionverbotlern. Also das überrascht mich nicht, weil ich glaube, die Wirkung ist nicht groß.

Zwischenfrage Interviewer: Warum nimmt man denn davon keinen Abstand?

Das weiß ich nicht. Ich kann das halt nicht nachvollziehen. Das ist vielleicht der Punkt, was ich vorhin schon gesagt habe, dass einfach die Politik kein Verständnis hat, wie Fußballfans, also auch Ultras, ticken und wie sie funktionieren. Wenn sie sich damit mehr beschäftigen WÜRDEN, dann würden sie vielleicht sehen, dass es völlig sinnlos ist, ein Stadionverbot auszusprechen. Aber: Es wird natürlich von der Polizei sehr gerne angewandt, weil die Polizei weiß wiederum, wie Fans ticken und es ist NATÜRLICH eine Strafe. Es ist natürlich eine Bestrafung, wenn ein Fan nicht mehr das Spiel sehen darf. Live. Weil das Stadionverbot durch die Vereine relativ einfach ausgesprochen wird und sie das in der Regel auch müssen, wendet die Polizei das sehr gerne an, regt das sehr gerne an oder beantragt das auch sehr oft, weil sie einfach weiß, dass es eine Strafe ist. Man weiß zwar nicht, was aus dem Ermittlungsverfahren wird. Man weiß nicht, ob die Staatsanwaltschaft das vielleicht einstellt oder das Gericht sagt, dass das nicht reicht für eine Verurteilung, was die Polizei so vorgetragen hat.

Aufgrund des aktuellen Prozederes ist überwiegende Meinung, dass faktisch die Polizei entscheidet, gegen wen ein Stadionverbot verhängt wird. Wie sehen Sie das?

Richtig, faktisch ist das so. Es liegt ja an der Polizei, sozusagen, bei den Vereinen das Stadionverbot zu beantragen. Und mit der Mitteilung, dass ein Ermittlungsverfahren eingeleitet ist, haben die Vereine auch nur noch einen geringen Spielraum.

79,4 % (n=946) gaben an, dass wenn ein Stadionverbot unumgänglich ist, es aber erst nach eindeutiger Verurteilung ausgesprochen werden sollte. Sehen Sie das auch so?

Ja! Es ist doch so: Mit dem Stadionverbot wird die Unschuldsvermutung ausgehebelt. Man könnte meinen, dass die Unschuldsvermutung in unserer Gesellschaft ein hohes Gut ist. Aber die Polizei hebelt das halt aus. Bzw. ja nicht nur die Polizei, sondern der DFB und die DFL, die ja die Stadionverbotsrichtlinien erlassen; aber natürlich auch auf Druck von dementsprechenden Interessenvertretern

In beiden Umfragen wird durch die Teilnehmer mit Blick auf den Ausbildungsstand deutlicher Nachholbedarf gesehen: 37,5 % bzw. 38,1 %. Wo sehen Sie evtl. Handlungsbedarfe in Bezug auf die in den Stadien eingesetzten Sicherheitsdienste und die Sicherheitskonzepte der Vereine?

Ich kann nicht viel dazu sagen, weil dort, wo ich in der Regel stehe, trifft man sehr wenig Ordner von Hansa Rostock. Aber ich habe natürlich zum Teil auch Mandanten, die Opfer von Übergriffen geworden sind. Von Ordnern. Und da denke ich auch, dass da manchmal bei der Auswahl oder auch bei der Nachbereitung von bestimmten Ereignissen einfach nicht genug darauf geachtet wird, dass Konflikte in aller Regel bitte gewaltfrei zu erledigen sind.

68,7 % (n=925) sind der Auffassung (lehne (sehr) ab), dass die Polizei weder transparent arbeitet noch auf Fragen Anlass entsprechend antwortet. Haben Sie eine Erklärung für diese Einschätzung der Teilnehmer?

Also *transparent* – würde ich dem voll zustimmen. *Nicht Anlass bezogen* – das würde ich vielleicht so nicht sagen [Anm. Interviewer: Hr. Noetzel antwortet leicht zögerlich]. Die Frage ist eher, ob sie immer Anlass RELEVANT agiert. Also ob sie wirklich eingreifen MUSS. Aber das ist in der Regel eine Frage der Verhältnismäßigkeit und nicht die Frage, ob es da einen Anlass gibt oder nicht. Also einen Anlass gibt es schon in aller Regel, denke ich. Die Frage ist nur, ob der Anlass auch geeignet ist, DIE oder eine polizeiliche Maßnahme zu rechtfertigen.

Wie bewerten Sie das DFL Sicherheitskonzept „sicheres Stadionerlebnis"?

Es ist ja so, dass darüber sehr viel diskutiert wurde und wir auch als Arbeitsgemeinschaft da sehr viel gemacht haben. Was auch dazu geführt hat, dass die Fans sich da sehr engagiert haben, da fanpolitisch auch mehr tätig zu sein. Also ich finde, das es eigentlich unnötig war. Letztendlich, weil auch alle bestätigen: Im Stadion ist es sicher! Und deswegen ist es so ein Aktionismus gewesen, der eben auf Druck von gewissen Interessengruppen entstanden ist; aber ohne, dass es der Realität entsprach, was in den Medien auch gehypt wurde.

Richtig ist, es gibt immer wieder Probleme. Richtig ist, es gibt immer wieder Auseinandersetzungen. Aber das ist eben so ein Punkt, wie wir es ganz am Anfang hatten: Es ist ein Problem, oder ein Phänomen: Gewalt. Das gibt es in der Gesellschaft. Wenn man sich das anguckt, mein Beispiel ist immer: Ich kenne noch die Zeiten in Rostock, zu denen der Wasserwerfer durchs Marathontor kam und die Ränge leergefegt hat. Das ist 20 Jahre her. Das gibt es einfach nicht mehr. Und das passiert überhaupt nicht mehr. Und das hat halt mit sehr sehr vielen Dingen zu tun. Deswegen finde ich, dass diese Debatte einfach übertrieben war. Und wenn man sich auch mal so anguckt, mit – und ich sage das auch ganz offen – welchen Fällen ich so zu tun habe, ist es in ÜBERWIEGENDEN Fällen Beleidigung und Widerstand.

69.7 % (n=1.156) bzw. 70,8 % (n=976) halten die derzeitigen Sicherheitsmaßnahmen in der DKB-Arena für ausreichend. Warum also die ganzen Diskussionen?

Das ist genau das, was ich eben gesagt habe. Das kann ich auch sagen: Es ist völlig ausreichend. Mir fällt nicht ein, was man mehr machen müsste oder sollte. Ich sehe nicht, dass es zu eklatanten Problemen kommt. Und deswegen genau die Frage: Wozu die Diskussion und warum die Debatte?! Sicherlich, weil es ein / zwei Anlassbegebenheiten gegeben hat, bei denen außerhalb des Stadions was passiert ist. Aber wie gesagt: Das gab es immer. Das wird es auch sicher immer geben. Das wird man nie ganz ausschließen können. Und die Frage ist ja auch die Reaktion, die darauf erfolgt ist: AUSSERHALB des Stadions passieren Sachen und IM des Stadions will man Stehplätze abschaffen. Da erschließt sich auch der Zusammenhang nicht. Und da kann man eigentlich nur von Glück reden, dass es so große und gewichtige Vereine gibt wie Borussia Dortmund, die über 10.000 Stehplätze haben, die da eben auch immer noch ein Wörtchen mitreden. Ansonsten würde man dann eben englische Verhältnisse haben, wo aber die Stimmung einfach tot ist.

Auf die Frage, wer mehr für die Sicherheit im Stadion tun könnte, gaben 20.2% (n=1.074) die Vereinsführung und 26.7% und Fanvertretungen an. Nur 9,0 % fielen auf die Polizei. Warum wird gerade in diesem Punkt die Polizei nicht ganz vorne gesehen?

Wenn man fragt: Wer soll mehr tun? Dann ist ja die Frage, was mehr getan werden KANN. Und ich sehe da nichts, wo man jetzt vordringlichst tätig werden muss. Weder durch die Polizei, noch durch den Ordnungsdienst, noch durch den Verein, wenn ich das mal so sagen darf. Also ich persönlich sehe jetzt auch nichts, bei dem der Verein mehr tun kann. Und die Polizei? Es gibt ja nicht so viel zu tun. Und gerade die letzten Heimspiele zeigten relativ wenig Polizei. Und ich kann mir nicht vorstellen, dass die Polizei da eine andere Einschätzung fährt, weil sonst wäre das ja im Verlaufe der Zeit auch wieder mehr geworden.

Der Aussage „Die strikte Fantrennung hilft, Gewalt zu verhindern" stimmen 76,2 % (n=925) zu bzw. sehr zu. Mit 71,0 % akzeptieren überdies knapp ¾ die Absperrungen an den Spieltagen. Überrascht Sie diese deutliche Zustimmung und wie erklären Sie sich diese?

Ja, in dieser Deutlichkeit überrascht mich das. Weil ich denke, dass das manchmal auch viel zu übertrieben ist. Gerade eben auch das Instrument des Sicherheitsspieles, was man ja beantragen kann, dass es so eingeschätzt wird. Manchmal macht es der DFB auch von sich aus. Aber manchmal eben auch viel zu oft und viel zu überzogen angewandt wird, um eben solche Einsätze, Polizeieinsätze zu legitimieren, obwohl es eben oft auch gar nicht notwendig ist. Da sind wir auch nochmal bei der Frage, ob das manchmal an den Haaren herbeigezogen wird, z. B. Fanrivalitäten, die seit Jahrzehnten bestehen SOLLEN, obwohl z. B. die Vereine erst ein- oder zweimal gegeneinander gespielt haben. Oder es eben einfach tatsächlich keine Fanrivalität gibt. Also zumindest keine gewalttätigen Auseinandersetzungen, weil auch der Gegner in Anführungsstrichen „einfach auch mal uninteressant" ist für die Rostocker.

Zum Fußballspiel gegen FC Rot-Weiß Erfurt am 18.05.2013 kommunizierte die Rostocker Polizei erstmal via Twitter. Mittlerweile hat die PI Rostock knapp700 Follower. Was denken Sie über diesen Schritt der Kommunikation?

Keine Ahnung. Kann ich mir nicht vorstellen, dass das was bringt.

Einwurf Interviewer: Nun, hier wird direkt Kontakt zu den Fans aufgenommen. Es werden z. B. Sperrungen bekanntgegeben, aber auch deren Aufhebungen. Und dabei ist es wichtig zu wissen, dass eine Nutzung eben auch völlig anonym geschehen kann

Sehen Sie generell Verbesserungsmöglichkeiten hinsichtlich des Informationsmanagements?

Ja, klar, da wünscht man sich halt schon, dass da viel öfter und viel mehr Kommunikation stattfindet. Dass da eben auch mehr Transparenz da ist, WARUM bestimmte Dinge gemacht werden und WIE bestimmte Dinge gemacht werden. Das Problem ist nur oft, bei Auswärtsfahrten stellt man halt oft fest, dass die eine Dienststelle nicht weiß, was die andere Dienststelle sagt. Oder die eine Gruppe *so* sagt und die andere Gruppe sagt *so*. Oder insbesondere auch die Bundespolizei und die Landespolizei ganz oft nicht so harmonieren, wie man sich das eigentlich wünscht.

Stellen die Kennzahlen der „Zentralen Informationsstelle Sporteinsätze" (ZIS) eine geeignete Grundlage zur Beurteilung der Sicherheit im Rahmen von Fußballspielen dar?

Also sie liefern Anhaltspunkte. Aber auch dort ist es ja so, dass man nicht genau weiß, wo die Zahlen her kommen. Es sind eben auch nur Zahlen, die die Polizei meldet, sodass man hier eben auch wieder sagen kann, dass es keine 100-prozentige Verifizierung gibt, dass es eben auch alles tatsächlich so stimmt, wie es da drinnen steht. Wenn man sich eben die Zahlen der Verletzten anguckt, dann weiß man nicht, wo die herkommen. Ich glaube, es gibt eine Differenzierung zu verletzten Polizeibeamten, aber das war es dann eben auch. Und wenn man dann halt – wieder mal, weil es so aktuell ist – Schalke anschaut, da gehen die rein und machen mit ihrem Pfefferspray so [Anm. Verfasser: Hr Noetzel gestikuliert, dass man mit dem Reizstoffsprühgerät in die Menge hält und ausgiebig Sprühstöße abgibt.] und dann zählen die da mal so grob durch. Und ob sie da tatsächlich alle Verletzten mit erfassen, weiß man nicht und zweitens steht dann in der Statistik, dass es so und so viele Verletzte gab, aber dass das durch den Pfeffersprayeinsatz war, sieht man da nicht. Und dann steht da nachher so eine Verletztenzahl, bei der man echt Angst und Sorgen bekommt. Aber wenn man das dann nicht hinterfragt oder nicht für sich selbst runterbricht, dann kann man da nichts drin erkennen. Und dann wird mit den Zahlen eher wieder Politik gemacht, anstatt sie eben zu hinterfragen.

Und was da aber nicht drin steht, dass eben auch die Zuschauerzahlen angestiegen sind. Vielleicht mag man das als logisch bezeichnen, dass wenn doppelt so viele Leute zum Fußball gehen, es natürlich nicht unwahrscheinlich ist, dass es dann auch mehr Verletzte gibt. Man müsste das eben dann auch prozentual ins Verhältnis setzen. Und dann sind wir eben auch wieder dabei, dass man da mehr hinguckt, also eben mehr zählt und auch anders zählt.

Einwurf Interviewer: Das wurde durch den Interviewer bereits einmal gemacht und in der Tat veränderten sich Kurvenverläufe.

Wie bewerten Sie den Einsatz von StaatsanwältInnen vor Ort (im Stadion)? Wie bewerten Sie in diesem Zusammenhang Vorschläge, auch RichterInnen für die Durchführung möglicher Schnellverfahren im Stadion einzusetzen?

Wenn es darum geht, Schnellverfahren durchzuführen, dann finde ich das mehr als bedenklich. Weil wir eben ganz oft sehen, wenn man richtig ermittelt, wie oft aus den Verfahren einfach deutlich wird, dass der Sachverhalt entweder SO nicht oder auch GANZ ANDERS stattgefunden hat; oder aber die Person gar nicht beteiligt war. Insbesondere bei größeren Geschichten.

Wenn es darum geht, Gewahrsamnahmen zu rechtfertigen, dann ist es vielleicht gar nicht verkehrt, wenn ein Richter eher noch nach rechtsstaatlichen Gesichtspunkten das beurteilt, als die Polizei, die das eher nach sicherheitsrelevanten Gesichtspunkten beurteilt. Und dann ist eben jede Person, die von der Straße weg ist, ihr lieber. Das müssen dann Staatsanwaltschaft und Gericht wissen, ob sie die Ressourcen haben und die Leute freistellen wollen.

Σ 84,3 % (n=1.049) lehnen eine Kostenübernahme Kosten für Polizeieinsätze durch die Vereine ab und lehne sehr ab. Wie stehen Sie zu folgender Aussage?

Dem stimme ich natürlich zu. Zum einen: Die Vereine bezahlen Steuern und zwar deutlich mehr, als die Polizeieinsätze kosten. Und zum anderen – denke ich – ist diese Forderung eben auch populistisch, weil über die Kosten Vereine gezwungen werden sollen, missliebige Personen aus dem Stadion fernzuhalten oder was auch immer.

Das funktioniert nicht. Die Polizei hat einen Auftrag. Der ist gesetzlich definiert und da kann man eben nicht sagen, dass das zu einer Kostentragungspflicht führen muss oder kann oder darf. Und es obliegt ja auch sehr oft der Polizei, durch eine realitätsnähere Einschätzung der Gefahrensituation und der Einsatzsituation, dafür zu sorgen, dass ihre Ressourcen dann auch geschont werden.

Genau wie auch auf Schalke: Wenn sich da der Innenminister wie ein kleines bockiges Kind – dieser Vergleich kam ja öfter und das war auch gleich meine erste Idee – hinstellt und sagt, dass man eben nicht mehr ins Stadion geht. Das ist natürlich von einer Großzahl der Fans begrüßt worden. Wenn man das aber mal hinterfragt: Das geht gar nicht, sie dürfen das gar nicht. Das wäre gesetzeswidrig und das hätten sie natürlich auch nicht gemacht. Und außerhalb des Stadions sind sie sowieso zuständig und auch innerhalb des Stadion, wenn es notwendig geworden wäre, hätten sie eingreifen

MÜSSEN. Und ich glaube auch nicht, dass der Innenminister hätte da großartig was gegen machen können.

Haben Sie auch an einer oder beiden Umfragen teilgenommen?

Nein, selber habe ich nicht teilgenommen.

Gibt es sonst noch Aspekte, die sie benennen möchten und auf die ich im Interview bislang nicht eingegangen bin?

Ja, für die Arbeitsgemeinschaft Fananwälte ist im Moment ein ganz großes Thema die Weitergabe der Daten an den Verein zum Zwecke der Beantragung eines Stadionverbotes. Wir halten das für SEHR problematisch, weil wir keine gesetzliche Grundlage erkennen; dafür, dass die Polizei Daten weitergeben darf. Das wird zum Teil von Datenschutzbeauftragten anders gesehen. Zum Teil hat die Staatsanwaltschaft Ermittlungsverfahren wegen der unerlaubten Weitergabe von Dienstgeheimnissen nach 153 eingestellt [Anm. Interviewer: Hr. Noetzel meint § 153 StPO → Absehen von der Verfolgung wegen geringer Schuld bzw. in Ermangelung öffentlichen Interesses], was dafür spricht, dass sie sich unserer Sichtweise nicht ganz verschlossen hat. Da sind wir aber gerade dabei und versuchen das zu klären, um da auch noch mehr Rechtssicherheit zu haben, ob man da eben gegen vorgehen kann oder nicht. Weil das Problem eben auch ist, dass zum Teil viel viel mehr weitergegeben wird an Informationen und Daten, als es notwendig ist. Das ist so ein Punkt, bei dem wir gerade genauer hingucken.

Ansonsten kann ich nur nochmal sagen, dass ich finde, dass Rostock im Moment auf einem guten Weg ist. Und dadurch, dass es eben Gespräche gibt, die mit der Polizei und mit dem Verein und der Fanszene stattfinden und ich zumindest – was man so hört – den Eindruck habe, dass es durchaus konstruktiv ist. Dass die Polizei bereit ist, Kritik anzunehmen. Wobei aber der große Kritikpunkt bleibt, dass die Bundespolizei im Moment einen sehr repressiven Einsatz fährt, durchgängig, und nicht ganz klar ist, wo das herkommt. Meine persönliche Meinung ist, dass es vielleicht damit zu tun hat, dass es im Zusammenhang mit dem Absturz des Hubschraubers hämische Plakate und auch Sprechchöre gab. Aber das ist nur eine Vermutung, ich kann es nicht genau einschätzen. Und da nützt es dann wenig, wenn man in Rostock an einem Tisch sitzt, weil da der Einfluss auf die Einsatzhundertschaften in den anderen Bundesländern einfach nicht da ist.

Ende des Interviews: **30. September 2013, 10:15 Uhr**

Das Transkript meines am 30.09.2013 in der Zeit von 08:55 bis 10:15 Uhr durch Herrn Schwinkendorf geführten Interviews habe ich gelesen. Meine Aussagen wurden richtig und vollständig wiedergegeben.

Ich stimme der Verwendung meiner Aussagen in der Masterarbeit von Herrn Schwinkendorf zum Thema „Fußball und Gewalt - Die Sicht von Zuschauern und Akteuren am Beispiel des F.C. Hansa Rostock" zu.

Ich bestätige, dass der Inhalt des Interviews ausschließlich Herrn Schwinkendorf zur Alleinverwertung in allen Medien zu Verfügung gestellt wird. Ich übertrage Herrn Schwinkendorf für die Dauer von einem Jahr das ausschließliche, danach das einfache Nutzungsrecht.

Rostock, 23. Oktober 2013   Rostock, 07.10.2013

Michael Noetzel   Andreas Schwinkendorf

d. Transkript Interview Michael Ebert

Der vorliegende Leitfaden umfasst zum ersten Fragen einer Öffentlichen Anhörung des Innenausschusses des Landtags NRW ("Gegen Randalierer im Zusammenhang mit Fußballspielen konsequent vorgehen")[188], zum zweiten solche der „Interdisziplinäreren Untersuchung zur Analyse der neuen Entwicklungen im Lagefeld Fußball" der DHPol[189] und zum dritten Fragen, die sich aus den Umfragen und der Profession des Interviewten ergibt.

Beginn des Interviews: 02. Oktober 2013, 10:25 Uhr

Bitte stellen Sie sich zunächst kurz vor. (aktuelle Tätigkeit, Bezug zum Fußball als Sportereignis)

Ich war lange Zeit Gruppenführer, Zugführer, stellvertretender Hundertschaftsführer einer Einsatzhundertschaft. Ich habe früher gedacht: Fußball, das kann jeder taktische Einheitsführer. Ganz einfach, unterstell mir mal den Einsatzabschnitt Verkehr und Kriminalpolizeiliche Maßnahmen dazu und dann können wir das auch von unserer Befehlsstelle der Einsatzhundertschaft. Wie komplex das Thema Fußball ist, von wieviel Problemen, Befindlichkeiten getragen, habe ich erst kennengelernt, seitdem ich selbst in der Führungsverantwortung einer Organisation stehe, die für die Bewältigung dieser Einsätze verantwortlich ist, also einer territorial verantwortlichen Organisation. Unterstützungskräfte, in Form von Einsatzhundertschaften der Bereitschaftspolizei, können das, was sich mit Fußball verbindet, nur schwer ermessen. Deshalb wäre ich auch sehr an den Ergebnissen einer Untersuchung interessiert, wie verantwortliche Polizeiführer die Probleme rund um Fußball und die Ultras sehen, im Gegensatz zu Zug-, Hundertschafts- oder Abteilungsführern von geschlossenen Einheiten, die nur zur taktischen Bewältigung von Einsatzlagen im Einsatz verwendet werden. Ich glaube, da gibt es sehr deutliche Unterschiede in der Auffassung zu dieser Problematik. Geschlossene Einheiten kommen nur grundsätzlich temporär zum Einsatz. In der Vorbereitung, in der Nachbereitung, in

---

[188]http://www.landtag.nrw.de/portal/WWW/dokumentenarchiv/Dokument/MME1 6-231.pdf.
[189]https://www.dhpol.de/de/medien/downloads/hochschule/08/Abschlussbericht _Lagebild_ Fussball.pdf.

der täglichen Kommunikation mit Vereinen, in der täglichen Kommunikation mit Fans und Ultragruppierungen stehen sie regelmäßig nicht, die Verantwortung bleibt beim örtlichen zuständigen Polizeiführer. Ich bin mir sicher, dass meine Auffassung zu dieser Thematik sich von der Auffassung eines taktischen Führers einer geschlossenen Einheit unterscheidet. Ich halte es im Übrigen für problematisch, dass grundsätzlich, wenn es um das Thema Fußball und Gewalt geht, von Seiten der Medien die Gewerkschaften, die Berufsvertretungen und –verbände sowie die Vertreter der Bereitschaftspolizeien gefragt werden, wie sie die Thematik sehen. Ein differenziertes Bild kommt selten zustande, weil die Verantwortlichen, die in der täglichen Kommunikation mit Verein und Ultras, mit den Verantwortlichen der Stadt, mit den Partnern stehen, selten gefragt werden.

Beim Thema „Fußball und Gewalt" sprechen Sie häufig von gruppendynamischen Prozessen; auf beiden Seiten. Was genau meinen Sie damit?

Gruppendynamische Prozesse in der Fanszene selbst insoweit, dass sich durch das Verhalten Einzelner bzw. kleiner Gruppen Situationen entwickeln und verselbständigen, sich problematische Situationen verstärken – das ganze unterstützt oftmals durch Alkohol oder durch andere Drogen – und sich dadurch Entwicklungen ergeben, die von einer hohen Eigendynamik getragen sind. Die sich dadurch verstärken, dass sich immer mehr Menschen diesen Prozessen anschließen, die letztlich oft in Gewalt münden.

Auch in der eigenen Organisation gibt es gruppendynamische Prozesse, die durch ein Verhalten des polizeilichen Gegenübers initiiert werden. Die Polizei kommt zum Einsatz, man fährt sich emotional auf beiden Seiten hoch. Der Erste nimmt einen Stein auf, der Polizeibeamte setzt den Helm auf. Der Stein wird geworfen, die Visiere schließen sich. Und das ganze erst bei einzelnen Polizisten, dann in Gruppe, dann im Zug, dann in der Hundertschaft und letztendlich hat das Verhalten eines einzelnen Problemfans ausgereicht, um eine Reaktion in einer ganzen Formation von Einsatzkräften anzustoßen. Das Verhalten und die Reaktionen sind dann auch für einen Polizeiführer schwer kontrollierbar und einzufangen.

Das Verhalten eines einzelnen Störers auf der einen Seite und die Reaktion eines EINZELNEN Polizeibeamten auf der anderen Seite können ein Prozess anstoßen, der schwer zu kontrollieren ist und einer polizeilichen Lage eine tendenzielle Richtung geben kann.

Das Verhältnis zwischen der Polizei und der Fanszene ist als angespannt zu bezeichnen. Worin sehen Sie die Ursachen hierfür?

Was heißt „das Verhältnis zwischen Polizei und Fanszene"? Da muss ich natürlich differenzieren, was die Fanszene betrifft: Auch ich bezeichne mich– das kommt in der Problemfanszene immer nicht so richtig an – als Fan des F.C. Hansa Rostock, weil der Verein für die Menschen in dieser Stadt, für die Menschen in diesem Land wichtig ist. Wenn ich meine Freunde und Bekannten bundesweit frage, was sie von Mecklenburg-Vorpommern kennen, dann sind es die Ostseeküste und der Verein F.C. Hansa Rostock. Der Verein ist für die regionale Identität wichtig; für die Menschen in der Stadt, für die Menschen im Land. Damit identifizieren sie sich viele Menschen in unserem Land. Wenn wir von Fanszene sprechen, dann blicken wir regelmäßig immer in die sogenannte Problemfanszene. Aber Fanszene ist eben mehr als die Ultras des F. C. Hansa Rostock.

Es gibt unterschiedliche Sichtweisen darüber, was beim Fußball erlaubt ist und was beim Fußball nicht erlaubt ist. Polizei ist an Recht und Gesetz gebunden, Ultras haben eine andere Sichtweise auf geltendes Recht. Sie sehen bestimmte vom Strafrecht umfasste Verhaltensweisen als fantypisches Verhalten. Die Wegnahme eines Fanschals ist aus Sicht eines Ultras kein Raub, kein strafrechtliches Verhalten, sondern gehört zum fantypischen Verhalten. Da prallen höchst unterschiedliche Sichtweisen aufeinander.

Angespannt ... [Anm. Interviewer: Hr. Ebert überlegt einige Sekunden] Es gibt beim Fußball höchst unterschiedliche Sichtweisen, was erlaubt ist und was nicht erlaubt ist. Daraus ergeben sich deutliche Kommunikationsprobleme. Ich mag das Wort „angespannt" nicht an dieser Stelle. Wir haben momentan eine sehr intensive Diskussion in den Fanforen um das Thema „A. C. A. B." und die Frage – Geht es hier eigentlich noch um den Verein oder geht es darum, den Bullen zu sagen, was wir von denen halten. In Teilen der Ultraszene –

das kann man auch im Hansafanforum nachlesen – heißt es „Bullen haben immer Vorrang, wenn es gegen die Bullen geht, hat das immer Vorrang vor dem Verein". Es gibt sehr unterschiedliche Sichtweisen zwischen Polizei und bestimmten Problemfans, bestimmten Ultragruppen.

Zu den Fans des F. C. Hansa Rostock ist das Verhältnis nicht angespannt, zu Teilen der gewaltbereiten Problemfanszene ist das Verhältnis von konsequenter Verfolgung von Straftaten und Ordnungswidrigkeiten und einer geringen Toleranz und Einschreitschwelle getragen.

Wie schätzen Sie den Kenntnisstand von Polizei und Politik über die Ultra-Bewegung ein? Und haben möglicherweise Unkenntnis und Unsicherheit in Bezug auf die Fankultur Probleme im Bereich des Fußballs geschaffen?

Wir haben als Polizei den Fehler gemacht, Konzepte, die in den 80er und 90er Jahren von Erfolg im Zusammenhang mit dem Hooligan-Zeitalter gekrönt waren, nahtlos auf Zeiten der Ultra-Bewegungen zu übertragen. Ultra zu sein, ist grundsätzlich erstmal nichts Negatives: Ultras bekennen sich zum Fußball, sprechen sich gegen Kommerzialisierung des Fußballs aus. Sie nehmen für sich in Anspruch, die einzige Konstante im Vereinsleben zu sein. Sie sind davon überzeugt, sie sind der Verein; nicht die Fußballspieler, nicht die Vereinsverantwortlichen, sondern sie, die Fußballfans sind der Verein, die einzigen Protagonisten des Clubs. Die Ultrabewegung ist eine jugendliche Subkultur, die wir als Polizei akzeptieren müssen.

Ich denke, dass wir es als Polizei, nicht geschafft haben, die Organisation an dieser Stelle mitzunehmen. Ich denke, dass das Wissen in der Polizei, was macht ein Hooligan aus, was macht ein Ultra aus, was sind eigentlich die Ziele der Ultras, was verbindet sich mit dem Ultra-Dasein, dass wir dieses Wissen nicht zeitgerecht in die Organisation getragen haben. So vergleichen heute noch viele Mitarbeiter Ultras mit Hooligans. Da gibt es wenig differenzierte Sichtweisen. Auch zu der Frage, was ist fantypisches Verhalten, was ist ggf. tolerierbar, gibt es höchst unterschiedliche Sichtweisen. Daraus entstehen Kommunikationsprobleme zwischen Ultras und Polizei, die sich dann im tatsächlichen Handeln von Ultras und Polizei widerspiegeln.

Könnte man diesem Umstand aus Ihrer Sicht noch entgegenwirken? Und wenn ja, wie?

Also es handelt sich um einen lang andauernden Prozess. Wir haben im letzten Jahr darüber nachgedacht, gerade vor dem Hintergrund der Defizite, die wir erkannt haben, Veranstaltungen mit den Einsatzkräften durchzuführen, das kommunale Fanprojekt, den Verein, die Polizei, als auch zu versuchen, einen Ultra zu gewinnen, zusammenzuführen und in die HANDELNDEN Einheiten, in die Hundertschaften, in die Einsatzzüge, zu den Verantwortlichen zu gehen und ihnen zu erklären, was eigentlich das Ultra-Dasein ausmacht, zu erklären, dass Ultra zu sein, grundsätzlich nicht negativ belegt ist, sondern dass es auch in der Ultrabewegung Gruppierungen gibt, die sich von Gewalt ganz deutlich distanzieren.

Ich denke, das Wissen um diese Problematik ist nur unzureichend vorhanden und es wird nur im Rahmen eines ganz langen Prozesses gelingen, die Organisation Polizei auf den aktuellen Wissensstand zu holen. Das ist ja im Übrigen auch genau das, was ich in der Einführung gesagt habe: Die Sichtweise auf die Problematik unterscheidet sich deutlich zwischen Verantwortlichen geschlossener Einheiten und den Verantwortlichen, die tagtäglich in der Kommunikation mit Vereinen und Ultras und Fans stehen.

Wie gestaltet sich in Rostock die Zusammenarbeit vor, während und nach Fußballspielen mit den folgenden Akteuren? Sehen Sie dort Verbesserungsmöglichkeiten?

Vereinsführung: Wir stehen in einem sehr intensiven Diskussionsprozess sowohl mit dem Aufsichtsratsvorsitzenden, Vorstandsvorsitzenden, Vorstand und anderen Mitarbeitern im Verein. Wir haben gerade gestern [Anm. Verfasser: 01.10.2013] hier in meinem Büro mit dem Aufsichtsratsvorsitzenden und dem Vorstandsvorsitzenden zusammen gesessen und die Frage der Sprachlosigkeit des Vereins diskutiert. Wir stehen sowohl in der Bearbeitung grundsätzlicher Probleme in einem intensiven Diskussionsprozess als auch der Umsetzung ganz konkreter Maßnahmen, wenn es um bevorstehende Fußballeinsätze geht. Es gibt eine sehr enge Zusammenarbeit. Seitdem wir einen neuen Aufsichtsrat haben, den wir natürlich kritisch sehen, und obwohl wir ja wissen, dass dieser Aufsichtsrat vorwiegend aus der Ultraszene heraus gewählt worden ist, die Vertreter in Einzelfällen dieser entstammen, hat sich eine gute Zusammenarbeit entwickelt. Das heißt auch, dass wir Probleme ansprechen und deutlich kritisch miteinander umgehen.

Zwischenbemerkung Interviewer: Ihre Einschätzung weist Parallelen zur Einschätzung der Fanszene auf. In seinem Interview bezeichnete Hr. Päsler den Aufsichtsratsvorsitzenden Hrn. Abrokat als „Glücksfall".

Mir ist bekannt, dass Teile der Ultrabewegung sehr eng am Aufsichtsrat und Vorstand dran sind. Ich würde mir in Teilen eine professionelle Distanz zwischen Vereinsoffiziellen und Ultras wünschen. Wenn ich sehe, dass eine Woche, nachdem man in die entsprechenden Gremien gewählt ist, ganz nah beieinander ist, dann habe ich Zweifel, dass die professionelle Distanz gegeben ist.

Sicherheits- oder Ordnungsdienst des Vereins: Uns verbindet eine sehr enge und vertrauensvolle Zusammenarbeit mit dem Ordnungsdienst. Ich kann die Kritik gegen den Ordnungsdienst, die sich aus der Fanszene aufmacht, nicht nachvollziehen. Sowohl auf der Führungsebene als auch bei den Mitarbeitern gibt es durchweg geschulte Mitarbeiter.

Stadt: Es war ein langer Prozess, bis wir da waren, wo wir jetzt sind. Auch hier galt es natürlich, Überzeugungsarbeit zu leisten, dass wir bestimmte Formen polizeipräventiven Handelns einfach brauchten, von Meldeauflagen, über Aufenthaltsverbote bis hin zu Allgemeinverfügungen im Zusammenhang mit Alkoholausschank. Es hängt in der Regel an handelnden Personen, die man abholen und mitnehmen muss. Ich glaube, wir haben mittlerweile eine sehr gute und professionelle Zusammenarbeit mit der Stadt. Auch in der täglichen Zusammenarbeit, wenn es um konkrete Fußballeinsätze geht oder in der Bearbeitung strategischer Themen – ich denke hier an den Örtlichen Ausschuss Sport und Sicherheit und die Task Force, wo wir gemeinsam mit den Verantwortlichen aus Stadt und benachbarten Organisationen, Bundespolizei und Staatsanwaltschaft und Gericht, Schulamt usw. am Tisch sitzen und die Problematik besprechen.

Also es gibt durchweg, sowohl mit dem Verein als auch mit den Verantwortlichen hier in der Stadt eine enge Zusammenarbeit.

Deutsche Bahn und andere Verkehrsbetriebe, z. B. RSAG: Die Deutsche Bahn ist nicht unser täglicher Partner, diese ist eher der Partner der Bundespolizei. Wir haben hier und da Berührungspunkte, wenn es um verspätete Anreisen geht, wenn es um die Bereitstellung von Sonderzügen oder Entlastungszügen geht. Unser polizeiliches Konzept, das wir hier in Rostock erfolgreich umsetzen, setzt ja auf frühzeitige Kanalisation von Fanströmen. Und Kanalisation von Fanströmen bedeutet für MICH: Wir setzen nicht erst hier am Bahnhof in Rostock an, sondern wir setzen schon am Abreisebahnhof der Fans an, indem wir Vereine bitten, auch die Deutsche Bahn AG bitten, Sonderzüge, Entlastungszüge bereitzustellen. Wir haben dann keine Probleme auf den Unterwegs-Bahnhöfen und wir bekommen Fans kanalisiert in die Stadt hinein. Wir haben dann nicht eine Vielzahl von verschiedenen Anreisemöglichkeiten, also Privat-PKW, Busse, Bahn, sondern wir bekommen Fans kanalisiert in die Stadt und können sie kanalisiert weiter in Richtung Stadion bringen und die Wegebeziehungen der unterschiedlichen Fangruppen trennen. Darauf setzt das Konzept und in diesen Fällen haben wir Berührungspunkte mit der Deutschen Bahn AG.

Mit den örtlichen Nahverkehrsbetrieben verbindet uns ebenfalls eine sehr gute Zusammenarbeit, weil wir den ÖPNV natürlich brauchen, um unser Konzept des kanalisierten Hineinführens oder des kanalisierten Heranführens der Gästefans an die Spielstätte umzusetzen. Wenn die Fans kanalisiert mit der Bahn am Bahnhof angekommen sind, dann wollen wir sie natürlich auch möglichst kanalisiert weiterführen. Dazu brauchen wir Busse und Bahnen der Rostocker Straßenbahn AG. Da haben wir bis dato eine sehr enge, eine sehr gute Zusammenarbeit. Das zeigt beispielsweise ein Spiel, bei dem es uns sogar gelungen ist, Fans, die auf einem Unterwegsbahnhof durch die Deutsche Bahn AG nicht mehr mitgenommen werden konnten, in der Anreise am Bahnhof in Bad Kleinen, mit Bussen der Rostocker Straßenbahn AG abzuholen, um sie hier nach Rostock zu bringen. Sehr unkompliziert, sehr flexibel, sehr pragmatisch, eine sehr gute Zusammenarbeit.

Betroffene polizeilichen Fehlverhaltens beklagen, dass aufgrund fehlender Kennzeichnung die Überführung der Polizisten in den meisten Fallen ausgeschlossen ist. Vertreter von Gewerkschaften befürchten durch eine Kennzeichnung eine erhöhte Gefahrdung der Polizisten und/oder eine ungerechtfertigte Anzeigewelle gegen die Polizisten. Wie stehen Sie dazu?

Ich habe nichts gegen die Kennzeichnung von Mitarbeitern. Ich trage mein Namensschild immer offen, man kann mich ansprechen, man weiß, wer ich bin.

Es diszipliniert im Umgang miteinander.

Wie stehen Sie in diesem Zusammenhang zu Vereinen wie der „Blau-Weiß-Roten-Hilfe" oder der „Arbeitsgemeinschaft Fananwälte"?

Ich sehe diese Organisationen kritisch. Für mich ist das eine Arbeitsbeschaffungsmaßnahme für Rechtsanwälte; diese versuchen, Klientel an sich zu binden. Ich denke, es gibt genügend Einrichtungen, die darüber wachen, dass Recht und Gesetz eingehalten werden. Und letztlich ist es auch so, dass die Polizei über sich selbst – das mag man jetzt kritisch aus Sicht der Fans betrachten – wacht. Ich weiß, dass ich auch Strafanzeigen gegen EIGENE Mitarbeiter erstatte und wir natürlich auch selbst darauf achten, dass unsere Mitarbeiter keine Straftaten begehen. Wir dulden keinen falsch verstandenen Korpsgeist, wir deckeln keine Straftaten, wir bringen Straftaten eigener Mitarbeiter konsequent zu Anzeige. Dazu bedarf es keiner Blau-Weiß-Roten-Hilfe, die polizeiliche Maßnahmen überwachen wollen. Für mich ist das eine Maßnahme, die ausschließlich einzelnen Personen dient, um Klientel an sich zu binden und Geld zu verdienen.

Welcher Typ Mensch ist der Hansa-Fan?

Also zunächst: Ich bin auch Hansafan. Mein Schwiegervater, ein Mensch aus der Mitte der Gesellschaft, ist Fan des F.C. Hansa Rostock. Viele Freunde von mir sind Fans des F.C. Hansa Rostock. Ich glaube, dass kann man an gesellschaftlichen Schichten, an Alter nicht festmachen. Das sind Menschen aus der Mitte der Gesellschaft, aus allen Schichten der Gesellschaft, aus allen Altersgruppen und quer durch die Bundesrepublik Deutschland, auch wenn sie anlässlich der Spiele nicht im Fußballstadion weilen.

Gibt es in Rostock eine Problemfanszene? Und falls ja, sind dies eher einzelne Fans oder auch ganze Gruppen?
Es gibt Kinder, Jugendliche, Heranwachsende, die sich unter einem Dachverband zusammengeschlossen haben; der sogenannten Fanszene Rostock e. V., die von Außenstehenden gerne als die sogenannte Problemfanszene dargestellt wird. Auch diese ist nicht homogen. Unter diesem Dachverband haben sich verschiedenste Ultragruppierungen zusammengefunden, die teilweise gar nicht aus Rostock stammen, sondern aus allen Teilen des Landes.
Menschen, die zum Teil Achtung, Anerkennung, sozialen Halt in ihren Familien, in ihren höchst privaten persönlichen Umfeld nicht finden und die dort aufgefangen werden, dort das bekommen, was sie in der Familie, am Arbeitsplatz, durch die Gesellschaft nicht bekommen und sich unter diesem Dachverband zum Teil auch gegen Staat, gegen Gesellschaft, gegen Verein sozialisieren, überwiegend aber auch positive Fanarbeit leisten, auch positiven Support für ihre Mannschaft vorbereiten. Hier entwickeln sich sogenannte Problemfans.
An der Stelle haben aus meiner Sicht Staat und Gesellschaft versagt, weil sie diese jungen Menschen nicht auffangen. Da hat Sozialarbeit versagt, weil die Gesellschaft nicht in der Lage war, ihnen andere attraktive, alternative Angebote zu machen.

In welchem Ausmaß ist Alkohol ein Problem im Zusammenhang mit dem Gewaltphänomen bei Fußballspielen (Anreise, Umfeld des Stadions, im Stadion)?

Alkohol beflügelt und befördert gruppendynamische Prozesse. Er ist nicht Auslöser, aber er enthemmt und fördert die Dynamik solcher Prozesse. Von daher muss man versuchen, dass man dieses beflügelnde Mittel, oder die Möglichkeit, darauf zuzugreifen, entsprechend einschränkt. Dazu machen wir von dem Instrument einer Allgemeinverfügung zum Alkoholausschank im Umfeld des Stadions Gebrauch. Auch machen wir immer mal wieder davon Gebrauch, den Alkoholausschank im Stadion zu begrenzen, damit wir dort eine zeitliche Phase haben, die die Möglichkeit bietet, zunächst wieder den Alkoholpegel zu senken und nicht noch weiter draufzulegen.

Ist in der Rostocker Problemszene eine politische Ausrichtung zu erkennen?

Nein! Rostocker Fans sind bundesweit verrufen und werden regelmäßig in die rechte Ecke gestellt. Wir haben Personen aus allen Teilen der Gesellschaft, auch aus allen politischen Szenen in der sogenannten Problemfanszene. Also Menschen, die aus der rechten Klientel, aus der linken Klientel kommen, die sich, wenn sie gemeinsam auf einer Tribüne stehen, vertragen und verstehen. Wir hatten zeitweise Abwanderungen von Personen aus der linken Szene von der Süd- auf die Nordtribüne, aber das ist nicht spiegelbildlich dafür, dass sich hier der Bereich einer Tribüne oder die Problemfanszene insgesamt einer politischen Strömung anschließt. Eher im Gegenteil: Sogar die Mitglieder der NPD-Landtagsfraktion, die versuchten, Zugang zu den Ultragruppierungen zu finden, sind hier rausgeflogen. Sie sind von den Ultras sogar mit körperlicher Gewalt daran gehindert worden, die Tribüne zu betreten. Ultras verstehen sich als politisch neutral und wollen sich auch nicht einer politischen Richtung unterwerfen.

Es gibt die Einteilung der Fans in die Kategorien A, B und C. Diese wird nicht nur durch die Polizei genutzt. Wo würden Sie die Ultras einstufen?
Das kann ich so nicht tun, weil Ultras eben keine homogene Gruppe darstellen. Ultra zu sein, heißt nicht, gewalttätig zu sein. Vor diesem Hintergrund müssen wir differenzieren. Wir haben eine Gruppe von 30, 40 tatsächlich hochkrimineller, hochgewaltbereiter Menschen, die aus unterschiedlichen Ultra-Gruppierungen stammen, die sich teilweise unter dem Label – Action Connection - zusammenfinden, um Straftaten zu begehen. Diese kann man nicht einer Ultragruppierung zuordnen. Das sind Jugendliche, die aus verschiedenen Ultragruppierungen zusammenkommen, sich zusammenfinden und Straftaten begehen. Dann setzen gruppendynamische Prozesse ein, die dazu führen, dass sich weitere Jugendliche dem Geschehen anschließen. Eine Zuordnung von Ultras zu einer Kategorie ist aus

meiner Sicht unzulässig, es kann nur eine Zuordnung von Einzelpersonen zu Kategorien erfolgen.

**Welche Verbesserungen kann es aus Ihrer Sicht in Hinblick auf
die Reisewege von Fans geben?**
Ich denke, wir müssen versuchen, attraktive Angebote für den Fan
zu schaffen, um möglichst schnell und problemlos von A nach B zu
kommen, möglichst von wenigen Unterbrechungen getragen. Aufenthalte von 3, 4, 5 Stunden auf dem Weg zum Spiel und zurück
führen regelmäßig auf den Unterwegs-Bahnhöfen zu Problemen.
Man begegnet sich mit anderen Fans, anderer Gruppierungen, denen man ggf. feindschaftlich oder rivalisierend gegenübersteht. Außerdem bieten Aufenthalte auf den langen Reisen die Möglichkeit,
viel Alkohol zu konsumieren. Das führt regelmäßig auch zu Problemen mit eingesetzten Polizeikräften, die die reisenden Ultragruppierungen nicht kennen.
Also Angebote machen in der Form, als dass Fanzüge oder Entlastungszüge von den Vereinen organisiert und durch die Deutsche
Bahn AG bereitgestellt werden. Das kanalisierte Heranführen muss
sich natürlich am Standort selbst fortsetzen, so wie wir das hier in
Rostock machen. Wir hatten früher in Rostock ein anderes Konzept.
Wir haben Fans zum Parkbahnhof geführt und dann mittendurch,
durch die anreisenden Hansa-Rostock-Fans die Gästefans geführt.
Das hat deutlich zu Reibungen geführt. Fans haben sich gegen-
übergestanden, man hat sich die Meinungen über die Köpfe der Polizeibeamten hinweg gesagt; manchmal auch mit Steinen und Flaschen. Wir müssen Reisebewegungen genau analysieren und darauf achten, wie wir Fans zum Stadion bringen und das nicht erst in
der Stadt selbst, sondern tatsächlich schon beginnend am Abreise-
Bahnhof.

**Es gibt unter den geballt anreisenden Fans sicher auch solche,
die die Angebote der Schuttle-Busse nicht annehmen, die sich
z. B. noch die Stadt ansehen wollen – egal, ob das jetzt vielleicht ein Vorwand ist. Wie reagiert die Polizei in solchen Fällen, wenn geringe Teile der Fans nicht „funktionieren".**
Da muss man gute Nerven bewahren und Überzeugungsarbeit leisten, dass es im Interesse aller ist, auch im Interesse der VEREINE,
im Interesse der Fans, die tatsächlich angebotenen Möglichkeiten
auch zu nutzen.

In welcher Weise sind die Ultras in die Vereinsstrukturen eingebunden bzw. nehmen in diesen Einfluss?

Sie nehmen in erster Linie Einfluss über die Mitgliederversammlungen sowie die Aufsichtsratswahlen, indem sie ihre Vereinsoffiziellen wählen. Wenn es um Aufsichtsratswahlen geht, dann verstehen Ultras demokratische Abläufe sehr gut: Sie werben im Vorfeld dafür, Vereinsmitglied zu werden. Sie werben im Vorfeld dafür, zu den Aufsichtsratswahlen zu kommen; und das mit allen Mitteln. Sie positionieren sich in Aufsichtsratswahlen. Und sie haben in der Regel auch die deutliche Mehrheit bei diesen Wahlen und bestimmen dadurch, wer gewählt wird. Das ist auch am Standort Rostock so passiert. Durch die Mitgliederversammlung sind genau die Kandidaten gewählt worden, die auch aus der Ultragruppierung heraus vorgeschlagen wurden. Es war sogar so, dass die ULTRAS zu einer Veranstaltung einluden, in der sich die zukünftigen Aufsichtsratsmitglieder präsentieren und sich den Fragen der Ultras stellen mussten. Anschließend kommunizierten die Ultras, wer in welchem Wahlgang zu wählen ist, die Vorgeschlagenen sind dann auch in vollem Umfang gewählt worden.

Das ist der stärkste Einfluss, den Ultras ausüben: Sie wählen ihre Vertreter in die entsprechenden Gremien. Wer im Aufsichtsrat sitzt, bestimmt darüber, wer im Vorstand die Geschäfte führt. Der Aufsichtsrat bestimmt den Vorstand. Damit haben die Ultras einen sehr deutlichen Einfluss darauf, wer die täglichen Geschäfte in Form des Vorstandesführt. Dadurch allein sind Ultras dem Aufsichtsrat und dem Vorstand sehr nahe; daraus resultiert auch dieses sehr enge Verhältnis und die fehlende professionelle Nähe zwischen Aufsichtsrat, Vorstand und Ultras. Dann kommunizieren Ultras direkt in die Strukturen des Vereins, es sind ja die eigenen gewählten Vertreter, man ist sich gegenseitig verpflichtet.

Ultras haben die Spielregeln an dieser Stelle sehr gut erkannt und nutzen sie. In der täglichen Arbeit haben Ultras die Möglichkeit, über verschiedene Gremien einzuwirken. Und man erwartet auch schon mal hier und da Aufsichtsräte und Vorstände in den eigenen Gremien. Der Aufsichtsratsvorsitzende und der Vorstandsvorsitzende sind regelmäßig Gäste in der Fanszene Rostock e. V., dem Dachverband der Ultras. Es gibt sehr enge Kontakte, sehr gute Möglichkeiten, Einfluss zu nehmen auf die Vereinspolitik als auch auf die Besetzung der Gremien. Nunmehr soll der Vorsitzende der Fanszene Rostock e. V. zum Leiter des Wahlausschusses werden. Ganz zufällig schlägt der Wahlausschuss die Kandidaten für die Aufsichtsratswahl vor.

Mit Mittelwerten von 2.14 bzw. 2.48 (Skala 1-7) erachten die Teilnehmer der Wiederholungsumfrage eine Kommunikation mit Ultras und „Problemfans" sowohl als notwendig als auch sinnvoll. Sollten auch aus Ihrer Sicht freie Fangruppen, z.B. Ultras, für Entscheidungsträger als Ansprechpartner wahrgenommen und in Entscheidungsprozesse eingebunden werden? Wenn ja, wie könnte eine Beteiligung aussehen?

Natürlich müssen die Fans eingebunden sein, auch die Fanszene Rostock e. V. muss eingebunden sein. Wir müssen die Ultras zwingend einbinden, aber nur als einen Teil der Fans des Vereins. Der Verein muss aufpassen, dass er den Ultras nicht das Gewicht gibt, das sie gerne für sich beanspruchen. Ultras sind diejenigen, die regelmäßig Support, die regelmäßig Stimmung ins Stadion tragen. Ohne diese Stimmung wäre ein Fußballspiel nur halb so interessant und nur halb so bunt. Sie sind aber nur ein TEIL der Fans und sie müssen als ein Teil der Fans natürlich auch in die Kommunikationsstruktur eingebunden werden. Wir müssen mit ihnen sprechen.

Wird durch das strikte Verbot von Pyrotechnik die Gefahr von Unfällen, durch einen dann illegal erfolgenden Einsatz, erhöht?

Ja das sehe ich schon. Weil es verboten ist, erfolgt deren Einsatz natürlich regelmäßig aus der Deckungsmasse anderer Fans heraus; und das unkontrolliert. Dadurch verschärft sich aus meiner Sicht das Gefahrenrisiko. Dadurch eben, dass Magnesium und sonstige, mit hoher Temperatur brennende Chemikalien mitten aus der Deckungsmasse heraus abgebrannt werden und dann unkontrolliert auf andere Fans herunterfallen. Ein kontrolliertes Abbrennen in einer extra dafür ausgewiesenen Zone würde Pyrotechnik aber aus Sicht der Ultras wieder halb so attraktiv machen. Ich kann mir nicht vorstellen, dass Ultras einen gesonderten Bereich zum Abbrennen von Pyrotechnik annehmen würden, das macht ja gerade den Reiz aus, aus der Deckung, aus der Masse heraus Pyrotechnik zu zünden und ggf. die eigene Choreografien damit zu schmücken.

Bei beiden Umfragen stimmte der Aussage „Pyrotechnik und Feuerwerk gehören zu einem Fußballspiel dazu. Man sollte sie erlauben." jeweils mehr als die Hälfte (2012, n=1.180, Σ 54,9 %; 2013, n=1.015, Σ 53,0 %) zu bzw. sehr zu. Wie erklären Sie sich diese Faszination?

Ich bin nicht der, der mit Choreografien ins Stadion geht. Aber ich kann mir sehr gut vorstellen, dass Pyrotechnik von Ultras als Teil der Choreografien angesehen wird, dass man eigene Choreografien damit ziert, damit schmücken kann, dass man damit Lebensfreude zum Ausdruck bringen und der Mannschaft Ansporn geben will. Gerade auch, weil es eben ein ungewöhnliches Stilmittel ist und besonders viel Aufmerksamkeit gegnerischer Fans oder der Medien auf sich zieht.

Besondere Attraktivität macht also, A: das Verbotene und B: auch die Möglichkeit, besonders viel Aufmerksamkeit auf sich zu ziehen, aus.

Welche Möglichkeiten sehen Sie, um Gewalttaten und Pyrotechnik auf den Zuschauerrängen in Fußballstadien zu unterbinden?

Vielleicht gelingt es der Industrie ja, Pyrotechnik, die mit niedrigerer Temperatur abbrennt, zu entwickeln. Pyrotechnik, die nur Rauch macht, ohne dass Magnesium und sonstige Chemikalien verbrannt werden. Daraus ergibt sich ja die große Gefahr.

Man kann natürlich auch aus dem Schutz des Rauches heraus andere Straftaten begehen. Diese Möglichkeit ergibt sich dadurch, dass man eine Deckungsmöglichkeit durch Rauch erzeugt.

Sind Repressionen und Sanktionen geeignete Maßnahmen, um Sicherheit rund um Fußballspiele nachhaltig herzustellen?

Ich stelle mir vor, jeder könnte beim Fußball das tun, was er wollte und Straftaten und Ordnungswidrigkeiten wären nicht sanktioniert. Ich denke schon, dass Grenzen ganz klar abzustecken sind. Die Grenzen selbst bestimmt die Gesellschaft. Von daher müssen einem jeden Menschen in seinem täglichen Leben, also auch Fußballfans im Stadion, Grenzen gesetzt werden. Diese Grenzen sind im Strafgesetzbuch und angrenzende Bestimmungen schriftlich fixiert und niedergeschrieben.

Ja, es muss sie geben. Aber wir müssen mit Sanktionen außerhalb des Strafgesetzbuches mit Augenmaß umgehen. Es muss uns gelingen, das strafrechtliche Verhalten einzelnen Menschen zuordnen zu können. Sanktionen über ganze Gruppen hinweg können aus meiner Sicht immer nur die Ausnahme sein. Wir sehen das insbesondere beim Delikt des Landfriedensbruchs. Der Einzelne erkennt nicht, welchen Tatbeitrag er geleistet hat. Er lässt sich von gruppendynamischen Prozessen anstecken, steckt mittendrin in einer Gruppe und weiß oft nicht, welchen Tatbeitrag er geleistet hat. Er wird erst mit zeitlichem Verzug von der Härte des Gesetzes getroffen, will sich das Verhalten aber selbst nicht zurechnen. Wir wollen, dass sich ein Täter seiner Tat auch bewusst ist. Er soll erkennen, dass er für die Tat, die er begangen hat, die Sanktionen erhält und das Unrecht seiner Tat einsieht, die Strafe im optimalen Fall akzeptieren.

Stellt die Datei „Gewalttäter Sport" ein geeignetes Mittel dar, um mehr Sicherheit im Stadion herzustellen?

Wir brauchen ein Instrument, mit dem wir Informationen über besonders herausragende Straftäter im Zusammenhang mit Fußball-Veranstaltungen oder Sportveranstaltungen zusammenführen, um uns ein Lagebild zu verschaffen. Von daher ist die Datei „Gewalttäter Sport" ein Instrument, das uns hilft, personenbezogen Informationen zusammenzuführen.

"Während einige Polizeidienststellen Einträge in die Datei Gewalttäter Sport mit viel Augenmaß veranlassen, speichern andere Dienststellen regelrecht nach dem Gießkannenprinzip."[190] heißt es auf der HP der „AG Fananwälte". Wo würden Sie die Rostocker Polizei verorten?

Wir versuchen, Informationen an einer Stelle zusammenzuführen, um uns einen differenzierten Blick zu verschaffen; insbesondere achten wir aber auf die Einhaltung der datenschutzrechtlichen Bestimmungen. Die Dinge, die wir speichern dürfen, speichern wir. Ob die uns in der Folge zu polizeipräventiven Maßnahmen veranlassen, ist ja noch die zweite Sache.

Also die Datei „Gewalttäter Sport" umfasst ja erstmal nur bestimmte Informationen, die wir an dieser Stelle zusammenführen. Ob wir dann den nächsten Schritt gehen, darauf bauend polizeipräventive Maßnahmen zu veranlassen – Gefährderansprachen, Meldeauflagen, Aufenthaltsverbot, polizeipräventiven Gewahrsam, Telekommunikationsüberwachung im Bereich des SOG [Anm. Interviewer: Gesetz über die öffentliche Sicherheit und Ordnung in Mecklenburg-Vorpommern(Sicherheits- und Ordnungsgesetz - SOG M-V)] –, das ist ja ein weiterer Schritt. Wir schauen schon sehr differenziert darauf, welche polizeipräventiven Maßnahmen aufgrund unserer uns vorliegenden Erkenntnislage wir veranlassen. Gerade, weil wir wissen, dass polizeipräventive Maßnahmen, die wir veranlassen, auch gerichtsfest sein müssen.

Zwischenfrage Interviewer: Nun ist der Interviewer im Ergebnis seiner Recherchen zu dem Ergebnis gekommen, dass es zur Not auch reicht, wenn man einen Platzverweis bekommt, also tatsächlich „Zur falschen Zeit am falschen Ort!" Man wird mit 100 Personen eingekesselt und jeder bekommt einen bestimmten Eintrag. Und wenn man nun in die USA reisen will, wird man schief angeguckt, weil man Gewalttäter Sport ist. Ist dies zu kurz gedacht?

Die einmalige Anwesenheit an einem Ort, an dem Menschen sich zusammenfinden, von der dann Gewalttätigkeiten ausgegangen ist, mag vielleicht dem Zufall geschuldet sein. Wenn man dann aber das

---

[190] Quelle: http://www.fananwaelte.de/Forderungen/Datei-Gewalttaeter-Sport

5., 6., 8. Mal in einer Gruppe angetroffen wird, von der dann in der Folge Gewalt ausgeht, dann ist das schon ein Indiz dafür, dass das wahrscheinlich doch kein Zufall ist. Auch dann gehen wir natürlich sehr differenziert mit den Informationen um. Wir haben regelmäßig ein Problem, dass wir Sachverhalte des täglichen Lebens nicht hinreichend genau in unserem System abbilden können. Ich gebe Ihnen Recht, die einmalige Anwesenheit einer Person in einer Gruppe, von der Gewalttätigkeiten ausgegangen sind, kann nicht dazu führen, dass man als „Gewalttäter Sport" geführt wird. Wir müssen aufpassen, dass man tatsächlich die Menschen mit dem Label versieht, die es auch tatsächlich sind. Ich habe meinen Zweifel, wenn man zum 8., 10. Mal in einer solchen Gruppe angetroffen wird, dies noch dem Zufall geschuldet ist.

Zwischenfrage Interviewer: Ist das in der Praxis auch tatsächlich so? Es erscheint durchaus keine Ausnahme zu sein, dass man bei einmaliger Anwesenheit an einem bestimmten Ort in der Datei erfasst ist. Und ein Herauskommen daraus erscheint unmöglich.

Ich weiß nicht, wie bundesweit mit diesem Instrument umgegangen wird. Ich kann es nicht ausschließen, dass es in Einzelfällen so ist.

Sind Platzverweise, Meldeauflagen und Gefährderansprachen geeignete Mittel, um Gewalt in Fußballstadien zu reduzieren?

Bei Gefährderansprachen wissen wir, dass sie in der Regel auf den ersten Blick tatsächlich nicht viel Erfolg mit sich bringen. Wir haben zum Teil schon Gefährderansprachen in Toilettenpapier eingewickelt zurückgesandt bekommen. Aber es ist der Einstieg, der erste Schritt in einem Prozess verschiedener Maßnahmen, die dann dazu führen, dass wir andere Maßnahmen greifen lassen können: Aufenthaltsverbote, Meldeauflagen, polizeipräventiven Gewahrsam usw.

Sie sind ein erster Schritt, bestimmte Personen von Fußball-Veranstaltungen auszuschließen und ihnen die Möglichkeit zu nehmen, an Fußballveranstaltungen teilzunehmen. Aber wir müssen auch die Richtigen treffen.

Welche weiteren nicht-repressiven Maßnahmen würden Sie einführen, um eine Verbesserung der Sicherheit in Fußballstadien zu erreichen?

Wir müssen stärker vom Täter-Opfer-Ausgleich Gebrauch machen. In der Form, als dass Straftäter verpflichtet werden, sich tatsächlich mit ihrem Opfer ins Benehmen zu setzen; in der Hoffnung, sich anzunähern, die Perspektive des Opfers anzunehmen, sich anzuhören, wie sich das Opfer fühlt. Das könnte durchaus ein geeignetes Mittel sein.
Meldeauflagen, Aufenthaltsverbote, Gefährderansprache – das sind ja schon aus Ihrem Verständnis repressive Maßnahmen?

Antwort Interviewer: Juristisch nicht, vom Empfinden des Betroffenen nach diesseitigen Recherchen schon.

Dialog und Kommunikation als verpflichtendes Element, um sich dem anderen anzunähern, dem Täter die Möglichkeit zu geben, die Perspektive des Anderen zu erfahren, zu erfahren, wie er sich gefühlt hat, als der den Stein an den Kopf bekommen hat oder als die Gruppe auf ihn zugerannt kam, als er mit Beleidigungen konfrontiert wurde usw. Vielleicht muss man den einen oder anderen einfach dazu zwingen [Anm. Interviewer: Hr. Ebert lässt erkennen, dass er *zwingen* in Anführungszeichen verstanden wissen will], sich gemeinsam an den Tisch zu setzen, um einer anderen präventiven oder repressiven Maßnahme zu entgehen, zum Beispiel einem Stadionverbot.

Auf die Frage, ob ein Stadionverbot ein probates Mittel ist, um die Sicherheit zu erhöhen, antworteten bei den Umfragen Σ 60,2 % (n=1.123) eher nein und nein bzw. 51,31 % nein. Wie sehen Sie das?

Wenn wir die Richtigen treffen, schon. Wenn wir den richtigen Personen die Möglichkeit nehmen, an Fußball-Veranstaltungen teilzunehmen und ihnen nicht die Möglichkeit geben, auf andere Fans einzuwirken, dann ist das schon ein Mittel, das Fußball an dieser Stelle auch befriedet. Leider gelingt es uns oft NICHT, die richtigen Menschen mit diesen präventiven Maßnahmen zu belegen, weil wir ja auch wissen, dass die Köpfe in bestimmten Bereichen der Problemfanszene nicht mehr diejenigen sind, die auch tatsächlich aktiv handeln, sondern von hinten steuernd eingreifen und nachwachsende Ultras, die sich profilieren wollen und müssen, vorgeschickt werden, um strafbare Handlungen zu begehen. Die eigentlich führenden Köpfe agieren hingegen aus der Deckung heraus. Wir treffen oft nicht die Richtigen.

54,7 % (n=946) der Befragten der Wiederholungsumfrage empfinden das Verfahren rund um das Stadionverbot im Allgemeinen als nicht rechtsstaatlich; genauer, dass man auf Grundlage des Hausrechts ein bundesweites Stadionverbot bekommen kann Wie stehen Sie zu diesem Punkt?

Dass ein Stadionverbot als zusätzliche Auflage des Gerichts im Rahmen eines Strafverfahrens verhängt werden kann, halte ich für eine gute Möglichkeit, um hier auch den Druck von Polizei und Vereinen zu nehmen. Wenn wir tatsächlich zu einer Verurteilung gekommen sind, dann kann das eine begleitende Maßnahme sein. Regelmäßig greifen auch Stadionverbote aber schon, bevor es zu einer Verurteilung gekommen ist. Wir wissen, wieviel Zeit ins Land geht, bis Gerichte im Verfahren Recht gesprochen haben. So eine Maßnahme – also Stadionverbot – muss aus meiner Sicht sofort und unmittelbar greifen. Wir können nicht abwarten, bis ein Gericht nach ein bis zwei Jahren zu einer Verurteilung gekommen ist. Dann kann auch der junge Straftäter sein Verhalten nicht mehr zuordnen. Stadionverbote können aus meiner Sicht auch unabhängig von einer strafrechtlichen Verurteilung greifen. Ich kann mir aber auch sehr gut vorstellen, Richter an der Entscheidung bereits vor einer Verurteilung zu beteiligen und zusätzlich Stadionverbote als eine Auflage im Rahmen eines zu sprechenden Urteils mit auszusprechen.

Zwischen-Einwurf Interviewer: Eben. 79,4 % (n=946) gaben an, dass wenn ein Stadionverbot unumgänglich ist, es aber erst nach eindeutiger Verurteilung ausgesprochen werden sollte.

Das ist das Problem. Die Ermittlungsverfahren bis zur Anklageerhebung dauern zu lange. Es dauert manchmal Jahre, bis es zu der

Verurteilung kommt, dann erst die Sanktionen greifen zu lassen, ist zu spät und erzielt keine präventive Wirkung mehr.

Aufgrund des aktuellen Prozederes ist überwiegende Meinung, dass faktisch die Polizei entscheidet, gegen wen ein Stadionverbot verhängt wird. Wie sehen Sie das?

Die Polizei empfiehlt, ein Stadionverbot auszusprechen. Es ist deutlich schwieriger geworden, eine rechtskräftige Verurteilung vor Gericht zu erwirken. Vor dem Hintergrund unseres Erfahrungswissens wissen wir, dass in vielen Fällen ausgesprochene Stadionverbote von den Vereinen zurückgenommen werden, weil eine Verurteilung nicht zustande kam oder ggf. nur ein Strafbefehl ausgesprochen wurde.

Das ist ein schwieriger Prozess.

68,7 % (n=925) sind der Auffassung (lehne [sehr] ab), dass die Polizei weder transparent arbeitet noch auf Fragen Anlass entsprechend antwortet. Haben Sie eine Erklärung für diese Einschätzung der Teilnehmer?

In der heutigen Gesellschaft wird natürlich regelmäßig jede polizeiliche Maßnahme, jede Entscheidung einer Verwaltungsbehörde kritisch hinterfragt. Dieser Prozess wird noch weiter zunehmen. Die Akzeptanz staatlicher und behördlicher Maßnahmen ist nicht mehr die, die sie früher war. Die Gesellschaft muss die Frage beantworten, ob jeder Bürger dieser Republik zu jedem Zeitpunkt den Anspruch hat, jede behördliche Maßnahme in Frage zu stellen und an Ort und Stelle eine Antwort zu bekommen.

Es wird regelmäßig nicht gelingen, JEDE polizeiliche Maßnahme, jede ordnungsbehördliche Maßnahme sofort und unmittelbar vor Ort zu erklären und die notwendige Transparenz herstellen zu können. Da gehört ein ganzes Ende Vertrauen der Fans der Polizeigegenüber dazu. Das Verhältnis ist jedoch regelmäßig von Misstrauen begleitet. Auch mir als Polizeiführer wird es nicht gelingen, jedem Fan in jeder Situation, zu erklären, was sich hinter bestimmten polizeilichen Maßnahmen verbirgt. Wir können nur grundsätzliche Dinge erklären, wir können Abläufe transparent darstellen. Dazu gibt es verschiedene Foren, in denen wir das tun. Wir bieten uns immer wieder als Gesprächspartner an, wir haben Twitter im Rahmen der einsatz-taktischen Kommunikation eingeführt, um transparenter zu werden.

Zwischen-Einwurf Interviewer: Mit Stand heute (02.10.2013, 04:00 Uhr) hatte die PI Rostock 693 Follower. Vielleicht sollte die Polizei nochmal deutlich herausstellen, dass bei Twitter das reine Konsu-mieren möglich ist. Dass also die Polizei bei einer Nutzung durch die Fans nicht in der Lage ist, durch das Abrufen der Nachrichten Daten irgendwelcher Art zu erheben. Diese Befürchtung scheint einen Teil der Fans von einer Nutzung abzuhalten.

Was ist für Sie entscheidend für Ihre Beurteilung der Sicher-heitsheitslage bei einem Heimspiel des F.C. Hansa Rostock?
Wir analysieren, wieviel Fans erwartet werden, aus dem Heim-Mannschaftsbereich, aus dem Gäste-Fanbereich. Wir gucken uns an, wie vollziehen sich die Anreisebewegungen. Wir schauen uns an, wie sich zurückliegende Begegnungen zwischen den Mann-schaften dargestellt haben. Gibt es da noch „offene Rechnungen" miteinander; zum Beispiel geraubte Fanbanner, geraubte Fan-schals, was ggf. zusätzlich zur Emotionalisierung beitragen kann. Wir gucken uns an, welche Diskussionen es in den Fanforen gibt. Wie steht man emotional zueinander? Feindschaftlich? Rivalisie-rend? Dahinter verbirgt sich aber oft eine Geschichte: Geraubter Banner zum Beispiel. Wir schauen uns an, wie kooperativ der Gast-verein ist; in der Bereitstellung von Anreisemöglichkeiten und der Betreuung seiner Fans. Wir gucken uns natürlich auch an, zu wel-cher Jahreszeit, zu welcher Tageszeit findet das Spiel statt. Welche Parallel-Veranstaltungen gibt es? Haben wir die Möglichkeit, kanali-siert durch bereitgestellte Busse, Bahnen usw. Fans zum Stadion heranzuführen.
Also eine Vielzahl von Kriterien im Rahmen der Beurteilung der La-ge, die darüber entscheiden, wie wir taktisch an so einen Einsatz herangehen, wie wir uns kräftemäßig aufstellen.

69.7 % (n=1.156) bzw. 70,8 % (n=976) halten die derzeitigen Sicherheitsmaßnahmen in der DKB-Arena für ausreichend. Warum also die ganzen Diskussionen?

Wir sind am Standort Rostock gut aufgestellt. Das war ein langer Prozess. Wir sind aus der ersten Liga gekommen, dann über die zweite, in die dritte Liga abgestiegen. Wir sind von oben nach unten gewachsen. Viele Standorte, die von unten in die oberen Ligen aufsteigen, müssen sich Grundsätze der Einsatzbewältigung in einem langen Prozess erarbeiten. Ich glaube, wir als Polizei in Rostock haben da den Vorteil, dass wir von oben nach unten kamen und dass wir insgesamt zu einer sehr professionellen Zusammenarbeit mit Verein, mit DFB, DFL, mit allen beteiligten Organisationen gefunden haben, weil wir von Anfang an zu 100 Prozent gefordert waren. Davon profitieren wir heute noch.

Wir haben für unsere Konzepte viele taktische Varianten probiert und zu einem guten Konzept gefunden, das wenig Berührungspunkte zwischen den Fans bietet. Das hören wir übrigens auch immer wieder von den Fans selbst, sowohl von den Gästen als auch von den einheimischen Fans. Im Rahmen von Problemspielen und Risikospielen, bei denen auch viele Emotionen mitschwingen, bei denen viele Fans erwartet werden, die regelmäßig dazu führen, dass die Vielzahl von Problemfans mobilisiert werden, haben wir gesonderte Konzepte. Da legen wir auch kräftemäßig drauf, da verändern wir unsere Konzepte deutlich.

Auf die Frage, wer mehr für die Sicherheit im Stadion tun könnte, gaben 20.2% (n=1.074) die Vereinsführung und 26.7% und Fanvertretungen an. Nur 9,0 % fielen auf die Polizei. Warum wird gerade in diesem Punkt die Polizei nicht ganz vorne gesehen?

Ich glaube, dass wir erstens schon sehr viel getan haben. Selbstkritisch passen wir unsere Konzepte den Gegebenheiten an. Ich denke, wir sind geübt und trainiert, uns immer wieder der Lage entsprechend aufzustellen. Darüberhinaus nutzen wir alle Möglichkeiten, die uns Gesetz und Recht bieten.

Ich glaube, die Fans haben schon eine sehr reale Sicht auf die Möglichkeiten, die wir als Polizei haben. Bei aller Kritik, die sich gegenüber der Polizei immer wieder aufmacht, erkennen die Fans auch, dass wir unsere Möglichkeiten ausnutzen.

Stellen die Kennzahlen der „Zentralen Informationsstelle Sporteinsätze" (ZIS) eine geeignete Grundlage zur Beurteilung der Sicherheit im Rahmen von Fußballspielen dar?

Sie bilden das Geschehen rund um Fußball nicht vollumfänglich ab. Zum Beispiel ist die Zahl der einsetzten Kräfte kein Spiegelbild dafür, was tatsächlich im Stadion passiert.

Der Abschaffung der Steh- zugunsten von Sitzplätzen wurde eine Rote Karte erteilt. So bezweifeln 87,7 % (n=954), dass dies die Sicherheit erhöhen würde. Und sogar 88,7 % sind der Überzeugung, dass dies dem Spiel die Stimmung nehmen würde. Wie stehen Sie dazu?

Sitzplätze nehmen Dynamik und Emotionen aus der Situation. „Bewegung schafft Bewegung" sagt man immer. Also Bewegung auf der Tribüne schürt zusätzliche Emotionen und Mobilität. Die Stimmung würde aber aus den Stadien weichen.

Zwischenfrage Interviewer: Nun ist die Südtribüne tatsächlich ja eine Sitztribüne, obwohl alle stehen...?

Wenn man das konsequent umsetzen würde, wäre der Support, den man von dort aus der Mannschaft entgegenbringt, wahrscheinlich nur halb so schön, halb so farbenfroh und halb so emotional, wie er momentan vorgetragen wird. Also es ist schon eine Möglichkeit, EMOTIONEN EINZUGRENZEN und damit auch DYNAMIK aus einer Situation herauszunehmen. Man müsste es nur umsetzen.

Zwischenfrage Interviewer: Also Sitzplatzpflicht dahingehend, dass ein Ordner durch die Reihen geht und stehende Fans zum Hinsetzen auffordert?

Was man androht, muss man auch umsetzen und einhalten. Ja, in der Tat, wir wissen, dass die Südtribüne eine Sitzplatztribüne ist, dass dort gestanden wird und dass der Verein das NICHT umsetzt. Ich weiß, dass auf der Tribüne nur so viele Personen drauf sind, wie

Sitzplätze zur Verfügung stehen. Aber das heißt ja nicht, dass gesessen wird.

Man nimmt mit Sitzplätzen Dynamik aus der Situation, man grenzt Emotionen ein, die Auslöser sein können für gruppendynamische Prozesse, die sich aus Tribünen heraus entwickeln können.

Σ 84,3 % (n=1.049) lehnen eine Kostenübernahme Kosten für Polizeieinsätze durch die Vereine ab und lehne sehr ab. Wie sehen Sie das?

Die Frage ist, wo soll die Grenze sein? Wer soll für Polizeieinsätze bezahlen und wer nicht? Wenn ich dann morgen eine Kundgebung, eine Demonstration anmelde, weil ich meine Grundrechte nach Artikel 8 wahrnehmen möchte, muss ich dann auch künftig für Polizeieinsätze zahlen? Sollen kleine Fußball-Vereine im Bereich des Kinder- und Jugendsportes künftig dafür zahlen, wenn der Kontaktbereichsbeamte vorbeischaut, weil es Probleme mit der Dorfmannschaft nebenan gibt?
Wir würden den Kinder- und Jugendsport kaputt machen. Mir fällt es schwer, eine Grenze zu formulieren. Dass der Verein natürlich seinen Pflichten innerhalb des Stadions erfüllt, ist selbstverständlich. Aber die Verhinderung und die Verfolgung von Straftaten ist ganz klar Sache des Staates. Dafür muss der Steuerzahler Sorge tragen. Ob wir ZWINGEND auch im Stadion anwesend sein müssen – das wurde ja gerade in Gelsenkirchen heftig diskutiert –, lass ich mal dahingestellt.

Haben Sie auch an einer oder beiden Umfragen teilgenommen?

Ich habe an keiner der beiden Umfragen teilgenommen.

Gibt es sonst noch Aspekte, die sie benennen möchten und auf die ich im Interview bislang nicht eingegangen bin?

Ja, die Problematik, dass Ultras zunehmend die demokratischen Mechanismen erkennen, auf die Vereine Einfluss zu nehmen. Das macht mir Sorgen. Weil die breite Masse der Fans dieses Instrument für sich nicht nutzt. Vereine müssen, wenn sie diese Entwicklung stoppen wollen, Möglichkeiten und Instrumente finden, die breite Masse der Fans zu mobilisieren.

Ende des Interviews: 02. Oktober 2013, 11:45 Uhr

Das Transkript meines am 02.10.2013 in der Zeit von 10:25 bis 11:45 Uhr durch Herrn Schwinkendorf geführten Interviews habe ich gelesen. Meine Aussagen wurden richtig und vollständig wiedergegeben.

Ich stimme der Verwendung meiner Aussagen in der Masterarbeit von Herrn Schwinkendorf zum Thema „Fußball und Gewalt - Die Sicht von Zuschauern und Akteuren am Beispiel des F.C. Hansa Rostock" zu.

Ich bestätige, dass der Inhalt des Interviews ausschließlich Herrn Schwinkendorf zur Alleinverwertung in allen Medien zu Verfügung gestellt wird. Ich übertrage Herrn Schwinkendorf für die Dauer von einem Jahr das ausschließliche, danach das einfache Nutzungsrecht.

Rostock, 12. Dezember 2013   Rostock, 05. November 2013

Michael Ebert   Andreas Schwinkendorf

e. Transkript Interview Thomas Abrokat

Der vorliegende Leitfaden umfasst zum ersten Fragen einer Öffentlichen Anhörung des Innenausschusses des Landtags NRW ("Gegen Randalierer im Zusammenhang mit Fußballspielen konsequent vorgehen")[191], zum zweiten solche der „Interdisziplinäreren Untersuchung zur Analyse der neuen Entwicklungen im Lagefeld Fußball" der DHPol[192] und zum dritten Fragen, die sich aus den Umfragen und der Profession des Interviewten ergibt.

Beginn des Interviews: 08. Oktober 2013, 09:12 Uhr

Bitte stellen Sie sich zunächst kurz vor. (aktuelle Tätigkeit, Bezug zum Fußball als Sportereignis)

Mein Name ist Thomas Abrokat, ich bin 41 Jahre alt und bin der Aufsichtsratsvorsitzende des FC Hansa Rostock e. V. Ich bin mit zehn Jahren von meinem Vater ins Stadion mitgenommen worden. Ein klassischer Werdegang in Sachen Fußball also. Ich war von dem Spiel sofort begeistert und bin in der Folge mit Schulkameraden regelmäßig ins Ostseestadion gegangen und wir haben in der Fankurve gestanden. Früher war es noch der Mittelblock. Das wanderte ja im Ostseestadion immer hin und her. Als ich dann 14 war, ging ich nach Berlin aufs Internat und bin 5 Jahre nicht in Rostock gewesen. Trotzdem habe ich weiter Hansa verfolgt. Hansa war immer mein Verein. Und wie es der Zufall so wollte, war ich dann 1999 in das Thema Stadionfinanzierung involviert und habe dies mitbegleitet. So kam es zu den ersten Berührungspunkten mit den Vereinsverantwortlichen und der Vereinsführung. 2008 bin ich aufgrund meiner wirtschaftlichen Kenntnisse, meinem grundsätzlichen Interesse am Verein und meiner Mitgliedschaft angesprochen worden, ob ich mir nicht vorstellen könnte, eine Tätigkeit im Aufsichtsrat auszuüben. Nach diesen vielen, wirklich LEIDVOLLEN Jahren, als der Verein sportlich als auch wirtschaftlich auf einem Tiefpunkt angelangt war, wollten große Teile des damaligen Aufsichtsrates sich nicht mehr der Wiederwahl stellen. Ich hatte mich zu einer „jetzt erst

---

[191] http://www.landtag.nrw.de/portal/WWW/dokumentenarchiv/Dokument/MME1 6-231.pdf.
[192] https://www.dhpol.de/de/medien/downloads/hochschule/08/Abschlussbericht _Lagebild_Fussball.pdf.

Recht-Mentalität entschlossen und wollte in dieser kritischen Phase Verantwortung übernehmen. Es war sicher nicht angenehm, aber ich habe mich mit einer erneuten Kandidatur gestellt, um den Mitgliedern die Chance zu geben, ihr eigenes Urteil zu fällen. Schließlich haben mich dann 89% der Mitglieder gewählt. Mit diesem Wahlergebnis ging natürlich eine enorme Verantwortung einher und ich habe lange gebraucht, um dieses Rollenverständnis eines Aufsichtsratsvorsitzenden zu entwickeln. Nach meinem Verständnis braucht man für dieses Amt einfach eine große Portion Lebenserfahrung. Mittlerweile habe ich mich in diese Rolle hineingedacht und eingearbeitet.

Hinzu kam zu dieser Zeit die sportliche Situation, die ungelöste finanzielle Situation und die geschlossene Südtribüne, was aus meiner Sicht ein untragbarer Zustand war. Das war damals sicherlich den Umständen des St.-Pauli-Spiels im Herbst 2011 geschuldet. Um zunächst einmal darüber nachzudenken, mit welchem Sicherheitskonzepten man in Zukunft weitermacht.

Denn es kann nicht sein, dass sich Fans gegenseitig mit Raketen beschießen und dann am Ende auch gesundheitliche Schäden billigend in Kauf nehmen. Das geht einfach nicht und da müssen wir dann als Verein und Veranstalter dann dafür sorgen, dass ein Fußballspiel in geordneten Bahnen ablaufen kann.

Im Ergebnis ist es aber so, dass wir nach Beurteilung der Gesamtlage zur Erkenntnis gekommen sind, dass wir eine Stimmungstribüne wollen und brauchen. Die Frage war ja dann nur noch, wo. Es gab dann eine Abwägung mit allen beteiligten Fachleuten wie der Polizei, der Task Force und Rainer Friedrich als Veranstaltungsleiter. Es gab eine Einschätzung der Sicherheitslage für jede Option. Schlussendlich haben wir uns dann entschieden, die Südtribüne wieder aufzumachen, weil das auch von der Infrastruktur und den Wegebeziehungen der Zuschauer einfach der beste Platz ist.

Mit dieser Thematik habe ich mich vorher intensiv auseinandergesetzt. Ich habe hierzu viel und ausgewogen gelesen. Darunter waren Einschätzungen von Prof. Feltes oder Herrn Pilz oder, was z.B. die Fananwälte dazu zu sagen haben. Wir haben letztes Jahr eine große Diskussion zu diesem sogenannten sicheren Stadionerlebnis gehabt. Die ich überzogen finde, diese Diskussion, weil sie nicht immer faktenbasiert war.

Was mir auch an dieser Stelle ganz wichtig ist , was die Diskussion betrifft: Es kann nicht sein, dass Verbände, Medien oder Politik mit Finger auf Fußballvereine zeigen und meinen, dass die Vereine die Probleme allein zu lösen haben, die im Stadion entstehen. Ich bin dann immer ganz reflexhaft dabei zu sagen, ob schon mal das Bildungsministerium oder das Sozialministerium gefragt wurden, wie man sich in der Verantwortung sieht. Denn hier handelt es sich um unsere Jugend und jede Gesellschaft hat die Jugend, die sie verdient. Und da sind wir an einem Punkt: Es kann nicht sein, dass man junge Leute mit ihren positiven und MANCHMAL auch negativen Eigenschaften einem Verein überlässt und sich dann auch noch als Politiker hinstellt und sagt „Ihr seid Schuld! Ihr müsst das Problem lösen!" Also den Eindruck hatte ich zumindest. Und wenn ein Verband einen Verein für das Fehlverhalten Dritter bestraft, dann mag dahinter das Kalkül stehen, dass die Fans sich selbst disziplinieren, wenn der Verein bestraft wird. Aber das Kalkül geht leider nicht auf. Und das ist für mich Sippenhaft, das gehört nicht in die heutige Zeit. Genauso, wie es nicht in die heutige Zeit gehört, dass, wenn 1.000 Leute auf einer Tribüne stehen und sich Einer daneben benimmt, alle 999 anderen Leute mit bestraft werden. Das sind eben Grundsätze, an denen ich mich orientiere. Natürlich muss auch der FC Hansa seiner Verantwortung mit allen zur Verfügung stehenden Mitteln gerecht werden und im Rahmen seiner Möglichkeiten sowohl präventiv, als auch repressiv tätig werden.

Was mir noch ganz wichtig ist: Es gibt keine 100-prozentige Sicherheit! Es gibt nur den VERSUCH, dahin zu kommen. Und Jeder, der glaubt, dass es 100-prozentige Sicherheit gibt, der diskutiert an der Realität vorbei. Wir können aber alles dafür tun, um möglichst dicht an das gewünschte Ergebnis heranzukommen. Trotzdem wird es immer wieder Ereignisse geben, die man nicht planen oder vorhersehen kann.

Meine Berührungspunkte zum Thema Polizei sind bisher nicht sehr vielfältig gewesen. Ich kenne Herrn Ebert – den Rostocker Polizeichef – mittlerweile sehr gut, wir haben einen intensiven Dialog, der auch – meine ich – konstruktiv ist. Sicherlich sind die Gespräche auch von einer gewissen Streitkultur geprägt, gar keine Frage, weil es auch unterschiedliche Ansichten und Positionen gibt.

Ich habe beim G8-Gipfel als Anwohner Szenen beobachten müssen, von denen ich etwas entsetzt war von der Polizei. Wie sie vorgegangen ist. Mehr möchte ich dazu einfach nicht sagen. Also als

Anwohner, als Betroffener, als Beobachter. Ich bin da auch in einen Polizeikessel hineingeraten und da habe ich erstmals gemerkt, was das bedeutet. Dass man da erstmal nicht rauskommt, obwohl man vielleicht 50 Schritte weiter seine Haustür hat und mit dieser ganzen Sache nichts zu tun hat.

Ich habe aber auch im Dialog mit Herrn Ebert ein gewisses Verständnis für polizeiliches Handeln entwickeln müssen. Auch das hat man als Normalbürger nicht.

In der Funktion, in der ich mich befinde, ist mir klar, dass ich mich neben sportlichen und wirtschaftlichen Aspekten intensiv mit dem Thema „Fanverhalten im und außerhalb des Stadions" auseinandersetzen muss. Das gilt auch für Hansa Rostock, weil wir vor allem auch in einer Image-Schublade stecken, für die unter anderem auch die Entwicklung aus dem letzten Jahrzehnt verantwortlich ist.

Das Ganze ist für mich insofern auch eine große Herausforderung, weil ich natürlich mit laienhaften Kenntnissen arbeiten muss. Also ich habe keine Grundkenntnisse im Bereich Sicherheit / Veranstaltung, wie das Mitarbeiter im Verein haben. Ich komme eben nicht aus dem Bereich Sicherheit oder Polizei. Also versuche ich die Aufgaben mit gesundem Menschenverstand zu lösen. Deswegen tue ich mich auch schwer, hier als Experte zu fungieren. Ich denke, dass Herr Friedrich [Anm. Interviewer: Rainhard Friedrich ist Vorstandsmitglied, Präventionsverantwortlicher und Veranstaltungsleiter F. C. Hansa Rostock], zumindest was den Erfahrungshintergrund angeht und auch die theoretische Seite, deutlich kompetenter ist als ich.

Zwischeneinwurf Interviewer: Nach Deutungshoheit des Interviewers über das Wording „Experte" ist der Interviewte gerade wegen seines externen Blicks ein Experte in der vorliegenden Sache; Stichwort: Menschenverstand. Rainer Friedrich ist fraglos ein Experte in dem, was er tut, ohne Frage. Gleichwohl ist er wahrscheinlich - wertfrei gemeint – in seiner langjährigen Position verhaftet.

Warum gibt es Gewalt rund um Fußballspiele?

Die Gründe sind ganz vielfältig, glaube ich. Um das pauschal oder mal ganz platt zu sagen: Gewalt ist bedauerlicherweise Bestandteil unserer Gesellschaft. Und da Fußball ein Schmelztiegel ist, da sich also alle gesellschaftlichen Milieus in einem Fußballstadion wiederfinden, ist natürlich auch Gewalt Bestandteil von Fußballspielen, ein Spiegelbild der Gesellschaft. Da gibt es unheimlich viele Ursachen, warum Gewalt entsteht. Das hat etwas mit Raum zu tun, mit Wegebeziehungen, mit Einteilungen in Gut und Böse, auch mit jugendlichem Leichtsinn – wenn wir jetzt über junge Leute sprechen, die Grenzen austesten –, mit Erziehung, also wie gehe ich mit Konflikten um, wie gehe ich mit meinem Gegenüber um, wie respektvoll gehe ich mit meinen Mitmenschen um; und das finden wir in einem Schmelztiegel Fußballstadion.

Ich habe nur ein Problem damit, wenn wir Dinge, die eher keine Gewalt sind, als Gewalt bezeichnen. Dinge, die eventuell hypothetisch zu Gewalt oder Versehrtheit führen können, bezeichnen wir von vornherein als Gewalt.

Zwischenfrage Interviewer: Sie denken da an etwas Bestimmtes?

Ja, z. B. über die Diskussion zum Gebrauch von Pyrotechnik. Auch dort sollte man differenzieren zwischen einem Bengalo im Fanblock und einer Rakete, die rücksichtslos aufs Spielfeld oder in andere Stadionbereiche geschossen wird.

Bei internationalen Spielen wird vom südländischem Flair gesprochen und bei uns sind es gleich Chaoten und Randalierer – das ist mir zu platt.

Das Verhältnis zwischen der Polizei und der Fanszene ist als angespannt zu bezeichnen. Worin sehen Sie die Ursachen hierfür?

Auch hier sind die Gründe wohl vielschichtig und das kann auch am Fehlverhalten in der Vergangenheit auf BEIDEN Seiten liegen.

Dadurch bauen sich Klischees und Feinbilder auf. Das ist das Eine. Dann liegt es an mangelhafter Kommunikation und an mangelhaftem gegenseitigem Verständnis für das Handeln der jeweiligen Seite.

Da kann man glaube ich – und da stecken auch schon viele Antworten drin – schon einige Dinge abschleifen, aber man wird manche Klischees, glaube ich, gar nicht über Bord werfen können, weil sie auch GEPFLEGT werden von beiden Seiten; oder auch GEWOLLT gepflegt werden. Letztlich führt auch nicht transparentes Verhalten zu Problemen. Wenn beide Seiten wirklich das Interesse hätten, dass es nicht zu Ausschreitungen kommt, hätten wir bestimmt einige Ausschreitungen nicht. Noch einmal: Es wird auf Fanseite provoziert und erzeugt, es wird aber auch – ich habe es ja selbst sehen können – von Seiten der Polizei Öl ins Feuer gegossen.

Es gibt überall schwarze Schafe. Ich finde es unehrlich, wenn dann ein Polizeiführer zu mir sagt: „Das gibt's bei mir nicht." Es gibt aber auch Polizeiführer, die das zugeben und sagen „Jawoll, da gucken wir auch hin und das sanktionieren wir auch hinterher." Aber das ist eben sehr unterschiedlich.

Wie schätzen Sie den Kenntnisstand von Verbänden, Polizei und Politik über die Ultra-Bewegung ein?

Also ich glaube, die Polizei hat schon ein umfassendes Bild.

Zwischenfrage Interviewer: Generell?

Na generell, das ist schwer zu beantworten. Aber sie sind zumindest dicht an der Materie dran und haben praktischen Erfahrungshintergrund und beschäftigen sich damit; Ich denke da z.B. an szenekundige Beamte usw.

Bei der Politik – muss ich sagen – habe ich Wenige getroffen, die sich so ERNSTHAFT mit dem Thema auseinandergesetzt haben. Deswegen muss ich insgesamt sagen: Wenn ich die Fragen jetzt insgesamt mit einem Wort beantworten sollte: Ungenügend.

Nachfrage Interviewer: Haben möglicherweise Unkenntnis und Unsicherheit in Bezug auf die Fankultur Probleme im Bereich des Fußballs geschaffen?

Unkenntnis ist nicht ursächlich, aber Unkenntnis oder ungenügende Kenntnis über sein Gegenüber verstärken das Problem, bzw. behindern die Problemlösung. Also verstärken ja, weil ich auch in der Problemlösung nicht weiter komme. Aber in der Problemlösung steht die Unkenntnis absolut im Mittelpunkt.

Wie gestaltet sich in Rostock die Zusammenarbeit vor, während und nach Fußballspielen mit den folgenden Akteuren? Sehen Sie dort Verbesserungsmöglichkeiten?

Beim Akteur Sicherheits- oder Ordnungsdienst des Vereins wird zuvor durch den Interviewer auf die Umfrageergebnisse verwiesen, wonach dieser z. T. deutlicher negativer Kritik (schlechte Qualifikation, überzogenes Einschreiten usw.) ausgesetzt ist und dieser Akteur vor diesem Hintergrund insbesondere von Interesse ist.

Sicherheits- oder Ordnungsdienst: Die Zusammenarbeit kann man immer verbessern. Oder auch die Arbeit unseres Ordnungsdienstes kann immer besser sein als sie ist. Ich möchte allerdings auch dazu sagen, dass es nicht so ganz einfach ist, in einem Ordnungsdienst eine HUNDERT prozentige Qualität zu erreichen. Das hat einfach was mit der Branche zu tun. Das hat was mit den Mitarbeitern zu tun und das hat insbesondere was mit der Fluktuation in einem Ordnungsdienst zu tun. Das heißt, wenn man sehr viel Geld in Ausbildung und in den Ordnungsdienst investiert, heißt das noch lange nicht, dass man diesen Zustand noch in einem halben Jahr hat, weil man unheimlich viel Fluktuation beim Personal hat. Das heißt, man muss das immer wieder nachhalten und darauf einwirken und trotzdem passiert eben Fehlverhalten. Genauso, wie das bei der Polizei und den Fans passiert. Und unsere Aufgabe muss es sein, dieses Fehlverhalten möglichst klein zu halten.

Stadt: Wir haben mit der Hansestadt zu Beginn des Jahres 2013 einen Kooperationsvertrag geschlossen, der viele Punkte – gerade zum Thema Stadion, Fans – betrifft. Da sind wir am Anfang der Zusammenarbeit. Ich glaube, hier müssen wir auch noch mehr Einsicht erzeugen, dass die STADT für ihre Jugend mitverantwortlich ist.

Und wir können der Intermediär sein, der die Brücke baut für den Dialog. Weil oftmals ist es ja so, dass ein sozialpädagogisches Konzept die Leute gar nicht erreicht. Wir haben aber ein Thema, über das wir junge Leute erreichen können. Und da kann man sicher, gerade auch im Bereich Prävention, Erziehung usw., eine ganze Menge gemeinsam machen. Und das sieht auch der Kooperationsvertrag mit der Hansestadt Rostock so vor. Aber es ist noch am Anfang. Ich würde hier also noch nicht von Erfolgen oder bestimmten Maßnahmen sprechen, soweit sind wir noch nicht. Sondern wir erarbeiten im Moment noch Konzepte.

Die Presse möge sich in erster Linie auf die Berichterstattung „Fußball" konzentrieren und nicht darauf, welche Randerscheinungen es gibt und diese in den Mittelpunkt stellen. Das kann nicht sein. Also auch die Medien haben dazu einen Beitrag geleistet, dass wir diese aufgeregte und oftmals nicht faktenbasierte Diskussion haben.

Polizei, ggf. Unterscheidung BuPol und LaPo: Unterschiede gibt es. Ich musste ja auch erst einmal lernen, welche unterschiedlichen Polizeiarten es gibt, auch hier vor Ort. Es gibt Polizeiführer, die stehen für eine sehr repressive Taktik und es gibt Polizeiführer die sich öffnen und die versuchen sich auch sehr deeskalierend, aufzustellen und einzuwirken. Und ich glaube auch, letzteres trifft auf die Rostocker Polizei zu.

Staatsanwaltschaft: Es gibt zumindest einen Staatsanwalt, der immer zu den Spielen da ist. Der ist auch in der Task-Force vertreten. Ich hatte aber bislang – außerhalb der Task-Force Sitzungen - keine Berührungspunkte.

Deutsche Bahn und andere Verkehrsbetriebe: Es gibt da Abstimmungen und Kommunikation. Gerade für uns als Verein ist es wichtig, dass unsere Fans mit Sonderzügen zu den Auswärtsfahrten fahren, weil wir wissen, dass diese Form der Anreise das geringste Konfliktpotential bietet.

Im Moment ist es auch so, dass die Fans das in Eigenverantwortung organisieren und wir das unterstützen. Weil wir festgestellt haben: Wenn WIR das organisieren, haben wir nicht so die Resonanz, als wenn die Fans das selbst tun. Und da ist es besser, wir flankieren das Ganze, als dass wir da eine gegenläufige Sache aufbauen, die am Ende nicht fruchtet oder bei der wir die Leute nicht erreichen. Das ergibt ja keinen Sinn.

Gibt es noch andere Akteure, die Sie in diesem Zusammenhang als wichtig erachten?

Politik. Politik sollte sich stärker in die Verantwortung nehmen.

Betroffene polizeilichen Fehlverhaltens beklagen, dass aufgrund fehlender Kennzeichnung die Überführung der Polizisten in den meisten Fällen ausgeschlossen ist. Vertreter von Gewerkschaften befürchten durch eine Kennzeichnung eine erhöhte Gefährdung der Polizisten und/oder eine ungerechtfertigte Anzeigewelle gegen die Polizisten. Wie stehen Sie dazu?

Aus meiner Sicht muss Fehlverhalten nachvollziehbar sein. Weil sonst hat niemand Verantwortung. Und wenn Fehlverhalten passiert, dann sollte es zumindest anhand einer Ordnungsnummer nachvollzogen werden können oder das Handeln nachvollzogen werden können. Und insofern ist das aus Sicht eines Bürgers einfach geboten, dass ein Polizist auch eine Kennzeichnung hat. Er muss nicht mit seinem realen Namen da stehen.

Und dann muss ich ganz ehrlich sagen, dann dürfte auch kein Richter mehr tätig sein. Richter sind auch nicht anonym, die kennt man auch mit Namen. Die sitzen im Gerichtssaal und hätten im Grunde genommen Ähnliches zu befürchten wie vielleicht ein Polizist. Und es kann ja nicht sein, dass auch zukünftig unsere Richter anonym sind.

Ich habe es ja selbst schon erlebt, wenn man einen Polizisten anspricht und nachfragt nach Namen und Dienstgrad, dann bekommt man keine Antwort. Das geht nicht. Und das ist schon polizeiliches Fehlverhalten. Ich rede hier nicht von Gewaltübergriffen, auch das ist polizeiliches Fehlverhalten und das schürt am Ende Unverständnis beim Gegenüber. Die Reaktion kann dann vielfältig sein. Das hängt dann ab von Erziehung und Erfahrungshintergrund: Der Eine reagiert unverhältnismäßig, mit Gewalt und andere reagieren gar nicht und resignieren und der Nächste schreibt eine große Beschwerde an den Innenminister.

Also ich verstehe jeden Polizisten, der von einem Bürger unfreundlich behandelt wird, dass er darauf nicht unbedingt freundlich reagiert. Aber ansonsten sollte es immer den Anspruch haben, zunächst einmal der Freund und Helfer zu sein. So habe ich das als Kind gelernt und das trifft man leider nicht immer an. Das ist dann manchmal auch oberlehrerhaft oder herablassend. Wie gesagt: Mit Macht kann nicht jeder umgehen, die wird auch mal missbraucht.

Wie stehen Sie in diesem Zusammenhang zu Vereinen wieder die „Blau-Weiß-Rote-Hilfe" oder die „Arbeitsgemeinschaft Fananwälte"?

Wenn es solche Vereine gibt, dann gibt es dafür einen Grund. Dann hat sich dafür eine Grundlage entwickelt, die dafür sorgt, dass sich dann Leute zusammenfinden. Wir stehen im Kontakt mit der Blau-Weiß-Roten-Hilfe.

Aus Sicht der Fans ist es legitim, wenn man sich gegen Fehlverhalten der Polizei dann auch mit Unterstützung durch Fananwälte wehrt. Und wir geben zumindest einen gewissen Raum, dass die Fananwälte ihre Arbeit machen können. Wir sehen die Entwicklung aber auch nicht unkritisch als Verein, weil man dann eventuell aufpassen muss, dass sich das Ganze nicht verselbständigt und dazu da ist, um eben Klientel zu gewinnen. Der Grat ist einfach schmal und deswegen würde ich das nicht jetzt nicht uneingeschränkt positiv betrachten, sondern wir haben da auch immer einen kritischen Blick auf das Thema, weil da eben auch andere Interessen hinterstehen können.

Warum werden immer mehr und ausgefeiltere Überwachungstechnologien (Videoüberwachung, Gesichtserkennung, personalisierte Tickets usw.) eingesetzt, obwohl es nach Einschätzung vieler Experten in den deutschen Stadien keine besonderen Gefahrensituationen gibt?

Anm. Interviewer: Hr. Abrokat schmunzelt. Von daher ergeht die Nachfrage, ob Hr. Abrokat nun im Zwiespalt zwischen privater Meinung und der seiner Position steht.

Der Verein hat ein HOHES Interesse daran, dass das Stadionerlebnis sicher ist. Das ist es auch. Deswegen sehe ich aus jetziger Sicht auch keine Veranlassung, dort grundlegend etwas zu verändern. Misstrauen ist ein Kostentreiber. Das heißt, das Ganze hat eine Kostenkomponente, die uns am Ende fehlt, um in den sportlichen Erfolg oder in Fanarbeit zu investieren. Deswegen haben wir auch aus diesem Grund nur ein geringes Interesse daran, solche Maßnahmen durchzuführen.

Noch mal ganz deutlich: Der F. C. Hansa Rostock hat KEIN unbedingtes Interesse daran, an Körperscannern, an Personalisierung und was Sie noch alles aufgezählt haben. Ich glaube, dass das, was wir da tun, grundsätzlich ausreicht, um eine normale Sicherheitslage zu erzeugen. Man muss jetzt im Stadion nicht mehr Angst haben, als wenn ich einen Bahnhof der Deutschen Bahn oder ein Einkaufzentrum betrete.

Wie hat sich Ihrer Meinung nach die Zusammenarbeit des Vereins F.C. Hansa Rostock mit seinen Fans im Vergleich zu heute verändert? *(n=1.059) Zusammenarbeit hat sich verbessert Ø 3.27*

Wir haben auf der einen Seite die Kommunikation intensiviert. Das ist für mich übrigens das A und O bei diesem ganzen Thema. Dass man miteinander redet. Und wir haben sicherlich auch eine Maßnahme getroffen, die nicht ganz unpopulär war. Wir haben die Südtribüne wiedereröffnet. Es kann natürlich auch sein, dass das Grund war für diese Antwort. Ich glaube aber, es liegt in erster Linie an einer gewissen Transparenz, die wir an den Tag legen und an der Kommunikation mit den Fans. Um – und das ist mir auch ganz wichtig – gegenseitiges Verständnis zu erzeugen. Verständnis für Dinge, die der Verein tut, aber auch Verständnis von Vereinsseite für Dinge, wie Fans ticken oder wie Fans bestimmte Dinge betrachten. Und da muss man versuchen, dass man da auf einen möglichst großen gemeinsamen Nenner kommt. Man wird nicht immer 100-prozentig deckungsgleich übereinstimmen. Aber dazu ist Kommunikation da, um derartige Dinge auszutragen. Und da sind wir - glaube ich – auf einem guten Weg.

Tut der Verein aus Ihrer Sicht genug, um das Gewaltproblem in den Griff zu bekommen? *(n=1.098)* → *54,7% ja*

Aber da sind dann noch 45 % nicht davon überzeugt. Das ist eine große Zahl. Ich kann nur sagen: Das, was in unserer Macht steht, tun wir oder versuchen wir auszuschöpfen. Gerade im präventiven Bereich wird eine Menge getan. Doch hier werden die Ergebnisse erst nach Jahren sichtbar und messbar sein. Und Untätigkeit lassen wir uns an dieser Stelle auch nicht vorwerfen. Wir lassen uns auch gerne beraten, wenn Jemand eine gute Idee hat. Da sind wir nicht beratungsresistent. Aber das muss man uns auch mitteilen.

Wieviele Fans kommen im Durchschnitt in die DKB-Arena, seit der Verein in der Dritten Liga ist?

Momentan liegt unser Zuschauerschnitt bei 10.600.

Welcher Typ Mensch ist der Hansa-Fan?

Das kann ich Ihnen nicht beantworten. Also ich teile Menschen nicht nach Typen und nach Klassen ein. Und ich glaube auch nicht, dass der Hansa-Fan typisierbar ist. Er kommt aus allen gesellschaftlichen Schichten. Da wehr ich mich auch gegen. Ich möchte auch nicht in eine Schublade gesteckt werden. Unsere Vielfalt ist unsere Stärke.

Gibt es in Rostock eine Problemfanszene? Und falls ja, sind dies eher einzelne Fans oder auch ganze Gruppen?
Es gibt keine Problemfanszene. Es gibt in einer Fanszene, die auch sehr heterogen ist, Dominanzgruppen, die versuchen, unterschiedliche Dinge in einer Fanszene durchzusetzen. Das äußert sich ganz unterschiedlich. Das äußert sich in Plakaten, in Spruchbändern. Das äußert sich bei anderen Dominanzgruppen im Einsatz von Pyrotechnik. Und dann gibt's auch wieder Dominanzgruppen, die vielleicht zu Gewalt tendieren oder gewaltgeneigt sind. Wobei die in der Minderheit sind, das muss man auch ganz deutlich sagen an dieser Stelle. Und dann gibt's auch viele Gruppen in einer Fanszene, die

den vorgenannten Themen konträr gegenüberstehen, aber da trotzdem im Block sind, weil sie ihren Verein unterstützen wollen.

Ist in der Rostocker Problemszene eine politische Ausrichtung zu erkennen?

Nein. Politik hat im Stadion auch nichts zu suchen. Aber es gibt immer noch das Vorurteil, und zwar, je weiter die Leute von Rostock weg sind, glauben sie immer noch, hier in Mecklenburg Vorpommern sind alle rechtsradikal.

Zwischeneinwurf Interviewer: Beispiel Pastörs?

Dass NPD-Funktionäre in unserem Stadion nicht geduldet werden und sogar mit Nachdruck von unseren Fans zum Gehen animiert werden, das können Sie ja wieder nur in einem ganz kleinen Beitrag auf der letzten Seite lesen. Dafür bekommen Sie keine großen Schlagzeilen. Und damit bleibt dieses Vorurteil nach wie vor in den Köpfen der Menschen. Deswegen hatte ich ja gesagt, je weiter man von Rostock weg ist, umso manifestierter ist dieses Klischee und je dichter man an Hansa Rostock, an den Themen dran ist... Wir wissen hier vor Ort, dass das nicht stimmt. Schon lange nicht mehr stimmt.

Es gibt die Einteilung der Fans in die Kategorien A, B und C. Diese wird nicht nur durch die Polizei genutzt. Wo würden Sie die Ultras einstufen?
Also erstmal ist Ultra kein fest umrissener Begriff. Zweitens ist die Einordnung A,B und C für JEDEN Zuschauer bestimmt. Das hat erstmal gar nichts mit Ultras zu tun. Nach meiner Einschätzung wird man Ultras in allen drei Kategorien wiederfinden.

Welche Verbesserungen kann es aus Ihrer Sicht in Hinblick auf die Reisewege von Fans geben?
Sonderzüge sind ein Mittel, um die Reise geordneter ablaufen zu lassen. Das heißt nicht, dass man dann gar keine Sorgen mehr hat. Wichtig ist, dass man Fanströme voneinander trennt, um Konflikte

von vornherein möglichst zu vermeiden. Eigentlich sollte Fußball ja etwas Verbindendes haben. Die Leute sollten, also die Auswärts-fans und die Heimfans, miteinander ins Gespräch kommen. Das wäre für mich ein Grundsatz. Aber das geht eben in der heutigen Zeit nicht flächendeckend immer und deswegen ist es für den Verein und alle Beteiligten am sichersten, wenn man sich die Wegebeziehungen anschaut. Um das Stadion herum. Zum Stadion. Vom Bahnhof zum Stadion für die auswärtigen Gäste. Wir versuchen das als Verein, indem wir dann Geld investieren in einen Shuttle-Service, um die auswärtigen Fans direkt ins Stadion zu bringen. Das ist gut investiertes Geld. Auch unsere Stadion-Struktur hat etwas mit den Wegebeziehungen zu tun. Deswegen haben wir die Tribünen für die Auswärtsfans und auch für die Supporter im Südbereich. Das hat auch etwas mit Wegebeziehungen zu tun, um eben auch Konflikte mit anderen Zuschauern zu vermeiden.

Was in diesem Zusammenhang auch noch wichtig ist: Menschen-würdige Einlasssituation. Ein Fußballspiel ist ein Fest. Ein Fußball-spiel ein Erlebnis. Es kann nicht sein, dass ich mir vorkomme, als ob ich gerade ins Gefängnis einchecke. Dass ich nicht menschenwür-dig behandelt werde auf dem Weg zum Stadion. Das kann nicht sein. [Anm. Interviewer: Hr. Abrokat betont jedes Wort einzeln.] Und da muss man auf seinen eigenen Ordnungsdienst einwirken und da muss man auch mit der Polizei über Einsatztaktiken reden. Viele Konflikte – auch gerade, wenn wir große Überschriften in den Zei-tungen in den letzten Monaten hatten – sind durch Einlasssituatio-nen heraufbeschworen worden. In München gab es ja dieses Zelt, bei dem man Leibesvisitationen durchgeführt hat und wo man auch nichts gefunden hat. Das geht zu weit, das ist unverhältnismäßig. Das ist auch nicht im Sinne der Sicherheit.

In welcher Weise sind die Ultras in die Vereinsstrukturen ein-gebunden bzw. nehmen in diesen Einfluss?

Es steht jedem Sympathisanten, dem Hansa wichtig ist, frei, Mitglied zu werden. Und er kann sich auch als Mitglied in die Vereinsarbeit einbringen. Da haben wir uns geöffnet in den letzten Monaten. Wir haben einen Mitgliederbeirat ins Leben gerufen, der sich auf der Mitgliederseite mit verschiedenen Themen, die den Verein betreffen, beschäftigt. Und da kann man nicht ausschließen, oder das wird so sein, dass dann auch Mitglieder dabei sind, die sich als Ultras be-zeichnen. Und sie sind auch herzlich eingeladen, KONSTRUKTIV und im Sinne des F. C. Hansa hier mitzuwirken. Das ist gar keine Frage.

Mit Mittelwerten von 2.14 bzw. 2.48 erachten die Teilnehmer der Wiederholungsumfrage eine Kommunikation mit Ultras und „Problemfans" als notwendig bzw. sinnvoll. Sollten auch aus Ihrer Sicht freie Fangruppen, z.B. Ultras, für Entscheidungsträger als Ansprechpartner wahrgenommen und in Entscheidungsprozesse eingebunden werden? Wenn ja, wie könnte eine Beteiligung aussehen?

Das ergibt sich schon aus der Lizenzierungsordnung, dass der Verein angehalten ist, die Kommunikation mit seinen Fans intensiv zu betreiben. Und das tun wir auch. Wir haben den Fanbeauftragten in der Abteilung Fanbetreuung. Der pflegt den Dialog und natürlich kann sich da die Vereinsführung nicht rausnehmen und pflegt den Dialog. Und da nehme ich mich auch nicht raus. Wir können eigentlich nur versuchen, durch Kommunikation gewisse Einsichten zu erzeugen, um dann Konflikte zu vermeiden oder möglichst klein zu halten. Das tun wir und das ist uns auch schon gelungen in der Vergangenheit. Aber wenn Sie etwas VERMEIDEN, dann ist das in der Regel etwas, was Niemandem auffällt. Das heißt, die Erfolge die man dann auch in der Fanarbeit erzielt, die werden nicht sofort sichtbar bzw. manchmal auch unsichtbar, weil es dann Nicht-Ereignisse sind.

Wird durch das strikte Verbot von Pyrotechnik die Gefahr von Unfällen, durch einen dann illegal erfolgenden Einsatz, erhöht?

Auch das ist hypothetisch. Aber das kann man nicht ausschließen. Es könnte dazu führen, dass der Einsatz von Pyrotechnik in einer gewissen Anonymität durchgeführt wird, weil es ja sonst sanktioniert wird und das kann dazu führen, dass dadurch mehr Schäden angerichtet werden, als wenn es legal durchgeführt werden könnte. Aber das ist wirklich hypothetisch.

Welche Auswirkungen hätte die Legalisierung von Pyrotechnik, z.B. in definierten und unter besonderer Sicherheits-Beobachtung stehenden Bereichen eines Stadions?

Also nach meiner Auffassung würde es sehr viel Konfliktpotential zwischen Fans und Verband reduzieren.

Ich glaube, das ist ein Kern in der Diskussion zwischen Verbänden und Fangruppierungen, die Pyrotechnik. Es diskutiert ja niemand darüber, ob man Gewalt im Stadion haben muss oder nicht. Darüber diskutieren auch die Fans nicht. Mit einer Legalisierung hätten wir wahrscheinlich 80,0 % weniger Konfliktpotential. Das ist mein persönlicher Eindruck, das kann man natürlich nicht messen.

Nachfrage Interviewer: Legalisierung im kompletten Stadion oder nur in bestimmten Bereichen?

Wenn es der Sicherheit und einer möglichen Beendigung der Pyrodiskussion dienlich ist, dann sollte man vielleicht darüber nachdenken, es in einem geordneten Zustand ablaufen zu lassen.

Ich persönlich stehe da nicht 100-prozentig dahinter. Also ich kann ein Fußballspiel auch ohne Pyrotechnik ganz entspannt konsumieren. Ich glaube aber, dass man bei einem etwas entspannteren Umgang mit dem Thema viel Konfliktpotential erledigen könnte.

Bei beiden Umfragen stimmte der Aussage _„Pyrotechnik und Feuerwerk gehören zu einem Fußballspiel dazu. Man sollte sie erlauben."_ jeweils mehr als die Hälfte (2012, n=1.180, Σ 54,9 %; 2013, n=1.015, Σ 53,0 %) zu bzw. sehr zu. Wie erklären Sie sich diese Faszination?

Also ich habe einen guten Freund, bei dem leuchten die Augen, wenn er Pyrotechnik sieht. Und mir ist es gleich. Also das ist eine Frage der persönlichen Neigung. Und das würde ich auch zulassen. Also ich würden niemandem vorschreiben, was er gut findet oder was er schlecht findet.

Ich muss ja sagen, es ist ja EIN Stilmittel von VIELEN. Es gibt auch andere Stilmittel in einer Fankurve. Und ich persönlich würde mich jetzt nicht drauf festlegen, dass man das nun ganz zwingend im Stadion haben muss.

Sind Repressionen und Sanktionen geeignete Maßnahmen, um Sicherheit rund um Fußballspiele nachhaltig herzustellen?

Ja, aber nur dann, wenn sie maßvoll passieren, transparent passieren und nach dem Grundsatz der Verhältnismäßigkeit.

Wie beurteilen Sie die Videoüberwachung, Gesichtserkennung oder Ausweisscanner im Hinblick auf die Erhöhung der Sicherheit im Fußballstadion?

Also einen Zusammenhang zwischen Einsatz dieser Hilfsmittel und Erhöhung der Sicherheit im Stadion kann ich nicht erkennen. Hilft wenig. In der Betriebswirtschaft würde ich sagen: Die Grenzerlöse sind niedriger als die Grenzkosten. Das heißt, der Aufwand, den ich betreibe, ist überproportional höher als das, was ich am Ende an Ertrag bekomme. So würde ich das auch bei diesen Dingen sehen. Ich glaube, es hilft vielleicht ein bisschen, aber man erreicht damit nicht die Ziele, die man vielleicht erreichen will. Man trifft sowieso oftmals die Falschen. Weil DIE, die man treffen will, werden sich diesen Dingen entziehen; wie auch immer. Das ist immer so ein Katz-und-Maus-Spiel: Wenn ich hier irgendwo eine Mauer aufbaue, dann gehe ich halt an der Seite vorbei. Und wenn ich die nächste aufbaue, gehe ich eben an der anderen Seite vorbei. Und so macht man das Spiel unendlich lange bis überall Mauern stehen und sich Jeder dann fragt „Warum haben wir das eigentlich hier gemacht?" Und am Ende haben wir ja doch nichts erreicht damit. Und noch mal: Misstrauen ist ein Kostentreiber. Und ich investiere das Geld lieber in Fanarbeit und in Prävention als in Sicherheitstechnik.

Stellt die Datei „Gewalttäter Sport" ein geeignetes Mittel dar, um mehr Sicherheit im Stadion herzustellen?

Also zunächst einmal ist eine Datei ein Controlling-Instrument, dient also im Grunde genommen nur der Entscheidungsfindung. Ich weiß nicht, wie das die Sicherheit erhöhen kann. Und wenn ich weiß, wie diese Datei befüllt wird und mit WELCHEN Daten sie befüllt wird... Ich habe einige Beispiele gesehen, da habe ich mit dem Kopf geschüttelt.

Wie wirkt sich Ihrer Meinung nach die Datei auf das Staatsverständnis und damit das Verständnis von Recht und Gesetz von jungen Menschen aus?

Das ist nicht förderlich. Ich habe noch niemanden getroffen, der die Datei gut fand. Ich habe aber ganz viele Menschen getroffen, die da ihre Probleme mit haben.

Wie beurteilen Sie die Wirksamkeit von Meldeauflagen für bestimmte Personen bei der Polizei, damit diese nicht an einem Fußballspiel teilnehmen oder sich in dessen Umgebung aufhalten können?
Also wenn die Meldeauflagen befolgt werden, dann ist die Wirksamkeit sehr hoch. Die Meldeauflage ist auch ein Mittel, für das man am Ende schon einiges getan haben muss, um Opfer einer Meldeauflage zu sein. Ich glaube, das kommt ganz zum Schluss der Sanktionskette.

Ist das NKSS ein geeignetes Mittel, um eine flächendeckende Beteiligung der Fangruppierungen zu erreichen?

Nein, weil man müsste die Fangruppierungen vielleicht mal dran beteiligen.

Welche weiteren nicht-repressiven Maßnahmen würden Sie einführen, um eine Verbesserung der Sicherheit in Fußballstadien zu erreichen?

Also wenn ich das wüsste, dann müsste ich handeln. Ich habe Ihnen ja ein paar Beispiele genannt, die wir umsetzen. Wir haben als erster Verein ein Wahlpflichtfach mit „Hansa Rostock und ich" in Zusammenarbeit mit lokalen Schulen ins Leben gerufen, welches von der Bundesligastiftung prämiert worden ist. Wir arbeiten Hand in Hand mit dem kommunalen Fanprojekt, usw. Wir nehmen auch hier unsere gesellschaftliche Verantwortung sehr ernst. Wenn wir mehr finanzielle Mittel hätten, könnten wir auch mehr im Bereich Jugendarbeit tun. Aber da sind wir dann auch auf Hilfe Dritter angewiesen, die auch ein ureigenstes Interesse daran haben MÜSSTEN, dass wir als Verein diese Arbeit leisten können.

Nachfrage Interviewer: Das heißt, mit einem fiskalischen Hilfspaket des Landes wäre da eine ganze Menge machbar?

Es ist ja nicht immer nur fiskalisch. Das kann ja auch eine Zusammenarbeit sein. Eine PERSONELLE Unterstützung, Kooperation etc.

Welcher Nutzen ergibt sich durch Stadion- bzw. Stadtverbote, welcher Schaden entsteht hierdurch?

Der Nutzen von Stadionverboten? Ich glaube, der ist pädagogisch nicht so hoch. Für mich sind Stadionverbote wirklich das allerallerletzte Mittel, um jemanden zu sanktionieren. Aber ich weiß nicht, ob es was hilft, wenn man einen von einem Stadionverbot Betroffenen aus seinem sozialen Umfeld ausgrenzt, was man damit erreichen will. Man verlagert das Problem ja eigentlich nur vor das Stadion. Das ist eine sehr kurzfristige, sehr kurzsichtige Maßnahme, die sicherlich dazu führt, dass man im Stadion nichts zu erwarten hat von dieser Person. Keine Frage, weil er kann ja nicht im Stadion sein. Aber man verlagert das GESELLSCHAFTLICHE Problem eigentlich nur von Tür zu Tür, mehr macht man nicht.

Können Sie sagen, wieviele Stadionverbote für Hansa-Fans beantragt wurden und wieviele bereits verhängt wurden?
Wir haben aktuell 56 Stadionverbote gegen Hansa-Fans. Davon haben wir 2 selbst ausgesprochen. Das heißt, die anderen Stadionverbote sind von anderen Vereinen ausgesprochen worden. Und daran können Sie auch in etwa bemessen, wie inflationär wir mit Stadionverboten umgehen. Also in den beiden Fällen war es einfach nicht anders handhabbar. Da ging es auch um Straftaten gegen Leib und Gesundheit. Das tolerieren wir nicht.

Auf die Frage, ob ein Stadionverbot ein probates Mittel ist, um die Sicherheit zu erhöhen, antworteten bei den Umfragen Σ 60,2 % (n=1.123) eher nein und nein bzw. 51,31 % nein. Wie sehen Sie das?

Das sehe ich ganz genauso. Nein. Das sollte das letzte Mittel sein.

54,7 % (n=946) der Befragten der Wiederholungsumfrage empfanden das Verfahren rund um das Stadionverbot im Allgemeinen als nicht rechtsstaatlich. Liegt hierin die Ursache, dass die Akzeptanz der Verhängung eines Stadionverbotes durch ein Gericht bei beiden Umfragen deutlich über einer solchen durch den Verein?

Wie wollen Sie Einsicht erzeugen, wenn Sie ein intransparentes, nicht rechtsstaatliches Verfahren haben. Dann werden Sie bei dem Betroffenen erst recht keine Einsicht für eine Entscheidung, für eine Sanktion erreichen; definitiv nicht. Es kann auch sein, dass man mit einem transparenten, rechtsstaatlichen Verfahren keine Einsicht erzeugt, aber wenn man nicht einmal das tun, dann brauchen Sie gar nicht erst darauf zu hoffen.

Aufgrund des aktuellen Prozederes ist die überwiegende Meinung, dass faktisch die Polizei entscheidet, gegen wen ein Stadionverbot verhängt wird. Wie sehen Sie das?

Die Polizei kann beim Stadionverbotsbeauftragten ein Stadionverbot beantragen, aber sie kann nicht mitentscheiden. EIGENTLICH wäre das auch nicht sachgerecht.

79,4 % (n=946) gaben an, dass wenn ein Stadionverbot unumgänglich ist, es aber erst nach eindeutiger Verurteilung ausgesprochen werden sollte. Sehen Sie das auch so?

Wenn man ein Problem mit dem Zeitablauf hat, für eine Bestrafung oder bis ein Verfahren überhaupt durchgeführt ist, dann muss man das organisieren. Dann muss man sich über den Prozess Gedanken machen. Aber nicht in ein Muster verfallen: „Also wenn das zwei Jahre dauert, so lange können wir nicht warten. Und dann machen wir halt ein Verfahren, dass nicht rechtsstaatlich oder intransparent ist." Das ist nicht zielführend.

Nachfrage Interviewer: Sollte man dann warten, bis das Gericht für Recht erkannt hat?

Man kann das sicher an die Richter weitergeben, diese Entscheidung. Wenn man aber auch als Verein in der Lage ist, ein transparentes Verfahren durchzuführen, und es hilft, und es schneller ist, dann sollte man letzteres tun.

Aber nochmal: Am saubersten ist es natürlich, wenn ein Richter ein Stadionverbot verhängt und nicht irgendjemand, der dazu gar nicht kompetent genug ist.

Welcher Aufwand ist notwendig, um Stadion- bzw. Stadtverbote durchzusetzen?

Das kann Rainer Friedrich besser beantworten, der unserer Stadionverbotsbeauftragter ist. Aber mit Sicherheit wird das ein gewisser Aufwand sein. Man hat auch eine gewisse Kenntnis vor Ort. Bei 56 Stadionverboten muss man aber bestimmt keine wahnsinnigen Maßnahmen aufbauen. Man kennt die betroffenen Personen. Wobei ich nicht ausschließen will, dass jemand, der ein Stadionverbot hat, doch ins Stadion kommt, weil er sich vielleicht in einem Stadionbereich aufhält, in dem man ihn nicht vermutet und wo dann vielleicht kein szenekundiger Ordner steht.

Σ 68,7 % (n=925) sind der Auffassung (lehne (sehr) ab), dass die Polizei weder transparent arbeitet noch auf Fragen Anlass entsprechend antwortet. Haben Sie eine Erklärung für diese Einschätzung der Teilnehmer?

Man könnte bestimmte Dinge einfach vermeiden, wenn man mehr aufeinander zugeht. Das ist überall so im Leben.

Wie bewerten Sie das DFL Sicherheitskonzept „sicheres Stadionerlebnis"?
Ich halte es deswegen nicht für zielführend, weil man die Anspruchsgruppen, die dazu gehören, nicht alle eingebunden hat.

Sprich: Die Fans. Also wenn man sich mit den Fans an einen Tisch gesetzt hätte zu dem Thema, dann hätte man sicher auch GE-MEINSAM noch eine höhere Sicherheit erzeugen können. Wenn man denn will. Aber wenn man das im stillen Kämmerlein macht und den Betroffenen dann vorsetzt, dann muss man sich nicht wundern, dass man Protest erntet.

Wie ist der Alkoholausschank an Spieltagen in der Stadt, im Stadionumfeld und im Stadion geregelt? Wird die Polizei bei der Frage des Vollbierausschanks in den oben genannten Bereichen beteiligt?

Wir haben ein Lizenzierungsverfahren. In diesem Lizenzierungsverfahren müssen wir auch bestimmte Behörden involvieren, das heißt, ich brauche ein Bauamt, das mir bestätigt, dass mein Stadion baulich sicher ist. Ich brauche allerdings auch die Polizei, die das Sicherheitskonzept des Vereins absegnet. Und in diesem Zusammenhang hat die Polizei auch eine gewisse Direktive, was den Alkoholausschank zu bestimmten Spielen betrifft. Da sind wir nicht frei in der Entscheidung. Wir als Verein würden sicherlich gerne immer Alkohol ausschenken, die Polizei hat da aber Mitspracherecht.

Nachfrage Interviewer: Nur Mitspracherecht?

Nein, sie hat im Grunde genommen auch sehr gute Argumente, so will ich das mal formulieren.

Was ist für Sie entscheidend für Ihre Beurteilung der Sicherheitsheitslage bei einem Heimspiel des F.C. Hansa Rostock?
Also drei Dinge. Einmal der Spielgegner. Das demzufolge zu erwartende Zuschaueraufkommen. Weil die Sicherheit wird natürlich, je nach Zuschaueraufkommen, auch stufenweise aufgebaut. So ab 10.000 Zuschauer ist das ein ganz anderer Aufwand als darunter. Und auch die Erfahrungen aus der Vergangenheit, ob es zu Konflikten mit anderen Fanszenen gekommen ist. Ob es da Feinbilder gibt, Klischees, die wieder gepflegt werden, Derbys. Das kann ganz vielfältig sein. Manchmal ist es halt auch so, da wurde bei einem Verein vor zwei Jahren eine Fahne geklaut und seitdem gibt es da Konflikt-

potential. Dann kann man damit rechnen, dass es zu einer Gegen-
maßnahme kommt.

**Auf die Frage, wer mehr für die Sicherheit im Stadion tun könn-
te, gaben 20.2% (n=1.074) die Vereinsführung und 26.7% und
Fanvertretungen an. Nur 9,0 % fielen auf die Polizei. Warum
wird gerade in diesem Punkt die Polizei nicht ganz vorne gesehen?**

Die Polizei ist eigentlich gar kein Bestandteil IM Stadion, sondern
eher außerhalb des Stadions. Vielleicht ist das ein Grund für die
Antwort. Ich glaube, dass die Polizei AUCH ein wichtiger Bestandteil
für das Thema Stadionsicherheit ist, weil es schon Unterschiede in
der Polizeiführung gibt. Der Eine möchte eine sehr repressive Taktik
fahren und der andere eben eine Deeskalationstaktik. Und schon
hat man einen Einfluss auf die Sicherheit im Stadion. Weil mit einer
sehr repressiven Taktik können Sie Konflikte provozieren, die vielleicht nicht entstanden wären mit einer zurückhaltenden Taktik, bei
der die Polizei gar nicht zu sehen ist.

Wir haben in Rostock gemeinsam mit der Polizei in den Gesprächen
herausgearbeitet, dass sich die Polizei, was die Mannstärke angeht,
künftig deutlich kleiner aufstellt und dass sie sich eher im Hintergrund hält, um gar nicht erst zusätzliche Konflikte zu provozieren.

**Der Aussage „Die strikte Fantrennung hilft, Gewalt zu verhin-
dern" stimmen 76,2 % (n=925) zu bzw. sehr zu. Mit 71,0 % akzeptieren überdies knapp ¾ die Absperrungen an den Spieltagen. Überrascht Sie diese deutliche Zustimmung und wie erklären Sie sich diese?**

Ich hatte Ihnen ja gesagt, dass wir als Verein darauf Wert legen, die
Wegebeziehungen so zu gestalten, dass möglichst wenig Konfliktpotential entsteht. Ich finde es eigentlich schade, weil eigentlich
muss ein Fußballspiel was Verbindendes haben. Normalerweise
sollten wir diejenigen, die als Gäste herkommen, freundlich empfangen und auch freundlich wieder verabschieden. Wir sollten eigentlich stolz darauf sein, Gastgeber zu sein. Es kehrt sich in der Realität aber um. Es werden Feindbilder aufgebaut oder man provoziert
sich. Auch das ist vielleicht Ausfluss unserer Gesellschaft. Mir wäre
es lieber, wir bräuchten das nicht, aber wir machen das, weil es am

Ende für den Verein das Beste ist. Insbesondere aber für die Zuschauer, weil es die wenigsten Konflikte hervorruft.

Zum Fußballspiel gegen FC Rot-Weiß Erfurt am 18.05.2013 kommunizierte die Rostocker Polizei erstmal via Twitter. Mittlerweile hat die PI Rostock über 600 Follower. Was denken Sie über diesen Schritt der Kommunikation?

Ich benutze Twitter selbst nicht, deshalb kenne ich jetzt nicht die Einzelheiten. Ich weiß nur, es ist eine Form der Kommunikation und wenn man kommuniziert, dann ist man schon ein Schritt weiter. Und deswegen ist das zu begrüßen. Zumindest ist es Transparenz und Information. Twitter ist ja kein Dialoginstrument, sondern ein Informationsinstrument und da kann die Polizei zeitnah Informationen transportieren, die wiederum für Verständnis sorgen können.

Sehen Sie generell Verbesserungsmöglichkeiten hinsichtlich des Informationsmanagements?

Immer. Für mich ist Kommunikation in diesem Konflikt ein ganz zentraler Punkt und deswegen kann es nicht genug Kommunikation geben. Ich würde mir jetzt aber nicht anmaßen, der Polizei jetzt Ratschläge zu geben.

Es gibt ja auch den Wunsch seitens der Rostocker Polizei, mit den Fans in den Dialog zu treten, um Einsicht in polizeiliches Handeln zu erzeugen. Die Brücke bauen wir ja auch. Diesen Dialog flankieren wir auch als Verein oder versuchen wir zu befördern.

Stellen die Kennzahlen der „Zentralen Informationsstelle Sporteinsätze" (ZIS) eine geeignete Grundlage zur Beurteilung der Sicherheit im Rahmen von Fußballspielen dar?

Also die ZIS versucht, Sicherheit weitestgehend anhand zurückliegender Ereignisse vorauszusagen. Das ist schwierig und deswegen ist das wahrscheinlich auch eher der Blick in die Glaskugel. Wir versuchen als Verein, wenn wir eine Sicherheitslage für ein kommendes Spiel beurteilen, natürlich die Vergangenheit einfließen zu lassen. Wir lassen aber auch die aktuelle Situation und mögliche Szenarien, die sich daraus entwickeln könnten, einfließen. Das ist deutlich valider, als wenn man nur auf eine Datensammlung zurückgreift, die auch – und das wissen wir ja, wie solche Datenbanken befüllt sind – nicht immer valide sein muss. Und es gehen auch unterschiedliche Bewertungen in die ZIS ein, von unterschiedlichen Leuten. Und dadurch ist der Inhalt aus meiner Sicht nicht konsistent.

Wie müsste die ZIS optimiert werden, sodass z.B. aussagekräftige Daten in Bezug auf Verursacher der Gewalt und Verletzungen im Zusammenhang mit Fußballspielen erhoben werden können?

Solange man kein Qualitätsmanagement für die Befüllung der Daten hat, wird man immer einen Datenfriedhof erzeugen, mit dem man nichts anfangen kann. Es werden z.B. nur die eröffnete Strafverfahren genannt, aber die anschließende Einstellung von diesen Strafverfahren überhaupt nicht erfasst. Auch über die erfassten Verletzungen kann man nur mutmaßen, ob diese durch körperliche Gewalt, durch Selbstverschulden, Unfälle oder auch durch Polizeigewalt (z.B. Einsatz von Pfefferspray) entstanden sind.

Wie bewerten Sie den Einsatz von StaatsanwältInnen vor Ort (im Stadion)? Wie bewerten Sie in diesem Zusammenhang Vorschläge, auch RichterInnen für die Durchführung möglicher Schnellverfahren im Stadion einzusetzen?

Ich glaube nicht, dass das zwingend erforderlich ist, Schnellverfahren durchzuführen. Das ist auch eher ein populistischer Ruf. Wenn irgendein Ereignis passiert, dann stellt sich ein Politiker hin und sagt, dass das jetzt alles anders gemacht werden muss. Manchmal ist es auch gut, wenn man Dinge in Ruhe und vernünftig untersucht, dann kommt man zu einem besseren Urteil, als wenn man abends im Affekt irgendein Urteil fällt. Richter und Staatsanwälte sind auch nur Menschen.

Der Abschaffung der Steh- zugunsten von Sitzplätzen wurde eine Rote Karte erteilt. So bezweifeln 87,7 % (n=954), dass dies die Sicherheit erhöhen würde. Und sogar 88,7 % sind der Überzeugung, dass dies dem Spiel die Stimmung nehmen würde. Wie stehen Sie dazu?

Ich glaube auch nicht, dass die Abschaffung der Stehplätze die Sicherheit nachhaltig erhöht und es würde die Kultur des Fußballs zerstören. Auf einer Stehtribüne bewege ich mich anders als wenn ich mich mit meiner Familie jetzt in den Familienblock setze. Auf einer Stehtribüne will ich ja auch mit Leuten kommunizieren und das kann ich natürlich in einer ganz anderen Atmosphäre machen in einem Stehplatzbereich als in einem Sitzplatzbereich, weil ich da nicht so beweglich bin. Und da würde dann auch − glaube ich − der eine oder andere nicht mehr ins Stadion gehen, weil er sagt, dann kann er sich auch gleich in den Fernsehsessel setzen und zuhause bleiben. Das wollen wir nicht, weil das auch der Stimmung abträglich ist. Ich will auch noch eine gewisse Stadionatmosphäre beim Fußball. Das gehört für mich genauso dazu.

Σ 84,3 % (n=1.049) lehnen eine Kostenübernahme Kosten für Polizeieinsätze durch die Vereine ab und lehne sehr ab. Wie stehen Sie zur folgenden Aussage?

Dann möchte ich auch, dass Alle so behandelt werden. Das heißt, dann zahlt die Hansesail für den Hubschrauber, der mehrere Tage über dem Stadthafen fliegt. Dann muss jeder Großveranstalter den Polizeieinsatz tragen und dann tun wir das als Verein auch. Das ist allerdings nicht unbedingt zielführend, weil wir sind alle Steuerzahler und das widerspricht einigen Prinzipien, das so zu tun. Und deshalb sage ich auch ganz klar: Wir lehnen eine Kostenübernahme ab. Das ist eine hoheitliche Aufgabe.

Haben Sie auch an einer oder beiden Umfragen teilgenommen?

An beiden.

Gibt es sonst noch Aspekte, die sie benennen möchten und auf die ich im Interview bislang nicht eingegangen bin?

Das Spektrum war ziemlich breit. Da fällt mir jetzt so nichts ein.

Ende des Interviews: 08. Oktober 2013, 10:43 Uhr

Das Transkript meines am 08.10.2013 in der Zeit von 09:12 bis 10:43 Uhr durch Herrn Schwinkendorf geführten Interviews habe ich gelesen. Meine Aussagen wurden richtig und vollständig wiedergegeben.

Ich stimme der Verwendung meiner Aussagen in der Masterarbeit von Herrn Schwinkendorf zum Thema „Fußball und Gewalt - Die Sicht von Zuschauern und Akteuren am Beispiel des F.C. Hansa Rostock" zu.

Rostock,29. November 2013	Rostock, 04.11.2013
Thomas Abrokat	Andreas Schwinkendorf

f. Transkript Radio-Interview Kai-Uwe Theede[193]

Didjurgeit: Kai-Uwe Theede ist Richter am Oberlandesgericht Rostock. Und saß seit der Gründung in dieser Task-Force. Vergangene Woche hat er hingeschmissen, er kann sich mit dieser Arbeitsgruppe nicht mehr identifizieren.

Theede: Der Weg ist falsch, der jetzt gegangen wird und das muss jetzt auch in die Öffentlichkeit.

Didjurgeit: Kai-Uwe Theede kritisiert u. a., dass seiner Meinung nach der F. C. Hansa an ernsthafter Beratung überhaupt nicht interessiert sei. Als Beispiel führt der 49-Jährige an, dass es der Task-Force nicht einmal möglich gewesen sei, Einblick in jenen Maßnahmenkatalog zu bekommen, in dem aufgeführt ist, wie Fehlverhalten der Fans durch den Verein sanktioniert wird.

Theede: Die Task-Force ist ein Beratungsgremium des F. C. Hansa Rostock und diese Kern-, Basisinformationen, anhand derer man auch weitere Empfehlungen aussprechen könnte bei Verfehlungen auf der Südtribüne, die werden dem Gremium in toto vorenthalten. Das geht einfach nicht. Und da hätte auch MEIN Aufschrei viel FRÜHER kommen müssen.

Didjurgeit: Beim F. C. Hansa versteht man diesen Aufschrei indes gar nicht. Vorstandsmitglied Rainer Friedrich leitet die besagte Task-Force und er beruft sich darauf, dass es zwischen Verein und Fanszene nunmal bestimmte Absprachen gibt.

---

[193] Theede, Kai-Uwe und Friedrich, Rainer. 2013. Theedes Aufschrei: "Hansa auf falschem Weg". [Befragte Person] Jan Didjurgeit. http://www.ndr.de/ndr2/audio178881.html. NDR.de, Rostock : Norddeutscher Rundfunk, 21. 10 2013.

Friedrich: Ich denke schon, dass die Task-Force als solches inhaltlichen Einblick hat. Trotzdem geht es darum, dass wir bestimmte Vereinbarungen haben und ich denke, dass wir alle gut daran tun, dass wir uns auch daran halten.

Didjurgeit: Vor knapp einem Jahr bei der Wahl zum Aufsichtsrat hatte die selbst ernannte Fanszene für vier Kandidaten massiv Stimmung gemacht. Alle vier, darunter auch der neue Vorsitzende Thomas Abrokat schafften daraufhin problemlos den Sprung ins höchste Club-Gremium. Auch, weil es ANGEBLICH feste Zusagen, wie Absetzung es alten Vorstands und Wiedereröffnung der Südtribüne gegeben haben soll. Kai-Uwe Theede sieht diese NEUE Nähe des Vereins zu der aktiven Fanszene sehr kritisch

Theede: Es ist natürlich auf der Hand liegend ein Problem. Das ist ja nicht zu leugnen, dass jetzt der Aufsichtsrat Ultra-Interessen in einem Sinne vertritt, wie es bislang nicht der Fall gewesen ist. Nur, man muss dann eben auch für sich selbst entscheiden, ob man diesen Weg noch mitgehen kann. Und für mich ist der Weg an dieser Stelle jetzt zuende.

Didjurgeit: Der Verein also jetzt im Würgegriff der Ultras? Vorstandsmitglied Friedrich sieht das nicht so.

Friedrich: Also ich finde es natürlich legitim, wenn sich innerhalb eines Vereins, Gruppierungen in einem demokratischen Prozess um Meinungsbildung bemühen. Dass es zu eventuellen Unterwanderungen käme oder kommen könnte, das sehe ich so nicht. Nein.

Didjurgeit: Kai-Uwe Theede macht sich dagegen große Sorgen. Vor allem auch beim Blick auf eine angebliche Personalentscheidung bei der Zusammensetzung einer Arbeitsgruppe, die sich mit Vorfällen auf der Stadion-Südtribüne beschäftigt.

Theede: Wenn im Stadion jemand über die Balustraden geht und aus dem Fanbereich der Gegner eine Fahne klaut und sich daran Jemand beteiligt, dann würde ICH meinen, der sollte NICHT Mitglied in der Arbeitsgruppe Südtribüne sein. Das sieht der Verein aber anders und das sieht er auch UNBERATEN anders.

Didjurgeit: Ein mutmaßlicher Krawallmacher Mitglied in einer Arbeitsgruppe? Auch hier widerspricht Vorstandsmitglied Rainer Friedrich.

Friedrich: Das kann ich hier SO nicht bestätigen.

Didjurgeit: In einem Punkt sind sich dann aber ausnahmsweise doch Alle einig: Der Weg hin zu einer friedlichen Fankultur, der ist beim F. C. Hansa noch sehr sehr weit.

II. Fragebögen der Online-Umfrage

g. Muster Fragebogen 1

Ruhr-Universität Bochum

Lehrstuhl für Kriminologie

Universitätsstraße 150

44801 Bochum

Tel.: +49 234 32-25245

Fax: +49 234 32-14328

Sehr geehrte Damen und Herren,

das Thema „Fußball und sein Gewaltproblem" ist zurzeit wieder sehr aktuell. In diesem Zusammenhang werden auch in Mecklenburg-Vorpommern neue Maßnahmen gegen gewaltbereite Fans diskutiert.

Wir sind in diesem Zusammenhang sehr an Ihrer persönlichen Meinung zu diesem Thema interessiert und möchten Sie bitten, den folgenden Fragebogen auszufüllen.

Die Beantwortung der Fragen wird nur etwa 10 Minuten Ihrer Zeit in Anspruch nehmen. Von Ihren Antworten erwarten wir wichtige Erkenntnisse im Hinblick auf die Wirkung der geplanten Maßnahmen in Mecklenburg- Vorpommern.

Diese Umfrage ist absolut anonym. Rückschlüsse auf Ihre Person sind nicht möglich. Die Daten werden unmittelbar nach der Auswertung durch uns gelöscht.

Über die Ergebnisse der Umfrage, wie auch die der geplanten Wiederholung in einem Jahr, werden wir in den Tageszeitungen informieren.

Vielen Dank für Ihre Unterstützung.

1.) Wie *oft besuchen Sie die DKB-Arena?*

bei jedem Heimspiel	regelmäßig, aber nicht jedes Mal	ab und zu	eher selten (max. 3-mal pro Saison)	nie

2.) *Mit wem besuchen Sie die DKB-Arena in der Regel?*
(Bei NEIN, bitte weiter mit Frage 5)

allein	mit der Familie	mit Freunden	beruflich

3.) Nehmen Sie Kinder mit zum Spiel?
(Bei NEIN, bitte weiter mit Frage 5)

nein	ja

4.) Wie alt sind diese?
(Mehrfachnennungen mgl.,Antwort nur, wenn bei Frage 3 mit JA geantwortet wurde)

0-5	6-10	11-14	15-18

5.) Verfolgen Sie das Geschehen um den Fußball in den Medien?
(Bei NEIN, bitte weiter mit Frage 7)

ja, insgesamt	ja, aber nur auf meinen Verein bezogen	nur ab und zu	nein

6.) Welches Medium nutzen Sie hierfür?
(Mehrfachnennungen mgl., Antwort nur, wenn bei Frage 5 mit JA geantwortet wurde)

Inter-ter-net	Zeitung		Fernsehen				sons-tige, bitte nen-nen
	regi-onal	überre-gional	Sport-schau (ARD)	Sport-studio (ZDF)	3. Pro-gramme	pri-vate Sen der	

7.) Sind Sie Mitglied

	ja	nein
in einem Fußballverein (auch andere als Hansa Rostock)?		
in einem Fanprojekt?		
bei Suptras/Ultras?		

1.) Wenn Sie ein Heimspiel in Rostock besuchen: Wie empfinden Sie die Kontrollen durch Ordner und Polizei?

	zu streng/ überzogen	angemessen	nicht ausreichend genug	unterschiedlich, je nach Spiel
Ordner				
Polizei				

2.) Wenn Sie ein Auswärtsspiel besuchen: Wie empfinden Sie die Kontrollen (dort) durch

	zu streng/ überzogen	angemessen	nicht ausreichend genug	unterschiedlich, je nach Spiel

die Ordner?			
die Polizei?			

3.) Im Folgenden finden Sie einige Statements. Bitte geben Sie jeweils an, ob Sie der Aussage zustimmen oder nicht.

	stimme sehr zu	stimme zu	unent-schie-den/ weiß nicht	lehne ab	lehne sehr ab
Alkohol sollte im Stadion erlaubt sein.					
Feuer-werkskör-per im Sta-dion sollten erlaubt sein.					
Gewalttäti-gen Fans sollte der Zutritt zum Stadion für längere Zeit verbo-ten wer-den.					
Die Polizei sollte be-reits im Vorfeld viel					

härter gegen randalierende Fans vorgehen.					
Wenn die Gewalt im und um das Stadion weiter zunimmt, werde ich keine Spiele mehr besuchen.					
Die Justiz sollte deutliche und harte Strafen gegen Randalierer verhängen.					
Pyrotechnik und Feuerwerk gehören zu einem Fußballspiel dazu. Man sollte sie erlauben.					
Ultras sind wichtig für die Stimmung im Stadion. Man sollte ihnen den					

Zutritt nicht verbieten, auch wenn sie mal über die Stränge schlagen.				

4.) Halten Sie die derzeitigen Sicherheitsmaßnahmen in der DKB-Arena (Hansa-Stadion) für ausreichend?

nein	ja

5.) Welche Verbesserungen halten Sie für erforderlich?
(Mehrfachnennungen mgl.)

mehr Video-technik im und um das Stadion	andere bauliche Maßnahmen in/an der DKB-Arena (z. B. Beleuchtung, Umfriedung usw.)	Stärkere Kontrollen bereits bei der Anreise und in der Innenstadt	Trennung von Fangruppen durch Sichtblenden auch auf der Tribüne
Intensivere Personenkontrollen und Durchsuchungen	Sofortige Spielunterbrechungen oder Spielabbrüche, wenn es zu Ausschreitungen kommt	sonstiges	

6.) Haben Sie schon einmal das Gefühl gehabt, dass eine Situation vor, während oder nach einem Spiel von der Polizei und dem Ordnungsdienst nicht mehr zu kontrollieren war?
(Bei NEIN, bitte weiter mit Frage 8)

nein	ja

7.) Können Sie sich erinnern, wann/bei welchem Spiel und warum dies so war?
(Antwort nur, wenn bei Frage 6 mit JA geantwortet wurde)

8.) Sind Sie einmal vor, während oder unmittelbar nach einem Spiel Opfer eines Übergriffes oder von Gewalt geworden?
(Bei NEIN, bitte weiter mit Frage 11)

nein	ja

9.) Durch wen erfolgte dies?
(Mehrfachnennungen möglich / Antwort nur, wenn bei Frage 8 mit JA geantwortet wurde)

gewaltbereite Fans	Ordner	Polizei	sonstige

10.) Wurden Sie dabei verletzt?
(Antwort nur, wenn bei Frage 8 mit JA geantwortet wurde)

nein	ambulanter Aufent-halt/Arzt	stationärer Aufent-halt/ Krankenhaus

11.) Ist Ihnen die „Dritt-Ort-Auseinandersetzung" ein Begriff?
(Bei NEIN, bitte weiter mit Frage 13)

nein	ja

12.) Finden solche „Dritt-Ort-Auseinandersetzungen" in Rostock statt und wenn ja, wo?
(Antwort nur, wenn bei Frage 11 mit JA geantwortet wurde)

nein	ja, und zwar hier:

13.) Halten Sie eine Nachbesserung beim Ordnungsdienst des FC Hansa Rostock für nötig? Wenn ja, wo?
(Mehrfachnennungen möglich / bei NEIN, weiter mit Frage 14)

Mehr Personal	Generell andere Konzeption
Bessere Ausbildung	Bessere Sichtbarkeit
Bessere Ausstattung	

14.) Sollte die Polizei auch im Stadion ständig präsent sein und den Ordnungsdienst unterstützen oder sollte sie sich nur außerhalb des Stadions aufhalten?

Ständig auch innen	nur außen	bei Gefahr auch innen

1.) Was halten Sie

	sehr gut	gut	weniger gut	gar nicht gut	weiß nicht/ kenne ich nicht
von der Sperrung der Südtribüne?					
vom Gesichtsscanner?					
vom Ausweisscanner?					
von der personalisierten Eintrittskarte?					
von „Geisterspielen" als Sanktion auf Ausschreitun-					

gen?					
von Stadionverboten gegen Fans durch die Vereine?					
von Stadionverboten gegen Fans als strafrechtliche Sanktion (durch einen Richter)?					

2.) Wer könnte Ihrer Meinung nach mehr für die Sicherheit im Stadion tun?
(Mehrfachnennungen mgl.)

Politik	Polizei	Vereinsführung	Spieler
Medien	Ordnungsdienst	Freitext	Fanvertretungen

3.) Wie stehen Sie zur Verlängerung des Stadionverbotes von 3 Jahren auf 10 Jahre?

sehr gut	gut	weniger gut	gar nicht gut	mir egal

4.) Halten Sie ein Stadionverbot für ein probates Mittel?

ja	eher ja	eher nein	nein

5.) Wenn sog. „Ausweisscanner" eingeführt würden, was trifft dann für Sie zu?

	trifft mehr zu	trifft zu	trifft weni- ger zu	trifft gar nicht zu	weiß nicht
Ich würde auf den Stadionbesuch ver- zichten.					
Ich würde mich in meinen Rechten beschränkt sehen.					
Ich hätte das Ge- fühl, dass es mehr Sicherheit im Stadi- on gibt.					
Die Wartezeiten, die dann entstünden, würden mich vom Stadionbesuch ab- halten					
Ich würde versu- chen, diese Rege- lung zu umgehen.					

6.) Tut der Verein aus Ihrer Sicht genug, um das Gewaltproblem in den Griff zu bekommen?

nein	ja

7.) Es wird überlegt, dass die Vereine einen Prozent ihrer Mehreinnahmen aus dem neuen Fernsehvertrag für Fanprojekte bereitstellen sollen. Was halten Sie davon?

stimme sehr zu	stimme zu	unentschieden/ weiß nicht	lehne ab	lehne sehr ab

8.) Wären Sie bereit, für mehr Sicherheit höhere Eintrittspreise zu bezahlen?
(Bei NEIN, bitte zur nächsten Seite)

nein	ja

9.) Wie groß dürfte die Erhöhung sein?
(Antwort nur, wenn bei Frage 8 mit JA geantwortet wurde)

bis zu 1 Euro	bis zu 2 Euro	bis zu 5 Euro	mehr

1.) Wie alt sind Sie?

> 20	21-30	31-40-	41-50-	> 50

2.) Sind sie...

weiblich?	männlich?

3.) Welchen Schulabschluss haben Sie?

keiner	Hauptschule	Realschule	Gymnasium	sonstiger

4.) In welchem Bundesland wohnen Sie?

Baden-Württemberg	Bayern
Berlin	Brandenburg
Bremen	Hamburg
Hessen	Mecklenburg-Vorpommern
Niedersachsen	Nordrhein-Westfalen
Rheinland-Pfalz	Sachsen-Anhalt
Saarland	
Sachsen	
Schleswig-Holstein	Thüringen

5.) Es ist beabsichtigt, diese Umfrage nach der möglichen Einführung des Personalausweisscanners zu wiederholen. Können Sie sich vorstellen, dann erneut an einer solchen Umfrage teilzunehmen?

ja	nein	weiß noch nicht

Vielen Dank für Ihre Mitarbeit!

h. Muster Fragebogen 2

Sehr geehrte Damen und Herren,

am 29.05.2013 unterlag der F.C. Hansa Rostock beim Landespokal-finale der TSG Neustrelitz. Durch die Niederlage entgehen dem Verein nicht nur 108.000 Euro an Startprämie, er wird in der kommenden Saison erstmals nicht im DFB-Pokal vertreten sein. Fan Uwe etwa führte hierzu aus[194]: "Ihr habt es geschafft, die desolate sportliche Bilanz einer katastrophalen Saison in einem einzigen Spiel noch einmal locker zu unterbieten und den einst so stolzen F.C. Hansa zur Lachnummer des Bundeslandes und zum Gespött der fußballinteressierten Öffentlichkeit in ganz Deutschland zu machen."

Als die TSG Neustrelitz in der 77. Minute im in Rede stehenden Spiel mit 3:0 in Führung ging, kam es zu einem Platzsturm durch etwa 50 Hansa-Anhänger. Die Reaktionen ließen nicht lange auf sich warten:

➢ Rainer Milkoreit, Präsident des Nordostdeutschen Fußballver-bands[195]: "Dass Chaoten die eigenen Spieler angehen, ist eine neue Dimension der Fangewalt"
➢ Thomas Abrokat, Aufsichtsratsvorsitzender des F.C. Hansa Rostock[196]: „Mit dem Betreten des Spielfeldes ist eine Grenze überschritten worden. Wir verurteilen dieses Verhalten Einzelner auf das Schärfste."
➢ Michael Dahlmann, Hansa-Vorstandschef[197]: "Gewalt, egal in welcher Form, werden wir nie akzeptieren und dulden wir auch nicht. Deshalb distanzieren wir uns auch entschieden von dem Fehlverhalten dieser Einzeltäter."

---

[194] Letzter Aufruf: 20.06.2013. www.hansafans.de/artikel/profimannschaft/12416-hinfahren-und-weghauen-lassen.html.

[195] Letzter Aufruf: 20.06.2013. www.abendblatt.de/sport/article116671640/Hansa-Chaoten-stuermen-Platz-und-attackieren-Spieler.html.

[196] Letzter Aufruf: 20.06.2013. www.fc-hansa.de/index.php?id=154&oid=35502.

[197] Letzter Aufruf: 20.06.2013. www.zeit.de/news/2013-05/30/fussball-nach-pleite-hansa-fans-attackieren-eigene-spieler-30124606/komplettansicht.

Im Ergebnis nunmehr mehrerer Fälle "unsportlichen Verhaltens" seiner Zuschauer ist der F.C. Hansa Rostock vom DFB-Sportgericht zu einer Geldstrafe in Höhe von 25.000 Euro verurteilt worden. Mit der (zusätzlichen) Beteiligung am Präventionsprojekt "Hansa Rostock und ich" in selber Höhe beträgt die Strafe für den ohnehin finanziell angeschlagenen Verein 50.000 Euro[198]. "Dem Tabellenzwölften der abgelaufenen Saison wurden zudem drastischere Sanktionen angedroht, sollten auch in Zukunft Anhänger der Norddeutschen negativ auffällig werden."[199]

Spiegel Online fasst den F.C. Hansa Rostock und seine Anhänger am 30.05.2013 in diesem Zusammenhang mit[200]: "Hansa Rostock und Fan-Randale - eine schier unendliche Geschichte" zusammen.

➢ Doch ist es wirklich so einfach "auf einen Nenner zu bringen"?
➢ Kann man alle Schuld überwiegend den Anhängern zuweisen?
➢ Welche Rolle kommt in diesem Zusammenhang dem Verein, welche den Spielern zu?

Innenverteidiger Holst etwa äußerte sich wie folgt[201]: "Wenn wir aber besser gespielt hätten, hätten wir das verhindern können."

Bereits im vergangenen Jahr erfolgte eine erste Umfrage zum Thema "Fußball und Gewalt aus Sicht der Fans". Die Ergebnisse werden auf der Homepage "Fussballbefragung.de" zum Download angeboten. Hierin wurde bereits ein erstes Stimmungsbild dargestellt, welches jedoch lediglich einen rein beschreibenden Charakter hat. Der Abschlussbericht wird insoweit auch den Versuch einer Interpretation unternehmen.

Bitte nehmen Sie sich erneut die Zeit, an der vorliegenden Umfrage teilzunehmen. Wenngleich sich die Umfrage vornehmlich an F.C. Hansa Rostock affine Personen richtet, ist gleichwohl Jeder ermuntert und aufgerufen, an der Umfrage teilzunehmen. Zusammen mit den Ergebnissen der ersten Umfrage und den Rückmeldungen

---

[198] Letzter Aufruf: 20.06.2013. www.welt.de/newsticker/sport-news/article117283399/Hohe-Strafe-fuer-Hansa-Rostock.html.
[199] Letzter Aufruf: 20.06.2013. http://www.liga3-online.de/hansa-rostock-muss-25-000-euro-strafe-zahlen
[200] Letzter Aufruf: 20.06.2013. www.spiegel.de/sport/fussball/fans-von-rostock-attackieren-spieler-nach-pleite-gegen-neustrelitz-a-902764.html.
[201] Letzter Aufruf: 20.06.2013. www.kicker.de/news/fussball/3liga/startseite/587087/artikel_spielunterbrechung_hansa-fans-gehen-eigene-spieler-an.html

durch Sie werden wir nach Abschluss der Umfrage und erneuter Auswertung der Daten einen umfangreichen Bericht zum Download zur Verfügung stellen.

Mit freundlichen Grüßen

A. Schwinkendorf

1. Wie oft besuchen Sie Spiele des F.C. Hansa Rostock?
Nur eine Auswahl möglich.

bei jedem Heim- und Auswärtsspiel	bei jedem Heimspiel	ab und zu	eher selten (max. 5-mal pro Saison)	nie

2.Wo liegt Ihre individuelle Motivation für den Stadionbesuch?
Mehrfachnennungen mgl.

Sport ganz allgemein	Atmosphäre genießen	Ausgleich (z. B. zur Arbeit)	sonstiges (Aufzählungen bitte mit Semikolon abtrennen)
Freunde treffen	berufliche Gründe	Unterstützung der Mannschaft	

3. Mit wem suchen vornehmlich/überwiegend Sie das Stadion auf?
Nur eine Auswahl möglich.

allein	mit Freunden/ Kollegen	mit Familie	unterschiedlich	sonstiges (bitte eintragen)

4. Sind Sie Mitglied
Bitte wählen Sie jeweils.

	ja	nein
in einem Fußballverein (auch andere als Hansa Rostock)?		
in einem Fanprojekt?		
bei den Suptras?		
in einer anderen Ultra-Gruppierung?		
bei den Hooligans?		
in sonstigen Fanclubs?		

5. Wie beurteilen Sie den Einfluss der Ultras auf die Fanszene bzw. ihre Vormachtstellung in der „Kurve"?
Bitte wählen Sie die entsprechende Polarität.

Einfluss zu gering						Einfluss zu hoch
Einfluss negativ						Einfluss positiv

Problem							Subkultur

6. Wie hat sich Ihrer Meinung nach die Zusammenarbeit des Vereins F.C. Hansa Rostock mit seinen Fans im Vergleich zu heute verändert?
Bitte wählen Sie die entsprechende Polarität.

Zusammenarbeit hat sich verbessert							Zusammenarbeit hat sich verschlechtert

7. Erachten Sie eine Kommunikation mit Ultras und „Problemfans" als notwendig und sinnvoll?
Bitte wählen Sie die entsprechende Polarität.

notwendig							nicht notwendig
sinnvoll							nicht sinnvoll

8. Verfolgen Sie das Geschehen um den Fußball in den Medien?
Nur eine Auswahl möglich.

ja, insgesamt	ja, aber nur auf den F.C. Hansa Rostock bezogen	nur ab und zu	nein, eigentlich nicht

9. Haben Sie die Durchsuchungen am 07.05.2013 bei Hansa-Anhängern in den Medien verfolgt?
Nur eine Auswahl möglich.

ja	nein	sonstiges (bitte eintragen)

10. Wie würden Sie die Entwicklung der Sicherheit in den Stadien innerhalb der letzten 6 Monate einschätzen?
Nur eine Auswahl möglich.

hat zugenommen	hat abgenommen	ist gleich geblieben	kann ich nicht einschätzen	sonstiges (bitte eintragen)

11. Wie stehen Sie zu folgender Aussage? -> "Der Verein sollte die Kosten für Polizeieinsätze tragen."
Nur eine Auswahl möglich.

stimme sehr zu	stimme zu	lehne ab	lehne sehr ab	sonstiges (bitte eintragen)

12. Am 14. Juli findet das Benefizspiel gegen den FC Bayern statt. Die Karten sind bereits restlos ausverkauft. Das Spiel wird dem F.C. Hansa Rostock gut eine Million Euro in die Kasse spülen. Wenn Sie Schatzmeister wären, wofür würden Sie das Geld nutzen?

13. Wie beurteilen Sie die Berichterstattung der Medien über Ausschreitungen beim Fußball?
Bitte wählen Sie die entsprechende Polarität.

Quantität zu niedrig							Quantität zu hoch
Qualität gering/einseitig							Qualität gut/differenziert

14. Im Folgenden finden Sie einige Statements. Bitte geben Sie jeweils an, ob Sie der Aussage zustimmen oder nicht.
Bitte erfassen jeweils Sie einen Wert.

	stimme sehr zu	stimme zu	lehne ab	lehne sehr ab	hängt vom Einzelfall ab
Alkohol sollte im Stadion erlaubt sein.					
Gewalttätigen Fans sollte der Zutritt zum Stadion für längere Zeit verboten werden.					
Die Polizei sollte bereits im Vorfeld konsequenter gegen randalierende Fans vorgehen.					
Wenn die Gewalt im und um das Stadion weiter zunimmt, werde ich keine Spiele mehr besuchen.					

Die Justiz sollte deutliche und harte Strafen gegen Randalierer verhängen.					
Pyrotechnik und Feuerwerk gehören zu einem Fußballspiel dazu. Man sollte sie erlauben.					
Ultras sind wichtig für die Stimmung im Stadion. Man sollte ihnen den Zutritt nicht verbieten, auch wenn sie mal über die Stränge schlagen.					
Straftaten i. Z. m. Fußball werden meistens durch alkoholisierte Täter begangen					

15. Die Blau-Weiß-Rote-Hilfe will mit ihrem Internetauftritt "wichtige Tipps und Hinweise zum Verhalten im Umgang mit der Polizei und der Justiz bei Fußballspielen" geben. Ihr Ziel ist es, "eine übergreifende Solidaritätsgemeinschaft für den Kampf gegen zweifelhafte Allgemeinverfügungen und Verbote ins Leben zu rufen" und "präventiv ... über Rechte und Pflichten gegenüber den Sicherheitsorganen" aufzuklären. Bitte teilen Sie an dieser Stelle mit, was Sie davon halten. Bedarf es Ihrer Meinung nach einer solchen Gemeinschaft?

16. Haben Sie schon mal die Notfallnummer (0160/2706815) der Blau-Weiß-Roten-Hilfe gewählt?
Nur eine Auswahl möglich.

ja	nein

17. Sie antworteten soeben, dass Sie die Notfallnummer der Blau-Weiß-Roten-Hilfe gewählt hatten. Bitte teilen Sie uns mit, warum.
Bitte nur antworten, wenn eben mit „ja" geantwortet.

18. Halten Sie die derzeitigen Sicherheitsmaßnahmen in der DKB-Arena für ausreichend?
Nur eine Auswahl möglich.

ja	nein

19. Welche Verbesserungen halten Sie für erforderlich?
Bitte nur antworten, wenn eben mit „nein" geantwortet. Mehrfachnennungen mgl.

mehr Video-technik im und um das Stadion	stärkere Kontrollen bereits bei der Anreise und in der Innenstadt	intensivere Personenkontrollen und Durchsuchungen	sonstiges (Aufzählungen bitte mit Semikolon abtrennen)
andere bauliche Maßnahmen in/an der DKB-Arena (z.	Trennung von Fangruppen durch Sichtblenden auch	sofortige Spielunterbrechungen oder Spielabbrüche,	

B. Beleuch-tung, Umfrie-dung usw.)	auf der Tribüne	wenn es zu Ausschreitun-gen kommt	

20. Halten Sie eine Nachbesserung beim Ordnungsdienst des FC Hansa Rostock für nötig? Wenn ja, wo?
Mehrfachnennungen mgl. (außer, wenn "nein")

Mehr Personal	Bessere Aus-bildung	Generell ande-re Konzeption	Bessere Sicht-barkeit
Bessere Aus-stattung	nein	sonstiges (Aufzählungen bitte mit Semi-kolon abtren-nen)	

21. Welche Fangruppe stellt aus Ihrer Sicht die schwerpunkt-mäßige Problemszene in Rostock dar?
Nur eine Auswahl möglich.

Hooligans	Ultras	Suptras	alkoholisierte Fans
Es gibt keine Problemszene	weiß nicht	sonstiges (bitte eintragen)	

22. Halten Sie die derzeitigen Anstrengungen des Vereins im präventiven Bereich für ausreichend?
Nur eine Auswahl möglich.

ja	nein	sonstiges (bitte ein-tragen)

23. Was halten Sie

Bitte erfassen jeweils Sie einen Wert.

	sehr gut	gut	weni- ger gut	gar nicht gut	weiß nicht/ kenne ich nicht
von der ÖFFNUNG der Südtribüne?					
vom Gesichtsscanner?					
vom Ausweisscanner?					
von der personalisierten Eintrittskarte?					
von „Geisterspielen" als Sanktion auf Ausschrei-tungen?					
von Stadionverboten gegen Fans durch die Vereine?					
von Stadionverboten gegen Fans als straf-rechtliche Sanktion (durch einen Richter)?					
von der Verhängung von Strafen durch das DFB-Sportgericht					
vom Alkoholverbot im Stadion durch die Poli-zei?					

24. Wären Sie bereit, für mehr Sicherheit höhere Eintrittspreise zu bezahlen?
Nur eine Auswahl möglich.

nein	ja, und zwar bis zu (bitte eintragen)

25. Halten Sie ein Stadionverbot für ein probates Mittel, um die Sicherheit im Stadion zu erhöhen?
Nur eine Auswahl möglich.

ja	nein	sonstiges (bitte eintragen)

26. Empfinden Sie das Verfahren rund um das Stadionverbot im Allgemeinen als rechtsstaatlich?
Nur eine Auswahl möglich.

ja	nein	sonstiges (bitte eintragen)

27. Wenn ein Stadionverbot unumgänglich ist, sollte es aber erst nach eindeutiger Verurteilung ausgesprochen werden.
Nur eine Auswahl möglich.

ja	nein	sonstiges (bitte eintragen)

28. Die Abschaffung der Stehplätze ist immer wieder ein Thema. Wie stehen Sie dazu?
Bitte erfassen jeweils Sie einen Wert.

	stimme sehr zu	stimme zu	lehne ab	lehne sehr ab
Das würde die Sicherheit erhöhen.				
Finde ich eine gute Sache.				
Das nimmt dem Spiel die Stimmung.				
Ich würde nicht mehr ins Stadion gehen.				
Ich würde trotzdem stehen.				
Das würde nur die Ticketpreise erhöhen.				

29. Wie stehen Sie generell zur DFB-Sportgerichtsbarkeit?

30. Wenn sog. „Ausweisscanner" eingeführt würden, was trifft dann für Sie zu?
Bitte erfassen jeweils Sie einen Wert.

	trifft mehr zu	trifft zu	trifft weniger zu	trifft gar nicht	weiß nicht

			zu	
Ich würde auf den Stadionbesuch verzichten.				
Ich würde mich in meinen Rechten beschränkt sehen.				
Ich hätte das Gefühl, dass es mehr Sicherheit im Stadion gibt.				
Die Wartezeiten, die dann entstünden, würden mich vom Stadionbesuch abhalten.				
Ich würde versuchen, diese Regelung zu umgehen.				

31. Sollte die Polizei auch im Stadion ständig präsent sein und den Ordnungsdienst unterstützen oder sollte sie sich nur außerhalb des Stadions aufhalten?
Nur eine Auswahl möglich.

ständig auch innen	nur außen	bei Gefahr auch innen	sonstiges (bitte eintragen)

32. Die Rostocker Polizei nutzt seit kurzem auch Twitter. Die Anzahl der Follower stieg nach der Pressekonferenz enorm. Wie stehen Sie dazu?
Nur eine Auswahl möglich.

Ich bin bei Twitter, finde ich gut und nutze es.	Ich bin bei Twitter, nutze es aber nicht.	Ich habe keinen Twitter-Account, kenne es aber.	Ich habe keinen Twitter-Account, kannte es bis heute auch nicht.	sonstiges (bitte eintragen)

33. Wie stehen Sie zu folgender Aussage? -> "Allein die z. T. übermäßige Präsenz der Polizei provoziert einen Teil der Ausschreitungen."
Bitte wählen Sie die entsprechende Polarität.

trifft sehr zu							trifft gar nicht zu

34. Wie stehen Sie zu folgender Aussage? -> "Allein die Aufmachung der Polizei ("Kampfanzug") wirkt z. T. provozierend"
Bitte wählen Sie die entsprechende Polarität.

trifft sehr zu							trifft gar nicht zu

35. Bitte geben Sie Ihre Einschätzung zu folgenden Punkten ab.
Bitte erfassen jeweils Sie einen Wert.

	stimme sehr zu	stimme zu	lehne ab	lehne sehr ab	weiß nicht/unentschie-

					den
Die strikte Fantrennung hilft, Gewalt zu verhindern.					
Der Kräfteansatz der Polizei steht im Verhältnis zu den anzunehmenden Auseinandersetzungen.					
Ich akzeptiere die Absperrungen an den Spieltagen.					
Die Polizei arbeitet transparent und antwortet auf Fragen anlassentsprechend.					

36. Betroffene polizeilichen Fehlverhaltens beklagen, dass aufgrund fehlender Kennzeichnung die Überführung der Polizisten in den meisten Fällen ausgeschlossen ist. Vertreter von Gewerkschaften befürchten durch eine Kennzeichnung eine erhöhte Gefährdung der Polizisten und/oder eine ungerechtfertigte Anzeigewelle gegen die Polizisten. Wie stehen Sie dazu?

37. Das Verhältnis zwischen der Polizei und der Fanszene ist als angespannt zu bezeichnen. Worin sehen Sie die Ursachen hierfür?

Eine Umfrage kann nie alle Eventualitäten berücksichtigen, ist sie noch so umfangreich und differenziert. Dies gilt umso mehr für die quantitativen Fragen. Um Ihnen jedoch die Möglichkeit zu bieten, sich (anonym) mitzuteilen, finden Sie an dieser Stelle ein Freitextfeld, in dem Sie alles ausführen können, was aus Ihrer Sicht noch zwingend zur Thematik gehört. Gerne können Sie auch Rückmeldungen bzgl. der Fragen geben. Nehmen Sie "kein Blatt vor den Mund".

38. Was Sie ansonsten noch loswerden wollen...

39. Wie alt sind Sie?
Nur eine Auswahl möglich.

< 20	21-30	31-40	41-50	> 50

40. Sind sie ...
Nur eine Auswahl möglich.

weiblich?	männlich?

41. Welchen Schulabschluss (nicht Berufsabschluss) haben Sie?
Nur eine Auswahl möglich.

keinen	Hauptschu-le	Realschule	Gymnasi-um	sonstigen

42. In welchem Bundesland wohnen Sie?
Nur eine Auswahl möglich.

Baden-Württemberg	Bayern	Berlin
Brandenburg	Bremen	Hamburg
Hessen	Mecklenburg-Vorpommern	Niedersachsen
Nordrhein-Westfalen	Sachsen-Anhalt	Rheinland-Pfalz
Saarland	Sachsen	Thüringen
Schleswig-Holstein	Ich wohne gar nicht in Deutschland	

43. Hatten Sie auch an der ersten Umfrage (08/2012) teilgenommen?
Nur eine Auswahl möglich.

ja	nein	nein, aber Bericht gelesen

Haben Sie vielen Dank für Ihre Teilnahme. Nach Beendigung der Umfrage werden Ihre Antworten auf die Fragen ausgewertet. Dies wird eine gewisse Zeit in Anspruch nehmen, da - anders als beim Ersten Bericht - die Ergebnisse bewertet werden sollen, um so Ansätze für das künftige Vorgehen aller Beteiligten zu erhalten.

Mit freundlichen Grüßen

A. Schwinkendorf

III. Weitere Anlagen

i. Wesentliche Neuerungen der SV-Richtlinien

➢ Stadionverbote sind präventive Maßnahmen und daher keine staatliche Sanktion auf strafrechtliches Verhalten

➢ Der Stadionverbotsbeauftragte ist der alleinige Entscheider über Festsetzung, Aufhebung, Aussetzung und Reduzierung

➢ Befugnisse können vom DFB auf den Bezugsverein übertragen werden

➢ Immer zu beachten bei Aussprache eines Stadionverbotes:

- Alter des Betroffenen (analog zum Strafrecht Jugendlicher /Heranwachsender oder Erwachsener)

- Einsicht und Reue des Betroffenen

- Schwere des Falles

- Bei Minderjährigen sind die Eltern mit einzubeziehen

➢ In den alten Richtlinien war die maximale Dauer bei 4 Jahren (30. Juni auf Ablauf des 3. Spieljahres); in den neuen ist die Reglung von 1 Spiel bis maximal 36 Monaten

➢ Die 4. Kategorie wurde eingeführt (es gab einen politischen und medialen Druck nach den Relegationsspielen 2012) mit der Forderung von mindestens 10 Jahren. Aus diesem Grund wurde diese Kategorie eingeführt mit maximal 60 Monaten. Aber nur für Personen, die ein aktuelles Stadionverbot haben.

➢ Der Begriff „Wiederholungstäter aus Sicht der Polizei" wurde herausgenommen. Abgelaufene Stadionverbote sind nicht mehr zu bewerten als „Wiederholungstäter")

➢ Ingewahrsamnahmen führen nur in Ausnahmefällen zum Stadionverbot und dann nur durch eine Einzelfallprüfung.

➤ Einholen von Informationen über Fanprojekt/ Fanbeauftragter/ Sicherheitsbeauftragter des Bezugsvereins mit Prognose nach zukünftigem Sicherheitsverhalten des Betroffenen

➤ Grundsätzliche Empfehlung vor Aussprache eines Stadionverbots Stellungnahme des Betroffenen zu gewährleisten

➤ Jedes Stadionverbot kann ausgesetzt, reduziert oder aufgehoben werden nach Einzelfallprüfung

➤ Es sollen Alternativen zu Stadionverboten gesucht werden, die ausgesetzt, reduziert oder aufgehoben werden

➤ Soziale oder ehrenamtliche Tätigkeiten beim Verein oder sozialen Institutionen. Ebenso sind Wiedergutmachungen zu beachten

➤ Das gesamte Verfahren: Einleitung des Ermittlungsverfahren, Anschreiben des Betroffenen mit Möglichkeit der Stellungnahme und Entscheidung des Stadionverbotsbeauftragten soll innerhalb von 4 Wochen erfolgen.

➤ Es hat Schulungen für die Stadionverbotsbeauftragten gegeben, bei denen die Neuerungen und der Präventivcharakter und die positiven Möglichkeiten im Umgang mit den neuen Richtlinien klar und deutlich formuliert worden sind

j. Nichtteilnehmende verdeckte Beobachtung

Um weitere und ungefilterte Erkenntnisse zu den Durchsuchungen der Ordner der DKB-Arena zu erlangen, machte sich der Gang ins Feld erforderlich. Der Verfasser – im Folgenden für diesen Abschnitt *Beobachter* genannt – begab sich daher direkt unter die sog. Problemfans. Hierbei kam es dem Beobachter darauf an, durch seine Teilnahme die Verhaltensweisen nicht in irgendeiner Weise zu beeinflussen, weshalb die Wahl auf die nichtteilnehmende verdeckte Beobachtung fiel. Diekmann führt hierzu aus: „Die verdeckte Beobachtung ist nichtreaktiv. Die untersuchten Personen werden ihr Verhalten nicht deshalb abändern, um z. B. in einem günstigeren Licht zu erscheinen. [...] Nur bei der verdeckt nichtteilnehmenden Beobachtung ist garantiert, dass die Beobachtung in dem Sinn völlig neutral ist, dass das soziale Geschehen durch den Beobachtungsvorgang unbeeinflusst bleibt." (Diekmann, 2012, S. 565)

Am Sonntag, dem 11.08.2013, wurde um 14.00 Uhr in der Rostocker DKB-Arena der 3. Spieltag in der Dritten Liga angepfiffen. Hansa musste beim zweiten Heimspiel gg. Vfb Stuttgart II antreten, das Spiel endete mit 3:1, wodurch Hansa den vierten Tabellenplatz errang.

Ca. 12.55 Uhr erreichte der Beobachter die Tageskassen. Da die Tickets schon gedruckt sind, können sich die Zuschauer nicht an jede Kasse anstellen. Vielmehr müssen sie sich entsprechend der gewünschten Tribüne und des dort gewünschten Blocks die passende Kasse aussuchen. Für den Beobachter bedeutete dies Kasse 2 für die Südtribüne. Die Südtribüne bzw. die Hintertortribüne (HTT) ist die der aktiven Fanszene. Nach ca. 30 Minuten Anstehen – die Schlange der aktiven Fanszene war die mit Anstand längste und reichte bis auf die Straße – konnte der Beobachter eine Karte für Block 25, Reihe 8, Sitz 13 (siehe Abbildung 6, S. 20) erstehen.

Da nicht ersichtlich war, in welche Richtung sich der Beobachter nun begeben muss, fragte dieser einen Ordner. Dieser erwiderte dann: „Ich bin mir zwar nicht sicher, aber ich glaube, Sie müssen dort lang." Dieses *dort* führte nach ca. fünf Gehminuten sodann in eine Sackgasse. Also fragte der Beobachter eine weitere Person, die gebadget war, offensichtlich jedoch nicht dem Sicherheitsdienst des ersten Hinweisgebers angehörte. Diese gab dann auch die richtige Wegbeschreibung.

Am Einlass für die Südtribüne angekommen, konnten bereits die Kontrolleure an den Vereinzelungsanlagen festgestellt werden. Besuchern, die eine Durchsuchung verweigern, wird gem. § 2 III der Stadionordnung für die DKB-Arena der Zutritt in die DKB-Arena verweigert. Überraschenderweise beschränkten sich die Kontrolle und Durchsuchung auf das Vorzeigen des kurz zuvor gekauften Tickets. Insbesondere mit Blick darauf, dass der Beobachter – wie auf Seite 25 dargestellt – nur wenige Tage zuvor pyrotechnische Erzeugnisse im Interstellt hatte und demnach hätte geneigt sein können, diese auch ins Stadion zu schmuggeln, verwunderte der Umfang der Kontrolle an dieser Stelle doch sehr.

Solange es Pyrotechnik geben wird, wird es auch immer Möglichkeiten geben, diese ins Stadion zu schmuggeln. Erstaunt war der Beobachter an dieser Stelle jedoch, wie einfach es dann (bei Nicht-Hochrisiko-Spielen) doch sein kann.

k. Offener Brief an den Deutschen Fußball-Bund[202]

„Mit einem Offenen Brief zur kontrollierten Anwendung von Pyrotechnik wenden sich in einmaliger Geschlossenheit der Chemnitzer FC, die Chemnitzer Polizei, die Ultras Chemnitz`99, die Chemnitzer AWO und das Fanprojekt Chemnitz an den DFB."

Abbildung 30: Zeitungsartikel zum Offenen Brief

Sehr geehrter Herr Spahn,

wir möchten uns heute aus gegebenem Anlass mit einem offenen Brief an den Deutschen Fußballbund wenden. Unser Thema soll die lang diskutierte Frage einer Teil-Legalisierung von Pyrotechnik in

---

[202] Dieser gesamte Abschnitt wurde entnommen: Neubert, Frank. 2010. Der erste Schritt auf dem "Chemnitzer Weg". Eine Momentaufnahme aus Chemnitz. [Online] Chemnitzer FC, 09 2010. [Zitat vom: 05. 11 2013.] http://www.cfc-fanpage.de/specials/2010_chemnitzerweg.html.

deutschen Fußballstadien sein. Daher wenden wir uns an Sie, als Leiter der Abteilung Prävention und Sicherheit beim Deutschen Fußballbund. Den aktuellsten Anlass sehen wir in der Kommunikation rund um das Heimspiel des Chemnitzer FC gegen den VfB Lübeck am 18.09.2010.

Die "Ultras Chemnitz '99" haben sich im Vorfeld dieses Spiels dialogisch mit der Ultragruppe aus Lübeck in Verbindung gesetzt. Beide Fangemeinschaften entwickelten die Idee eines gemeinsamen Intros zu diesem Spiel. Geplant war das Entzünden von mehrfarbigen Rauchfackeln beim Einlaufen der Mannschaften in einem abgesperrten Bereich im Heim- und im Gästeblock. Der Arbeitstitel dieser gemeinsamen Aktion lautete: "Ist die Kurve bunt – wird der Ball erst rund". Diesen konstruktiven Dialog zwischen beiden Gruppen interpretierten alle Beteiligten als deeskalierende Maßnahme im Vorfeld des Spiels. Daher wurden die Jugendlichen in ihrem Anliegen unterstützt und eine Genehmigung dieser Fanaktion beim Deutschen Fußballbund beantragt. Diesem Antrag wurde leider nicht stattgegeben. Die geplanten Rauchfackeln entsprachen im Übrigen einer Kategorie, die nicht unter das Sprengstoffgesetz fällt und somit nicht anmeldepflichtig ist.

Grundsätzlich wurde seitens des DFB jedoch diesbezüglich Gesprächsbereitschaft signalisiert und auf einen späteren Zeitpunkt verwiesen. Diese Brücke der Kommunikationsbereitschaft möchten wir mit diesem Brief betreten.

Dahingehend sollen im Folgenden einige Erfahrungen einfließen, die wir im Chemnitz im Verlauf der letzten Jahre gemacht haben. Daraus sollen Anregungen abgeleitet werden, welche als Ausgangspunkt für eine breite Diskussion dieser Thematik dienen könnten.

Der "Chemnitzer Weg" im Umgang mit Pyrotechnik begann mit einigen Aktionen, die sich vor dem Block der Chemnitzer Ultras abspielten. Dabei wurden Bengalfackeln mit gültiger BAM-Nummer gemäß der gesetzlichen Bestimmungen beim Einlaufen der Mannschaften kontrolliert abgebrannt. Im Vorfeld dieser Aktionen gab es Gespräche zwischen Ultras, Verein, Polizei und Ordnungsamt. Diese wurden vom Fanprojekt Chemnitz moderiert. Gemeinsam fand man Möglichkeiten, Pyrotechnik im Stadioninnenraum einzusetzen, ohne die Sicherheit der Stadionbesucher zu gefährden oder den Spielbetrieb zu beeinträchtigen. Somit wurden diese Aktionen im lokalen

Kontext genehmigt. Nach und nach setzte sich so ein stetiger Prozess in Gang, welcher in einen dauerhaften und nachhaltigen Dialog zwischen Fans und allen beteiligten Institutionen mündete.

Nach einigen erfolgreichen Verläufen dieser Art entschied man sich einen weiteren Schritt zu gehen. Demnach war es den ultraorientierten Jugendlichen ein großes Bedürfnis, Pyrotechnik auch authentisch und gemäß ihrer spezifischen Jugend(fan)kultur im Block zu entzünden. Folglich suchte man gemeinsam nach Möglichkeiten, dies umzusetzen. Schnell wurde klar, dass diesbezüglich folgende Eckpunkte als unbedingte Voraussetzungen feststanden:

- abgesperrter Bereich im Block

- feste Zuweisung von Personen und Verantwortungsbereichen

- ausschließliche Nutzung von Rauchfackeln, die nicht unter das Sprengstoffgesetz fallen

- feste Zuweisung von Zeitpunkten vor oder nach dem Spiel, um den Spielbetrieb nicht zu beeinflussen

Basierend auf diesen Voraussetzungen wurden auch die weitegehenden Schritte genehmigt und erfolgreich umgesetzt. Im Rahmen des Sachsenpokalfinales zwischen dem Chemnitzer FC und dem FC Erzgebirge Aue gab es sogar eine gemeinsame Aktion auf beiden Fanseiten. Vor dem Hintergrund, dass die Fans beider Vereine eine Erzfeindschaft verbindet, ist dieser Akt des Dialoges vor dem Spiel sehr hoch einzuschätzen. Zudem kam es an diesem Tag zu keinen Zwischenfällen rund um das Spiel.

Aufgrund dieser positiven Erfahrungen im Umgang mit dem sinnvollen Einsatz von Pyrotechnik sind alle beteiligten Institutionen in Chemnitz von diesem Weg überzeugt und wollen diesen auch konsequent weitergehen. Sinnvoll meint hier, dass Fans dialogbereit sind, auch in Bezug auf Fanszenen und Institutionen, die sie ansonsten strikt meiden. Zudem sind die Fans am Spieltag aktiv an ihre Fankultur angebunden und eben nicht dem relevanten Spektrum zugeneigt. Weiterhin ist zu konstatieren, dass es seit Einführung der lokalen Genehmigungspraxis in Chemnitz keinerlei autonome Verwendung von pyrotechnischen Erzeugnissen auf Chemnitzer Seite gab.

Unser Ziel ist es, den Dialog weiter anzuschieben und diese Thematik noch breiter zu diskutieren. Dazu wäre es sinnvoll, sich die Rahmenbedingungen im Einzelnen vor Ort genau anzuschauen und konkrete Schlüsse daraus zu ziehen. Es ist uns klar, dass es nicht möglich sein wird, eine Art "General-Ermächtigung" zu erteilen. Dazu sind die individuellen Bedingungen vor Ort zu heterogen. Wichtige Einflussfaktoren auf die Genehmigungspraxis, wie beispielsweise das Zuschaueraufkommen oder die Kommunikations-Strukturen am jeweiligen Standort, divergieren enorm. Aus diesem Grund wäre es aus unserer Sicht sinnvoll, die Genehmigungspraxis auch tatsächlich am Standort anzusiedeln und das Hausrecht der jeweiligen Heimatvereine als Manifest dieser Problematik anzuerkennen.

Wir möchten Ihnen zuerst die Möglichkeit geben, von diesem Brief Kenntnis zu nehmen. Ab dem 25.10.2010 soll er der Öffentlichkeit zugänglich gemacht werden, um eine offene Debatte zu ermöglichen.

Wir verbleiben mit freundlichen Grüßen:

Chemnitzer FC: Peter Müller (Leiter der Geschäftsstelle)

Szenekundiger Beamter der Polizei Chemnitz: Wolfgang Rücker

Ultras Chemnitz 99: Ronny Licht

Arbeiterwohlfahrt Kreisverband Chemnitz und Umgebung e.V. (Träger des Fanprojektes Chemnitz): Jürgen Tautz (Geschäftsführer)

Fanprojekt Chemnitz: Kay Herrmann (Projektleiter)

I. Einfaches Transkriptionssystem[203]

1. Es wird wörtlich transkribiert, also nicht lautsprachlich oder zusammenfassend. Vorhandene Dialekte werden möglichst wortgenau ins Hochdeutsche übersetzt. Wenn keine eindeutige Übersetzung möglich ist, wird der Dialekt beibehalten, zum Beispiel: Ich gehe heuer auf das Oktoberfest.

2. Wortverschleifungen werden nicht transkribiert, sondern an das Schriftdeutsch angenähert. Beispielsweise „Er hatte noch so'n Buch genannt" wird zu „Er hatte noch so ein Buch genannt" und „hamma" wird zu „haben wir". Die Satzform wird beibehalten, auch wenn sie syntaktische Fehler beinhaltet, beispielsweise: „bin ich nach Kaufhaus gegangen".

3. Wort- und Satzabbrüche sowie Stottern werden geglättet bzw. ausgelassen, Wortdoppelungen nur erfasst, wenn sie als Stilmittel zur Betonung genutzt werden: „Das ist mir sehr, sehr wichtig.". „Ganze" Halbsätze, denen nur die Vollendung fehlt, werden jedoch erfasst und mit dem Abbruchzeichen / gekennzeichnet.

4. Interpunktion wird zu Gunsten der Lesbarkeit geglättet, das heißt bei kurzem Senken der Stimme oder uneindeutiger Betonung wird eher ein Punkt als ein Komma gesetzt. Dabei sollen Sinneinheiten beibehalten werden.

5. Pausen werden durch drei Auslassungspunkte in Klammern (...) markiert.

6. Verständnissignale des gerade nicht Sprechenden wie „mhm, aha, ja, genau, ähm" etc. werden nicht transkribiert. AUSNAHME: Eine Antwort besteht NUR aus „mhm" ohne jegliche weitere Ausführung. Dies wird als „mhm (bejahend)", oder „mhm (verneinend)" erfasst, je nach Interpretation.

7. Besonders betonte Wörter oder Äußerungen werden durch GROSSSCHREIBUNG gekennzeichnet.

---

[203] audiotranskription.de. 2013. Praxisbuch Interview, Transkription & Analyse. *Anleitungen und Regelsysteme für qualitativ Forschende.* [Online] 09 2013. [Zitat vom: 30. 09 2013.] http://www.audiotranskription.de/Praxisbuch-Transkription.pdf. 5. Auflage. S. 20-22.

8. Jeder Sprecherbeitrag erhält eigene Absätze. Zwischen den Sprechern gibt es eine freie, leere Zeile. Auch kurze Einwürfe werden in einem separaten Absatz transkribiert. Mindestens am Ende eines Absatzes werden Zeitmarken eingefügt.

9. Emotionale nonverbale Äußerungen der befragten Person und des Interviewers, die die Aussage unterstützen oder verdeutlichen (etwa wie lachen oder seufzen), werden beim Einsatz in Klammern notiert.

10. Unverständliche Wörter werden mit (unv.) gekennzeichnet. Längere unverständliche Passagen sollen möglichst mit der Ursache versehen werden (unv., Handystörgeräusch) oder (unv., Mikrofon rauscht). Vermutet man einen Wortlaut, ist sich aber nicht sicher, wird das Wort bzw. der Satzteil mit einem Fragezeichen in Klammern gesetzt. Zum Beispiel: (Xylomethanolin?). Generell werden alle unverständlichen Stellen mit einer Zeitmarke versehen, wenn innerhalb von einer Minute keine Zeitmarke gesetzt ist.

11. Die interviewende Person wird durch ein „I:", die befragte Person durch ein „B:" gekennzeichnet. Bei mehreren Interviewpartnern (z.B. Gruppendiskussion) wird dem Kürzel „B" eine entsprechende Kennnummer oder ein Name zugeordnet (z.B. „B1:", „Peter:").

12. Das Transkript wird als Rich Text Format (.rtf-Datei) gespeichert. Benennung der Datei entsprechend des Audiodateinamens (ohne Endung wav, mp3). Beispielsweise: Interview_04022011.rtf oder Interview_schmitt.rtf

m. Zielvereinbarung für eine Selbstverpflichtung[204]

Zielvereinbarung über eine Selbstverpflichtung

**zwischen F.C. Hansa Rostock e.V.,
Fans, Polizei und dem Ordnungsdienst**

Diese Vereinbarung dient der Verbesserung der positiven Fankultur beim F.C. Hansa Rostock e.V. und soll dazu beitragen, das öffentliche Erscheinungsbild sowie das Image der Fans und des Vereins zu fördern.

Verpflichtung des F.C. Hansa Rostock e.V.

Der F.C. Hansa Rostock e.V. verpflichtet sich:

1. Zu einem angemessenen, respektvollen Umgang mit seinen Fans.

2. Zur weiteren Unterstützung der offiziellen Fanclubs über die entsprechenden Strukturen der Abteilung Fanbetreuung.

3. Den offiziellen Fanclubs über die entsprechenden Strukturen der Abteilung Fanbetreuung regelmäßig die Möglichkeit zum Informationsaustausch zu geben.

4. Zur Gewährung eines Vorkaufsrechtes für offizielle Fanclubs für Dauerkarten für die Heimspiele im Fanblock sowie die bevorzugte Behandlung bei der Kartenvergabe für Auswärtsspiele, internationale Spiele etc.

5. Die offiziellen Fanclubs bei der Genehmigung und Herstellung von eigenen Fanclubkollektionen zu unterstützen.

---

[204] F.C. Hansa Rostock e.V., Fans, Polizei, Ordnungsdienst. 2008. Zielvereinbarung über eine Selbstverpflichtung. [Online] 16. 08 2008. [Zitat vom: 10. 10 2013.] http://www.baltic-boyz.com/de/vorschau/zielvereinbarung.pdf.

Verpflichtung der Fangemeinde des F.C. Hansa Rostock e.V.

Als Fangemeinde des F.C. Hansa Rostock e.V. verpflichten wir uns:

1. Das positive Ansehen des F.C. Hansa Rostock und seiner Fans durch eigenes Handeln, eigene Darstellung nach außen zu fördern und alles in unseren Kräften stehende zu unternehmen, um den Verein vor schädigenden Verhaltensweisen zu schützen.

2. Die Veranstaltungen und Spiele des F.C. Hansa Rostock nicht für politische Äußerungen, Gesten und Handlungen sowie das Zeigen von politischen Symbolen, Schriftzeichen und Ähnlichem auf Transparenten, Fahnen und Abzeichen, ganz gleich in welcher politischen Richtung, zu nutzen.

3. Probleme im eigenen Verein bzw. vereinsübergreifende Probleme (Pyrotechnik, Kommerz, Anstoßzeiten, Rassismus u.a.) in den entsprechenden vereinseigenen bzw. vereinsübergreifenden Gremien (AG Fandialog, Unsere Kurve, Pro 15:30, BAFF, europäischer Fankongress u.a.) zu lösen. Dies gilt auch für die Problematik Pyrotechnik.
Um Schaden vom Verein fernzuhalten, werden wir keine pyrotechnischen Produkte bei den Spielen unseres F.C. Hansa Rostock abbrennen.

4. Dass von uns keine Gewalt jedweder Art bei allen Veranstaltungen des F.C. Hansa Rostock, insbesondere vor, während und nach den Spielen im eigenen Stadion und bei Auswärtsspielen, ausgeht.

5. Zu einem respektvollen Umgang mit unseren eigenen und den gegnerischen Fans, den Ordnungs- und Sicherheitskräften sowie allen anderen am Spielbetrieb (Heim/ Auswärts) beteiligten Personen und mit fremdem Eigentum.

Verpflichtung der Polizei

Die Polizei verpflichtet sich unter dem Motto: „Keine Probleme – keine Polizei":

1. Das Ausleben der positiven Fankultur vor, während und nach den Spielen des F.C. Hansa Rostock zu ermöglichen.

2. Zu einer lageangepassten Präsenz der Polizei.

3. Zu ständiger Gesprächsbereitschaft.

4. Erforderliche polizeiliche Maßnahmen so transparent und nachvollziehbar wie möglich zu halten.

Verpflichtung des Ordnungsdienstes

Der Ordnungsdienst verpflichtet sich:

1. Zu einem freundlichen und respektvollen Umgang mit allen Fans und zur Wahrung der Neutralität.

2. Handlungen zu vermeiden, welche ohne sicherheitsrelevantes Erfordernis zu einer erheblichen Beeinträchtigung der Fans führen.

3. Ansprechpartner bereitzustellen, welche über die Fanbetreuung als Vermittler für die Fans zu Verfügung stehen.

4. Zur Gewährung unbürokratischer Hilfe im Rahmen eigener Möglichkeiten.

5. Zur Absprache mit der Polizei und Weiterleitung von Informationen an die Polizei bei Maßnahmen zur Durchsetzung des Hausrechts.

gez. für den F.C. Hansa Rostock e.V.

Dirk Grabow	Ralf Gawlack	Rainer Friedrich
Vorstandsvorsitzender	Stellv. Vorstandsvorsitzender	Veranstaltungsleiter

gez. für die Fangemeinde des F.C. Hansa Rostock e.V. durch den Fanbeirat

Axel Klingbeil	Joachim Fischer	Peter Schmidt
Fanbeauftragter	Fanszene Rostock e.V.	Hansafanprojekt e.V.

Stephan Trettin	Günter Rohde
Baltic Boyz Rostock 2002	Fanclub 18147

Jan Bernitt	Toralf Jastram
Wellenbrecher	aktive Hansafans

gez. für die Polizei Rostock

KD Peter Mainka
Leiter der Polizeiinspektion Rostock

gez. für den vereinseigenen und gewerblichen Ordnungsdienst des F.C. Hansa Rostock e.V.

Jörg Hübner
Sicherheitsbeauftragter

n. Faninformation zum Auswärtsspiel des Halleschen FC[205]

Faninformation zum Auswärtsspiel des Halleschen FC

Punktspiel 3.Liga

Samstag, 26.10.13 um 14 Uhr

FC Hansa Rostock
(http://www.fc-hansa.de)

Stadion:
Ostseestadion, Kopernikusstraße 17, 18057 Rostock
Fassungsvermögen: 29.000

Gästeblock:
Stehplatz: Block 19 & 20 (überdacht)

Preise:
Tageskasse hat, trotz intensiver Bemühungen, nicht
geöffnet! Somit gibt es die Karten nur im Wosz-
Fanshop bis Freitag 18 Uhr!

Stehplatz: 12.-€ (ermässigt: 9.-€)

(Ermässigungsberechtigte: Schüler, Studenten bis 26
Jahre und Schwerbehinderte/ Kinder von 6-14 Jahre erhalten freien Eintritt)

Anfahrt:
Für alle Busfahrer sowie Autofahrer gilt als Gästeparkplatz der Parkplatz hinter dem Hauptbahnhof (P)!

Auto: Von der A 19 am Autobahnkreuz Rostock auf die A 20 Richtung Lübeck wechseln - an der Ausfahrt
Rostock Südstadt (roter Pfeil) die Autobahn in Richtung Rostock verlassen (BITTE NICHT AUSSCHILDERUNG
STADION FOLGEN!) – am Ende der Nobelstraße
rechts auf den Südring abbiegen – nach ca. 1km
rechts auf den Platz der Freundschaft abbiegen
– dort könnt ihr euer Auto kostenlos und sicher
parken. Es gibt ab 10 Uhr kostenlose Busshuttle
zum Stadion. Adresse fürs Navi: Albrecht-
Kossel-Platz, 18059 Rostock

Bus: Alle 3 Fanbusse von Jürgen Böhm sowie
den Roten Ochsen sind ausverkauft!

Für alle Fanbusse sowie Autofahrer gibt es
11:30 Uhr einen zentralen Treff auf dem
Autobahnrastplatz Warnowtal A20 (schwarzer
Pfeil). Die Abfahrt ist 11:45 Uhr und wird von
Jürgen Böhm koordiniert. Der Konvoi wird von
der Polizei begleitet.

---

[205] Letzter   Abruf   01.12.2013.
http://www.hallescherfc.de/fileadmin/faninformation/13-14/Faninfo-Rostock-201314.pdf

Weitere Anlagen

Zug: Da es leider kein Sonderzug gibt (siehe Erklärung des HFC-Fanszene e.V. unter www.hfc-fanszene.de) geht es nach Rostock wieder mit den Nahverkehrszügen der DB. Die Bundespolizei wird Vorkontrollen durchführen um die Verfügung durchzusetzen. Das Fanprojekt befindet sich mit im Zug.

Treff: 07:15 Uhr Hauptbahnhof

Abfahrt: 07:44 Uhr -- > Ankunft in Rostock HBF: 12:52 Uhr

Zurück: 17:07 Uhr -- > Ankunft in Halle: 22:15 Uhr

Kosten: 8,40.-€ p.P. (Sachsen Anhalt - Ticket: 42.-€ für 5 Pers.)

Vom Bahnhof zum Stadion und zurück erfolgt ein Bustransfer.

Die Bundespolizei hat eine Verfügung zum Verbot der Mitnahme von Glasflaschen, Getränkedosen und pyrotechnischen Gegenständen für alle Züge von Halle nach Rostock und zurück in der Zeit von Samstag 5 Uhr bis 23 Uhr erlassen.

Fanmaterialien:
Erlaubt:
- kleine Fahnen (Stocklänge bis 1m)
- 3 Schwenkfahnen
- Zaunfahnen
- Trommel (eine Seite offen)
- Megafon
- Bauchtaschen

Verboten:
-Rücksäcke (diese können begrenzt am Eingang abgeben werden)
-Doppelhalter
-Pyrotechnik aller Art

Alle Fanutensilien werden vor Einlass ins Stadion vom Ordnungsdienst hinsichtlich Übereinstimmung mit der Stadionordnung geprüft. Den Anordnungen des Ordnungsdienstes ist Folge zu leisten.

Infos für Menschen mit Behinderung:
Für Fans mit Handicap gibt es zudem auf http://www.barrierefrei-ins-stadion.de zahlreiche Informationen. Sollten dennoch Fragen offen bleiben, hilft euch auch unser HFC Behindertenfanbeauftragter Werner Grabbaum (0163/2605492 mail: Grabbel-69@gmx.de) gern persönlich weiter.

Bei Fragen oder Problemen könnt ihr Fanbeauftragten & Fanprojekt unter folgender Nummer erreichen:

Andreas Wolf (HFC-Fanbeauftragter): 0176/24228019

Steffen Kluge (Fanprojekt Halle): 0176/64204906

Viel Spaß und 3 Punkte in Rostock

Andreas Wolf
(HFC-Fanbeauftragter)

o. Was Sie ansonsten noch loswerden wollen

An dieser Stelle sind die Antworten auf die Frage 38 der Wiederholungsumfrage, namentlich „Was Sie ansonsten noch loswerden wollen…" aufgelistet. Der Autor hat die Antworten weder bewertet[206], noch korrigiert.

➢ Meiner Meinung nach dient der Fussballfan von heute als testfeld für die ausbildung der polizeikräfte so auch gewollt die eskalation mit fans. Auch zur einführung neuer uberwachungs methoden durch die Innenminister etc.
➢ Deutlich wurde mit dem Vorsitz des IM MV L.Caffier und im Zuge des Konzeptes "Sicheres Stadionerlebnis" der Versuch dieser Person sein Profil als Hardliner als kleinerer Koalitionspartner im Land (die dort ohne Aussichten auf Regierungsübernahme und somit Karrierefortschritt ist) sowie mit Blick auf die Bundestagswahl und einer möglichen Kabinettsumbildung zu schärfen. Offene Einmischung der Polizeien in die Vereinspolitik und dessen Personalentscheidungen. Diffamierungen der Fanszene mit nachfolgendem Rechtsstreit und Schadenersatz zugunsten der Fanszene in öffentlichen Polizeimedien. Konfliktverschärfendes Auftreten öffentlicher Polizeivertreter (z.B. R.Wendt, Olaf Kühl PI Anklam u.a.). Vorgehen der Polizei mit rechtswidrigem Polizeigewahrsam, Kartenverkaufsverboten (St.Pauli) und dem Versuch nach GG garantierte Demonstrationrechte zu vereigern und einzuschränken. Steigender Aktionismus und verschärfte Repressionen nach geschlossenem Auftritt und konstruktiver Einflußnahme während und nach der letzten Mitgliederversammlung des FCH mit der Folge der wesentlichen Mitgestaltung des VEreins und dessen Politik.
➢ Es muss wieder eine offene Diskussion zu allen Fragen geführt werden. Hinsichtlich der Sicherheitsproblematik muss aber der Ansatz sein, dass es weder die Fans als Ganzes gibt noch dass alle Polizisten über einen Kamm geschoren werden. Die einzelnen Fangruppen müssen durch mehr Eigenverantwortung (z.B. sog. Blockordner) mit einbezogen werden. Weiterhin gilt es die mediale Aufarbeitung kritisch zu hinterfragen. Wenn z.B. nur einzelne Vereine immer wieder als negative Beispiele herhalten

---

[206] Eine Bewertung erfolgte lediglich mit Blick auf eine mögliche Strafbarkeit. Positiv geprüfte Antworten wurden nicht übernommen.

müssen, trägt das nicht zur Beruhigung der jeweiligen Fans bei. Auch sollten sich die Medien wieder mehr auf eigene Recherchen besinnen statt einseitig die nicht allzu objektiven Polizeiberichte zu übernehmen.

➢ CFHH regiert die Welt

➢ Mediale "Berichterstattung" ist äusserst zweifelhaft, Aktionen von Fans (Krebshilfe, Projekte wie "Hansa und ich") sind in der Presse kaum zu finden, bei jeder Kleinigkeit wird von Ausschreitungen geredet bzw. geschrieben....Fussball ist nur noch Kommerz!

➢ Der Sicherheitsdiskurs der letzten zwei Jahre wurde unsachlich geführt und hat die Spannungen zwischen Polizei, Verbänden und Fans verschärft. Zur Sicherung des Rechtsstaates müssen sich Politik und Behörden auf den Pyrotechnik-Diskurs mit offenem Ausgang einlassen und gleichzeitig klare Linien der Straf-Kompetenzen abstecken. Die Sportgerichtsbarkeit führt mittelbar durch die Umlegung von Geldstrafen gegen die Vereine zur Untergrabung des Rechtsstaates, indem dessen Strafkatalog für Rechtsverstöße umgangen werden.

➢ Die Polizeieinsätze beim Fußball sollten vom Veranstalter bezahlt werden. Ich will nur dann für die Sicherheit eines Fußballspiels zahlen, wenn ich auch hingehe und Zuschauer bin. Ich will dann für die Polizei zahlen, wenn sie mich schützt, weil es kein anderer mehr KANN (und nicht weil ein anderer seine Möglichkeiten/Pflichten nicht wahrnimmt). Ich zahle doch auch nur für das Wasser, welches ich tatsächlich verbrauche und für die Oper, wenn ich mir eine Eintrittskarte kaufe.

➢ Früher bin ich des Öfteren zu Spielen des FC Hansa gegangen - heute ist mir das schlichtweg zu doof. Ich mag diese agressive Fankultur nicht und habe kein Verständnis dafür, dass der Verein von der Stadt so stark unterstützt wird. Jedes Rostocker Unternehmen sollte genauso gut unterstützt werden ,wenn es vor dem Abgrund steht.

➢ Gewalt ist ein gesamtgesellschaftliches Problem und keines des Fußballs und schon garnicht von einzelnen Vereinen wie Hansa Rostock. Strafen und Verbote bringen rein garnichts und bewirken eher eine Verschlechterung der Situation. Dialog und Offenheit aller Seiten müssen gefördert werden. Die gemäßigten Fans innerhalb einer Fanszene müssen unterstütz werden, um die Selbstregulierung einer Fanszene zu erreichen. Dann ist auch keine Isolation von "Problemfans" nötig (die es immer gab und immer geben wird)! Pädagogische Fanarbeit ist absolut notwendig um gerade die jungen Fans in die richtigen Bahnen zu leiten.

➢ Ausschreitungen sieht man aber meist von Gästeblock beginnen grade da sollte angesetzt werden. Was bringt ein das Sicherste Stadion, wenn es doch eher Auswärts Probleme gibt.

➢ ich bin der Meinug das Fangewalt durch einzelpersonen begonnen wird und es negativ geladene Rahmenbedingungen sind um dies eskalieren zu lassen. Ich als Familienvater der seinen Kinder das Erlebnis Stadion näher bringen möchte habe die Schnautze voll auf dem weg zum Stadion wie ein potenzieller Gewalttäter behandelt zu werden. Dies erschrickt mich und meine Familie immer wieder aufs neue. Gewalt wozu auch Schmärufe egal welcher Art für mich gehören haben im Stadion nichts zu suchen. (Der Spiegel unserer Geselschaft kann sehr hässlich sein.) Ich unterstütze alle Massnahmen die dafür sorgen dass meine Kinder auch mit ihren kindern ein emotionales, friedliches Fussball erlebniss haben können. Ich hoffe also dass, dieese Studie nach ihrem abschluss nicht nur in einer Schublade verschwindet sonder auch den weg zu den Vereinen und in die Öffentlichkeit findet.

➢ Ich finde es echt nicht in Ordnung, das es immer wieder Pyroaktionen im Stadion gibt. Es sollte besser kontrolliert werden, ob Pyro ins Stadion gelangt.

➢ Hansa Rostock ist der geilste Verein der Welt. Nur weil einige ihre Gewalt auf der Plattform ausüben wollen wird der Verein in ganz Deutschland als gewaltätig angesehen. Nur die gewaltätigen Fans sind ein Bruchteil der gesamten Fans und diese bringen das Vorurteil das alle Rostock Fans gewaltätig sind. Ich würde mir wünschen das Vorurteile nicht sofort geschnürrt werden sondern man sich ausgibig mit dem Thema beschäftigt bevor man sich eine Meinung bildet.

➢ Es sollte keine Trennung zwischen Ultras und Suptras in den Antwortmöglichkeiten geben, da die Suptras nichts anderes als Ultras sind (Name: Supporter + Ultras = Suptras). Einige Fragen und Antwortmöglichkeiten implizieren direkt einen Anstieg der Gewalt in den Stadien in letzter Zeit. Dass sich an dieser Frage jedoch die Geister scheiden, sollte bekannt sein. Deshalb sollten die Fragen und Antworten mit mehr Bedacht formuliert werden, oder Möglichkeiten eingeräumt werden, der Frage zu widersprechen.

➢ Das Problem bei ihrer Umfrage wird sein das keine Hooligans, Suptras, Ultras...an dieser Teilnehmen. Sondern nur die "normalos". Dadurch werden sie nur eine Einseitige Meinung erhalten!

➢ Ich denke, wenn sich beide Seiten etwas zurücknehmen würden, könnten viele Probleme eher und besser gelöst werden. Solange jedoch führende Politiker und führende DFB und DFL Funktionäre weiter den bisher verfolgten Kurs gegen Fanszenen fahren, wird es meiner Meinung nach keine wirkliche Entspannung geben.solange der Innenminister von MV und der Vorsitzende der GdP im öffentlich rechtlichen Fernsehen wahre Tiraden gegen Fans von sich geben, wird es keine spürbare Verbesserung geben. Mein Vorschlag wäre, dass sich verantwortliche Funktionäre der entsprechenden Gremien z.b. bei einem Heimspiel des FC Hansa mal auf der Südtribüne sehen lassen und mal mit den Fans diskutieren. Sie würden dann wahrscheinlich schnell merken, dass der überwiegende Teil der dort Anwesenden für tolle Stimmung sorgt (was auch von neutralen Beobachtern mehrfach erwähnt wurde) und nicht auf "Randale und "Gewalt" aus ist. Im übrigen bin ich der Meinung, man sollte zuerst einmal die Begriffe definieren und nicht pauschal für alles , was Fans machen, einsetzen.

➢ Weniger Polizei, und gut geschultes und professionelles Ordnerteam

➢ - die Bestrafung der Vereine durch den DFB finde ich völlig überzogen und sinnlos - man sollte lieber die Täter gezielt heraus holen und sie schnell und angemessenen bestrafen, doch dann würde der DFB ja manche Clubs nicht klein und am Boden halten können

➢ Der DFB sollte nicht nur immer große Töne spucken und alles die Vereine machen lassen. Der Staat sollte auch nicht immer nur sagen, dass die Vereine was tun sollen und ihre eigene gesellschaftliche dabei vergessen. Der DFB macht sich teilweise lächerlich, sie wollten letztes Jahr sogar wunderkerzen verbieten, ein Witz.

➢ Mir als langjährigen Hansa-Fan und Vereinsmitglied tut es in der Seele weh, wenn sogenannte Hansa-Fans durch ihr Fehlverhalten dem Verein so ein schlechtes Image verschaffen und durch die vielen Strafen auch noch finanziell schaden. Ich würde mir wünschen, dass wir solche Idioten, Entschuldigung Personen, egal welcher Fangruppierung, vom Fussball fernhalten könnten. Ich habe da leider auch kein Patentrezept, wäre aber aus diesem Grund auch bereit viele bereits angesprochenen Maßnahmen, welche die eigentlichen Persönlichkeitsrechte betreffen (Scanner, verschärfte Einlasskontrollen usw.), in Kauf zunehmen. Dies natürlich verbunden mit der Hoffnung, dass nur noch der wahre und friedliche Fussballfan im Stadion zu finden ist. Zu den Übergriffen in Neustrelitz fehlen mir einfach nur die Worte. Das war sicherlich der Gipfel an Peinlichkeit in der letzten Saison. Glauben aber eigentlich die Leute, die Spieler der eigenen Mannschaft attackieren oder auch nur mit Schmähgesängen beleidigen, dass dies leistungsfördernde Maßnahmen sind? Ich hoffe nur, dass die Personen, die auf Fotos und Filmbeiträgen eindeutig zu identifizieren sein müssten, so hart bestraft werden, dass wir sie in keinem Fussballstadion mehr ertragen müssen.

➢ Das Thema Polizei/ Sicherheit in den Stadien wird m.M.n. viel zu sehr zum Spielball von Politikern und Polizeigewerkschaft. Dieser Populismus und die Hetze von fast immer den gleichen Personen ist kaum noch auszuhalten. Die Medien nehmen sich dem natürlich gerne an; - klar mit so einem Thema lassen sich schließlich super Auflagen und Einschaltquoten erzielen. Ich fahre jetzt mit Hansa seit 11 Jahren regelmäßig zu Heim und Auswärtsspielen. Und wenn wir heute irgendein Problem haben - sind es sicher nicht Gewalt und Angst in den Stadion oder drumherum die zunehmen, sondern Sturheit und Meinungsmache von der Politik. Die ganze Diskussion seit Jahren ist komplett an der Realität vorbei. So sicher wie heute war es noch nie beim Fussball. Bei Volksfesten passiert einiges mehr. So lange wir Fans immer die Bösen sind brauchen wir solche Diskussionen nicht mehr führen. Die Polizei sorgt ja schließlich jedes Wochenende für Recht und Ordnung. /ironie off.

➢ Die Umfrage wäre besser gestellt gewasen, wenn man auch Freitexte gehabt hätte für einige Anworten oder Antwortmöglichkeiten. Das Thema ist zu komplex um es in einer 15 min Umfrage abzuhandeln. Man sollte mal die gewalttätigen Fans befragen, was sie wollen, wie sie sich die Stadien vorstellen oder den Umgang mit den Polizisten. So kann man sehen wie man einen gesunden Mittelweg finden kann.

➢ Die Sicherheitsmaßnahmen im Dortmunder Signal-Iduna-Park sind katastrophal ! Über dem Gästeblock sitzen Dortmundfans die die Gäste mit Bierbecher bewerfen (ständig!) und selbst auf den Zugängen zum Gäste Stehplatzblock trifft man ohne Unterbrechung auf Dortmunder. Nach dem Spiel gelangt man nur zum Gästeparkplatz wenn man quer durch tausende Dortmunder geht! Und in den Medien steht dann : Die Fans durchbrechen Absperrungen und greifen die Polizei an ...

➢ Es wäre schön, wenn die Erkenntnisse auch irgendwieüber die Hansaseite veröffentlicht würden. Ansonsten gilt wohl meist: sportlicher Erfolg reduziert Fanauseinandersetzngen, führt aber spätestens dann, wenn der Verein sich dauerhaft in der Ersten etabliert zu einer "Eventisierung" von Verein und Spieltag, dass es dann noch mal hochkocht. Ud dann ist man entweder Retortenklub, bei denen statt Raunen Kreischen auf den Rängen zu hören ist, oder man bleibt aus Sicht von DFBund DFL ein Problemverein, der besser wieder absteigt.

➤ eigene gesetze in den stadien, d.h. videoaufnahmen und dann farbmarkierungen der vollidioten, welche z.b. fackeln zünden oder ähnliches. dann raussammeln und im schnellverfahren aburteilen (Stadionverbot, meldung bei Polizei). können sich dann ja gerne einen rechtsanwalt nehmen. insbesondere bei Überführung absolut harte GELDstrafen, wenn die dann keins haben ab in den knast und blechteile zusammensetzen, bis das geld da ist.

➤ ..ich finde das alles von mir aus gesagt wurde und ich mich freuen würde wenn man nicht immer nur die fans als bösewichte bezeichnen würde. ganz klar distanziere ich mich hier aber auch davor das es keine polizeibeamten bzw weniger bei einem fussballspiel geben sollte - die sicherheit der bürger ist durch die anwesenheit der ordnungskräfte mehr denn je gegeben. Mit freundlichen Grüßen Neige

➤ Wir sollten froh sein, eine Fankultur in Deutschland zu haben, die es sonst wohl nirgendwo anders gibt auf der Welt

➤ ich wünsche mir das auch familien mit kinder das stadion besuchen können ohne gefahr zu laufen beschimpft, geschlagen oder mit bier überschüttet zu werden. da ist hansa noch zu amateurhaft und hat unglaublichen nachholbedarf/entwicklungspotential

➤ Die Auswahlmöglichkeiten bei den Antworten sind zu beschränkt.Viele meiner Sichtweisen sind zu differenziert ,so dass es mir bei einigen Antworten recht schwergefallen ist ,eine Auswahl zu treffen die diese widerspiegelt.

➤ Trotz allem freue ich mich über eine tolle Stimmung im Stadion.

➤ Ich denke, dass es weniger Auseinandersetzungen mit der Polizei geben würde, wenn diese schwächer präsent wäre. Die Gästefans vom Bahnhof zum Stadion und wieder zurück zu begleiten, sollte ausreichen. Randalierer in den Innenstädten, lassen sich meiner Meinung nach auch nicht mit einem noch so großem Polizeiaufgebotverhindern. Und genau diese Leute sind aus meiner Sicht das eigentliche Problem. Nicht z. B. Pyrotechnik.

➤ Die Frage mit der Problemszene in Rostock ist lächerlich. Hooligans sind ein grundsätzliches Problem, doch was ist ein Hooligan für Sie? Oft wird in der Presse Hooligan und Ultra gleich geschrieben und in Rostock sollen es sowie so immer nur die Suptras gewesen sein. Die Szene in Rostock ist kein Problem! Das Problem sind wie in allen anderen Städten die Hooligans, welche einem den Sport zerstören, doch leider sind das sehr dumme Leute. Selbst denken ist bei dennen nicht. Naja,

Allgemein sind manche Fragen sehr objektiv aus Sicht der Presse, welche keineswegs die Richtige ist
➢ hab ich schon in die Textfelder gequetscht. Schade, da spart der Verein m.E. an der falschen Stelle indem er (wahrscheinlich) statistisch unbelegte Psychostudies statt eines professionellen Umfrageinstituts einsetzt.
➢ Nix
➢ Die Ursache für sas Problem der Fangewalt ist aus meiner Sicht nicht nur Fan und Organisation. Im vergangenen Jahr gab es gerade im Fall Hansa Rostock ausreichende Hinweise über die Willkür der Polizei. Da werden Fans in einen Kessel getrieben oder stundenlang im Bahnhofstunnel festgehalten, Willkürliche Kontrollen im Zug und am Bahnsteig um bloß den Anschluß zu verpassen. Nach dem Motto; wen ich hier aufhalte,mit dem hab ich am Stadion kein Problem. Auch am Stadion selbst reagiert die Polizei sehr oft über. Zumindest ist dies bei Auswärtsfahrten zu sehen. Ich selbst gehöre keiner aktiven Gruppe an und werde auswärts ständig als Staatsfeind Nr. 1 behandelt. Ich habe keine eindeutigen Erkennungszeichen. Weder bin ich besonders Groß noch klein oder Dick oder Dünn. Noch habe ich lange oder keine Haare. Also ein ganz normal aussehender Bürger. Auch bin ich nicht agressiv, da ich ständig meinen Sohn dabei habe und als Beispiel voran gehen möchte. Dennoch haben wir immer wieder Probleme. Entweder wird übermäßig mit Spray gearbeitet oder die Polizei drängt alle in einen kleinen Kessel. Da es dann zu überreaktionen kommt, ist vollkommen nachvollziehbar. Leider tun auch die Medien Ihr übriges. Kleinste Fehlverhalten, ohne das ich Sie für richtig und gut halte, werden in der Presse und Medienlandschaft oft als große Randale verkauft. Klar, sowas verkauft sich halt besser als andere Kltschnachrichten. Insgesamt wünsche ich mir ein Umdenken in allen Bereichen; Fans, Verein, Ordnungsdienst, Polizei, Politik und Medien
➢ Die Suptra scene verbreitet Angst unter den Fan`s (eigene und auswärtige), den eigenen Spielern (siehe Pokalfinale) und der Vereinsführung. Mit der letzten Wahl hat sich die Suptra Anhängerschaft Ihrer Handlanger in die Führungsgremien gewählt, welche jetzt einen Pillepalle Kuschelkurs mit denen fährt. Im Moment bin ich von dem Verein extrem enttäuscht und beobachte skeptisch die aktuelle Entwicklung. Hoffentlich wird man eines besseren belehrt....
➢ Fußball muss wieder die schönste Nebensache der Welt,zu mindestens für die Fans werden.Von den Clubverantwortlichen ist nichts zu erwarten.trainer und Spieler (und natürlich erst recht

die Funktionäre) müssen sich mehr und längerfristig mit dem Verein identifizieren.Leistug alleine ist kein Grund für Ausschreitungen,aber unprofessionelles Verhalten der Mannschaft einschl.Trainer und Funktionäre verschärfen nur die Gesamtsituation.Die Gesamtpolitische Lage verschärft dies noch.solange Arbeitsloigkeit,Chanchenungleichheit,geringe Löhne und sowie die Hilflosigkeit von Polizei und Justiiz so ausgeprägt sind,wird sich sobald nichts ändern.es gib genügend(technische) Möglichkeiten um die (wenigen) Kriminellen herauszufiltern,die Politik muss es nur wollen.Die Massenmedien müssen endlich aufhören,diese Kriminellen als Fans zu bezeichnen. Selbstreinigung der Szene ist gut und schön,stellt jedoch kein Allheilmittel dar. Wenn jeder seiner Verantwortung nachkommt und jeder das leistet wofür er (gut)zu gut???) bezahlt wird,sollte eine Veränderung zum besseren möglich sein,dafür ist Fussball viel zu interessant und verbindet die Menschen!!!

➤ Thema Gewalt durch Medien künstlich hochgepusht. Gewalt hat nicht zu genommen, maximal auf gleichen Niveau geblieben. (Früher auch Extremfälle s. 1982 Tod eines Bremer Fans)

➤ Das Thema ist so umfangreich, dass ich es schwierig finde, auf die Fragen nur mit dem vorgegebenem Raster zu antworten! Meiner Meinung nach, haben wir es mit einem gesellschaftlichen Problem zu tun, was sich ganz gut beim Fußball wieder spiegelt! Die Verantwortung sollten die Klubs nicht allein tragen! Man sollte die Dinge nie losgelöst einzeln betrachten, dieses führt schnell zu Vorurteilen und falschen Schlüssen! Eine interessante Umfrage, wäre für mich, was provoisert Fans? Was ist der Auslöser für ein gewisses Verhalten? Alles andere sind Spekulationen und Vorurteile und trifft nicht den Kern!

➤ Ich kann mich nur wiederholen, dass polizeiliches Fehlverhalten dringend abgestellt werden muss. Des Weiteren muss die Kommunikation mit der Fanszene optimiert werden. Ausschreitungen müssen dort deutlich thematisiert werden.

➤ Ich fühle mich im Ostseestadion sicher; teilweise bei auswärtsfahrten erschreckend viele Polizisten (Halle, Erfurt, Braunschweig, Dresden). Aber damit muss man wohl leben. Die sonderzugfahrten sind die mit Abstand einfachsten und ruhigsten Fahrten zu den spielen. Keine Polizeiprobleme.

➤ nichts, gute Umfrage

➤ Da reicht meine Zeit nicht und wahrscheinlich der Platz auf ihrem Server auch nicht... ich bin dieses Thema eigentlich leid. Es kann doch nicht so schwer sein zu einem Fußballspiel zu gehen wegen dem Spiel, des Sports, der Atmosphäre dem Verein? Muss man da Menschen in Gefahr bringen und gigantische Kosten verursachen. Dem Verein mehr Schaden zufügen als es der Verein schon selbst getan hat. Es soll doch ein Erlebnis sein ob am gewinnt oder verliert ... völlig BRATWURST ... es geht um FUßBALL nicht um Krieg!

➤ Eine gute Umfrage. Letztendlich kann ich nur sagen, dass die Sicherheit in unseren Stadien definitv gewährleistet ist. Ich habe keine Angst, ins Stadion zu gehen. Allerdings müssen die Einzeltäter endlich raus aus dem Stadion.

➤ Stadionverbote, strengere Einlasskontrollen sind sinnvoll. Wer sich an die Regeln hält, hat doch nichts zu befürchten. Angst im Stadion habe ich keine - besuche das Stadion mit Frau und Tochter. Stimmung in Rostock (Südtribüne) ist schon der Wahnsinn - nur benehmen können sich einige der "Fans" leider nicht. Schade.

➤ Als Zollbeamter kann ich mich ein wenig in die Lage meiner Polizeikollegen hineinversetzen. Ich habe mich damals bewusst gegen die Ausbildung bei der Bundespolizei entschieden. Ich hatte damals die Möglichkeit zum Zoll oder zur Polizei zu gehen und ich bin heute froh, dass ich beim Zoll eingestellt wurde. Ich möchte nicht mit Steinen beworfen werden, beleidigt und bespuckt werden. Manchmal frage ich mich was sich die Polizei noch gefallen lassen muss. Es sind immer wieder die Menschen, die auf Polizeibeamte mit Steinen werfen und schwere Verletzungen bei denPolizeibeamten in Kauf nehmen und dann gegen Polizeigewalt demonstrieren. Ich bin schon der Meinung, dass die Polizei stets bemüht ist, das mildeste Mittel gegen randalierende Hooligans einzusetzen. Schwarze Schafe gibt es in der Politik, im Sport, im Beruf und auch bei der Polizei aber das sind Einzelfälle, die in der Regel auch beamtenrechtliche Konsequenzen haben. Ich bin dennoch für ein kontrolliertes Abbrennen von Pyrotechnik unter strengen Auflagen. Was momentan in den Stadien passiert ist meiner Meinung nach gefährlicher als das kontrollierte Abbrennen von Pyrotechnik.

➤ Die Problematik ist vielschichtiger als sie in den meisten Fällen behandelt und bestrfat wird. Die Vereine werden bestraft für Einzeltäter, obwohl denen nach vorherigen Strafen die Konsequenzen für den Verein bekannt sind. Daher ist davon auszugehen, dass innerhalb der Fanszene unter dem Deckmantel des "Fans" Menschen ihre Lust auf Gewalt und Gruppenerlebnisse auszuleben, wobei der Fußball zweitrangig ist. Diesem Problem kann man nur durch konsequente Überwachung unterbinden. Je höher die drohenden Strafen und auch die Durchsetzungsquote bei begangenen Vergehen ist, desto höher wird die Abschreckung sein. Videoüberwachung, schnellere Gerichtsverfahren, konsequentere Kontrollen und Ermittlungsverfahren sind der einzige Weg für eine dauerhafte Lösung unter der Prämisse, dass man Stehplätze erhalten möchte. Die Sportgerichtsbarkeit des DFB heizt die Probleme im Zweifelsfall eher an als zu deeskalieren. Bei vielen Fans entsteht auch immer wieder der Eindruck, dass einige Vereine, speziell "Ostvereine", gegenüber anderen Vereinen durch DFL und DFB benachteiligt werden, bzw. mit zweierlei Maß gemessen wird. Dies gilt für Insolvenzverfahren, Strafverfahren und Klagen durch die Vereine gleichermaßen, ist also nur zum Teil mit der Fanproblematik zu verknüpfen. Die Fankultur in Rostock ist wie in Frankfurt, Dresden oder andernorts momentan geprägt von gewaltaffinen Traditionen. Die Hemmschwelle vor Straftaten und Gewalt sind hier geringer, die Gruppendynamik schlägt schneller dahin aus z.B. Gegenstände auf das Spielfeld zu werfen. Diese sinnlosen Aktionen müssen von einer großen Fanmehrheit offensiv abgelehnt werden und Täter klar in die Schranken gewiesen werden. Solange aber der einfache Fan im Stadion in kleinen Gruppen erscheint und sich einer Gruppe gegenübersieht, die Gewalt toleriert und unterstützt, wird dieser Teil der Fans das Geschehen dominieren. Das ist auch eine Frage von Zivilcourage und diversen anderen Fragen. Eine Lösung dieser problematik muss durch die Fans selbst erfolgen, wird aber ohne Unterstützung von Seiten des Vereins und der Organisatoren der Spiele kaum in Eigeninitiative entstehen. Momentan zeigt sich eher, dass aufgrund der anhaltenden Probleme mit den schwierigen Fans viele normale Fans sich zunehmend unwohl fühlen und ihre Stadionbesuche verringern, somit das Fald für die restlichen Fans nur überlassen.

➤ quantitativer Teil der Befragung scheint methodisch noch verbesserungswürdig, da teilweise ein "kann ich nicht beurteilen" fehlt oder Frageformulierungen nicht gut und eindeutig gewählt sind generell ist diese Umfrage eine sehr gute Idee!! Auch die Möglichkeit hier Feedback geben zu können! Ich hoffe sehr die Ergebnisse finden Berücksichtigung in öffentlicher Diskussion und führen vor allem zu einer besseren, nicht so einseitigen, Berichterstattung in den Medien und einer Annährung zwischen Verein, Fans und Polizei Ich hoffe auch die von den Befragten gemachten Angaben in Freitextfeldern werden ausreichend berücksichtigt und gut codiert! Hier ist wahrscheinlich der größte Informationsgewinn möglich!! Unklar bleibt für mich warum sich diese Umfrage speziell auf Hansa Rostock bezieht und nicht auch auf andere "Problemvereine"

➢ Als Verein sollte man anfangen die rosa rote Brille abzunehmen und auch mal unpopuläre Entscheidungen treffen... wenn mal wieder z.B sog. Risikospiele stattfinden sollen wie Rostock vs St.Pauli muss man als Verein aufgrunde der Ausschreitungen in der Vergangenheit von sich aus kein Gästekartenkontigent freigeben...dies gilt natürlich für beide Seiten! So lange wir Fans nicht daraus lernen und es weiter zu Ausschreitungen kommt bestrafen wir uns nur selber und bei Ebbe in der Vereinskasse stellt dies das geringere Übel da. Leider....

➢ Bei Heimspielen wähle ich eigentlich immer den gleichen Block, bei Auswärtsspielen habe ich entweder Sitzplatzkarten oder selten Stehplatzkarten. Vor allem hier habe ich viele interessante Menschen - aller Altersgruppen - kennengelernt. Ich finde es bedauerlich, dass rund um das Thema Fans des Hansa Rostock keiner wahrnimmt, wieviele Familien, mittel- alte – und sehr alte Fans (ich selber habe mit einem Ehepaar 72/75 im Gästeblock in Jena gestanden) die Auswärtsspiele besuchen. Im Gegenteil. Beim Auswärtsspiel in Erfurt waren es genau diese Gruppen, die durch den Wasserwerfereinsatz zu schaden kamen. Das ist hier unbedingt zu erwähnen!

➢ Hansa Rostock unsre Liebe, KEINER wird uns jemals trennen...

➢ Ich bin für einen generellen Ausschluss von Fangruppierungen, die durch Gewalttaten und illegalen Verhalten auffällig sind. Genauso halte ich härtere Strafen für notwendig. Eine gewisse Rivalität ist gut, auch wenn sich Fanszenen gegenseitig bisschen auf die Schippe nehmen, aber mit Angriffen (egal ob gezielt oder ungezielt) ist die Grenze der Toleranz überschritten.

➢ Ausschreitungen und Gewalt machen den FCH irgendwann kaputt. Weniger Polizei, vglb. Wie in England im Stadion wäre gut. Trennung des Gästefanbereichs mit eigenem Eingang in Block 27 und 27a, dafür Nutzung der Süd und des jetzigen Gästebereichs.

➢ Im eigenen Stadion habe weder ich, noch andere Personen Angst! Diese geforderten Kontrollen (Nackscanner) sind VÖLLIG unnötig! Im Rostocker Stadion zünden die eigenen Fans keine Pyrotechnik. Viel mehr sollte man die Auswärtsfans kontrollieren! Außerdem sollte man nicht die Sicherheit im Stadion, sondern viel mehr am Bahnhof, oder wo auch immer diese Fangruppen aufeinander treffen können, erhöhen!

➢ ich möchte mich auch(so wie früher) in anderen Städten wieder frei bewegen können, mit anderen Fans ein Bier trinken und über Fußball sprechen.

➢ Die Probleme zwischen Fanszene und Polizei liegen nicht in der Schuld der Vereine. Vielmehr ist dies ein Spiegelbild der Gesellschaft und der Fußball wird als Ventil für in anderen Bereichen aufgestaute Agressionen missbraucht. Hier sind die Politik und die Gesellschaft gefragt, den Jugendlichen neue berufliche und persönliche Perspektiven aufzuzeigen. Schlussendlich ist dies aber auch die Folge des Untergangs moralischer Werte und des zunehmenden Verfalls von Anstand und Sitte. Diese Wertvorstellungen müssen in den Familien vermittelt werden. Aber wie soll das geschehen, wenn Trash-TV & Co. doch interessanter sind als sich um die Erziehung der eigenen Kinder zu bemühen.

➢ Gwalt in und um die Stadion zerstört den Fußball und muss mit größten Anstrengungen unterbunden werden. Stadion sind keine rechtsfreien Räume.

➢ Um das "Fanproblem" zu lösen, müssen grundsätzliche gesellschaftliche Probleme gelöst werden. Der Fußball ist immer nur ein Abbild der Gesellschaft, aber garantiert kein Sammelbecken gewaltbereiter Idioten. Es besteht kein Grund, Angst zu haben, wenn man zum Fußball geht. In den Medien werden allgemein die Vereine aus dem Osten Deutschlands zu sehr als Problemfälle geschildert und kommen durchschnittlich negativer weg als bei Vereinen aus dem Norden, Süden oder Westen. Die Probleme gibt es aber bei allen Vereinen. Polizei in "Kampfmontur" sorgt dafür, dass die Polizei eher als Gegner wahrgenommen wird. Positiv aufgefallen ist mir die dezente Präsenz beim Bundesligaspiel zwischen Hannover 96 und Bayern München. Schon im Vorfeld war dadurch eine fröhliche Grundstimmung in der Stadt unter den Fans. Einen Tag zuvor war die Polizeipräsenz beim Regionalligaspiel zwischen Holstein Kiel und Werder Bremen II hingegen nicht verhältnismäßig. Viele Vereine unterstützen leider auch Gedränge und dadurch mögliche Stresssituation (bis hin zur Panik), da sie Gästefans oftmals durch zu wenige Eingänge zwängen und dadurch Gruppendruck erzeugen. Zuletzt profitieren einige gewaltbereite Fans auch durch persönliche Kontakte zum Ordnungsdienst. Dies ist im Vorfeld aber kaum ersichtlich und zu unterbinden.

➢ Wann und wo gibt's die Ergebnisse der Umfrage? Wird dieses Umfrageprojekt im Rahmen von öffentlicher Förderung (Drittmittelfördeung?) finanziert? Wenn ja, von wem und wie lautet das Förderkennzeichen?

➤ Die Spieler sollten auch mehr dafür tun wegen ihnen geht man ins Stadion

➤ - im Vorfeld wird ein Spiel schon als Hochsicherheitsspiel eingestuft, warum?

➤ die Medienberichterstattung im Vorfeld "inszeniert" schon fast den 3. Weltkrieg

➤ es geht dabei nicht mehr um den Verein und Spieler, sondern es werden Lügen und alte Kamellen verbreitet,

➤ gerade, wenn es um HANSA geht, beschleicht mich das Gefühl, dass bei Auswärtsspielen Täter in HANSA-Kluft

➤ eingeschleust werden, weil der DFB will ja auch leben

➤ Es fehlt ein Dachverband in dem alle Fans mitmachen dürfen (Führungsriege) und nicht nur Ultras. Alle Einnahmen des Verbandes müssen offen gelegt werden. Kooperationsvertrag zwischen Verband und Verein. - Im Ostseestadion sind die Ordnungskräfte in Grau ständig auf Ärger aus(Block 8/9). Die stehen immer im ABereich und suchen förmlich nach jemanden den sie zusammentreten können. Das muß sich ändern.

➤ wenn der Staat und auch der dfb nicht den vereinen hilft bei den Problemen im Umfeld des vereins enstehen,kann es nicht funktionieren.nur Geldstrafen aussprechen von einem der reichsten verbände der welt und dadurch traditionvereine wie hansa immer weiter schwächen ist in meinen augen der falsche weg.ich habe nichts gegen hoffenheim,aber mir graut es vor der Vorstellung nur noch solche vereine im Fußball zu haben.keine Stimmung,keine fans auswärts,wenn wir das wollen?

➤ Es gibt immer wieder Vorfälle in denen es für einen Fan völlig unverständlich ist, wie dermaßen fehlgeplant werden kann. Im Auswärtsspiel Rostock gegen Erfurt (Saison 2012/2013) waren nur 2 Kassen geöffnet für 2000! Fans. Hinten wird gedrängelt und es bildet sich Unruhe, die vorne als Blocksturm interpretiert wird. Dass der DFB auch noch unbeanstandet den Verein für sowas bestrafen kann, entzieht sich jeglicher Logik. Im Auswärtsspiel gegen Chemnitz (2012/2013) gab es Ähnliches. Die Fans mussten allesamt im Block zum Stadion. Hinten haben die Polizisten die Fans geschubst und vorne waren die die paar Ordner völlig überfordert. Da die Fans am Chemnitzer Hbf. weder etwas kaufen durften noch zur Toilette durften, waren die entsprechenden Anlagen im Chemnitzer Stadion völlig überfüllt und die Lage eher chaotisch. Das hat mit einer entspannten Situation nichts zu tun. Trotz aller Kritik gibt es aber auch durchaus nette Polizisten, die auf die Fans ruhig und sachlich zugehen, einen einfachen und sicheren Weg zum Stadion sagen und klare

Regeln nennen und für Alle akzeptable Lösungen anbieten. Gäbe es mehr davon, wäre Vieles besser. Fantrennung ist in einigen Fällen sicherlich sinnvoll, v.a. wenn es bekanntermaßen Probleme gibt/gab (St. Pauli, Halle, Dresden), aber zum Teil war es auch völlig übertrieben (z.b. bei den Stuttgarter Kickers).

➢ AFDFCH
➢ Ich wohne im Süden Deutschlands und fahre gerne zu Auswärtsspielen des FCH. Manchmal fragen mich meine Kinder ob sie mitdürfen. Leider muss ich ihnen immer wieder sagen, dass es aus Sicherheitsgründen nicht geht. Auch wenn ich möchte, dass meine Kinder mit mir gemeinsam den FCH anfeuern, nehme ich sie nicht mit ins Stadion weil ich weiss heute gibt es wieder irgendwelche Pyro-Aktionen oder andere Ausschreitungen. Für mich steht die Sicherheit meiner Kinder halt noch über der Liebe zum Verein.
➢ ich denke man sollte den ultras entgegengehen und bengalo unter aufsicht erlauben und im gegenzug von ihnen verlangen, die leute, die sich dann daneben benehmen selbst anzuzeigen.gerade in rostock ist doch immer eine tolle stimmung und auch die choreographie kann sich sehen lassen. so schafft man vieleicht vertrauen auf beiden seiten.gegen gewaltbereite anhänger sollte bei wiederholung lebenslanges stadionverbot verhängt werden und ihnen der aufenthalt am spieltag in der spielstadt verboten werden.
➢ Nichts weiter außer: Ich finde diese Erhebung klasse! Machen sie sie publik.
➢ Diese scheiss Strafen für Pyrotechnik und Co. sind der größte Witz auf dieser Welt!
➢ Würde der Staat seine Angst vor seinen Bürgern so ablegen, wie diese ihrer Angst voreinander (indem sie nämlich zu Großveranstaltungen gehen und sich engagieren etc.), wären viele Spannungen nicht existent. Danke für die Umfrage!
➢ Diese Umfrage hat mich im allgemeinen erfreut, da endlich mal mit Fans anstatt immer nur gegen Fans gesprochen wird!
➢ Die Strafen die vom DFB verhängt werden sollten direkt an die Verursacher(Hooligans und randalieren) gehen nicht am Verein
➢ Eine härtere Verurteilung zweifelsfrei überführter Straftäter im und außerhalb des Stadions würde eine abschreckende Wirkung haben
➢ Einige Fragen der Umfragen sind zu hinterfragen. Wie bereits beschrieben steht eine Rechtsberatung jedem Bürger zu, daher gibts gegen eine BWRH die sich das zur Aufgabe gemacht hat nichts zu beanstanden. Ebenfalls sind Auswahlkriterien ob man

Beispielweise Mitglied bei den Suptras, Ultras oder Hooligans ist, nicht durchdacht und können leicht ein Ergebnis verfälschen. Viele Leute sehen sich als Ultras, Hooligans oder Suptras sind es aber nicht, spiegeln dementsprechend evtl. eine Meinung wieder die sich am Ende im Ergebnis dieser Umfrage zeigt aber nicht tatsächlich die Meinung der genannten Gruppen darstellt. Die benannten Gruppen werden tatsächlich an dieser Umfrage in keiner Nennenswerten Anzahl teilnehmen, da genannte Fragestellung diese Umfrage schon vorher disqualifizieren und zu sehr einen polizeilichen Hintergrund vermuten lassen.

➢ Hier sind gute Fragen dabei, die es einem Fan ermöglichen seine Sicht im Hinblick auf die Gewalt darzustellen. Es fehlen eventuell ein paar Fragen zur Polizeigewalt: wann man vielleicht schon einmal betroffen war, was der Auslöser war und ob der Polizeieinsatz gerechtfertigt war. Folgte ein Stadionverbot, gab es eine Anhörung(vor der Polizei, Verein, DFB)?! Rolle des kommunalen Fanprjektes mehr einbringen: fragen ob es von den jugendlichen genutzt wird, wenn nicht, was fehlt...

➢ Ansonsten gute Umfrage. Hoffe, dass die Ergebnisse auch an Polizeigewerkschaft, DFB und Presse geschickt werden, dass diese (weiter) an sich und mit den Fans arbeiten um ein besseres Miteinander zu ermöglichen!

➢ Ich wünsche mir das die 2000 echten Fans die 50 Randalierern und Pyromanen vertreiben, erziehen oder zumindest nicht unterstützen und decken! Selbstreinigung vor Staatsgewalt! Ich verfolge fast alle Auswärtsspiele am Fanradio! Jedesmal wenn es im hintergrund knallt denk ich " das schöne Geld was jetzt wieder als Strafe anfällt" und " Warum machen die Anderen nichts dagegen" !!!

➢ bezogen auf den FC Hansa Rostock folgende Punkte. Seid Jahren gibt es keinen vernünftigen Aufsichtsrat und Vorstand mehr, das sind alles nur Plätze zu schachern wie zu DDR-Zeiten du hilfst mir und ich helfe dir. Sonsoren: Es wid sich bei Hansa seid Jahren nicht mehr selbst um Finanzkräftige Sponsoren bemüht. Spieler gehen seid Jahren Ablösefrei so das kein Geld rein kommt, schuld der Vorstand Trainer: Zuviele unfähige Leute siehe Fascher hat eine gute Mannschaft übernommen und selbst kaputt gemacht, Spieler aussortiert, oder auf die Bank gesetzt, im Winter mit dem Vorstand Spieler geholt die in anderen Vereinen auch nichts gebracht haben was ja bei Hansa seid Jahren ein Problem ist.

➢ Pyrotechnik ist kein Verbrechen!!!

> ich finde die ganze Diskussion über die Sicherheit in den Stadien scheinheilig und sinnlos und die damit weiter vorranschreitenen Kriminalisierung der Fußballfans in Teilen der Bevölkerung als riskant!
> Die Polizei ist einfach nur provokant und macht von sich selbst Gewalt legal. Der DFB bestraft Ostvereine mehr!
> Man müsste Pyrotechnik legalisieren wenigstens im unseren Stadion.So sind wir ein gutes Vorbild für die deutsche Fußballfanszene und es gibt keine geldstrafen vom DFB das es ja legel ist. Der entsprechende Fanclub müsste die Pyroaktion vorher anmelden und genehmigen lassen und einen verlauf der pyroaktion vorstellen(zeitpunkt,art,dauer,platz usw.).es könnten zur sicherheit freiwillige feuerwehrmänner neben dem "brennpunkt" mit feuerlöschern stehen.(für den notfall und für die sicherheit)
> Es wird alles zu sehr überbewertet.Besonders wenn es um Gewalt bei Hansa Rostock geht. In Berlin (Union) stürmen Eintracht Frankfurt Anhänger das Station und kaum was passiert , alles halb so wild. In Frankfurt sitzt ja auch der DFB ...
> Meiner Meinung nach wird das "Gewaltproblem" im Fußball in den Medien aufgeblasen. Ich gehe seit nunmehr 16 Jahren regelmäßig ins Stadion und kann mich nicht erinnern, auch nur ein einziges Mal Angst gehabt zu haben, auch wenn Pyrotechnik eingesetzt wurde oder es zu Ausschreitungen kam. Das kam schon Ende der 1990er Jahre immer mal wieder vor, wurde aber nie in dem Ausmaß thematisiert. Die Stimmung ist sicherlich angeheizter und aggressiver geworden. Früher fühlte man sich auf den Rängen zwischen den anderen Fans aufgehoben wie in einer Familie. Das ist nicht mehr so, hält mich aber nicht vom Stadionbesuch ab. Auch Leute, die vorher noch nie ein Stadion besucht haben, würde ich weiterhin zu einem Spiel mitnehmen. Den Medien kommt außerdem der Verdienst zu, regelmäßig die Stimmung vor potentiellen Problemspielen anzuheizen. Wer berichtet denn im Vorfeld von "Feindschaft zwischen den Fanlagern" bzw. ruft längst vergangene Vorfälle wieder in Erinnerung? Sowas zieht natürlich Idioten an. Als am 19.11.2011 beim Spiel Rostock-St.Pauli Leuchtraketen flogen, war ich auch im Stadion. An diesem Tag liefen dort viele "Fans" rum, die man sonst wohl eher nicht im Stadion sieht.
> Ich will ein Fussballspiel sehen und freue mich, wenn die Fans tolle Choreos machen!!!!! alles für den Sport, dann ist gut. Keine Polizei, mehr Toleranz gegenüber anderen Clus, das müssen die Jungs auch lernen.

➤ Ich möchte mich mit allen Fans die in Neustrelitz auf den Platz gegangen solidarisieren. Für Außenstehende vielleicht schwer zu verstehen aber Fans und Mannschaft standen sich in der vergangenen Saison schon einmal gegenüber (nach dem Spiel gegen Bielefeld). Es ist zu keine körperlichen Übergriffen gekommen in diesem Zusammenhang und es ging nur um die Hansaspieler.. Da wurde keine Grenze überschritten, bitte wer hat das Recht Grenzen festzulegen wenn nicht diejenigen die damit wirklich leben müssen? Gesamtgesellschaftliche Grenzen bzw. die gesellschaftlich Normalität muss sich schon die Frage gefallen lassen Ausdruck einer krankhaften Entwicklung zu sein.. - Das Verhalten der sogenannten Fans des FC Hansa spiegelt nicht die Einstellung der Mehrheit der echten Fans wider.

➤ Geldstrafen sollten die versucher bezahlen und nicht dem verein zu lasten gelegt werden.der einfluss der ultras ist zu hoch.das schadet dem verein.viele haben deshalb angst ins stadion zu gehen..

➤ Es sollte endlich wieder um den Sport gehen...

➤ Gewalt auf Fußballplätzen ist eine Facette des Ausdruckes eines gesellschaftlichen Niedergangs, der sich an verstärkter Gewaltneigung im öffentlichen Leben allgemein widerspeigelt (ebenso im Straßenverkehr, gegen Polizisten oder Rettungskäfte) Nichtanerkennung von Autoritäten

➤ Ich habe in meinem Bekanntenkreis, es selber schon erlebt, dass die Polizei sich nicht korrekt verhalten hat. Es ist skandalös, dass sie sich nicht dafür verantworten müssen. Auch wenn ich noch nie Probleme mit der Poizei hatte, habe ich Situationen miterlebt die nicht in Ordnung waren. Die Presse tut sein übriges dazu und berichtet nur über die chaotischen Hansafans. Dabei wurden viele Situationen von der Polizei provoziert. Dennoch ist ein Stadionbesuch nach wie vor sicher. Ich würde mit meiner Tochter zu einem Spiel gehen. Aber die inflationäre Behandlung der Phrase, "Neue Dimension der Gewalt" hält viele vom Stadionbesuch ab.

➤ AFDFCH

➤ Die Rolle der Politik wurde bisher nicht beleuchtet. Wenn etwaige PolitikerInnen sich - im Populismus gefangen -zur Sicherheit im Stadion äußern und dabei nichts als eine absurde Unkenntnis der Situation zeigen, dann müssen Medien und Zivilgesellschaft eingreifen und Dinge korrigieren. Ebenso sind die Polizeigewerkschaften scheinbar ausschließlich mit großgewordenen Kindern bestückt, die nichts anderes als lauthals Weinen können. Eine Beteiligung der Vereine an den polizeilichen Sicherheitskonzepten wäre völlig absurd. Nur weil die Damen und Herren überreagieren und der Plebs zeigen wollen, wer der Herr im Haus ist, müssen die Vereine noch lange nicht die Zeche für überproportionale Polizeieinsätze begleichen.

➢ Ich war in der abgelaufenen Saison zu 13 Spielen, 10 davon auswärts, und bei keinem Spiel empfand ich die Atmosphäre angespannt oder unsicher. Diskussionen über die Sicherheit in deutschen Stadien halte ich persönlich für unnötig aufgebauscht und eher kontraproduktiv.

➢ Die gesamte Diskusion um die Sicherheit im und um das Stadion ist viel zusehr durch die Medien aufgeputscht. Am Ende sind es einige Politiker in Schwerin die aus dieser Hetze ihren Profit schlagen. Der Fußball kann dabei nur verlieren.

➢ Der heutige Fußball ist zu kommerziell. Es geht mehr um das Geld als um die Fans. Fans haben keine Lobby. Vereine werden vom DFB für Sachen bestraft die sie nicht verhindern können. Dem DFB sind die Fans egal. Es geht nur um Geld. Auch die Medien verzerren dieses Bild leider. Es wird immer erwähnt, dass es doch um Fußball gehen soll. Falsch! Es sollte um die Fans gehen. Deshalb gibt es Fußball überhaupt. Aber leider geht es in Wirklichkeit weder um Fans noch um Fußball. Es geht nur um Geld. Viele Traditions- sowie kleine Vereine lässt man kaputt gehen. Es hat sich alles leider zu einem unfairen Wettbewerb gewandelt.

➢ Die Politik sollte aus allen Stadien verschwinden !! Denn Fußball ist Fußball und Politik ist Politik !!!!

➢ Beiden Seiten fehlt es an Verständnis und Respekt. Übermäßige Polizeipräsenz fördert bedrohliche Stimmungen und Gewalt und provoziert solche Aussetzer. Das beste Beispiel war das letzte Spiel bei den Stuttgarter Kickers, als die Polizei sich im Hintergrund hielt und freundlich grüßte, ohne Kampfmontur. Das war überraschend positiv und löblich. Anders das Auftreten der Polizei und des Sicherheitsdienstes in Aachen!

➢ haben eine famlienkarte mit mein sohn. hatte öfters das probem, dass es spiele gibt, die für mein sohn nicht der Uhrzeit und Tageszeit entsprechen. weil wir in ratzeburg wohnen. Schulbedingt ist es nicht möglich abendspiele zu besuchen. Auch krank nehme ich ihn auch nicht mit. dann gab es schwierigkeiten mit unsere jahreskarte, weil wir kein kind mit hatten. teilweise mit heftigen diskusionen, mit androhungen uns nicht reinzulassen. einmal sogar der spruch, " kauft euch ne andere Karte" gehen schon über 20 bzw 30 jahre zu hansa, aber das gab es noch nie. Und das der familienblock von heut auf morgen auf die west verlegt wurde, dafür können wir auch nichts. ...bin auch echt am überlegen keine karte mehr zu kaufen

➢ Es wäre schön wenn man Pyrotechnik in einen abgesperrten Bereich erlauben würde und es in anderen bereichen verbietet damit man keine unbeteiligten Personen in Gefahr bringt.

➢ Das Verhalten der Polizei sollte überdacht werden!

➢ Die Kategorisierung am Anfang der Umfrage ist unsinnig. Ich gehe nicht zu jedem Heimspiel, aber bin dafür auswärts auch öfter dabei. Ein weiterer Punkt, der nicht berücksichtigt wurde, ist der der Anreise zu Auswärtsspielen. Wenn nicht im Sonderzug gefahren wird, ist die Polizeipräsenz und ihre Verbote schrecklich massiv (z.B. Osnabrück, Dortmund). Und hier ist wirklich ein Punkt erreicht, wo diese Sicherheitspanik mich dazu gebraucht hat, wahrscheinlich in solchen Fällen nicht mehr zu fahren oder auf andere Verkehrmittel oder andere Wege auszuweichen. Ich will ja zum Spiel, um Spaß zu haben. Und das ist nicht gegeben unter solchen Bedingungen! Ja, und ich möchte auch gerne mit den Freunden feiern im Zug, v.a. auf der Rückfahrt, und da gehört Alkohol dann auch dazu.

➢ Die Polizei, vorallem BFE und USK sind die letzten Affen, regelrechte nurnauf Streit ausgehende Spinner, die denken sie sind die Allergrößten... und zuhause kriegen sie von der Alten ne Schelle!

➢ Ich habe alles gesagt. Die Frage, von wegen, wie oft man das Stadion besuche, hat meiner Meinung nach eine Antwortmöglichkeit zu wenig. Diese sollte lauten: Gelegentlich zu Heim- und Auswärtsspielen

➢ Das größte Problem der angeblichen Gewalt in deutschen Stadien ist die mangelnde Qualität des Journalismus. Es werden keine eigenen Recherchen unternommen, sondern nur Polizeiberichte und Politikeraussagen gedruckt. Hier müssen die Vereine verstärkt mit Gegendarstellungen und evtl. auch Boykottaktionen (z.B. Interviewverbot für Spieler mit der Ostseezeitung) agieren.

➢ Die Polizei sollte sich besser Organisieren und die Fans als Fans sehen und nicht als Schwerverbrecher so kann auch ein besseres Miteinander garantiert werden !

➢ Anstoßzeiten ändern. Abhängigkeit von den TV Sendern/ TV Geldern ändern.

➢ Warum geht diese verweichlichte Justiz nicht richtig gegen die Idioten vor ? 3-4 richtige Exempel statuieren und Ruhe ist im Karton.

➢ Meiner Meinung nach sorgt die ständig hohe Polizei Präsens für die Auseinandersetzungen. Die Polizei wirkt meist aggressiv und angespannt. Natürlich sind die meisten Fans auch nicht ganz ohne aber die Polizei und auch der DFB zieht alle über einen Kamm.

➢ keine Ergänzungen

➢ Bitte gehen Sie konsequent, aber gerecht und mit harten Strafen (soziale Arbeit) gegen Personen vor, die das gemeinschaftliche Event Fußball missachten. Fördern Sie die Kreativität der Fans bei der Unterstützung ihrer Mannschaft (positiv aufgefallen sind mir die Spiele gegen Rot-Weiss Erfurt und das A-Junioren-Finale). Bieten Sie die Möglichkeit für Sammelaktionen im Stadion für Choreografien. Es soll Spaß und Freude machen ins Stadion zu gehen und zwar für alle. Die Sicherheit aller steht vor dem Persönlichkeitsrecht eines Einzelnen. Geben Sie bisher diesbezüglich unbeteiligten Fans wie mir die Möglichkeit sich gegenüber anderen Fans zu äußern, damit deutlicher wird, was gewünscht ist und was nicht akzeptiert werden kann.

➢ Zum Thema Rostocker Suptras und Pyrotechnik: Von mir aus könnte man die Pyrotechnik in einem strengen Rahmen durchaus Erlauben, nur das Problem welches ich sehe, und auch im Stadion live miterleben konnte - ist das sich manche einfach nicht im Griff haben und IMMER übertreiben müssen. Sowas wie Fackeln auf Kinder im Stadion von Dynamo Dresden zu werfen, oder Leuchtraketen in den St.Pauli Fanblock zu schiessen geht überhaupt nicht!! Was ich damit sagen will - ist das selbst wenn man alles Erlaubt, was die Suptras gerne so hätten, würden die wenigen welche IMMER übertreiben müssen, irgendetwas anderes finden um wieder negativ aufzufallen und den FCH in schlechtes Licht zu rücken. Mein Vorschlag wäre daher, diese Leute aus der Masse herauszupicken und einfach per Schnellverfahren zu 1000 Sozialstunden zu verdonnern, welche alle am Wochenende bzw. immer dann wenn der FCH spielt, abzuleisten sind. Damit lößt man gleich mehrere Probleme auf einmal: 1. Dies einen käme das einem Stadionverbot gleich; 2. Dieses "Stadionverbot" ist leicht umzusetzen, ohne das man eine Gesichtskontrolle/Ausweisscanner bräuchte; 3. Die Verfehlungen werden an der Gesellschaft wieder gut gemacht; 4. Eventuell bewegt die Arbeit bei den betroffenen Personen auch was im Kopf.

➢ Meiner Meinung nach sollte man sich den DFB mal genauer anschauen. Die Strafen die einzelne Vereine bekommen extrem unfair sind. Hauptsächlich sind es nur Ostclubs.

➢ Die Probleme können nur verringert werden durch ein Miteinander nicht durch ein Gegeneinander !!

➢ Ich würde mir einfach wünschen, dass sich die Polizei und Ordnungsdienst öfter mal einfach im Hintergrund halten würde! Das die Polizei auch nicht mit so einem großen Aufgebot, "Hunderterte Autos", präsenz ist. Auffällig besonders wieder beim Juniorenfinale am 23.06. Warum müssen dort mindestens 20 Polizeiwagen stehen?! Und wenn, dann sollte die Polizei ihre Wagen aus dem Sichtfeld der Fans stellen. Denn soetwas provoziert die Fans!

➢ Es kann nicht sein das ich 44 Jahre und meinSohn 13 Jahre alt zum Auswaertsspiel nach Osnabrueck kommen und auf den Bahnhof 2Stunden auf den Mop aus Rostock warten sollen.auf den Bahnsteig bei Eisig Kálte.

➢ Es sollte mehr Polizei in den Zügen mitfahren und bereits dort eingreifen, wenn zum Beispiel andere Reisende bzw. andere Fans von Alkoholisierten angegangen werden, sei es auch nur verbal.

➢ Man sollte vllcht. berücksichtigen, dass gerade in Rostock viele Anhänger ihr letztes Hemd geben um die Mannschaft spielen zu sehen. Der Verein ist praktisch ihr fester Halt, um so gravierender sind Fehltritte der Mannschaft wie sie in Neustrelitz zu sehen waren. Es ärgert einen ziemlich, mit anzusehen wie sich die eigenen Spieler einen Sch... um den Verein kümmern, haben diese doch schon Verträge anderer Mannschaften für die künftige Saison unterschrieben. Vllcht. sollte man erst Vertragsverhandlungen aufnehmen, wenn das letzte Spiel abgepfiffen worden ist. Ich denke dass würde auch bei den Spieler auf dem Platz gewissen Signale setzen.

➢ Im Endeffekt sollten alle Beteiligten (Fans, Polizei, Politik, Sponsoren, Vereine,..) "einen Gang zurückschalten". Im Endeffekt will nur jeder die Bühne Fussball nutzen um sich zu profilieren, Geld zu verdienen, sein Image aufzubessern, usw. Wenn man den ganzen Hype um den Fussball mal wieder ein bisschen relativiert, wäre allen Beteil

➢ Die Politik bemisst dem Thema zu viel Aufmerksamkeit und sollte nicht versuchen, die Vereine zu beeinflussen in ihrer Fanpolitik Es sollte die Polizeipräsenz drastisch reduziert werden, sowohl vor dem Stadion als auch in anderen Teilen der Stadt

➢ gerade das schürt doch den Hass, den einige gegen die Polizei haben keine Einschränkung des normalen Lebens durch Fussballspiele keine Stadionverbote, weil sie sinnlos sind

➢ DIE PRESSE DÜRFTE NICHT MEHR ÜBER SPIELE BERICHTEN.

> Das die Suptras als einzige Gruppe aufgeführt ist, kann ich nicht nachvollziehen, auch wenn sie als Kopf der Fanszene gesehen werden.

> Warum wird diese Umfrage auf den FC HANSA bezogen? Warum nicht auch auf andere Vereine, die genau die selben Probleme haben?

> Viele "Fans" sind einfach Idioten. Denen geht es nicht um Sport. Ich habe nichts gegen derbe Sprüche oder etwas rauere Fangesänge, das gehört zum Fussball dazu. Aber allzu oft gerät das zu sehr in die homophobe und menschenverachtende Ecke. Warum ist der Gegner immer schwul oder ist ein dummer Wessi? Warum sind alle Cops Bastards? Warum nicht einfach "ACAC" singen, dass alle Cops Cops sind? Klingt auch gut und ist sogar richtig. Viele dieser Fans denken, dass Hansa ohne Sie nicht wäre. Zu einem gewissen Teil mag das stimmen, die Stimmung wäre sicher nicht so, wie sie derzeit ist. Aber fragen wir uns mal ganz ehrlich, woher kommen denn die Vorurteile und die Meinung zum FCH in Deutschland und vor allem in den Medien? Bestimmt nicht nur durch das Sportliche. Wenn es immer wieder Deppen gibt, bei denen die Mauer als Stacheldraht durch den Kopf geht (obwohl vielen von denen viel zu jung sind, um die Mauer nicht nur aus dem Lehrbuch zu kennen), Respekt und Toleranz nur Fremdwörter sind, die man nicht mal im Duden findet, dann wird sich nie etwas ändern. Und wirklich schlimm wird es erst, wenn man selbst als Fan von "Fans" bepöbelt und beleidigt wird, weil man nicht jeden Blödsinn mitgröhlen will und sich nicht 90 Minuten zum Klops macht, sondern einfach mal ein Spiel anschauen möchte und dann anfeuern möchte, wann man es will.

> Solange sich die Ansicht des zuständigen Ministers nicht ändert, wird es seitens des Staates keinerlei Dialog oder Kompromiss geben. Gängeln der Bürger ist doch einfacher, weil man per se im Recht ist (Thema Sicherheit!). Dieser Polizeistaat wird generell immer schlimmer! Fußballfans haben keinerlei Lobby und werden zur Rechtfertigung von Training und Einsätzen der Polizei heran gezogen. Ich denke nur an das Hubschraubergunglück bei Schnee am Berliner Olympiastadion. Bei solch einer Witterung hätte kein Fußballspiel stattgefunden, weil die Zuwegungen nicht gesichert hätten werden können. Vom Stadion mal ganz zu schweigen. Dennoch wurde unter solchen Bedingungen "geübt". Der Tod des Piloten und die Verletzungen der Polizisten und extra geladenen (!!!) Pressevertreter waren einfach sinnlos. Ist der oder die für diese "Übung" Verantwortliche bereits ermittelt oder

zur Rechenschaft gezogen worden? Es wurde nichts, aber auch gar nichts bekannt...

➢ Verschwenderische Umgang mit den Finanzen
➢ Die Polizei muss ebenfalls kommunikatver werden, um dieses Problem anzugehen! Die Strafen vom DFB sind ein Witz. Seit wann schaffen Geldstrafen ein Problem aus dem Weg???? Die Politik muss eingreifen und es muss durch die Judikative ein neues Strafmaß erstellt werden, wenn sich Bürger um und im Stadion fehlverhalten! Ich finde, dass jeder für seine Fehltaten selbst einstehen muss. Ein Verein kann nichts dafür, wenn ein Fan ein Feuerzeug oder ein Becher von der Tribüne wirft. Dafür muss der Bürger einstehen, zur Not vor einem Gericht!!!
➢ Das Gewaltproblem ist ein Gesellschaftsproblem. Da Fussball mittlerweile eine großen Stellenrang in der Gesellschaft genießt, zeigen sich dort auch die gesellschaftlichen Probleme. Wenn man Die Probleme der gesellschaft den Vereinen aufhaltst, dann wird man bald nur noch wirtschaftlich starke Regionen (mit weniger sozialen Brennpunkten) und mit deutlich weniger echten Fans im bezahlten Fussball sehen - es wird immer mehr nur noch ein "Event".
➢ Teilweise scheint es so, dass gerade junge Polizisten bei Fußballspielen ihre "Macht" missbrauchen, da sie meines Erachtens zu schnell mit Pfefferspray, Brutalität und Festnahmen reagieren, wo es eigentlich bei weitem nicht nötig wäre. Dies geht eben nur weil viele Polizisten füreinander aussagen und ihre Aussagen deutlich mehr Gewicht (auch vor Gericht) haben, als die aussagen von vielen Fans zusammen.....
➢ Lieber nicht!!!
➢ Die Sicherheit in deutschen Stadien ist absolut ausreichend, die Zahl die im Jahr in deutschen Stadien verletzt wird, wird an einem Tag auf dem Oktoberfest erreicht, wo zum Besäufnis aufgerufen wird. Die deutsche Politik erwartet vom Fußball die Lösung von Problemen, die ihn kaum betreffen und eigentlich von der Politik bearbeitet werden müssten. Die Verantwortung der sozialen Probleme darf nicht immer abgewälzt werden. Man sollte den Fußball Sport sein lassen und ihm nicht die Verantwortung für alles was im Land nicht läuft zuschieben.
➢ Die Vereinsführung des FC Hansa Rostock ist von totalitären und gewaltnahen/-bereiten Hooliganstrukturen unterminiert. Über die AR-Mitglieder und Ultra-Förderer Ahrens sen./Abrokat gelangt jedes kritische Wort sofort zu den Rädelsführern Janz, Ahrens jun., Päsler, Nemec. Das schafft eine angstbesetzte Athmosphäre, die - gewollt

- ➢ jede Kritik im Keim ersticken soll. In Scharen wenden sich die Menschen von Hansa ab. Seit Öffnung der Südtribüne hat der Verein noch einmal 25 % seiner Zuschauer verloren! Glaubwürdige Präventionspolitik kann dem Verein nur gelingen, wenn er sich von Personen wie Ahrens/Abrokat trennt. Sämtliche Präventionsansätze wirken geradezu zynisch, wenn man am Ende alle Jugendlichen den Ultras/Suptras/Hooligans dadurch in die Arme treibt, dass man diesen den Kartenverkauf für Heim- und Auswärtsspiele anvertraut und anderen Irrsinn mehr.
- ➢ Wenn die Polizei präsent bei fantrennungen sind kann ich das verstehen. Aber die die Beamten rennen ein ja fast bis vor die Haustür hinterher und wartet nur darauf das man eine Straftat begehen könnte. Wenn die Polizei nur am gästebereich aufzufinden wäre, dann würde es alles viel ruhiger an einem Spieltag ablaufen.
- ➢ Hansa Rostock war, ist und wird immer der geilste Klub der Welt sein!
- ➢ Ich studiere seit neustem in Nrw und es kotzt mich an als Hansa Fan hier immer in die nazi Schublade gesteckt zu werden...Politik hat beim Fußball absolut nichts zu suchen!!!
- ➢ Es findet kaum Gewalt in Stadien statt, für mich waren die Fragen teilweise zu sehr darauf ausgerichtet. Im Stadion ist es sehr sicher. Sollte es zu Ausschreitungen kommen finden diese außerhalb statt.
- ➢ Die so genannten Suptras haben auf der letzten Mitgliederversammlung das erreicht, was sie wollten. Da wird ein Vorstandsvorsitzender rausgeekelt, der die Kogge in sichere Fahrwasser bringen sollte. Es blieb dem ehemaligen VV nichts anderes übrig, als die Südtribüne zu schliessen, sonst wären die Sanktionen ins Bodenlose gegangen. Es musste zwingend die Reissleine gezogen werden, um nicht noch weiter in rote Zahlen zu rutschen. Als Dank dafür wurde der VV auf der Mitgl.Versammlung abgewatscht und nicht neu gewählt. Daraufhin wurde eine Marionette der Suptras installiert, die den Interessen bedingungslos folgt und als erstes mal die Südtribüne wieder öffnet. Ich finde es in Ordnung, dass die Mitgliedsbeiträge und die Ticketpreise erhöht werden/ wurden, aber nicht um die Strafen des DFB Sportgerichts zu finanzieren. Sicher machen die Suptras Stimmung und bringen schöne Choreographien ein, aber einige sind einfach unverbesserlich und die Gemeinschaft ist scheinbar nicht bereit diese, -ihre-, Leute vom Stadion fern zu halten.
- ➢ Der Staat sollte sich endlich mehr um die gesellschaftlichen Probleme kümmern und der DFB endlich beginnen auch Druck

auf die Politik auszuüben und die teilweise dummen Strafen verringern. Die Vereine können nur geringfügig auf das Verhalten
seiner Zuschauer einwirken. Natürlich durch stärkere Kontrollen,
aber auch das führt wieder zu Abneigung und auch Aggressionen. AUßerdem muss beispielsweise ein Musikveranstalter auch
keine Strafen zahlen, wenn Gäste randalieren oder ähnliches.
Der ußball hat nunmal die größte mediale Aufmerksamkeit in
Deutschland - für bekloppte eine gute Möglichkeit sich zu präsentieren. Dazu kommt der Alkohol und die Gruppendynamik und
leider die teilweise niedrige Intelligenz. WObei natürlich auch
teilweise gebildete Menschen an randale teilzunehmen, weil sie
aus ihren Problemen kurzfristig ausbrechen wollen. ABer wie soll
ein Verein daran was ändern? Das geht gar nicht. Und das sollten auch endlich die Medien erkennen. Ich könnte - Entschuldigung -kotzen, wenn ich immer wieder lese und höre die bösen
Ostvereine oder Randalevereine und dann weden die auch noch
als Fans bezeichnet...es sidn bekloppte, nichts anderes. Aber
dann werden gesamte Vereine und deren fans stigmatisiert, weil
es dort öfter vorkommt. Wenn sowas beim BVB oder HSV passiert, wird das kurz nebenbei erwähnt, aber sobald es eben bei
Hansa Rostok, Dynamo Dresden oder Eintracht Frankfurt passiert, sind es wieder die normalen Verdächtigen, die Fanchaoten,
die Hooligans, die Verbrecher. Es fint einfach keine differenzierte
Berichterstattung statt und das ärgert mich maßlos. So werden
auch Vorurteile aufgebaut, die so gar nicht stimmen. Ich hatte
noch nie Angst im Stadion und ich war auch schon bei Spielen
von Hansa gegen Dynamo Dresden und damals stieg Dresden
ab!

➢ Also ich wünsche mir eine differenziertere Berichterstattung, einen klügeren DFB und vorallem den Einzug einer Mentalität, die
diese Bekloppten aus den Stadion verbannt, aber dafür muss
sich gesellschaftlich etwas verändern. Vielen Dank für diese Umfrage und viel Erfolg bei der Abschlussarbeit.

➢ Es ist im Allgemeinen für den Verein schwer zu differenzieren,
ob diese Fangruppierungen immer eine Gefahr darstellen oder
eben nur für gute Stimmung im Stadion sorgen. Je nach Tages-
form der einzelnen (und manchmal auch der spielenden Mannschaften) sind beide Extrema möglich - Herausragende positive
Stimmung oder herausragendes Fehlverhalten. Wenn man verhindern kann, dass Pyrotechnik und Wurfgeschossmaterial in die
Stadien geschmuggelt wird, könnte man das Fehlverhalten zumindest begrenzen.

➢ Die Polizeidirektion Uelzen sollte entlassen werden. Das Verhalten der Polizisten aus Uelzen ist unberechtigt, provozierend und gewalttätig (sowohl körperliche als auch psychische Gewalt). Ansonsten sind die Polizisten an den meisten Orten freundlich und hilfsbereit und sorgen für ein entspanntes Klima (bestes Beispiel: Hannover).

➢ Ich würde mich freuen, wenn es keine Ausschreitungen mehr geben würde und die Wasserwerfer in ihrem Depot bleiben könnten. Außerdem hoffe ich immer noch, dass der ganze Pyromist endlich aus den Stadien verschwindet und wir uns auf schöne und spannende Spiele freuen dürfen! Man sollte sich wieder mehr auf das Schöne konzentrieren, den Fussball! Denn es ist nur ein Spiel und kein Krieg!

➢ Hooligans sind keine Fans, egal bei welchem Verein sie sich aufhalten. Würde es in Mecklenburg-Vorpommern neben Hansa andere große Fußballklubs geben, würden auch andere Vereine Probleme mit Hooligans haben. Hansa bieten ihnen hier einfach die größte Bühne.

➢ Alle gegen sv

➢ Am meisten stört mich einseitige berichterstattungen. Da hansa wiederholungstäter ist, wird jede kleinigkeit kommentiert. entweder man berichtet hintergründig oder lässt es bleiben. Letzteres ist wahrscheinlich am besten, da man so den chaoten keine plattform mehr bietet. auch wenn ich dagegen bin, vielleicht sollte man wirklich eine zeitlang keinen alkohol ausschenken. Vielleicht erhöht sich ja dadurch die schwelle für gewalt. Ansonsten glaube ich, dass sich die fanszene vom innen heraus ändern muss.

➢ ich habe keine Lust mehr Auswärts zu fahren, da ständig mit Schikanen und Verboten durch die Polizei zu rechnen ist(stundenlange Kessel ohne essen, trinken, pinkeln, stundenlang auf irgendwelchen Bahnhöfen festsitzen...dafür hasse ich euch Bullen). Ein wenig Ausnahmesituation gehört und gehörte schon immer zum Fußball dazu. Man muss Fangruppen nicht wie eine Horde Vieh behandeln. Es gibt immer Idoten dazwischen, aber das kriegen die Gruppen auch selbst geregelt.

➢ Ich bin der Meinung, dass das einfach einspielen von Musik (gute Laune Songs natürlich) im Eingangsbereich oft schon viel Emotionen draussen lässt. Man kennt es vom warten an der Supermarktkasse. Ohne Musik denken Sie, sie warten hier schon stunden, mit Musik bekommen sie gar nicht mit dass Sie warten. WEiterhin ist es wichtig, dass Stadionsprecher freundlich und gut gelaunt sind und auch so rüberkommen. Als Beispiele nehme ich mal hier den Stadionsprecher bei Union oder auch den in Saarbrücken. Die hatten noch nen guten Spruch auf Lager und haben uns mal vernünftig begrüßt und nicht so labidar und nebenbei abgetan.

➢ Gebt den Fans endlich mehr Mitsprache beim DFB. Ein anderer Blickwinkel sollte dem ein oder anderen alten Herren mal die Augen öffnen! - Sehr detailreiche Umfrage! Daumen hoch. Allerdings hat man an manchen Stellen den Eindruck als würde man kundige Leute ausfragen wollen bzw abschätzen wie sie auf Maßnahmen etc reagieren. Problemszene hätte beschrieben werden sollen, Pyro? Gewalt? Hools? SVler? oder doch nur schwarze Jacken...

➢ das problem ist ein gessellschaftliches, ich glaube das diese idioten keine arbeit haben und nicht weg wollen aus ihrer stadt, weil sie dein soziales gefüge mehr hätten, also haben sie als ventil für ihren frust den fussball und leben so ihrer aufgestauten aggressionen aus.

➢ 1312

➢ In den 70ger und 80ger Jahren, wenn deutsche Mannschaften in Italien gespielt haben, tauchten immer wieder Bengalos auf. Man nannte das 'italienische Verhältnisse' und man hörte bei den Reporten eine geringe (natürlich keine überschwängliche) Begeisterung heraus. Heute ist es ein riesen Problem. Ich weiß nicht, wie man Herr der Lage wird, vielleicht sollte man mal stichprobenartig mit Nacktscannern arbeiten....

➢ Im Fußballstadion muss Stimmung herrschen. Wir brauchen kein Publikum sondern Fans. Aber sicher soll es auch sein. Videotechnik und erhöhte Eintrittspreise sind die Lösung aus meiner Sicht. Man könnte ja einen Teil der Eintrittkartengelder zurück erstatten wenn es weniger Ausgaben für Sanktionen gibt.

➢ allgeim hatte ich das Gefühl, dass die Fragen sehr darauf ausgerichtet sind die Fans wieder einmal in ein schlechtes Licht zu rücken.Und außenstehende Personen in eine bestimmte richtung zu lenken.Außerdem gab es teilweise sehr komische Antwortmöglichkeiten, so z.b. suptras und ultras, wo ist der unterschied?!?Desweiteren ist mir bewusst dass diese umfrage niemals anonym ist, da man über das Internet heutzutage überhaupt nich mehr anonym sein kann.

➢ Vor 10 und 20 Jahren war es bedeutend gefährlicher, zum Fußball zu fahren als heute. Die Sicherheitshysterie ist nicht angebracht. Gleichwohl sind zahlreiche Idioten in den Stadien in ganz Deutschland, die andere Fans terrorisieren.

➢ Ein hauptsächliches Problem von angeblich negativem "Fanverhalten" ist in meinen Augen die mediale Darstellung. Ich gehe seit über 20 Jahren ins Stadion, Angst hatte ich dabei zum Glück noch nie. Man muss halt differenzieren - Pyrochoreos haben nichts mit Leuchtspurgeschossen zu tun und ein Bierstand ist keine Waffenausgabe. Doch wenn jede Kleinigkeit ausgeübt von den "Unverbesserlichen" in den Medien als absolut schlimme mit Vorsatz getätigte Straftat abgebildet wird, tut man sich damit keinen Gefallen. Dadurch, dass wirklich jede Aktion medial ausgeschlachtet und aufgebauscht wird, ensteht doch erst der vorherrschende Eindruck von Vereinen wie Rostock, Dresden, Frankfurt u.s.w.. Damit möchte ich sagen, dass wir vor 20-30 Jahren in der Buli bzw. DDR-Oberliga ein weitaus größeres Gewaltproblem hatten, allerdings war der Fußball damals kein gesellschaftliches Großereignis und damit für die Breitenmedien bei weiten nicht so interessant.

➢ Wer nicht in M-V lebt, und sagt, dass er FC Hansa Fan ist, hat es wirklich schwer, da jeder denkt, man ist entweder rechtsradikaler Gesinnung oder ein Hooligan. Das Image des Vereins wurde stark durch die Ausschreitungen der letzten Jahre (Stichwort Pauli in den 90ern, usw) stark beschädigt und ist für mich beschämend. Wer auf Auswärtsspielen mal wieder seinen FCH sehen will, und im Auswärtsfanblock ist, fragt sich wirklich, warum man sich diese Chaoten antut. Seitdem gehe ich immer in einen anderen Block und feuere meinen Verein von dort aus an.

➢ Ich bin der Meinung das die Gesellschaft nur ein seitig blicke ins geschehen bekommt und das die vereine und die Polizei mehr mit den Ultras reden sollte und zwar frei von dem was war sie müssen lernen die ultras zu verstehen denn diese Szene ist wichtig für die jetzige form von Fußball sie gibt es seit Jahren aber verstehen tut sie keiner weder dfb noch Polizei noch viele vereine und dabei tragen die Leute den Verein Sie geben alles und als dank bekommen sie ein Stempel Verbrecher auf gedrückt da müssen endlich neue regeln her und unser alter netter dfb sollte aus sein Mittel alter regeln raus kommen

➢ Vieles hat sich die Hansa Fanszene, vor allem die Suptras, selbst zuzuschreiben. Und leider wurde seitens der Polizei auf Provokation mit Gewalt reagiert, welches wieder Gewalt provozierte. Diesen Teufelskreis muss man durchbrechen und von den Suptras (und anderen gewaltbereiten Hansa Fans) ist nicht zu erwarten das sie damit anfangen...

➢ Hansa forever!

➤ Die Gewalt in den Stadien hat soziale und wirtschaftliche Ursachen. Die Rolle der Politik findet in dieser Umfrage keinerlei Berücksichtigung. Polizei und Vereine sind lediglich Spielbälle von sozialer Ungleichheit. Anders der kommerzielle DFB, er ist unglaubwürdig.

➤ Polizeigewalt auf jedem Gebiet verfolgen und zwar durch unabhängige Institutionen und nicht durch die Polizei selbst

➤ Suptras weg.

➤ Gerade bei Spielen in Berlin wird der Eindruck sehr stark erweckt, dass die Polizei nur darauf wartet, Repressalien jedwedet Art gegen Hansafans anwrnden ui können

➤ Ich gehe sehr gerne ins Stadion aber Gesetz ist Gesetz (z.B. Pyroverbot) wenn einem diese nicht passen dann kann man ja friedlich demonstrieren gehen. Alle Auswärtsfans sollten streng kontrolliert werden und gegebenenfalls dann nicht ins Stadion gelassen werden!

➤ Ich finde es sehr schade,dass die Thematik Fußball und Gewaltfans im Allgemeinen und von Medien so breitgequetscht wird. Für mich hat es den Anschein das die Medien usw. sich teilweise schon freuen das wieder was passiert, dementsprechend völlig eine überzogene Berichterstattung leisten, die man mit einem Hollywood Film vergleichen kann.

➤ Wenn hansa Fans auf das Spielfeld laufen um den Ärger freien Lauf zu lassen ist das ok. Aber hinterher von Gewalt und dergleichen zu reden halte ich für falsch. Ich habe rumgefragt bei meinen treuen Hansa Anhängern und alle wirklich alle haben gesagt sie wären auch mit aufs Spielfeld gelaufen. Mich kotzt es auch an als Hansa Fan gleich als Nazi oder dergleichen abgestempelt zu werden. Ich meine behaupten zu können das wir ein Verein sind der damit am wenigstens zu tun hat. Ich hoffe auch das die suptras es sein lassen Pyro zu zünden. Das kostet hansa nur unnötig Geld was wir nicht haben. Und das Polizei Aufgebot ist manchmal echt lächerlich. Wenn die Polizei nicht da wäre würde es weniger Gewalt geben.

➤ Im Vergleich zum europäischen Ausland ist Deutschland eigentlich eine Insel der Glückseligkeit. Halbwegs vertretbare Ticketpreise, interessante Fußballklubs, tolle Fanszenen im ganzen Land und oftmals sehr gute Athmosphere im Stadion sind keine Selbstverständlichkeiten. Aber... es wird auch klar das zb beim Thema Pyro irgendwas komplett falsch läuft in Deutschland... Ein Blick nach Skandinavien oder Österreich oder in die Schweiz macht doch deutlich das Pyro ein Stilelement ist und nicht hunderte von Frauen und Kinder Wochenende für Wochenende dadurch in Brand gesetzt werden. Ansonsten.. weniger Polizei,mehr Fans... und alles wird gut !

> Ich bin dafür bei Problemspielen wie gegen St. Pauli oder Dynamo auf den Verkauf von Auswärtskarten zu verzichten.

> Durch die einseitig negative Berichterstattung durch die Medien und Polizei die provoziert wo sie nur kann wird der Verein über die Grenzen hinweg völlig falsch war genommen. Hansa Rostock hat nicht mehr gewaltbereite Fans als andere Vereine. Wir Fans machen ein Fußballspiel doch erst zu einem Erlebnis oder warum kommen in Erfurt z.b. bei einem Heimspiel nur 4000 Fans aber wenn Hansa kommt 13000? Wir machen Stimmung oft mit Einsatz von Pyro auswärts aber ist denn jeder der da ist gleich ein Hooligan,Schläger oder gewaltbereiter Fan? Warum wird das zünden von Pyro mit Ausschreitungen verglichen? Weil die Medien und die Polizei es dazu machen.Sie sind der Tot der Fankultur mit dem Segen des DFB.

> Nur der FCH! Für eine bessere Zusammenarbeit aller!

> Es sollte mehr aufeinander zugekommen werden. Ich denke würde man als beispiel nur in Ultrablöcken die Pyrotechnik erlauben (unter gewissen Sicherheitsvorkehrungen, z.b. diversen Brandschutz gegenständen) würde es schon eine entspanntere Atmosphäre geben. Es könnte sogar sein, dass es dann nichts besonderes mehr ist für die Szene weil es ja "Zugelassen" ist und somit den großen Reiz oder Kick verloren hat

> Wie auch in dieser Umfrage festgestellt werden kann, bedarf es einer klareren Definition des Begriffs "Fan".

> Da Pyrotechnik eine allgemeine Gefährdung darstellt gehört diese strikt verboten! Es muß dringen eine Möglichkeit gefunden werden dieses zu verhindern. Polizisten die im Stadioneinsatz sind gehören auch zu meinem Bekanntenkreis, berichten mir von Situationen in denen sie selbst aus Angst erst mal zuschlagen (Angriff ist die beste Verteidigung), auch selbst ihren Frust ablassen (begeistert ist kein Beamter von den Einsätzen in den Stadien), auch Polizisten reagieren oft panisch und planlos. Mehr Polizistinnen, ohne Kampfuniform und mit ruhigem, aber bestimmten und freundlichem, Auftreten, das wäre einen Versuch wert, schon dann wenn die Fans in die Stadt kommen. Gib mir ein lächeln und du bekommst eins zurück! Das wäre mal eine Parole für ALLE!

> Die Ausschreitungen zum besagten Pokalspiel wurden wieder einseitig dargestellt. Wieviel Personen haben Spieler angegriffen ? Der Rest hat seine verständliche Wut und Enttäuschung im Griff gehabt.

- Ich bin nicht gewaltsuchend oder -provozierend, sehe aber die Überwachung, alle Strafen und den Umgang mit Ultras sehr kritisch. Auch die harte Fahrweise des DFB ist unnötig.
- fussball ist spiegelbild der gesellschaft - der spruch ist alt passt aber gut zur situation in rostock – mecklenburg vorpommern und ost deutschland.
- Um die Gewalt bei Fußballspielen zu bekämpfen sollten neben Fans Polizei und Verein auch die Medien mit einbezogen werden. Die berichten ja teilweise schon vor Problemspielen von erwarteten Ausschreitungen da gewinnt man ja den Eindruck die sind enttäuscht wenn nichts passieren würde.
- Früher hat Fußball bzw. Fansein mehr Spaß gemacht, da konnte man auch mal bei Auswärtsspielen mit den gegnerischen Fans quatschen und sich einfach über Fußball unterhalten oder mal ein Bierchen miteinander trinken. Das war schön! Jetzt hat man teilweise schon Angst mit dem Trikot bei Auswärtsspielen durch die Stadt zu laufen. Die Entwicklung ist definitiv nicht gut! Ich hoffe das ändert sich bald wieder....
- Frohe Ostern!
- jeder weis wie man sich im und um das Stadion zu verhalten hat, wenn alle ein bischen in sich gehen und jeder respecktvoll mit den anderen umgeht, gibt es weniger Probleme.
- Die Kriminalisierung von Fussballfans, vor allen den Ostvereinen, stört mich ungemein und trägt zu einer Aggresivität von einigen Teilen der Fanszene bei.
- Es gibt einen entscheidenden Unterschied zwischen "randalierenden Fans". Das ist bei den Fragen zwar schon mit angeklungen, war aber evtl. gar nicht so gemeint. Es gibt viele Fans, richtige Fans, die mit viel Herzblut dabei sind, die allerdings vom "Netz der Gesellschaft" nicht aufgefangen wurden, vereinsamen und Alkoholiker werden. Für diese Leute ist "ihr Verein" u.U. das Einzige, an den sie sich noch erfreuen können. Sie freuen sich die ganze Woche auf das nächste Spiel - kratzen ihr letztes Geld zusammen. Gewinnt das Team, sind sie überglücklich. Wenn aber die Leistung nicht stimmt oder Pech im Spiel ist, lassen sie sich u.U. von Randalierern mitreißen, weil ihre Sinne benebelt sind.
- wenn die polizei das einhält wird das auch endspanter hab ich auch von vielen anderen gehört
- Ich bin sehr froh, dass Sie diese erneute Umfrage ins Leben gerufen haben und hoffe, nach Auswertung dieser, auf Konsequenzen und Verbesserungen auf allen beteiligten Seiten.

> Die Grundsatzfrage ist: was sind Randale und Gewalt. Sind Randale (wie in den Medien ständig dargestellt) Einsatz von Pyrotechnik? Oder beginnt Gewalt erst wenn jemandem "die Fresse poliert" wird, oder etwa ein Platzsturm im Aufstiegsrausch? Die Stadien sind heute sicherer als vor 30 Jahren (in den ersten 4 Ligen). Das Problem Pyrotechnik ist hausgemacht durch den DFB und leider sind die Medien lediglich ein Brandbeschleuniger, anstatt frei, unabhängig und objektiv das Thema zu durchleuchten.

> Gewalt beim Fußball ist nur die Projektion gesamtgesellschaftlicher Probleme. Weder Polizei noch Fußball können diese Lösen und sollten dies auch nciht für sich beanspruchen. Gesellschaftkritische Perspektiven sind nötig und politische Bildung gefragt.

> Alles für den FCH!!!

> Lasst uns endlich die Gewalt im und vor dem Stadion verbannen. Wir wollen Fußball sehen und keine Pyro. Wir wollen wieder mit Frau und Kind kommen können, ohne Angst haben zu müssen ob auch wieder heil nach Hause kommt. Wir sind Hansa und nicht der Mob der fast jede Woche für Negativschlagzeilen sorgt.

> - "gute" Umfrage in den Grenzen die ihr gegeben sind wie oben erwähnt

> Fußball braucht mehr Kommunikation zwischen Vereinen, Fans , Ultras und Sicherheitsorganen

> Pressefreiheit ist gut, aber eine prinzipielle Pauschalisierung bestimmter Aktionen im Stadion empfinde ich als störend bis zum Teil widerlich, da sich immer bestimmte Gruppierungen (Fanszenen, Ultras etc.) rausgegriffen werden und diese als sogenannte "Fans" bezeichnet werden und damit sämtliche Personen die einem Verein die Treue halten gleich mal mit in "Sippenhaft" genommen werden. Es wird ja immer von den Fans des Verein .... gesprochen.

> Äußerungen aus Kurven egal ob rassistisch, beleidigend oder persönlich finde ich persönlich extremst armseelig und unter aller S..

> 23 Jahre nach der deutschen Wiedervereinigung gibt es immer noch die Trennung im Kopf, da wird sich gegenseitig beleidigt in Foren, herablassende Kommentare zu Youtube Videos etc. Ein Armutszeugnis für uns alle.

> Ich bin auf keinen Fall dafür, dass Verein mit Geldstrafen durch den DFB oder durch die staatlichen Gerichte belegt wird. Der FC Hansa hat ohnehin wenig Finanzmittel. Ebenso möchte ich nicht, dass die friedliche Mehrheit der Fußballanhänger unter einer - wenn auch leider größeren

➢ Minderheit von gewaltbereiten Fanatikern leiden muss. Also, keine Spielortverlegungen und keine Spielabbrüche aus Prinzip. Damit würde nur den Verrückten auch noch Vorschub geleistet werden. Recht ist Recht und muss auch im Falle eines Falles konsequent angewendet werden! Bengalos gehen gar nicht! Es ist schon - wenn auch vlt. nicht gewollt - vorgekommen, dass Unbeteiligte verletzt worden sind. Das ist eine Gefahrenquelle und gehört weder in ein Stadion oder bei einem Konzert oder bei anderen Großveranstaltungen zu den Requisiten der Fans. Ich finde diese Umfrage sehr gut und hoffe, dass sie Teil einer Problemlösung wird. Ich mag Sport im Allgemeinen und den Fußballsport im Besonderen. Ich begeistere mich für den fairen Wettbewerb und bin auch bereit zu zahlen. Für mehr Sicherheit im Ostsee-StaDION wäre ich bereit, mehr Eintritt zu zahlen. Nicht aber für die Polizeieinsätze. Sonst wäre das Versammlungsrecht aus meiner Sicht eingeschränkt. Demos müssten dann im Prinzip vom Veranstalter auch bezahlt werden. Zudem zahlen die Profi-Vereine ja auch Steuern an den Staat. Und teilweise nicht zu wenig.

➢ Die einseitige Berichterstattung der Medien ist mehr als peinlich. In jedem Bundesligaspiel ist Pyro zu sehen, in der CL wird das als Stimmungsmache beschrieben. Bei Hansa wird das gleich hochgeschaukelt, auch wenn ich Pyro nicht ok finde (generell und überall). Ebenso die Ausschreitungen. Von anderen Vereinen hört man genau das gleiche, aber bei Hansa wird es noch wochen- oder monateland thematisiert. Sehr objektiv.

➢ Die deeskalierenden Maßnahmen der Polizei sind meistens Käse und absolut unüberlegt. Am schlimmsten ist es für Fans, wenn sie irgendwo lange rumstehn müssen und nichts passiert.

➢ Ich fühle mich bei Auswärtsspielen kaum noch wohl. Die totale Kontrolle, null-Bewegungsfreiheit, kaum noch Möglichkeiten auf Fankontakte, Panik wo immer wir auftauchen. Möglicherweise ist das auch so gewollt. Einige Leute hätten am liebsten überhaupt keine Auswärtsfans mehr.

➢ Die "Suptras"/"Ultras" nehmen sich zu wichtig. Das wichtigste ist der Support von Mannschaft und Verein. Und Stadionboykotts, weil z.B. der ehemaliger Sicherheitschef von Hansa (Jahr 2009) anscheinend eine Stasivergangenheit, was sicherlich nicht gut ist, hatte, ist doch albern und hat nur der Mannschaft geschadet. Grad wo der Großteil dieser Fangruppe wahrscheinlich zwischen 16 - 24 Jahren alt ist und die DDR ja nicht mal mehr kennt. Und wenn man schon die Vergangenheit bewahren will, dann sollte man ach nicht einfach immer nur "alle" anderen "Ostvereine" scheiße finden, sondern sich auch mal an alte Fanfreundschaften erinnern. Und ich finde es auch okay, wenn man für Pyro demonstriert, was ja schon friedlich vor Heimspielen geschehen ist, ich selbst bin da zwar sehr zwiegespalten, aber dafür einsetzen kann man sich auf jeden Fall. Aber so lange es nun mal Verboten ist, hat's im Satdion nichts zu suchen, weil's finanziell den Verein u letzlich auch die Mannschaft schadet. Aber das sehen, diese Ultras nicht (mehrere persönliche Gesprächserfahrungen) , sie wollen ja nur geile Stimmung und sind ja die wichtigsten. Bzw. machen Sie es sich auch immer sehr einfach, in dem sie die Schuld immer auf die Polizei schieben. Klar ist die Polizei auch kritisch zu betrachten und sie macht sicherlich auch das ein oder anderen Mal Sachen falsch, grad ja auch weil es keine Kennzeichnung der Beamten gibt, und provozieren sicherlich auchg manche Situation, aber die Fans sollen einfach mal die Fresse halten und zwei Jahre (weil mittlerweile ist die Bewährungszeit bestimmt so lang, wenn man sieht viel Mist in den letzten Jahren gebaut wurde) absolut nix machen, dann werden sie auch schon sehen, das Ihnen auch keiner mehr was will. Bin absolut nicht pro Polizei aber diese Scheiß-ACAB-Rufe auch in den Fangesängen sind trotzdem total dumm und gehören aus dem Stadion verbannt. Die Berichterstattung im Fernsehen und den Druckmedien ist auch Müll und sehr einseitig. Überfallen Schalke-Fans ein BVB A-Jugend-Spiel (oder war es umgekehrt?) wird das nirgends groß publiziert, bzw. brennt das Westfalenstadion durch Schalker ist das Derbystimmung. Bei "Ostduellen" ist immer gleich von bürgerkriegsähnlichen Zuständen die Rede.

➤ ich glaube ich habe in meinen z.T. sehr langen antworten alles gesagt was ich sagen wollte.

➤ Bei Strafen die Hansa droht sollte Hansa konsequent wie andere Vereine vorgehen in dem sie nur z.B.für die Südtribühne die Preise erhöhen und dort auch ein Fangnetz spannen.Es nimmt zwar die Sicht für die Südtribühne aber die meißten Fans gerade Familien in anderen Blöcken würden sich so sicherer fühlen,da von dort die meißten Kravalle ausgehen.

➤ Bestimmte Medien , z.B. Ostseezeitung, berichtern einseitig über die fanszene

➤ Die Informationspolitik des Vereins ist einfach mangelhaft! da kann man noch viel lernen (zb. aus den Nordamerikanischen Profiligen) Die Spruchbänder auf der Südtribüne sollten vor Spielbeginn kontrolliert werden! es kann nicht sein das ständig `ACAB` oder solche Geschmacklosigkeiten wie `Hubschraubereinsatz` zu lesen ist.

> sehr gute Fragen! Im Moment habe ich nichts hinzuzufügen ;)
> Pyrotechnik und Böller, Randale etc. braucht niemand im Stadion und Zündler sollten noch härter verfolgt und mit Stadionverboten (bundesweit!) belegt werden. Eine Eventstimmung wie bei der Nationalmannschaft oder beim USSport möchte auch niemand, aber was Rauch und Feuer mit guter Stimmung zu tun haben erschließt sich mir nicht
> Mich würde interessieren wie hoch der Prozentsatz der sogenannten Ultras ist, die meinen sie seien wichtiger als der Verein und alles andere (das Spiel, die anderen Zuschauer, die Jugendarbeit etc.) sein nur schmückendes Beiwerk für ihren Support. Ich glaube, da würden sich manche die Augen reiben. Achja, wieviele verurteilte Straftäter bei Fussballspielen können selbst den Ball dreimal hochhalten oder zumindest die Abseitsregel erklären? Ich wette nicht mal ein Drittel.
> Ich finde das Abbrennen von Bengalos oder anderen Feuerwerkskörper schön, jedoch viel zu gefährlich im Stadionblock. Gerne würde ich es sehen, wenn die pyrotechnischen Erzeugnisse vor Spielbeginn abgegeben werden könnten und in der Halbzeitpause oder nach Spielende kontrolliert auf gesicherten Plätzen im Innenraum abgebrannt werden. Zum Beispiel zwischen Rasenfläche und Tribüne oder auf einer gesicherten Unterlage im Mittelkreis
> Die "Fan-Gewalt" ist als "Übungsfeld" für die Polizei willkommen, wie sonst kann es sein, daß die Justiz nur milde dagegen vorgeht. Letlich ist der Fußball "moderner Gladiatorenkampf" Ein Ventil für aufgestaute Probleme, die Ihre Ursache in der Gesamtgesellschaft haben.
> Keine weiteren Ausführungen meinerseits.
> Ich würde momentan nicht meine Kinder mit zu einem Spiel des FC Hansa nehmen, da mir die Sicherheit nicht ausreichend gegeben ist.
> Die mediale Berichterstattung führt oft zu Unmut. Und führt dann zu Retourkutschen die auf den Rängen ausgetragen. Hansa: alle Anhänger klar "RECHTS".RTL-Kommentar. Solche Berichterstattungen, wenn Sie so einseitig und Unnötig sind wie nach spielen gegen den FC Sankt Pauli, führen nur zu neuen konfllikten. Beim letzten Rostock -Pauli Spiel war ich vor. Flaschen flogen zu erst von Paulifans. Danach auch von Ha nsafans. Berrichterstattung wie immer ANTI-Hansa. Nächste Spiel in Hamburg sollte dann ja wieder die Lutziabgehen aufgrund solcher Berichterstattungen. DAher Medien oft als Katalysator.

- ➢ Ich bin Rostockfan und will deswegen nicht als Rechter oder Krawallmachenr gelten.
- ➢ Nichts !!!
- ➢ - gute Umfrage, hat mir gefallen diese Fragen zu beantworten
- ➢ Das Kurvenmonopol der Fanszene/Ultras geht soweit dass man bei Auswärtsspielen nicht mehr im Block stehen kann ohne pausenlos mitzubrüllen, selbst wenn man am Rand steht. Ich finde diese klar Ultra-gestützte Herrschaft schon beängstigend und es fördert das Misstrauen der eigenen Fans im Bezu gauf die Ultras. Eine immer wiederholende Unschuldsdarstellung dererseits wird schon lange nicht mehr ernst genommen, weil wie eingehend erklärt dieses Monopol zur Gewaltprävention nicht genutzt wird. Daher sollten sich diese Jungs überlegen wie Ihre Zielsetzung aussieht, auch gegen andere Hansafans die womöglich als Bonzen bezeichnet werden weil Sie gute Jobs haben und sich auf eine Tribüne setzen anstatt zu stehen.
- ➢ Ich gehe seit mehr als 20 Jahren zum Fußball und bin auch schon sehr oft auswärts gefahren. Was ich im Laufe der Zeit gelernt habe, ist mich in der Öffentlichkeit nie als Fan zu zeigen, sonst wird man: aufgehalten, umgeleitet, beschimpft, beleidigt, zurückgeschickt ... und zwar nicht von den gegnerischen Fans. Mein Schal bleibt im Rucksack, bis ich an meinem Ziel bin, und meinem Sohn bringe ich es auch so bei. Was ich in den langen Jahren schon an Polizeiaktionen erlebt habe, kann man kaum beschreiben. So wurden wir z.B. in einem Stadion mehr als 1 Stunden nach Spielende im Block festgehalten, durften nicht einmal auf die Toilette gehen. In der Zeit konnten sich die gegnerischen Hooligans in aller Ruhe vor dem Stadion sammeln. Von der Polizei kamen dort nur Beschimpfungen und auf meine Frage, was denn sei, wenn wir das Stadion verlassen und dort von den Hools erwartet werden, hieß es nur: "Das ist außerhalb des Stadions, das ist uns doch egal". Ich bin weder aggressiv noch gefährlich noch dumm. Ich bin eine Frau, 160cm groß mit 60kg Gewicht,
- ➢ Diplomingenieurin, Jugend-Fußballtrainerin. Und ich muß mich behandeln lassen, wie ein Verbrecher, nur weil ich Fußball liebe. Ich muß mich in der Presse mit Hooligans / Subtras / Ultras über einen Kamm scheren lassen. Es ist mehr als traurig!
- ➢ Mich stört einfach an einem schönen Fussballnachmittag bzw. -abend, dass Fanströme durch Zäune geleitet werden, begleitet durch Hundertschaften von Polizisten. Mal einen Schnack mit gegnerischen Fans machen, war auch in Rostock einmal möglich, nun mehr unmöglich. Des öfteren habe ich das Gefühl nicht

zu einer Sportveranstaltung zu gehen, sondern in einen kriegs-
ähnlichen Zustand zu wechseln. Die Unbeschwertheit und Ge-
mütlichkeit am Fussballwochenende ist einfach weg, durch die
Umwandlung des Stadiongeländes + Umfeld in einen Hochsi-
cherheitstrakt. Ich als Fan möchte nur 2,3 Bierchen trinken und
meinen Verein als Unterstützer begleiten und nicht Kleinkriege
mit anderen Städten führen. Und es war so und wird so bleiben...
"Die Wahrheit liegt auf dem Platz" (und nicht daneben)

➢ Ich hoffe irgendwann mal wieder ein Auswärtsspiel des F.C.
Hansa Rostock besuchen zu können, in der die Mehrzahl der
anwesenden Fans keine alkoholisierten, tätowierten und gewaltbereiten Affen sind und ich nicht 50% meiner Energie damit ver-
schwende, Problemgruppen im Block zu beobachten und nicht
das Spiel. Bei einem Auswärtsspiel in Frankfurt sind mehrere
Sitzschalen aus dem Oberrang gerissen worden und wenige
Zentimeter neben mir eingeschlagen. Eine Bierdusche gabs
auch. Meine Frau brauche ich zum Fussball jedenfalls nicht mehr
mitnehmen.

➢ Polizeigewalt wird in den 'großen' medien so gut wie keine beachtung geschenkt, dort gilt dringender Nachholbedarf. Überwachung und staatliche Repression müssen außerdem auch ge-
samtgesellschaftlich betrachtet werden, eine Reduzierung auf
Fußballfans ist unzureichend. 1984 is now. Des weiteren wäre
eine leicht zugängliche Veröffentlichung der Ergebnisse eurer
Umfrage (z.B. auf der hansa.de Seite) absolut wünschenswert.

➢ Mir fehlt so ein wenig der gesellschaftliche Hintergrund in der
Umfrage. Damit meine ich politische Einstellungen, wirtschaftliche Verhältnisse, etc. Gerade beim Fc Hansa stört mich noch
immer ganz groß die rechte Subkultur. Hätte man meiner Meinung nach in Frage 21 noch mit einbauen können und hätte ich
gern noch unter sonstiges eingefügt. Ansonsten finde ich die
Umfrage sehr interessant und freue mich auf die Auswertung.

➢ Es sollten alle an einem Strang ziehen und zwar nicht an einem
der vorgegeben wird von irgendwelchen Politikern die sich einmal austoben möchten, sondern von einem von Vertretern AL-
LER Seiten erarbeiteten Plan.

➢ Was mich wirklich aufregt ist, dass die Fankultur des FCH immer
asozialer Zu werden scheint. Wenn den Leuten keine besseren
Gesänge einfallen wie z. B. "ACAB" usw. finde ich das einfach
nur abstoßend. Es sollte doch zuvörderst die Mannschaft unterstützt werden und nicht dauernd darauf geschaut werden, wie
man nun den Gegner, den Schiri oder die Polizei möglichst weit
unter der Gürtellinie beleidigen, beschimpfen und provozieren

kann. Kleine Nicklichkeiten sind ja in Ordnung, aber manchmal geht es eben zu weit. Dazu wird dann immer beklagt, dass das Geld den Fußball kaputt macht, aber dass zum Fußball auch Sportsgeist gehört, der wiederum seinen Ausdruck in fairem Verhalten gegenüber dem Gegner usw. findet, wird leider oft vergessen.

➤ Ich mag Fussball, es ist ein Spiel und sollte ein Vergnügen sein. Ich verstehe nicht wieso es Menschen gibt die sich auf dieser Bühne durch Gewalt und ähnliches profilieren müssen. Ich kann es selber nicht ändern. Nur Vorbild sein und selbst auch verbale Emotionen unterlassen ("Arschloch rufe" etc.). Da ich als FCH-Sympathisant zunehmend das Gefühl habe mit der "Fanszene" und den Gewalttätern gleichgezetzt zu werden, überlege ich mir zunehmend ob es noch der Sport ist den ich sehen will. Ich habe eine kleine Tochter und ich weiß nicht wie ich ihr erklären soll was die "Onkels" auf der Südtribüne da so machen. Oder warum so viele Polizisten notwendig sind um ein "Spiel" zu begleiten?? Aus diesem Grund gehe ich zunehmend seltener in Stadion, weil die Freude am Spiel bei mir durch die "echten Fans" zunehmend zerstört wird. Ich will Zuschauer der Mannschaften und des Spieles sein und nicht Publikum eines ekelhaften Schauspiels von Profilierungssucht und Gewalt zwischen Suptars und Polizei.

➤ Ne gute Sache, diese Umfrage.

➤ keine Angabe

➤ Ich fand die erste Befragung bereits recht dürftig konzipiert, allerdings toppt diese Befragung, dies deutlich. Einige Beispiele: Die Frage nach der Entwicklung der Sicherheit im Stadion in den letzten 6 Monaten ist völlig ohne Bedeutung, ohne die Frage wie man die Sicherheit im Stadion überhaupt einschätzt. Des weiteren besteht der Fragebogen, fast ausschließlich aus Fragen, bei den die soziale Erwünschtheit im Antwortverhalten eine große Rolle spielen wird. Zu dem sind Antwortmöglichkeiten in vielen Fragekomplexen schlecht gewählt, bspw. "Stimme sehr zu, Stimme

➤ zu, lehne ab, lehne sehr ab". Zum Einen fehlt eine neutrale Kategorie, zum anderen suggerieren sowohl "stimme sehr zu" als auch "stimme zu", das man völlig damit übereinstimmt. Hier wäre die Nutzung von "stimme zu" und "stimme eher zu", bzw. "lehne eher ab" und "lehne ab" wesentlich besser. Bei anderen Fragen wird dann "trifft mehr zu" und "trifft zu" genutzt. Hierbei würde ich "trifft mehr zu" als geringere Zustimmung einstufen als "trifft zu", was in ihrem Fragebogen allerdings nicht der Fall ist. Es gab noch mehr Dinge, diese habe ich bereits vergessen. Insgesamt zweifel ich die Validität vieler ihren Fragen und des ganzen Fragebogens doch sehr an und hoffe, dass niemals eine Studie auf Basis dieser Umfrage veröffentlicht wird.

➢ Man sollte nicht alle Fußballfans als Hooligans einordnen, meist sind es nur einige weniger die Mist bauen. Das sollte die Gesellschaft wissen und die wahren Fussballfans im Stadion sollten mehr Rückrad haben und Hooligans vor die Tür setzen wenn diese andere gefährden.

➢ - DFB und DFLsollten die Gehälter kürzen und den Mannschaften in den unteren Ligen zu Guten kommen lassen -

➢ Glanz und Glemmer auf DFB Veranstaltungen

➢ Aruganz der DFB Oberen

➢ Schade, dass durch das Verhalten weniger der Sport in den Hintergrund gerät. Ein ganzer Verein und eine Region sind leidtragende, auch durch negative Berichterstattung. Was bedeutet Fans Unterstützung ihres Vereins? Nur mit Gewalt und Pyrotechnik? Wir leben in einer zivilisierten Gesellschaft, in der Hass und Aggression gegen Anhänger anderer Vereine keinen Platz haben sollte. Behandel dein Gegenüber wie du selbst behandelt werden willst! Keine Ahnung, was sich in den Köpfen mancher Menschen abspielt. Das hat nichts mit Unterstützung zu tun.

➢ Das die Polizei in jedem Fan nicht gleich einen Straftäter sieht. Nicht jedes Drängeln am Eingangeinlaß durch die Fans verursacht wird,sondern auch gerne mal durch die aufrückende Polizei mit Unterstützungsmkitteln. Einfach wieder wie ein Mensch behandelt zu werden und nicht wie ein Stück Vieh.

➢ Was hier im deutschen Fußball abgeht ist nicht mehr normal da wird im von Integration und Solidarität gesprochen, doch dieses bezieht sich nur auf Ausländer in der Nationalmannschaft und Bundesliga, aber dafür gibt es ein richtige Feindseligkeit gegenüber Ostvereinen und ihren Fans, diese spüren wir nicht nur vom DFB sondern auch von der sogenannten Ordnungsmacht,(ständige Provokationen, mehr noch durch die Polizei, als wie den Vereinsordnern. diese muss man nicht nur bei Auswärtsspielen ertragen, nein auch in Rostock wo sich oft Ordnungshütter aus Schleswig-Holstein rumtreiben). Da werden Wochenende für Wochenende Ostclubs von Schiedsrichtern klar benachteiligt, leider trauen sich die Vereine nur selten dieses Thema anzusprechen, zum einen weil das von oben gesteuert wird und somit Strafen drohen und weil es auch zu nichts führt, denn es geht ja schon über zweijahrzehnte so. Der DFV hat schon so gehandelt und den Stasiverein bevorzugt und kleinere Vereine so Jahr für Jahr um die Mühen ihrer Arbeit betrogen.

Doch jetzt wird gegen die Ostverein so massiv vorgegangen das dies nicht mehr normal ist, da werden Fans nicht mehr zu Auswärtsspielen gelassen weil sich Angsthasen von der Polizei fürchten (die bereiten sich ihr eigenes Chaos (siehe Berlin)), da werden Heimtribünen über Jahre gesperrt oder die Fans gleich völlig ausgeschlossen weil dieses zweifelhafte Minister sich wünschen. Die Vereine eine werden ebenso hart bestraft weil sie aus den Osten kommen, da wird doch mit total unterschiedlicher Elle gemessen und das ist nicht nur beim vergehen der Fans so, sondern auch in der Lizenzvergabe und vielem anderen mehr. Ich möchte dazu nur die harten Strafen gegen Rostock bzw. Dresden erwähnen, während schwere Platzstürmungen wie Berlin, Frankfurt oder auch Düsseldorf (sogar vor Gericht), dagegen sehr glimpflich bestraft wurden. Doch wenn sich jetzt ein Möchtegern von Vereinsfunktionär sich da vor die Presse stellt und Vereine mit falschem Vereinsnamen absichtlich betitelt, ist es mehr als Provokant, aber zunächst hat es deutlich gemacht wie man über Ostvereine in der deutschen Führungsetage denk, denn wir sind für Wessis doch alles keine Traditionsvereine. Einer der sich in aller Öffentlichkeit so im Ton vergreift, sollte zum einen selbst mal nachdenken ob er für einen Führungsposten noch tragbar ist, zumal er vor Jahren seinen Verein fast in den Ruin (Spielbetrieb) getrieben hat und nur durch Liebe und Schummeleien in der Liga geblieben ist. Andere Vereine hätte man sofort aus der Liga gekegelt nur weil sich dort im Stadion 80000 Ruhrpott... tummel und sich auch einige davon wo anders hin trauen hat er das Recht, sich diese Worte raus zunehmen und der Verein darf noch oben mitspielen. Auch wir im Osten haben Traditionsvereine und zu den Auswärtsspielen geraden von Dresden und Rostock reisen Wochenende für Wochenende so viele Fans mit, weil Beamte dann Angst haben oder durch den großen Andrang überfordert sind kommt es auch mal zu Ausschreitungen. Nur haben wie im Osten nicht diese Metropolen mit der Wirtschaft und Sponsoren wie im Westen und erst recht nicht so ein Loch wie den Pott. Länderspiele vergehen mir schon bei der Bitburger-Werbung, und die Bundesliga bei solchen Gesichtern auch, deshalb wäre mir eine Oberliga wie früher lieber und da bin ich mit Sicherheit nicht der Einzige, denn dieser K... der den Mund so voll nimmt, soll mir doch mal erklären ebenso wie sie vom DFB, was die 2. Mannschaften solcher Räubervereine in der 3. Liga wollen ganz ohne Zuschauer. Nachwuchs fördern die Vereine wenig, ist ja einfacher beim Ostvereinen die Meisterspieler aus den Nachwuchsvereinen zu kaufen.

Die freundlichen Grüße verkneife ich mir wie schon die nette Anrede, denn dazu finde ich bei meinem Frust keine Gründe!

➢ Polizeigewalt sollte betrachtet werden. Ich bin weiß gott kein Ultra, Hooligan und wie die sonst noch heißen. Bin auch nicht mehr in dem Alter wo man immer fahren kann, aber dieses ganze Einseitige Berichten von Medien und Polizei kommt der Stasi schon Recht nah. Erich hätte sich gefreut.

➢ Die Politik des DFB und DFL führen in eine Sackgasse. Die Politik versteht den kulturellen Kontext des Fussballs nicht und ist ausschließlich sicherheitsfixiert. Die Medien spiegeln die Realität nicht wider, denn es gibt überhaupt kein Gewaltproblem im Fußball! Vor zwanzig jahren waren die Probleme mit Hooligans deutlich größer. Die heutige Diskussion über Gewalt im Fussbal ist unsachlich, polemisch, nicht Faktenbasiert und schädlich für den Fussball im Allgemeinen (warum erkennt das niemand?). Der Grund ist eher die hohe Wahrnehmung des Fußballs in der Öffentlichkeit, da möchte jeder dabei sein (Fans: Plattform zur Selbstdarstellung auf Kosten anderer Zuschauer, Medien: bad news = good news = Auflage, Polizei: Daseinsberechtigung, andere Ziele, Politik: Polemik).

➢ Schön wäre eine Unterscheidung der Polizeigruppen gewesen. Erfahrungsgemäß stellt hier die Bereitschaftspolizei (Knüppeltruppe) ein grosses problem da.

➢ Personen, die sich fehlverhalten müssen schneller und effektiver identifiziert werden und direkt aus dem Stadion geholt werden. Das Vermummungsverbot sollte strikter durchgesetzt werden, in- und außerhalb des Stadions.

➢ weiter nichts

➢ Doch recht gute Umfrage. Gute Antwortwahl möglich! Man könnte dennoch mehr zu den Ursachen der medialen Darstellung fragen und mehr auf das Verhältnis von Berichterstattung und Realität fragen. Das kann man ebenso auf die veröffentlichten Polizeiberichte übertragen (Bsp. 30.3 Auswärtsspiel Osnabrück, Vorfälle HBF Hannover)

➢ Hansa ist ein toller Verein, der nicht kaputt gemacht werden darf.es gibt viele tolle Fans,viele Familien die hinter den Verein stehen.die paar Idioten soll man nicht in den Vordergrund stellen,Hansa ist viel mehr.

➢ Gegen Polizei Repression

➢ Also ich hatte ein paar Anmerkungen, aber die hab ich nach meinem letzten Text verdrängt :D ACAB !!! FCH

➢ Hansa Rostock, meine Liebe, meine Heimat, mein Verein! Alles für den FCH! FC Hansa bis in den tod! Caffier (Innenminister

MV) soll endlich abtreten. SKANDAL und das wird auch uns, Fans, betreffen! http://kombinat-fortschritt.com/2013/06/21/ueberwachungsstaat-m-v-ab-1-juli-realitaet/

➤ sollen sie es so machen wie in england oder noch schärfer. komplette vidiokontrolle, hohe geldstrafen, stadionverbote auf lebenszeit und gefängnis. nur hartes durchgreifen und strafen schrecken ab, sonst wird es immer schlimmer im stadion. es kann nicht sein das beide fanlager nebeneinander sitzen, der südblock muss nach norden und der gästeblock bleibt im südosten. der nordblock wandert nach süden. es muss eine zwete anzeigetafel her!!!!! könnte man die mio vom bayernspiel mit nutzen oder über sponsoren die tafel finanzieren

➤ Ich bin Fußballfan, der auch die Seite der Polizei kennt und oftmals vertritt. Auch ich wurde als Zuschauer "Opfer" von meiner Meinung nach unnötigen Maßnahmen. Jedoch geht jeder Konsequenz eine Ursache voraus. Nehmen die Negativschlagzeilen im Zusammenhang mit Fußball (gerade bei Hansa Rostok) ab, wird auch der Kräfteansatz von Polizeieinsätzen überdacht werden. Dies gebietet nicht nur der gesunde Menschenverstand und der Druck der öffentlichen Meinung, sondern auch geltende polizeiliche Dienstvorschriften.

➤ ist doch alles schon gesagt

➤ Es ist alles gesagt.

➤ Wie gesagt ‚bei uns sind nicht alles liebe Jungs.Ich fahre seit 30 Jahren zum Fußball,habe ein gewisses Alter erreicht und muß mir von dummen grünen Jungs dämlich kommen lassen,nur weil sie eine Uniform tragen und ich einen Fanschal.Vielleicht sollten die Kollegen besser geschult werden,und zwar im friedlichen und höflichen Umgang.Hin und wieder trifft man solche Polizisten. Zum anderen sollten auch die Maßnahmen der Polizei besser koordiniert weden,oftmals weiß die linke Hand nicht was die rechte macht

➤ Es müsste mehr zum thema pyrotechnik stehen.

➤ Ohne Hansa stirbt ein wichtiger Teil unserer Heimat. Dies gilt es zu verhindern!

➤ Gegen Pauschalisierung von Fußballfans!

➤ Die Medien haben mittlerweile einen viel zu großen Einfluss auf das Geschehen und berichten viel zu einseitig. Ich

➤ bin der Meinung das die Berichterstattung über "zunehmede Gewalt" im Fußball extrem überzogen ist, zumal ich gesehen habe was in den 80/90er Jahren in und um die Stadien geschehen ist.

➢ Das Mann da stehen kann wo Mann möchte also bei den Steh-
plätzen z.b.ganz oben öffnen !!
➢ Ich würde mir wirklich wünschen, dass diese Umfrage hilft um
die aktuelle Problemlage zu entspannen. Dabei wurde allerdings
(wahrscheinlich gezielt um ein repräsentatives Ergebnis zu erhalten) fast nur auf Heimspiele geachtet, was die Sicherheit und
den Eskort anbelangt. Da Ultras sich im eigenen Wohnzimmer
allerdings nicht so aus dem Fenster lehnen wie bei Auswärtsfahrten, hätte ich auch einen Fragenbereich in diese Richtung
sinnvoll gefunden. Ansonsten eine schöne Sache und viel Erfolg!
➢ Wir als Ultras, und auch der allgemeine Fussballfan werden von
den Bullen sowie deren Gewerkschaft als Schwerverbrecher da-
gestellt!!! wenn etwas in den Medien, insbesondere die blöd-
zeitung berichtet wird, ist es meistens nur eine lüge!!! der dfb hat
sich mit seinen projekten hoppenheim u dead bull leipzig selbst
die achtung u wahrung der wahren werte des fussballs genommen!!! FUSSBALLMAFIA DFB!!!
➢ In den Medien sollte die Berichterstattung ausgewogen sein. Pyrotechnik mit Ausschreitungen gleichzusetzten ist völliger
Schwachsinn.
➢ Mir ist ein Satz nochmal ganz wichtig. "Richtige Fans, stört keine
Polizei." Außerdem kenne ich auch viele Väter, die nicht mehr
mit ihren Kindern in ein Fussballstadion fahren, weil sie angst um
ihre kinder haben. Das ist aber nicht nur in Rostock so.
➢ Ich bin sehr bestürzt zu sehen wie schlecht und nicht tranzparent
die Berichterstattung durch die Medien ist.Oft werden auch Ereignisse sich einfach ausgedacht die nicht vorgekommen
sind.Der DFB ist das aller letzte,in der Drittenliga steht man sehr
alleine da als Fußballverein,außerdem werden bestimmte Vereine unterstützt und andere einfach fallen gelassen,obwohl mehr
Tradition hintersteckt.
➢ Die personenkontrollen sind schlampig. Die suptras haben im alkoholisierten zustand kein rechtsverständnis und meinen das
ihnen alles gehört. Ihre fanzugehörigkeit ist oftmals nur ein ventil
für soziale / persönliche probleme. Ihr agieren schädigt den ruf
echter fans. Es ist absolut unverständlich bei einem spiel, was
offensichtlich verloren wird, 90min durchweg zufeiern. Das für
mich auch nichts mit anfeuern mehr zu tun.
➢ Ich finde die Umfrage gut. Wann immer dieses Thema (Hansa
Rostock und Gewalt im Fußball) in Diskussionen aufkommt,
muss ich mich rechtfertigen, warum ich Hansafan bin. Vor kurzem wurde ich sogar gefragt, ob ich rechts bin. Das alles nur,
weil ich ne Hansafahne bei mir im Zimmer an der Wand hängen

habe. Das muss man sich mal vorstellen. Ich bin es Leid, mich ständig dafür entschuldigen zu müssen, Anhänger eines der erfolgreichsten Vereine der neuen Bundesländer zu sein. Ich bin dafür, dass man zwar in Dialog mit den Ultras tritt, sich von ihnen aber (von Vereinsseite aus gesehen) nicht erpressen lässt. Da muss man sich cleverer anstellen in Zukunft. Die vielen Polizisten, die für Fußballspiele (!) jedes Wochenende ihrer freien Zeit beraubt werden, tun mir Leid. Leider (offenbar) geht es ohne sie nicht mehr, und das macht mich oft nachdenklich und sehr betroffen.

➢ Politik gehört nicht ins Stadion; Nazis haben dort nichts verloren; Pro Homo

➢ im end efekt ist die aktuelle gewalt in und um stadien, ein gesammt deutsches problem, und sollte nicht auf die vereine abgewältz werden. ich finde, das ich die länder, der bund, die vereine, vertreter der fahnzehene, der dfb und die dfl unbedingt zusammen setzten müssen um das problem zu beheben. außerden ist ein respektvolleres und faireres verhalten aller eben angesprochenen pateien mit und untereinander notwendig. und es sollte viel mehr miteinander gestrochen werden gesprochen werden. tzdem sollten die spieler der vereine vor jeder saison eine schulung erhalten, die ihnen beibringt wie sie mit den fans umzugehen haben, um provokationen gegenüber gegnerischen fanz zu vermeiden, da dies ja mitlerweile auch zur regel geworden ist. keinwunder das im rausche der emotionen und adrenalien weniger schlaue fans bzw. nennen wir sie lieber chaoten austiken.

➢ Ich finde man muss was die Sicherheit betrifft stark zwischen der Pyrotechnik und der Gewalt unterscheiden. Der Einsatz der Polizei/Ordnungskräfte um Gewalt zu verhindern: JA! Der Einsatz um das Abbrennen von Pyrotechnik zu verhindern: NEIN! Pyrotechnik ist eine Form der Kunst. Künstler genießen in der BRD künstlerische Freiheit, solange sie nicht die Rechte Dritter missachten. Damit diese Rechte nicht missachtet werden sollten meiner Meinung nach bestimmte Stellen im Stadion eingeführt werden, an welchen das Abbrennen von Pyrotechnik gestattet ist. Dort würden sich dann auch bestimmte Feuerfeste Löschbehälter befinden bzw. diese Bereiche würden durch die Feuerwehren abgesichert werden. Dadurch kann verhindert werden, dass Personen einen gesundheitlichen Schaden davontragen, welche mit der Pyrotechnik an sich nichts zu tun haben wollen. Diese sollten dann eben dementsprechend diesen Bereich meiden oder auch einen Block weiterziehen. Dadurch würden die

Rechte Dritter auch nicht verletzt. Der DFB muss in dem Fall Pyrotechnik auch ein paar Schritte auf die Fanszenen zugehen. Momentan ist er noch so reaktionär, dass eventuelle Regelungen, die die Möglichkeit zum Abbrennen von Pyrotechnik schaffen, so wie es sie schon in anderen europäischen Ländern gibt, blockiert werden, sodass sich der Konflikt nicht durch beidseitige Eingeständnisse abschaffen lässt.

> Gewalt wird immer zum Fussball gehören !! Bei der nächsten Chance wird es wieder knallen !!

> ich finde es schade wie es zurzeit bei Hansa allgemein aussieht bin seit meinen 5 Lebensjahr Fan von Rostock habe mal nicht weit vom Stadion gewohnt jetzt bin ich 31 nicht nur das wir jetzt in der 3 Liga sind das stört mich nicht soweit ich lebe für diesen verein

> Insgesamt sind Fanszenen so heterogen und es gibt soviele Faktoren, die bei der Frage nach dem Verhältnis von Fußball und Gewalt eine Rolle spielen, sodass es extrem schwierig ist über hier gestellte Fragen generalisierende Aussagen zu treffen.

> Fangewalt ist kein einseitiges Problem. Die eine Seite wird, zu recht, konsequent verfolgt, jedoch in teilen kriminalisiert, während die andere Seite nichts zu befürchten hat. Dieses Ungleichgewicht sorgt für erhebliche Spannungen. Ich selber wurde bereits Opfer von Polizeigewalt, bloß weil ich mit der U-Bahn nach Hause wollte. Anzeigen bringen nichts, da dann Opfer zu Tätern gemacht werden. (Siehe junge Frau in Bayern)

> Die Berichterstattung ist sehr ostlastig! Pyroprobleme gibt es nicht nur in Halle, Dresden, Rostock oder Zwickau, sondern auch in Frankfurt a.M., Bochum, Nürnberg oder auch Köln! Dies spiegelt sich auch bei den Strafen und Sanktionen durch den DFB wieder! Auch in diversen TV-Sendungen zu diesem Problem wird hier unverhältnismäßig berichtet! Im Osten wird es mehr thematisiert! Da werden auch wieder Mauern in den Köpfen aufgebaut, auch bei Leuten, die die DDR gar nicht mehr erlebt haben!

> Nach meiner Erfahrung macht die Polizei super arbeit! So lange diese arbeit weiterhin dürchgeführt wird kann und werde ich mit meiner Familie weiterhin zum Fußball in die DKB Arena gehen. Leider versagt das Rechtssystem und Straftäter werden zu wenig bestraft. Schuld sind in meinen Augen Aussagen von einigen linken und Grünen Politiker. Ausgerechnet die die früher selbst mal den Knüppel abbekommen haben und nie gelernt haben in einer Gesellschaft für die Allgemeinheit da zu sein.

> AFDFCH. Ahoi.

> Wenn ich Kinder hätte würde ich mich nicht mehr trauen, diese mit ins Stadion zu nehmen! Vor 5 Jahren hätte ich es noch gemacht. Die Ausmaße der negativen Seiten der Fanszene haben zugenommen. Ich persönlich fühle mich nicht mehr sicher wenn in die DKB-Arena gehe. Ich hoffe dass sich die Fanszene beim Benefizspiel von ihrer guten Seite Zeigt und die schlechte Seite für immer ablegt.

> Fußball ist eine meiner Freizeitbeschäftigungen und ich gehe gern ins Stadion um meine Mannschaft zu unterstützen und es ist immer wieder ein Erlebnis. Deswegen finde ich das Gewalt und Pyrotechnik einfach nichts im Stadion zu suchen haben. Es wäre schön wenn man diese Probleme irgendwann in den Griff bekommen würde.

> Polizisten sollen Namensschilder kriegen!!!

> Polizei und Fans sollten lernen, miteinander faire play zu sein und nicht gegner! beide seiten sollten von einander lernen um sich zu respektieren, miteinander reden ist besser als sich gegenseitig zu provozieren! beie machen fehler und dies wird immer nur ausgeschlachtet, von einander zu lernen sollte jedem nützen!

> jeder ist immer der Böse egal von welcher Seite betrachtet. es ist traurig, dass man sich im Vorfeld eines Spieles schon Routen raussuchen muss, um nicht mit dem Mob fahren zu müssen. da man sonst Angst hat, direkt mit der Polizei in Konflikte zu eraten.

> medien schreiben zu einseitig ultras und hooligans sind unterscheidlich

> Das Problem wird schwierig zu lösen sein, denn der öffentliche Druck auf alle Beteiligten ist groß. Wir wollen doch eigentlich nur Fußball schauen und den Verein und die Mannschaft 90 min unterstützen. Vorher und nachher gibt's ein paar Getränke und man kommt vielleicht auch mit gegnerischen Fans ins Gespräch. So stell ich mir einen perfekten Spieltag vor. Nur ist das unter diesen Umständen leider nicht möglich, denn wenn die Presse nichts zu schreiben hatt, verdient sie kein Geld. Und was bringt wohl mehr Quote als Gewalt und Randale...

> es sollte mehr durchgegriffen werden aber das es soweit gekommen ist haben hansa und andere Vereine selber schuld die haben ja vieles zugelassen und es gibt genug Gründe das ich bei hansa nicht mehr hingehe in Prinzip ist mir der clup so langsam egal was da abgeht darüber kann ich nur lachen und was gewisse Leute aus den Verein gemacht haben da kann ich nur den kopf schütteln wie wäre es das mann die Leute bestraffen

sollte die den verein so kaputt gamacht habenich bin früher sehr gerne hingegangen

➢ Ich habe oft den Eindruck, dass sich viele Konflikte aufgrund von fehlendem Verständnis und öffntlichem Druck unnötig hochschaukeln. Speziell das neue Sicherheitskonzept hat diesen Konflikt noch einmal unnötig verschärft. Pyrotechnik hätte man sehr gut legalisieren können und kann dies noch immer. Ehrlicher Dialog findet leider kaum statt. Es gibt mancherorts vielsversprechende Ansätze um einen möglichst friedlichen Ablauf der Spiele zu ermöglichen. Auf diese Ansätze wird aber meiner Meinung nach viel zu wenig aufgebaut. Für die Fans wünsche ich mir in den führenden Gruppen fähige Leute, die schwierige Situation nicht unnötig aufheizen. Für die Polizei wünsche ich mir, dass die gelungenen Einsätze auch von Fans bekannt gemacht werden und die sogenannten SKB's ihrer Bezeichnung auch gerecht werden.

➢ Das Sicherheitsdenken in den deutschen Stadien wird total überbewertet! Es ist sicher! Auf jedem Dorffest passiert mehr als beim Fussball, man siehe nur die Statistiken zum Oktoberfest im Vergleich zum Fussball. Da müssten da ja Panzer auffahren, wenn dort mit der selben Härte vorgegangen würde. Alles wird viel zu groß aufgebauscht durch die Medien, besonders seit der WM 2006 in Deutschland.

➢ Interessante, umfangreiche und vielschichtige Umfrage, wobei einzelne Fragen schwer zu beantworten waren (selbst für jemanden, der Erfahrung im Rahmen der Marktforschung besitzt).

➢ Ultras braucht der fussball es sind auch nicht alle hooligans sie sind einfach fans mit mehr einsatz während des Spiels indem sie schreien hüpfen und den verein unterstützen und alles was sie dafür guten fussball von ihrem team sehen und wenn da eine Mannschaft wie letztes Jahr ohne herz und Kampf sehen sind Situationen wie gegen neustrelitz verständlich

➢ -bei jedem Spiel sollt ein Richter und Staatsanwalt im Stadion sein,für Schnellgerichtsverfahren

➢ -wenn Urteile,dann sollt man auch mal Freiheitsstrafen verhängen und nicht nur sozialstunden oder ähnliches

➢ Sinnloser Aktionismuss funktioniert nie und beruhigt nur die naivdumme Bevölkerung, die sich nicht mit den Themen beschäftigt, alles glaubt, was die sensationsgeile Medienwelt bewusst erfindet/übertreibt und das auch nur durch den Schein

➢ Medien und Verantwortliche vergessen zu oft, dass es sich bei Gewalt im Fußball um ein gesellschaftliches Problem handelt. Der Fußball bildet dabei die Bühne, um in der Anonymität der

Masse, Agressionen auszuleben. Eine differenzierte und getrennte Diskussion über Gewalt und Pyrotechnik ist notwendig. In anderen Ländern funktioniert Pyrotechnik sehr gut.

➤ man merkt das in vielen stadien die Kontrollen nur mangelhaft durchgeführt werden, deshalb ist auch die ganze Pyrotechnik im Einsatz...Ich glaube das auch die Ordner dazugehören und diese leute passieren lassen...auch an Auswärtsspielen

➤ Eine sehr gelungene Umfrage!

➤ Ich kenne beide Seiten ... gehe gern in Stadion um Fußball zu schauen und die Atmosphäre zu genießen, betrachte es aber auch immer dann ja doch aus polizeilicher Sicht.

➤ nichts

➤ Ich hab nichts zu sagen !!!

➤ schafft ABS ab. ABS ist die größte gewalt im Ostseestadion und allen anderen Spielen wo Hansa die Ordner mit nimmt. Die Polizei sollte innerhalb eines Stadions nichts zu suchen haben es sei denn der Verein wünscht das! Hausrecht!

➤ Der Verein Hansa Rostock sollte seine Bemühungen um die Fans und ein gutes Verhältnis mit ihnen viel deutlicher öffentlich präsentieren. Der Dialog zwischen Fans, Verein und Polizei/Ordnungskräften muss ganz stark ausgebaut werden, um gegenseitiges Verständnis zu schaffen und Problemen vorzubeugen. Miteinander reden ist viel besser und zielführender als übereinander im eigenen Kreis reden.

➤ mediengesteuert gegen ostvereine

➤ Acab

➤ Ich denke das viele der Randalierer nur Mitläufer sind und man mal versuchen müsste die Leute im Hintergrund ausfindig zu machen. Ich habe in Wismar auf dem Hallentunier beobachtet das in der Letzten Reihe Typen in "normalen" Klamotten saßen und immer wieder mit Hooligan rufen Unruhe reinbringen wollten. Die Drahtzieher der Krawalle Tragen keine Fanklamotten. Aber da es schwer ist diese Typen zu fassen erwischt es wie in den meisten Kriminologischen Handlungen die kleinen die eigentlich nur mitlaufen das sie wo dazu gehören. Also sehe ich das ganze Thema auch als gesellschaftliches Problem. Unzufriedenheit schürt auch Gewalt. Was ich noch als Problem sehe das bei der Festlegung viele sogenannte Experten dabei sind die über die Beweggründe vieler beteilgter keine Ahnung haben und sich auch nicht in deren Lage versetzen können und wollen. Von diesen sogenannten Experten war noch keiner in einer Fankurve. Und wenn doch vielleicht für ein Spiel. Doch um die Aktive Fanszene zu verstehen muß man mehr viel mehr zeit Investieren. Doch dafür sind sich die Herren in Anzug und Krawatte leider zu schade.

➤ Darum denke ich wird man diese Probleme auch nicht so richtig in griff bekommen

➤ Ich denke das in den Medien viel hochgepusht wird aber es ist auch einiges dran.

➤ ohne

➤ bisher alles gesagt

➤ Ehrlichgesagt... ist der Fragebogen nicht besonders gut aufgebaut und ich halte eine quantitative Befragung in Bezug auf dieses Thema für nicht sinnvoll. Was glauben Sie, wie viele Mitglieder der Suptras/Hooligans hier antworten werden? Quantitative Interviews mit wirklichen Kennern der Szene wären angebracht!

➤ k.A.

➤ Nix...alles ist gesagt.

➤ Fußball ist der geilste Sport und ein Stadionbesuch mit der Familie oder Freunden ist immer wieder ein Erlebnis. Nur schade das beide Seiten (Polizei und Fans) so viele aggressive Idioten in Ihren Reihen haben.

➤ Fußballsport soll wieder Fußballsport werden. Mit Fans und Anhängern die ihre Mannschaft unterstützen. Das schlimme Gesicht, was durch "überzogene" Sicherheitseinsätze sich bei Sportveranstaltungen zeigt gehört sich überlebt und aus den Stadien verbannt.

➤ Die einzel fälle müssen entschieden werden und nicht das gesamte.

➤ gute Idee: z.B. Schnell(-gerichts)-verfahren durch Richter vor Ort (im Stadion)

➤ Z.B. generelles Verbot von "Organisationen" die sich offen zur Gewaltanwendung bekennen. - hier: Stadionverbot für die Suptras und damit für alle die sich offen (z.B. Kleidung) zu diesen bekennen. Mehr Achtung für die Gastmannschaft - z.B. Beifall bei deren Auflaufen im Stadion Der sogannte "support" der Suptras ist blind einstudiert, geht am konkreten Spielverlauf vorbei und nervt nur. Dadurch wird die wahre Stimmung im Stadion erstickt - es gab schon echte Stimmung da kannte niemand das Kunstwort "Suptras"

➤ Fußball ist ein Wirtschaftsunternehmen geworden. Es geht nur noch um das liebe Geld. Haste keins biste nix. Die Fans sind die leidtragenden in dieser Gesellschaft. Sie stehen für den Aufschwung und den Zerfall des liebsten Sports der Deutschen. Die schönste Freizeitbeschäftigung droht zu zerfallen. Die Fans finden sich im Stadion in ihrer eigenen Welt wieder. Jeder auf seine

Weise. Hier sind alle gleich, bzw. sollten alle gleich sein. Rivalitäten wurden und werden noch in 100 Jahren ausgelassen und keiner wird das irgendwie stoppen können. Da helfen auch keine Scanner und Überwachungen. Wenn jemand austickt, dann auch nicht immer durch den Alkohol der ausgeschenkt wird und dem Verein Geld in die Kasse spült. Polizeipräsenz ja, aber keine totalitäre Überwachung. Auf Maßnahmen folgen immer wieder Gegenmaßnahmen, so wie es schon im "Kalten Krieg" war. Vielleicht sollte auch hier mal abgerüstet werden. An Fans und Polizei geht also das gleich Motto: "Jeder Rückschritt deutet auf Einsicht und Eskalation."

➢ Der Verein soll Chaoten einfach aussperren und Auswärts auf Fans verzichten. Wenn jeder Verein nur seine Fans zu Hause betreuen müsste, wäre nicht soviel Polizei notwendig. Es müsste nicht viel bewacht werden. Es gäbe keine Randale, es geht nichts kaputt und es entstehen keine Kosten.

➢ Ich finde die Einlasskontrollen, egal ob bei Heim- oder Auswärtsspielen viel zu lasch. Wundere mich manchmal, wie leicht es wäre, unerlaubte Gegenstände ins Stadion zu bringen.

➢ Polizei provoziert wo nur möglich, sehen uns als Menschen "zweiter Klasse" und sehen nicht so aus, als würden sie am Wochenende arbeiten wollen. In anderen Städten(Hannover) läuft es reibungslos ab, da die Polizei dort keine hohe Anzahl von Einsatzkräften an Spieltagen hat. Zudem wird man ständig überwacht, gefilmt und abgehört.

➢ Der Verein sollte sich mal intensiv mit den Suptras auf Augenhöhe auseinandersetzen und vllt mal die Karten aufden Tisch legen, was dem Verein auf dem Herzen liegt und was den Suptras auf dem Herzen liegt. Einfach mal über die Dinge reden und nicht gleich überreagieren.

➢ Zu DDR-Zeiten wurde ein Block geräumt, wenn es Ausschreitungen gab. Dadurch wurde im Block schon auf Ordnung geachtet! Ich wünsche mir mehr Polizei und eine viel härtere Gangart gegenüber gewaltbereiten "Fans"!

➢ Zu wenig beachtet wird die Gewalt innerhalb der Fanszenen. Jetzt einflussreiche Gruppen unterdrücken andere Gruppen, z.T. mit Gewalt, z.T. subtil. Häufig spielen auch Personen der (organisierten) Kriminalität und des Milieus in den Ultrágruppen mit. Außerdem stört mich sehr die Zuschreibung, die Fanszene des FCH sei rechts.

➢ es ist alles gesagt

➢ Ich hatte 10 Jahre eine Dauerkarte. Habe mir 2x den Abstieg in Liga 2 angetan. Danach bin ich weg geblieben, weil man vor dem Spiel schon die Lust darauf verloren hat. Schließlich geht man ja auch nicht ins Kino,wenn man weiß dass der Film Sch.... ist. Was in der Zeit mit den Fans und dem Verein abgegangen ist, das weiß ich nicht. So wie die Zustände derzeit sindhabe ich keine Lust mehr auf Hansa. Das beginnt bei den Eintrittspreisen. Da sollte man schon den Abstieg in kleinere Ligen erkennen und nicht noch höhere Preise für noch schlechtere Spiele zahlen müssen. Da helfen auch keine Familien- oder sonstige Sonder-aktionen. Ich habe derzeit keinen Spaß dran, mit kleinen Kindern dort hin zu gehen. Desweiteren kenne ich da so einen Spruch: Der Fisch beginnt immer am Kopf an mit stinken.

➢ Video Überwachung verstärken, Straftäter sofort verurteilen z.B wie in Frankreich 1998,schnellere Stadionverbote, bei Ausschrei-tungen die Fan´für das nächste Spiel aussperren ...1 Vergehen 1 Spiel....2 Vergehen 2 Spiele usw. somit erhöht man den Druck

➢ Vielen Dank, dass sie diese Umfrage nochmal führen. Ich hoffe, dass relevante Ergebnisse den Menschen auf "beiden" Seiten die Augen öffnen werden.

➢ Wir gehen schon seit sehr vielen Jahren zum Fußball und fühlten uns immer sicher.Wir empfinden die Berichterstattung gerade der heimischen Medien sehr oft als unverhältnismäßig und teil-weise schädigend für unseren Verein.Die Meldungen das man nicht mit der ganzen Familie ins Stadion gehen stimmen nicht aber durch übertriebene Artikel möchte man auf Kosten unseres Vereins eine hohe Auflage erreichen.Das ärgert uns,denn auch der Herr Innenminister möchte durch übertriebene Panikmache sein neues Sicherheitskonzept an uns Fans ausprobieren.

➢ Das Thema Gewalt im Fußball wird meines Erachtens in unserer Gesellschaft als viel zu wichtig empfunden. Ständig werden jegli-che Vorfälle und Begatelldelikte zur "neuen Dimension der Ge-walt" erklärt. Natürlích gibt es immer wieder Vorfälle, die nicht zu akzeptieren sind und verurteilt werden müssen. Aber Straftaten hat es schon immer gegeben und wird es auch immer wieder geben, nicht nur im Fußball, sondern in der gesamten Gesell-schaft. Um die Sicherheit im Fußball steht es lange nicht so schlimm, wie Polizei, DFB und Bildzeitung das gerne herbeiseh-nen. Nicht jedes begalische Feuer oder jeder "Platzsturm" zum Feiern eines Aufstieges ist ein Skandal und ein Gewaltexzess. Gewalt im Fußball sollte genauso sachlich behandelt werden, wie in jedem anderen Bereich der Gesellschaft auch. Eine Schlägerei im Stadion ist nicht weniger oder mehr schlimm, als eine Schlägerei in der Disko nur weil sie von vielen Kameras aufgenommen wurde. Die Verhältnismäßigkeit muss wieder hergestellt werden. Allein auf dem Oktoberfest werden mehr Menschen verletzt als in einer gesamten Bundesligasaison in den Stadien. Vielleicht machen ihre nächste Umfrage mal zu dem Thema.

➢ erstmal nicht's

➢ Ich habe schon mal mit dem Verein zusammen gearbeitet und bei Facebook rausbekommen, wie sich Fans verabreden um sich zu prügeln. Ich habe dies gemeldet! Klar bin ich nicht mehr so der Rostockfan, aber weil man nun mal hier wohnt ist es sehr schade das es mit dem Verein so bergab geht. Sicherlich ist das auch eine Baustelle im Verein, aber Rostock sollte sich an ein Beispiel nehmen wie es bei dem Jugendfinale war, es war ein starkes Spiel und ich hoffe das die Fans auch langsam erwachsen werden und das die Vereine stärker durchgreifen, denn werde ich auch mal wieder das Stadion besuchen.

➢ Bloß nicht die Stehplätze abschaffen, dass zerstört bloß die Stimmung

➢ Meiner Meinung nach müsste es viel mehr Video- und Sicherheitsüberwachung in den betreffenden Abschnitten geben. Sieht man dann die Subkulturen auf andere Tribünen wandern muss man die Überwachung auf das ganze Stadion ausweiten. Es kann nicht sein, dass ein Verein der ohnehin schon kein Geld hat auch noch für diese Chaoten zahlen muss.

➢ Danke an alle Ordnungskräfte und Polizisten, die versuchen den friedlichen und damit echten Fans ein schönes Fußballspiel zu ermöglichen!

➢ Der DFB übernimmt viel, viel zu wenig Verantwortung und Handlung zur tatsächlichen Bekämpfung von Gewalt im gesamten deutschen Fußball. Die Klubs stehen zu sehr allein. Besonders in der Leistung durchgesackte Klubs haben Fans mit natürlich großem Frustpotenzial. Darauf geht der DFB nicht annähernd ausreichend ein. Mit Mitteln, wie Geldstrafen soll dagegen nur die Fassade 1. BL sauber gehalten werden. Mit dem Benefizgedanken des FC Bayern steht dem eine verantwortungsvolle Ausnahme gegenüber.

➢ Härtere Strafen würden abschrecken, jedoch nicht zu Lasten des Vereins. Strafen in Bezug auf Täter sollten über Rundfunk/Medien bekanntgegeben werden und als Abschreckung dienen. Ein Stadion sollte nicht zur Festung umfunktioniert werden, nur weil sich Halbwüchsige profilieren wollen. Kontrollierte Nutzung von Pyrotechnik sollte erlaubt sein (z.B. bei Abschiedsspielen, Siegerehrungen), jedoch nicht durch Fangruppierungen. Besser ausgebildete Ordner sollten direkt in den Fanblöcken Einfluss auf die Fans nehmen (Ordner am besten aus den eigenen Reihen - bringt wahrscheinlich mehr, als Verbindungspersonen und Kontaktbeamte aus Reihen der Polizei). Durchsuchungen vor dem Spiel sind einfach nicht möglich, da man dann schon 5h vor dem Spiel mit der Kontrolle und dem Einlass beginnen müsste - da reist niemand an...Shuttleservie von Gästefans muss durch mehr Busse realisiert werden, damit sich Gästefans nicht wie im Käfig eingesperrt fühlen. Bessere Kameratechnik im Fanblock zur Identifizierung wäre angebracht.

➢ Hansa wird sich entscheiden müssen, ob die vermeintlichen und immer wieder auffälligen Fans weiter in Watte gepackt werden sollen oder der Verein handelt und den Bruch mit diesen Leuten riskiert ... zum Wohle Hansas. Ich erzähle Ihnen folgende wahre Geschichte: Mein Sohn spielt Fußball im Verein. Im Alter von 8 Jahren hatte er 2007 die Osterferien bei seien Großeltern im Ruhrgebiet verbracht und an einem Jugend-Fußballcamp von Rot-Weiß Essen teilgenommen. Er hatte eine tolle Woche, viel Spaß und nebenbei auch viel gelernt. Dann kam es kurz danach in Essen zu den Ausschreitungen der Hansa-Fans. Mein Sohn sah die Bilder in den Nachrichten und wurde ganz still. Auf meine Frage, was denn los sei antworte der damals kleine Junge dies: "Papa, meinst Du, dass ich im nächsten Jahr noch einmal an dem Camp von Rot-Weiß Essen teilnehmen darf?" Verwundert fragte ich, weshalb das nicht so sein sollte. Darauf er: "Na ich komme doch aus Mecklenburg-Vorpommern. Und bei dem, was die Hansa-Fans da gemacht haben, könnte ich verstehen, wenn die Essener jetzt Jungs wie mich nicht mehr dabei haben wollen." Ich war sprachlos und tuef bewegt. DAS machen diese Chaoten ... und das sollte Hansa sich vor Augen führen. Ohne harten Schnitt verliert der Verein seine Zukunft in der Breite. In der Saison 2007/2008 war ich dann noch einmal mit meinem Sohn im Rostocker Stadion - danach nicht mehr. Zu aggressiv und zu rechtslastig trat der Rostocker Anzang auf ... der viel zu oft als Fan-Subkultur verbrämt wurde und wird. Ich bin längst nicht der einzige Vater, der aus derlei Gründen das Familienerlebnis DKB-Arena ad acta gelegt hat. In Berlin oder auch Dortmund haben wir zuvor und in der Folge nie solche Aggressivität erlebt wie in Rostock. Auch dirt gab es in der Vergabgebheit und mitunter uch heute Vorkommnisse. Im Unterschied zu Rostock wird dort jedoch reagiert und nicht mit Möchtegern-Fans gekuschelt. In Dortmund und Gelsenkirchen sind in den 80er-Jahren harte Ausinandersetzungen geführt worden ... auch dort blieben Familien den Stadien fern. Es wurde durchgegriffen und die Zuschauerzahlen stiegen.

➢ Fußball zerstört die Existenz der Randsportarten und wird überbewertet.

Besuchen Sie uns im Internet unter:

www.polizeiwissenschaft.de

Hier finden Sie sowohl die neusten Neuerscheinungen als auch schon länger erschienene Werke. Zu jedem Buch können Sie Beschreibungen lesen und Inhaltsverzeichnisse einsehen.

Bestellungen nehmen wir gerne
• online *(siehe unten)*,
• per E-Mail *(verlag@polizeiwissenschaft.de)*,
• Fax *(0049 - 069 - 51 37 54)* oder
• postalisch *(Verlag für Polizeiwissenschaft, Eschersheimer Landstraße 508, D-60433 Frankfurt am Main)* an.

Wir liefern Ihnen umgehend auf Rechnung und **versandkostenfrei**!

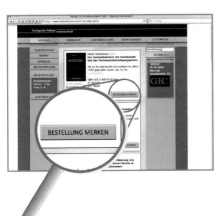

Online Bestellung

Auf der Homepage können Sie nun auch online bestellen!

Klicken Sie einfach...

BESTELLUNG MERKEN

... und schicken Sie anschießend am Ende Ihres Einkaufes Ihren Bestellschein ausgefüllt online ab

Suchmöglichkeit!

geben Sie einfach einen Suchbegriff ein...

... und Sie erhalten eine Trefferliste mit markierter Anzeige Ihres Suchbegriffs

Newsletter

Lassen Sie sich für unseren Newsletter registrieren und Sie sind
immer auf dem neuesten Stand! Sie erhalten bei jeder Neuerscheinung
per E-Mail eine Benachrichtigung

Klicken Sie einfach auf ...

NEWSLETTER ABO

... und geben Sie anschießend Ihre E-Mail-Adresse ein.
Zur Anmeldung für den Newsletter nun einfach nur
noch auf REGISTRIEREN klicken!